TXT経済法
<small>テクスト</small>

鈴木加人・大槻文俊・小畑徳彦
林　秀弥・屋宮憲夫・大内義三
著

法律文化社

はしがき

　事業者間の競争を図る独占禁止法は，国民経済全体の秩序を形成することから，これを経済上の諸矛盾・困難を克服するために国家による積極的な介入を図る経済法体制の中心ないしは基礎となし，他の個別的な対象（特定の産業分野）に制定して定められる各種規制は，独占禁止法を基礎として展開されなければならない。ところが，昨年これに逆行するような法改正が行われようとした。それは酒の安売り競争を規制する酒税法改正法案を国会に議員立法として上程する動きであった。同法案はたまたま安保法案審議で与野党の対立が生じ，国会への上程が先延ばしにされて成立しなかったものの，問題となるのは，同法案に財務大臣の示す基準を守らない酒の安売り店に販売免許を取り消すことを含んでいた点である。つまり，一方で独占禁止法の不当廉売規制が存在するにもかかわらず，他方で酒の販売免許でもって大型店・量販店による廉売を規制し，零細酒小売店の倒産を防止しようとした。これは，独占禁止法を中心とする経済法体制が酒販売店間の競争を図るのか，それとも零細な酒小売店である競争者の保護を図るのかという問題を提起するものである。

　かつて著者らが独占禁止法を学び始めたころ，このようなテーマを取り上げた判例と論文に出会った。まず判例は，東京都内の新聞販売店が新聞の販売地域を制限した事件で「自由競争のあるところ優勝劣敗の分かれることは免れ難い数（ママ）であり，販売店の経営が存立するか否かはもっぱら市場の法則に委すべきものである。かかる事態を避けんがために人為的な競争制限を行うことは本来独占禁止法の許さないところである」と判示した東京高裁判決（昭28・3・9　審決集4巻190頁〔新聞販路協定事件〕，本書13頁の★コラム1・2参照）である。もう一方の論文は，米国の法律雑誌に掲載されたボーク氏とボーマン氏のアメリカ反トラスト法に関する論争（Robert H. Bok & Ward S. Bowman, "The Goals of Antitrust : a Dialogue on Policy", *Columbia Law Review, LXV* (1965), 365-370）である。両氏の論争で，日本の独占禁止法にあたるアメリカ反トラスト法の中に特定の競争者を保護する，あるいは経済的弱者を救済するなどの社会政策的な配慮を持ち込むべきでないという主張があった。なぜならこのような配慮を行え

ば，反トラスト政策を推進しようとする反トラスト法自体に甘さが生じ，同法を根本から崩壊させかねない。特定の競争者ないしは経済的弱者には，反トラスト政策以外の他の政策による配慮を行うべきであるという。上記の東京高裁の判例およびボークとボーマン両氏の論争で展開された考えは，半世紀以上も前に示されたものであるが，著者らは，つねにこの考え方を念頭に置きつつ本書を執筆した。

　本書は，法・経済・商・経営学部の学生に基本書として執筆されたものである。最新の審・判決例，公正取引委員会の運用基準を引用しつつ，またコラム欄も設けて問題の背景や話題となった事件，外国法の紹介，競争政策にまつわるエピソードを紹介して他の類書に見られない特色を持たせた。

　度重なる独占禁止法などの改正のため，執筆の大幅な遅れが生じた。それにもかかわらず，法律文化社顧問秋山泰氏の並々ならぬ励ましやご尽力があって本書を刊行することができた。同氏に深く感謝する。

　　2016 年 2 月

執筆者を代表して

鈴木　加人
大内　義三

目　次

はしがき

凡　例

第1章　経済法としての独占禁止法——アウトラインと基礎理論 …… 1

§1　独占禁止法総論 ……………………………………………… 1

1 経済法としての独占禁止法(1)　**2** 独占禁止法の概要(2)　**3** 独占禁止法の運用(8)　**4** 独占禁止法の体系(10)　**5** 独占禁止法の目的（1条）(11)　**6** 独占禁止法の沿革および変遷(13)　**7** 独占禁止法と他の法律との関係(18)

§2　独占禁止法の基礎概念 …………………………………… 21

1 事業者(21)　**2** 事業者団体(22)　**3** 一定の取引分野(23)　**4** 競争の実質的制限(25)　**5** 公共の利益に反して(27)

第2章　不当な取引制限の禁止 ……………………………… 29

§1　不当な取引制限の要件 …………………………………… 29

1 共同行為(29)　**2** 間接証拠による共同行為の立証(30)　**3** 相互拘束(30)　**4** 「遂行」とは(31)　**5** 一定の取引分野における競争の実質的制限(32)　**6** 不当な取引制限の成立と消滅(34)　**7** 公共の利益に反して(35)　**8** 行政指導と不当な取引制限(36)

§2　不当な取引制限の態様 …………………………………… 37

1 取引制限の類型(37)　**2** 官製談合と入札談合等関与行為防止法(44)

§3　事業者団体の競争制限行為 ……………………………… 47

1 事業者団体の行為(47)　**2** 一定の取引分野における競争を実質的に制限すること（8条1号）(47)　**3** 「公共の利益に反して」という文言がないことについて(48)　**4** 第6条に規定する国際的協定または国際的契約をすること（8条2号）(49)　**5** 一定の事業分野における現在または将来の事業者の数を制限すること（8条3号）(49)　**6** 構成

事業者の機能または活動を不当に制限すること（8条4号）(50)

7　事業者団体の活動に関するガイドライン(51)

§4　競争制限を目的としない共同行為 ……………………………… 51

1　競争制限を目的としない共同行為と不当な取引制限(51)　　2　公正取引委員会のガイドラインにおける考え方(52)

§5　違反行為に対する措置 ……………………………………………… 53

1　排除措置命令(53)　　2　課徴金納付命令(54)　　3　罰　則(55)

第3章　私的独占の禁止 …………………………………… 56

§1　概　説 ………………………………………………………………… 56

§2　行為要件 ……………………………………………………………… 57

1　排除行為(57)　　2　支配行為(65)

§3　対市場効果要件 ……………………………………………………… 68

1　一定の取引分野(68)　　2　競争の実質的制限(69)　　3　公共の利益(69)

§4　排除措置等 …………………………………………………………… 71

第4章　企業結合規制 ……………………………………… 72

§1　企業結合規制の意義と特色 ………………………………………… 72

1　企業結合規制の趣旨(72)　　2　企業結合の諸形態(74)

§2　市場画定 ……………………………………………………………… 76

1　基本的理解(76)　　2　市場画定の意義と目的(78)　　3　市場の画定基準(81)

§3　市場集中の規制枠組み──「競争の実質的制限」 ……………… 88

1　基本的理解(88)　　2　競争の実質的制限の2つのシナリオ(90)

3　競争を実質的に制限することとならない場合(94)　　4　企業結合による効率性(95)　　5　経営不振会社との救済合併(98)　　6　産業政策と合併規制(99)

§4　企業結合規制の手続法 ……………………………………………… 100

1　概　説(100)　　2　事前届出制(102)　　3　事前相談とその廃止(106)

目 次　v

　　4　問題解消措置(107)

第5章　不公正な取引方法 ……………………………… 113

§1　総　説 ………………………………………………… 113
　　1　意　義(113)　　**2**　法的位置付け(113)　　**3**　定　義(114)　　**4**　公
　　正競争阻害性(117)　　**5**　排除措置・課徴金(119)

§2　差別的取扱い ……………………………………… 120
　　1　概　要(120)　　**2**　共同の取引拒絶（ボイコット）(120)　　**3**　その
　　他の取引拒絶(123)　　**4**　差別対価(124)　　**5**　差別的取引条件等(126)
　　6　事業者団体等における差別的取扱い等(127)

§3　不当対価 …………………………………………… 128
　　1　概　要(128)　　**2**　不当廉売(128)

§4　不当顧客誘引・取引強制 ……………………… 134
　　1　概　要(134)　　**2**　ぎまん的顧客誘引(135)　　**3**　不当な利益による
　　顧客誘引(136)　　**4**　抱き合わせ販売等(137)

§5　不当拘束 …………………………………………… 141
　　1　概　要(141)　　**2**　再販売価格維持(142)　　**3**　排他条件付取引(145)
　　4　拘束条件付取引(149)

§6　取引上の地位の不当利用 ……………………… 153
　　1　概　要(153)　　**2**　優越的地位の濫用(155)

§7　取引妨害・内部干渉 …………………………… 158
　　1　概　要(158)　　**2**　取引妨害(158)　　**3**　内部干渉(160)

§8　事業者団体と不公正な取引方法 ……………… 160
　　1　概　要(160)　　**2**　審決判例(161)

第6章　景品表示法と下請法 …………………………… 163

§1　景品表示法 ………………………………………… 163
　　1　景品表示法の目的(163)　　**2**　景品表示法の消費者庁への移管と目
　　的規定の改正(163)　　**3**　不当表示の規制(164)　　**4**　過大景品の規制
　　(168)　　**5**　事業者が講ずべき景品類の提供および表示の管理上の措置

vi　目　次

（171）　　6　違反行為に対する措置（171）　　7　「協定又は規約」（173）

§2　下請法 ………………………………………………………………… 174

1　法の目的（174）　　2　適用される取引（175）　　3　親事業者と下請事業者（177）　　4　親事業者の義務と禁止行為（178）　　5　違反行為に対する措置（180）

第7章　独占禁止法の運用 ………………………………… 183

§1　公正取引委員会の組織と権限 ……………………………… 183

1　公正取引委員会（183）　　2　公正取引委員会の権限と活動（185）

§2　行政処分 ……………………………………………………………… 187

1　事件の審査（187）　　2　緊急停止命令（187）　　3　排除措置命令（188）

4　課徴金納付命令（190）　　5　不服審査手続（201）

§3　刑事罰 …………………………………………………………………… 202

1　独占禁止法違反に対する罰則（202）　　2　犯則調査（203）　　3　告発（204）　　4　捜査・起訴・刑事裁判（205）

§4　民事的救済 ………………………………………………………… 205

1　損害賠償請求（205）　　2　差止請求（209）　　3　住民訴訟（212）

4　株主代表訴訟（215）　　5　独占禁止法違反行為の私法上の効力（215）

第8章　独占禁止法の適用除外 ……………………… 217

§1　総　説 …………………………………………………………………… 217

§2　組合の行為 ………………………………………………………… 218

1　趣　旨（218）　　2　適用除外の対象となる組合（218）　　3　適用除外の要件（219）　　4　組合の行為（221）　　5　適用除外の限界（22条但書）（221）

§3　再販売価格拘束 ………………………………………………… 222

1　概　説（222）　　2　指定商品（222）　　3　著作物（223）　　4　適用除外の例外（224）

§4　知的財産権 ………………………………………………………… 225

1　知的財産とは（225）　　2　知的財産法による権利行使（21条）（226）

3 主な知的財産法の概要(227)　　**4** 知的財産権に関連する独占禁止法
違反事件(231)

第9章　規制産業と経済法 ……………………………… 237

§1　規制産業における競争政策 ……………………………… 237
1 規制とその分類(237)　　**2** 規制産業と競争政策(238)

§2　規制産業における独占禁止法と事業法の交錯 ……………… 239

§3　電気通信事業における規制改革と競争政策 ………………… 246
1 電気通信事業分野における競争政策(246)　　**2** 固定網(247)
3 移動体通信網(251)

§4　電気・ガス事業における規制改革と競争政策 ……………… 254
1 電気事業分野における規制改革と競争政策(254)　　**2** 電力システ
ム改革をめぐる議論(258)　　**3** ガス市場における規制改革と競争政策
(262)

§5　その他の規制産業における競争政策 ……………………… 265
1 郵政民営化と競争政策(265)　　**2** 農業と規制改革(266)

第10章　国際的事業活動と独占禁止法 …………… 270

§1　国際的事業活動に対する独占禁止法の適用 ………………… 270
1 国際的事件への独占禁止法の適用(270)　　**2** 国際的事件の審査(271)
3 独占禁止法6条(273)　　**4** 最近の国際事件(274)

§2　海外の独占禁止法と日本企業 …………………………… 275
1 米国反トラスト法と日本企業(275)　　**2** EU競争法と日本企業(277)
3 東アジア諸国の競争法と日本企業(278)

§3　独占禁止法執行の国際協力 …………………………… 280
1 独占禁止法協力協定(280)　　**2** 国際的事件と競争当局間の執行協力
(281)　　**3** 独占禁止法に関する多国間協力(282)

事項索引 ………………………………………………………… 285

判例・審決索引 ………………………………………………… 290

★コラム目次

〈第1章〉

1・1 英国におけるカルテルの否定と取引制限の歴史（8）

1・2 自由競争と規制・保護政策（13）

1・3 グレンジャー・ムーブメントとアメリカ連邦反トラスト法（シャーマン法）の制定（14）

1・4 競争制限効果と経済学（27）

〈第2章〉

2・1 欧米におけるカルテル規制（35）

2・2 適用除外カルテル（39）

2・3 刑法の談合罪・競売入札妨害罪と不当な取引制限（43）

2・4 事業者の違反行為か事業者団体の違反行為か（47）

2・5 8条1号のほかに3号および4号が置かれている理由（50）

〈第3章〉

3・1 正常な競争手段と排除行為（60）

3・2 特許プール（62）

3・3 株式保有と支配行為（66）

3・4 支配行為の範囲（66）

3・5 排除行為と競争の実質的制限（70）

〈第4章〉

4・1 SSNIP の意味するところ（87）

4・2 市場シェア・市場集中度の位置付けとその変遷（95）

4・3 平成22年企業結合ガイドライン改定（98）

4・4 少数株式取得と企業結合規制（101）

4・5 企業結合規制の手続規定の改正（102）

4・6 事前相談の廃止により企業結合審査が迅速化するか（108）

〈第6章〉

6・1 コンプガチャ（170）

〈第7章〉

7・1 勧告・審判を経た審決制度から排除措置命令制度，審判の廃止へ（189）

7・2 入札談合事件の課徴金の対象（193）

7・3 課徴金免除と刑事罰（198）

7・4 リニエンシー制度（200）

7・5 入札談合事件における基本合意と遂行（203）

7・6 入札談合に関与した発注者側の者の処罰（203）

7・7 犯則調査と行政調査（204）

7・8 独禁法違反行為の存在（207）

7・9 公取委が保有する情報の活用（208）

7・10 景品表示法における消費者団体訴訟（209）

7・11 作為命令の可否（211）

7・12 差止請求訴訟における文書提出命令の特則および秘密保持命令制度（212）

7・13 差止請求訴訟認容裁判例（213）

7・14 放棄議決（214）

7・15 住民訴訟と地方公共団体の損害賠償請求訴訟との関係（214）

〈第8章〉

8・1 適用除外制度の見直し（217）

8・2 勧告操短（218）

8・3 知的財産法の分類（226）

8・4 職務発明と相当の対価（228）

〈第9章〉

9・1 規制の影響評価（240）

9・2 タクシーの規制緩和と競争政策（241）

9・3 電力と通信のセット割（253）

9・4 「オール電化」事件（259）

9・5 日本航空に対する公的支援と競争政策（266）

ix

凡　　例

1　法律等の略記

独占禁止法，独禁法：私的独占の禁止及び公正取引の確保に関する法律
　　＊本法は，本文（　）内では，原則，条数のみの表記をしている。
公 取 委：公正取引委員会
一般指定：不公正な取引方法（昭和 57 年公取委告示 15 号）

　　※他の法令は，通例に従って，引用等において略記している。

2　審決集・判例集等の略記

審決集：公正取引委員会審決集
民　集：大審院民事判例集または最高裁判所
　　　　民事判例集
刑　集：大審院刑事判例集または最高裁判所
　　　　刑事判例集

高民集：高等裁判所民事判例集
高刑集：高等裁判所刑事判例集
行　集：行政事件裁判例集
判　時：判例時報
判　タ：判例タイムズ

3　審決・判決の略記

同意審決：公正取引委員会同意審決
審判審決：公正取引委員会審判審決
勧告審決：公正取引委員会勧告審決

　　※審決のあとの数字は年月日。

最判（決）：最高裁判所判決（決定）
高判（決）：高等裁判所判決（決定）
地判（決）：地方裁判所判決（決定）

　　※判決のあとの数字は年月日。

第1章　経済法としての独占禁止法——アウトラインと基礎理論

　本章では，§1で独占禁止法（以下「独禁法」と略記する場合が多い）総論として同法の全体像を鳥瞰し，§2で同法で用いる基礎概念を検討する。まず§1では，①独禁法が「経済法」の中核部分として位置付けられる理由を，②同法は事業者のどのような行為を規制しているのか，誰がどのような手段を用いて，なぜ規制するのかという概略を説明し，③同法の構成・体系および施行目的にも言及する。次に，④約70年前に外国から移入された同法制度は，いかなるいきさつで日本に移入され，その後さまざまな軋轢を経てどのように変遷し，今日に至っているかを取り上げる。最後に⑤同法は他の法律（ここでは，憲法と民法を取り上げる）との間で最近の傾向としていかなる関係を築いて解釈されているかを検討する。

　§2では，独占禁止法の基礎概念として同法で用いられる事業者，事業者団体，役員，競争，一定の取引分野，競争の実質的制限および公共の利益などの諸概念を検討し，同法の理解をさらに深めていくことにする。

§1　独占禁止法総論

1　経済法としての独占禁止法

　経済法（Wirtshaftsrecht）は，資本主義経済機構の発達，とくに第一次大戦後に現れた特殊な経済関係（敗戦による経済的混乱の収拾，軍事的戦時的経済および計画経済の策定など）を規律する法を統一的に説明するためにドイツで用いられた用語である。その内容は，学者によって異なり，必ずしも一定しない。

　わが国では，第一次大戦後の恐慌期とこれに続く戦時に経済を統制する一連の法律を経済法，あるいは経済統制法と呼んだ時期があった。第二次大戦後は，一方では経済の民主化を図る法律として英米法系の反独占法たる独禁法を導入し，他方では反独占法に逆行するカルテルを容認するなど経済法的素材は質的に複雑化するに至った。経済法は，これらの影響を受けるとともに他の法分野

から分化させるだけの独自性をもった概念設定を行うべきだという反省が求められた。主要な学説として，経済法を①「独占の進行により，自律性を失うに至った資本主義経済体制を政府の力によって支えることを目的とする法の総体」（今村成和），②「資本主義社会において経済循環に関連して生ずる矛盾・困難（市民法による自動調節的作用の限界）を「国家の手」によって社会調和的に解決するための法」（金沢良雄），③「市場支配（＝競争制限）の国家的規制の法」（丹宗暁信），④「独占段階に固有な独占体を中心とした経済的従属関係を規制する法」（正田彬）とするものがある。

　たしかに，経済法学説は機能（法的規制の機能を重視）・対象（法形成の必然性や発生地盤を重視）への力点の置き方で差異を生じる（①および②は経済法に含まれる分野を体系的に説明して現状を認識しようとするのに対し，③は市場支配＝競争制限を，また④は独占体と非独占体との間の経済的従属関係をそれぞれ経済法の本質的前提とする）が，いずれの学説も高度に発展した資本主義経済という特定の時代において市民法原理（契約自由の原則，所有権の絶対および自由・平等・対等な法的人格者＝「人」を法的な枠組みとする）によって生ずる独占の形成に対しては独禁法を中心とする競争法を，また物資の不足・物価高騰・中小企業・公益事業・外国との交易などにおいて需給安定あるいは経済の安定が求められる分野に対しては個別の法律を制定して，国家による積極的介入（規制）を行うことを指摘する。

　ここ §1 では，経済法を高度に発展した資本主義体制下で生じる経済上の諸矛盾・困難を克服するために国家による経済への積極的な介入を図る法領域とする。その中でも独禁法がとりわけ国民経済全体の秩序を形成すること（独禁法を経済憲法あるいは経済秩序の基本法と呼ぶ）から，独禁法を経済法の中心に置き，さらに国民経済全体の利益という観点から国家による介入が要求される個別的な分野（農林水産業などの特定の産業，公益事業・中小企業・外国との貿易などの分野あるいは過剰生産・不況・物資の不足・物価高騰などへの対処など）への各種規制も独禁法を前提として展開されるから，これらも経済法の対象として取り扱うことにする。

2　独占禁止法の概要

　独禁法の正式な名称は，「私的独占の禁止及び公正取引の確保に関する法律」

である。これを独占禁止法あるいは単に独禁法と略称することがある。同法の原案は，戦前に存在していたほんの一握りの財閥がわが国経済を支配し，それがわが国を戦争に駆り立てた一因であるという反省に立って，連合国軍総司令部反トラスト課のカイム判事によってアメリカ連邦反トラスト法（シャーマン法，クレイトン法および連邦取引委員会法を指す）を手本に作成された。そして，同法は，昭和22年4月経済民主化政策の推進を図る恒久法として公布された。このような事情から，わが独禁法は，アメリカの法制度を移入したという意味でアメリカ連邦反トラスト法を母法とする継受法である。独禁法は，私的独占（3条前段），不当な取引制限（3条後段）および不公正な取引方法（19条）を柱（これを独禁法の3本の柱という）とし，これらの行為を禁止することによって事業者間の自由で公正な競争秩序を確保しようとする法律である。

（**1**）　**私的独占の禁止および企業結合の規制**　　私的独占とは，事業者が単独でもしくは複数の事業者が結合して他の事業者の事業活動を人為的に排除する（本来の競争によるのではなく，何らかの人為性をもって商品・役務の供給拒絶や低価格販売によって他の事業者を市場から駆逐したり，新規参入者を市場へ参入させないようにすること，これを「排除」行為という）か，もしくは支配する（たとえば，株式の取得，役員の派遣などを通じて他の事業者の事業活動に制約を加えて自己の意思に従わせること，これを「支配」行為という）ことによって，当該市場で市場支配力（特定の者ないしは特定の集団が価格・品質・数量などの取引条件を恣意的に決めうる力のこと）の形成・維持・強化を図ることをいう（2条5項）。つまり，私的独占の成立には，単数または複数の事業者が，①何らかの人為性をもって他の事業者の事業活動を「排除」もしくは「支配」するという要件と，②市場支配力の形成・維持・強化を図るという2つの要件が必要であり，しかも①と②が原因と結果という関係でつながっていなければならない。この要件を満たすと，私的独占（とくに，前者を「排除型私的独占」，後者を「支配型私的独占」という）として規制されることになる。具体例として次のような事例がある。

　わが国の製缶市場でトップメーカーであるT社は，競争事業者であるH社およびS社の発行済株式総数の約72〜81％を所有し，自社の役員または従業員をH社およびS社の役員などに就任させ，H・S社を自己の意思に従って営業するように管理していた。また，T社は，競争事業者であるA社の発行済株式総数の約29％に当たる株式を所有したうえで，A社の販売地域，製造缶

型，工場の設置などに制限を加え，代表取締役の人事についても干渉した。さらに，T社は，競争事業者のM社より食缶購入量の増加および食缶製造機械の販売を含む技術指導の依頼を受けた際に，将来，T社に背反することを防止する必要からM社の発行済株式総数の50％を譲り渡すことおよびM社の株主がM社の株式を処分する場合は，T社の承認を事前に受けさせることを条件に，その依頼に応じた。なお，T社は，H・S・A・M社に下請生産をさせている。この結果，T社は，すでに国内食缶総供給量の56％を占めて市場占拠率が第1位であったが，支配下においたH・S・A・M社の供給量を加えると，事実上約74％となり，第2位のD社を大きく引き離すことになった。本件では，T社が単独で株式の取得，役員の派遣などを通じて他の事業者の事業活動を支配し，市場支配力を強化したわけであるが，T社のこれら一連の行為を独禁法では支配型私的独占と呼んでいる。この事件にみられるように，市場支配力の認定は，T社の市場占拠率が56％から74％に引き上げられたことが重要な判断材料となっているのである。

　さらに，T社は，食缶の販売数量の減少を懸念して，自家製缶を開始しようとした缶詰製造業者に自家製缶できない食缶の供給を停止し，自家製缶の開始を断念させている。ここでは，T社が単独で他の事業者の事業活動を人為的に排除すること（新規参入の妨害）によって，市場支配力を強化したとされたわけである（公取委昭47・9・18勧告審決・審決集19巻87頁〔東洋製罐事件〕）。本件は，この行為についてもT社の排除型私的独占を認定している。

　独禁法は，私的独占を萌芽の段階で摘み取ることを狙って企業結合に対して規制を行っている。競争関係にある会社間の株式保有（10条1項・14条），役員兼任（13条1項），合併（15条1項1号），共同新設分割・吸収分割（15条の2第1項1号），共同株式移転（15条の3第1項1号），事業の譲受（16条1項）によって市場支配力を形成・維持・強化する蓋然性がある場合に，つまり公正取引委員会（以下「公取委」と略記する場合が多い）は，企業結合当事会社にあらかじめ企業結合に関する届出を提出させ，当該企業結合によって市場支配力の形成・維持・強化が行われることが予測される場合に当該企業結合の禁止を命じるのである（届出は，10条2項・15条2項・15条の2第2項・15条の3第2項・16条2項のみで，13条と14条にはない）。最近では，経済のグローバル化の観点から国内市場のみならず国際取引を考慮した国際市場，企業結合による経済効率性な

どが規制の際の考慮要因として加えられている。具体例として，次のような事例がある。

　Y社およびF社を含む鉄鋼6社は，わが国では鉄鋼一貫メーカーとして各種鉄鋼製品を多角的に生産する有力な事業者であり，資本金，総資産ならびに総売上高は，いずれもY社が1位，F社が2位である。公取委は，事前審査において鉄道用レール（両社合計のシェアは100％），食缶用ブリキ（同61.2％），鋳物用銑（同56.3％）の3品目について独禁法15条1項1号に抵触するおそれがあり，鋼矢板（同98.3％）についても抵触しないとはいえないとの内示を行ったが，両社はこれを無視して合併契約を締結し，公取委に合併の届出を行った。公取委は，合併当事会社は当該合併により上記4品目のそれぞれの取引分野において市場支配力を形成・維持・強化する蓋然性があると判断して，両社に合併中止を勧告するとともに東京高裁に緊急停止命令を申し立てた。合併当事会社は，審判手続の途中で自発的に同法違反を認めたうえで上記4品目につき是正措置をとることの申出を行った結果，当該合併が認められた（公取委昭44・10・30同意審決・審決集16巻46頁〔八幡富士製鉄合併事件〕）。

　（2）　不当な取引制限の禁止　　不当な取引制限は，カルテルまたは共同行為ともいう。これは，複数の事業者が価格，生産・販売数量，取引先などを相互に制限したり，受注予定者や受注金額などを調整したりするなど対市場効果（後述する）を有する競争制限的合意を行うことを指し，独禁法はこれを全面的に禁止している（3条後段・2条6項）。

　たとえば，前者の例としてN社など6社（6社は，わが国における冷間圧延ステンレス鋼板の販売数量のほとんどを占めていた）が同鋼板を共同して販売価格の引上げを決定していた事例（公取委平16・1・27勧告審決・審決集50巻424頁〔日新製鋼事件〕），また後者の例として農林水産省が発注する予定価格が9千万円を超えるダムなどに用いる水門設備の新設工事，更新工事，補修工事および保全工事につき，K社ら8社（8社は，農林水産省が発注する水門設備工事のほとんどすべてを受注していた）は共同して受注予定者を決定し，受注予定者が受注できるようにしていた事例（公取委平19・3・8排除措置命令・審決集53巻896頁〔㈱栗本鐵工所事件〕）を挙げることができる。ここでは，複数の競争事業者が対市場効果（複数の事業者が，当該市場で競争制限的合意を実効性をもって行いうるか否かを問題とする。この判断は，競争制限的合意に加わる事業者の市場占拠率が重要な指標とな

る。前者の事例では，6 社が販売数量のほとんどを占めていた事実，後者の事例では，8 社がほとんどすべてを受注していた事実が重要な判断基準となる）を有する競争制限的合意を行っていたわけである。

（3） 不公正な取引方法の禁止　　不公正な取引方法とは，独禁法 2 条 9 項 1 ～ 5 号の行為（これらを「法定類型」という）および同項 6 号に基づき公取委が指定した行為（これを「指定類型」という）を指す。事業者がこれらの行為（法定類型に掲げられた行為，指定類型として一般指定〔昭和 57 年公取委告示 15 号および平成 21 年公取委告示 18 号〕で指定された 15 の行為および新聞業など特定の 3 業種に特殊指定とされた行為）を行うと，独禁法 19 条違反となる。

　これらの行為を別の角度から分類すると，①価格を中心とした自由な競争が制限されるおそれがある行為，たとえば取引の拒絶，差別対価，再販売価格の拘束などの行為，②競争手段そのものが公正とはいえない行為，たとえば抱き合わせ販売によって競争事業者の顧客を誘引する行為，③有力な事業者が卓越した取引上の地位を利用して取引の相手方に無理な要求を押し付ける行為，たとえば優越的地位の濫用行為などに分けられるが，独禁法はこれらの行為のうち不当性（＝公正競争阻害性）を有するもの，つまり能率競争を歪曲する性質をもつものを不公正な取引方法として禁止している。

　①に分類されるものとしては，競争関係にあるタクシー事業者らが，共通乗車券発行事業者に低額なタクシー運賃を収受していたタクシー事業者との共通乗車券事業に係る契約を拒絶させた事件（公取委平 19・6・25 排除措置命令・審決集 54 巻 485 頁〔都タクシー事件〕），農薬の製造販売業者が，小売業者に自己が定めた希望小売価格で農薬を販売するよう要請し，この要請に応じない小売業者に農薬の出荷停止またはその供給数量の制限を行った事件（公取委平 18・5・22 排除措置命令・審決集 53 巻 869 頁〔日産化学工業㈱事件〕），②に分類されるものとしては，農協が自己の販売する農業機械などを購入する者に限り，融資を行った事件（公取委昭 51・3・29 勧告審決・審決集 22 巻 144 頁〔斐川町農業協同組合事件〕），③に分類されるものとしては，大規模小売業者が取引上の優位な地位を利用して商品納入業者にギフト商品などの押し付け販売を行い，さらに自社の店舗の新規オープンなどに際して従業員の派遣要請や金銭的負担の強要を行っていた事件（公取委平 18・10・13 排除措置命令・審決集 53 巻 881 頁〔㈱バロー事件〕）がある。これらの行為は，市場メカニズム（価格メカニズムともいい，需給の変化に伴っ

て価格が変化して形成されるシステムをいう）をただちに破壊するものではないが，競争秩序に少なからず悪影響をもたらす行為として，独禁法はこれを不公正な取引方法として禁止している。

（**4**）　**独禁法施行の意味**　　独禁法は，私的独占，不当な取引制限および不公正な取引方法にみられるような事業者の競争制限的・競争阻害的行為（後述する）を禁止するいわば自由競争経済秩序の下で行われる事業活動の基本的なルールを定めた法律である。

　自由競争経済秩序の下では，事業者の事業活動は，利潤を獲得するために技術開発，商品の開発，生産方法の改良，市場の開拓，顧客の獲得などをめぐって事業者間で競争が行われる。その際，事業者は競争事業者よりも優位に立とうとして経済効率を高めたり，コストを削減したり，あるいは事業者間で水平的・垂直的結合など経済力の集中を推し進めたりするであろう。これらがうまくいかなかった事業者は，利益が上がらなかったり，競争に敗れて市場から淘汰されたり，あるいは有力な事業者の支配下に置かれたりすることになる。そうすると，事業者の中にはやっかいな競争を避けて，私的独占や不当な取引制限のように市場支配力を形成・維持・強化する行為（これを「競争制限的行為」という）を行ったり，不公正な取引方法のように市場支配力の形成・維持・強化に至らないまでも，競争秩序に少なからず悪影響を与える行為（これを「競争阻害的行為」という）を行ったりする者が出てくる。その結果，人為的な価格形成が行われたり，競争にさらされることがないため商品の品質が低下したりすることが懸念される。そこで，独禁法は，競争制限的・競争阻害的行為にみられるような諸行為を規制するのである。つまり，同法は，事業者が競争することに消極的になるという資本主義経済の老化・硬直化現象を防ぎ，いわば，事業者が相互に競争することによって良好な経済成果をもたらすという資本主義経済に内在する法則を効果的に利用しようとするのである。

　また，同法が求める事業者間の競争は，技術革新，合理化の促進，資源の適正配分という良好な経済成果をもたらすだけでなく，経済権力（＝独占力あるいは市場支配力）をできる限り分散させて民主的な経済運営を確保すること（消費者の商品選択の自由および事業者の営業の自由の確保）も狙っている。このようにみれば，独禁法を施行して競争秩序を維持することは，経済の発展という国民経済的な利益であり，個々の事業者にとっても長い目でみれば利益なのであ

る。このことから，同法を経済秩序の基本法（経済憲法）と呼ぶことがある（東京高判平5・12・14審決集40巻776頁〔シール談合刑事事件〕）。

3 独占禁止法の運用

（1）公正取引委員会（公取委） 独禁法を運用する行政機関として公取委が置かれている（27条1項・27条の2）。公取委は，内閣総理大臣の所轄に属し，行政組織上，内閣府の外局として設置されている（27条2項）。公取委を組織する委員長および委員に職権行使の独立性を認め（28条），内閣および内閣総理大臣の指揮監督権を遮断し，公取委は独自の判断で独禁法を運用することができることになっている。その主な権限は，①準立法的権限（内部規律・事件の

★コラム1・1 英国におけるカルテルの否定と取引制限の歴史

（1）イギリスの経済学者アダム・スミスは，『国富論』の中でカルテルを徹底的に否定している。たとえば，「同業者というものは，うかれたり気ばらしをしたりするために会合するときでさえ，その会話の果ては，たいていのばあい社会に対する陰謀，つまり価格をひきあげるための工夫になってしまうものである。実際のところ，このような会合を制止してしまうことは，実施可能な法律によっても，自由と正義とにかなう法律によっても，不可能である。しかしながら，法律は，たとえ同業者がときどき集会をもつのを阻止できないにしても，けっしてこのような集会を助長すべきではないし，ましてこのような集会を必要なものにすべきではない」と述べている。つまり，アダム・スミスにとってカルテルは，売り手が買い手を騙す行為であり，道徳的にも倫理的にも決して許されるべきものではない，との考えがあったと思われる。

（2）中世のイギリスにおいて，親方と徒弟との間で締結された契約にわが独禁法3条後段にいう取引の制限の語源が見出される。私の研究したところでは，コモン・ロー上の取引制限（restraint of trade）という語は，本来特殊の技術的な意味をもち，他の主たる契約に付随してなされる一定の営業をしない旨の契約，組合員もしくは社員または脱退した組合員もしくは社員が一定の期間その組合または会社と同種の営業に従事しない旨を約する契約，徒弟・使用人・代理人等が徒弟期間または雇用期間の終了後その親方または雇主と競争しない旨を約する契約の意味に用いられていた。ここでいう営業（取引）とは，自己の能力を用いて収入を得るすべての行為を含んでおり，能動的に営業（取引）活動を行うだけでなく，受動的に他人の下で雇用されることも含んでいた。イギリスの裁判所は，当初国民の職業または自由を制限するすべての契約を否定し，その制限が一般的であろうが，部分的であろうが一切の制限契約を違法とした。たとえば，ある染物業者が同じ町で6ヶ月間同じ営業をしない旨を他の者と約した契約は，コモン・ローに違反し，無効であるとされた。なぜならば，かような契約は，本人およびその家族の家計に困難を課し，公共からその有用な成員を奪い，かつ団体の公の負担を増大させる結果を生じさせるからであるという。かようなコモン・ローの規制は，良好な経済成果とか，資源の適正配分という観点から考えられたものではないが，取引の制限を禁止する理由の一端がうかがわれる。

処理手続の制定などの規則制定権，不公正な取引方法の指定の告示など）と②行政的権限（排除措置命令・課徴金納付命令・独占的状態がある場合の措置などの行政処分を行うこと，調査業務，届出・報告書などの受理にみられる調整業務など）である。

　独禁法違反が生じた場合，違反行為者は，①排除措置命令および課徴金納付命令などの行政処分，②刑事罰（私的独占および不当な取引制限のみ），③民事上の差止請求（不公正な取引方法のみ）および⑤民事上の損害賠償請求の対象者とされる。

　（2）　排除措置命令および課徴金納付命令などの行政処分　独禁法に違反する事実が認められると，公取委は，同法に定める手続に従って違反行為者に違反行為を差し止め，その他必要な措置を命じる（これを排除措置命令という。7条・8条の2・17条の2・20条）。これは，違法状態を除去し，失われた競争秩序を回復させることを目的とした行政処分である。これと並行して，公取委は，事業者が私的独占，不当な取引制限（これに該当する行為を含んだ国際的協定・契約を含む）および不公正な取引方法の一部の行為を行った場合には当該事業者に行政処分として得られた利得をはき出させる課徴金の納付を命じる（7条の2・8条の3・20条の2〜6）。

　（3）　刑事罰など　私的独占と不当な取引制限については，たとえば累犯を重ねるような悪質な行為者には5年以下の懲役もしくは500万円以下の罰金が科され（89条1項1号），使用者である法人などには5億円以下の罰金が併科される（95条1項1号）。このほかにも国際的協定・契約違反や確定排除措置命令違反（90条），届出などの義務違反（91条の2），行政調査の拒否など（94条）に対して罰則がある。

　（4）　私人の差止請求　事業者団体による独禁法8条5号違反の行為または事業者の不公正な取引方法によって利益を侵害され，または侵害されるおそれがある者は，これにより著しい損害を生じ，または生じるおそれがあるときは，裁判所にその侵害の停止または予防を請求することができる（24条）。

　（5）　民事上の損害賠償請求　私的独占，不当な取引制限，特定の国際的協定・契約または不公正な取引方法を行った事業者と独禁法8条の規定に違反した事業者団体は，その被害者に無過失損害賠償の責任を負う（25条）。ただしこの請求は，排除措置命令（排除措置命令がされなかった場合には，課徴金納付命令）が確定した後でなければ裁判上主張できないことになっている（26条1項）。

なお，被害者は，違反行為者に対し独禁法25条による損害賠償請求のみならず，民法709条の不法行為に基づく損害賠償請求もできる。

4　独占禁止法の体系

独禁法は，全文118カ条からなる法律で，目的，定義，禁止される行為，事件処理手続，公取委の組織や権限，制裁や罰則などを定めている。そのほか，同法は政令（たとえば，「独占禁止法施行令」），規則（たとえば，「公正取引委員会の審査に関する規則」）と公取委が経済の実態に合わせて制定する告示（たとえば，「不公正な取引方法」の一般指定，「大規模小売業者による納入業者との取引における特定の不公正な取引方法」，「特定荷主が物品の運送又は保管を委託する場合の特定の不公正な取引方法」，「新聞業における特定の不公正な取引方法」）を有している。同法は，絶えず動いている経済を規制対象にしているため，このように公取委に告示や規則の制定権を認め，公取委の法運用をしやすくしているのである。これらの法律・政令・規則・告示だけでなく，公取委が通達として出す運用のための基準（たとえば，「行政指導に関する独占禁止法上の考え方」）および指針（たとえば，「事業者団体の活動に関する独占禁止法上の指針」，「公共的な入札に係る事業者及び事業者団体の活動に関する独占禁止法上の指針」，「不当廉売に関する独占禁止法上の考え方」，「フランチャイズ・システムに関する独占禁止法上の考え方について」など）を把握しておくことは，独禁法を正しく理解するうえで不可欠である。

ところで，競争政策の推進を図る独禁法は，市場の失敗という現象によって制限を受ける。市場の失敗とは，競争政策を市場機構のみに委ねていたのでは問題の適正な解決が期待できないことをいう。市場の失敗は，競争政策の限界を意味するが，独禁法体系ではこれに対処するために競争政策を制限し，代替的な規制手段（適用除外制度）を設けている。同法の適用除外制度には，同法自体に置かれているもの（適用除外規定という）と同法以外の個別法の定めによるもの（適用除外立法という）とがある。前者に属するものとして，知的財産法による権利行使（21条），協同組合の行為（22条），再販売価格の拘束（23条）がある。後者に属するものとして，各種個別適用除外立法（輸出入取引，中団，環衛，海運，道運，航空，内航海運など）があって，これらの法律の規定を根拠として，独禁法が適用されない領域が設けられている。独禁法を理解するうえで，これらの規定ないし法律を合わせて理解しておく必要がある。また，独禁法に

第1章　経済法としての独占禁止法　11

図表 1-1　独禁法の規定の体系

◎**実体規定**
(1)カルテルの規制　不当な取引制限（3 条後段・2 条 6 項），事業者団体の規制（8 条 1
　〜 4 号），国際的協定・契約の規制（6 条・8 条 2 号）
(2)私的独占の規制　（3 条前段・2 条 5 項）
　経済力の集中規制　（3 章の 2 および 4 章）
　市場集中規制　株式所有の規制（10 条・14 条），役員兼任の規制（13 条），会社の合
　　併規制（15 条），会社分割などの規制（15 条の 2），共同株式移転の規制（15 条の 3），
　　事業の譲受などの規制（16 条），独占的状態に対する措置（8 条の 4・2 条 7 項）
　一般集中規制　事業支配力の過度集中の規制（9 条），金融会社による議決権の取得な
　　どの規制（11 条）
(3)不公正な取引方法の規制　不公正な取引方法の禁止（19 条・2 条 9 項 1 〜 6 号），事
　　業者団体の規制（8 条 5 号），国際的協定・契約の規制（6 条），株式所有の規制（10
　　条 1 項・14 条），役員兼任の規制（13 条 2 項），会社の合併規制（15 条 1 項 2 号），
　　会社分割などの規制（15 条の 2 第 1 項 2 号），共同株式移転の規制（15 条の 3 第 1
　　項 2 号），事業の譲受などの規制（16 条 1 項）
(4)　適用除外（21 〜 23 条）

◎**規制方法**　排除措置命令（7 条・8 条の 2・17 条の 2・20 条），課徴金の納付命令（7
　　　　　　条の 2・8 条の 3・20 条の 2 〜 6），差止請求（24 条），無過失損害賠償責任（25
　　　　　　条），罰則（89 条以下）
◎**組織規定**　公取委の組織と権限（27 条以下）
◎**手続規定**　違反事件の処理手続（45 条以下），訴訟（77 条以下），犯則事件の調査な
　　　　　　ど（101 条以下）

はこれを補完する法律として下請代金支払遅延等防止法（略称して「下請法」と
いう）がある。同法は，親事業者と下請事業者間の取引を公正にし，下請事業
者の利益を保護することを内容とする法律で，親事業者による受領拒否，下請
代金の支払遅延・減額，不当返品，買いたたきなどの行為を規制している。

5　独占禁止法の目的（1 条）

　独禁法は，「この法律は，私的独占，不当な取引制限及び不公正な取引方法
を禁止し，（中略）以て，一般消費者の利益を確保するとともに，国民経済の
民主的で健全な発達を促進することを目的とする」（1 条）とその立法目的を冒
頭に明示している。このように立法目的を冒頭で明示しておくことは，同法の
運用，とりわけ条文の解釈につき疑義が生じるような場合に首尾一貫した解釈
を可能にし，法律自体に客観性を付与する効果をもたらすのである。

同条は，長文で理解しにくいのでこれを5段に分けて説明してみよう。まず「この法律は，私的独占，〔中略〕不公正な取引方法を禁止し」を1段目とする。これは，独禁法の3本の柱，つまり同法が規制している主たる禁止行為の類型を示している。次に「事業支配力の過度の集中を防止して，〔中略〕不当な拘束を排除することにより」を2段目とする。これは，禁止行為の規制方法・手段を簡単に説明したものである。この部分は，1段目で掲げられた禁止行為が「一切の事業活動の不当な拘束の排除」を狙って行われることを述べ，それが，以下に掲げる競争政策の目的達成のための方法ないし手段であることを明らかにしている。

　「公正且つ自由な競争を促進し」を3段目とする。独禁法が目指す最初の目的という意味でこれを手段的目的と呼ぶ。ここにいう「公正且つ自由な競争を促進し」は，私的独占，不当な取引制限および不公正な取引方法を禁止することによって，事業者間で価格・品質・役務を中心とした能率競争が展開されると同時に，市場メカニズムが機能することを狙っている。その結果，良質・廉価な商品または役務が市場に供給され，経済循環が円滑に行われることが，資本主義経済の望ましい姿であり，この法律が目指す最初の目的なのである。

　「事業者の創意を発揮させ，〔中略〕水準を高め」を4段目とする。これは，競争政策を採用することのメリットの一部を述べている。競争市場において商品・役務の供給者は，その供給によって最大の利益を得るには，買い手に良質廉価な商品・役務を供給して競争事業者に打ち勝つ努力をしなければならない。そのためには，供給者に技術革新や合理化の促進といういわゆる経済効率を上げるためのインセンティブをもたせる必要がある。買い手がそのインセンティブに基づいた成果（価格・品質・役務）を自由に選択できるならば，そこに市場メカニズムによる弾力的な価格の形成が行われ，能率の優れた事業者のみが市場に残り，能率の劣る事業者は淘汰される。結果的に，限られた資源の適正な配分と生産の効率性という良好な経済成果の獲得も期待できるのである。かくして事業者は，「創意を発揮」して優れた事業者になろうと努力するだろうし，また新規参入者の市場への参入を促し，「事業活動が盛んになる」。そうすると，雇用および国民の実所得の水準も自ずと高められることになる。

　最後に，「以て，一般消費者の利益を〔中略〕目的とする」を5段目とする。これは，独禁法が目指す最終の目的という意味で究極的目的と呼ばれる。しか

もその目的の達成方法として，3段目の「公正且つ自由な競争の促進」（手段的目的）と5段目の「一般消費者の利益」ひいては「国民経済の民主的で健全な発達」の促進（究極的目的）とがつながっているから，同法の目的は，事業者の公正かつ自由な競争を通して一般消費者の利益，ひいては国民経済の民主的で健全な発達を図ることである。すなわち，事業者間で公正かつ自由な競争が行われる結果，一般消費者は商品・役務の選択の自由を確保することが可能となり，最大の利益を得ることになる。また，「国民経済の民主的で健全な発達」というところに「民主的」という言葉が使われていることにも注意しなければならないだろう。独占の出現は，市場支配力の存在にほかならず，その市場支配力の濫用は，個人の自由の侵害となり，ひいては民主社会の根幹を揺るがすことになる。市場支配力の出現ないし濫用を規制する独禁法は，単に良好な経済成果を求める（経済的目的）だけでなく一般消費者・事業者も含めた個人の自由を保障し，自由社会を維持す基盤を提供し（政治的・社会的目的）ようとしているのである。

6 独占禁止法の沿革および変遷

（1）　独禁法の制定　　わが国は，昭和20年8月に終戦を迎えることとなるが，アメリカ軍を中心とした連合国軍総司令部は，日本政府に対し私的独占，取引の制限，望ましくない企業相互間の株式の保有，重役の兼任を除去す

★コラム1・2　自由競争と規制・保護政策――判例の紹介

　かつて東京都内の複数の新聞販売店が新聞の販売地域を制限した事件で東京高裁の判決（東京高判昭28・3・9審決集4巻190頁〔新聞販路協定事件〕）は，独禁法の基本的な考え方を述べており，きわめて重要である。それによると，「原告らは審判手続において地域を撤廃するときは新聞販売に関する無軌道な競争が行われ，その結果配達費，拡張費，宣伝費等の増大により販売店の経営は破綻に瀕するのみでなく，読者の争奪戦は激化して遂には押売等の不公正競争方法に発展する危険性があり，かつ遠隔の地には配達の放棄が行われる等種々の弊害を生ずるおそれがあると主張しているが，これは必ずしも地域協定撤廃の結果とは解し難いのみでなく，<u>自由競争のあるところ優勝劣敗の分かれることは免れ難い数（ママ）であり，販売店の経営が存立するか否かはもっぱら市場の法則に委すべきものである。かかる事態をさけんがために人為的な競争制限を行うことは本来独占禁止法の許さないところなのである（下線は，筆者）</u>」として，競争政策ないしは独禁政策の中に特定の競争事業者を保護するあるいは弱者を救済するなどの社会政策的な配慮を持ち込むべきではないという基本的な考え方を示している。

る法規の制定を指示したが，政府によるその制定作業は遅々として進まなかった。そこで，翌21年8月同総司令部反トラスト課からアメリカ連邦反トラスト法を手本にしたカイム案（カイム判事が起草）が示され，以後このカイム案を基礎にして独禁法案の作成が進められることとなった。この結果，昭和22年3・4月に独禁法が制定・公布され，これが同年7月から施行されることとなった。同法（制定当初の独禁法を原始独禁法と呼ぶ）は，10章100カ条からなる単行法で，①影響軽微な場合を除くカルテル的共同行為の禁止規定（旧4条），②不当な事業能力の較差排除規定（＝企業分割規定。旧8条），③会社間の株式保有の原則禁止規定（旧10条），④持株会社の全面的な禁止規定（旧9条）をもっており，アメリカ連邦反トラスト法よりも厳格であった。

（2）昭和24年の独禁法改正　その後，朝鮮半島における国際情勢の変化に伴って占領政策の変更を迫られた連合国軍総司令部は，日本を反共の防壁とするために日本経済を安定・強化する必要性，さらに増資と外資導入の円滑

★コラム1・3　グレンジャー・ムーブメントとアメリカ連邦反トラスト法（シャーマン法）の制定

　19世紀後半，アメリカは産業および鉄道の目覚しい発展を遂げるが，これは資本の集中（トラスト）によって行われた。しかし，このトラストの横暴は目に余った。アメリカ中西部の農民は，彼らが生産した農産物は低価格でトラストによって買いたたかれ，逆に農民が購入する商品はトラストによって高価格で買わされて，売り手としても買い手としても苦しめられた。さらに鉄道会社によるトラストと農民との間の運賃差別，そして独占的な倉庫会社による穀物倉庫の高料金が農民の強い不満の対象となっていた。トラストは，いかなる州で設立されてもよく，設立されたトラストは全国で活動することができた。しかもトラストは，設立地の州で規制を受けるに過ぎなかった。このような理由から，トラストは，何らの規制を受けない州で設立され，それを他の州の農民を抑圧するための手段として利用したのである。

　この横暴に抗議して，1867年にOliver H. Kelleyが中心となって全国農業保護者連盟（National Grange of the Patrons of Husbandry）が発足した。同連盟は，トラストや鉄道・倉庫会社の独占的横暴を非難するとともに，州議会に代表者を選出し，これらの横暴を規制するための立法活動を推進していった（これをグレンジャー・ムーブメントという）。この状況をみて，アメリカ連邦最高裁判所のハーラン判事が「人間の奴隷は，幸福にも米国から取り除くことができたけれども，資本の集中から生ずる新しい奴隷制度，即ち自己の利益の実現のために生活必需品の生産と販売とを支配する少数の個人及び会社の出現は，人々に深刻な不安を与えていた」と述べていることからもその深刻さが窺える。この運動が展開された結果，連邦法の1つとして鉄道業者による運賃差別を禁止した州際通商法が1887年に，独占および不当な取引制限を禁止したシャーマン法が1890年に制定されることになった。これがアメリカ連邦反トラスト法の始まりである。

化のために企業結合規制を緩和する必要性が生じ，また国際的協定規制を緩和することを望む産業界の要求を受け入れる必要もあった。しかも，日本経済の早期復興と自立は，アメリカ資本の利益を実現するためにも必要であった。そこで，同総司令部のテコ入れがあって次のような法改正が行われた。

①　不当な取引制限および不公正な競争方法を内容とする国際的協定・契約を認可制（事前規制）から事後届出制（弊害規制）へと変更（6条）

②　会社間の株式保有の規制を原則禁止から「会社間の競争を実質的に減殺することとなる場合」，「一定の取引分野における競争を実質的に制限することとなる場合」および不公正な競争方法による場合にのみ禁止（10条）

③　一般会社による他の会社の社債取得の制限（旧12条）を削除

④　会社間の役員兼任の規制を原則禁止から競争関係にある会社間の場合にのみ禁止（13条）

⑤　会社間の合併，事業譲受の規制（15条・16条）を認可制から事前届出制に変更し，しかもその規制対象は「一定の取引分野における競争を実質的に制限することとなる虞れがある場合」（市場支配力の形成・維持・強化の可能性［possibilities］を要求すること）から「一定の取引分野における競争を実質的に制限することとなる場合」（市場支配力の形成・維持・強化の蓋然性［probabilities］を要求すること：蓋然性は，可能性に比べて市場支配力の形成・維持・強化の発生する確率が高いことを意味する）へと変更

この結果，公取委が行う市場支配力の形成・維持・強化の判断基準を緩和させることになり，異業種間の株式の相互持合い，役員兼任によるグループ化を可能にしただけでなく，銀行の商号の温存とあいまって旧財閥系の企業間の再統合を可能にしたのである。

（3）　昭和28年の独禁法改正　　昭和27年4月のサンフランシスコ講和条約発効により占領政策が終了すると，独禁法の緩和の動きがにわかに活発化することになった。しかも，朝鮮戦争の特需ブームが去り，産業界は生産過剰に苦しんでいた。このような背景の下に，同28年，次のような独禁法の改正が行われた。

①カルテルを原則的に禁止した旧4条を削除し，他方では不況カルテル（旧24条の3），合理化カルテル（旧24条の4）を容認してカルテル規制の立場を弊害規制という立場に変更，②旧8条（不当な事業能力の較差排除規定＝企業分割規定）

を削除，③金融会社による一般会社の株式保有制限を発行済株式総数の5％から10％へと緩和（11条）を行った。また，④競争会社間の株式保有の禁止（10条）および重役の兼任の制限（13条）は，現行のように「一定の取引分野における競争を実質的に制限することとなる場合」と不公正な取引方法による場合にのみ禁止することとした。一方，⑤一部商品の再販売価格維持契約に独禁法の適用除外制度を創設（23条）し，⑥不公正な競争方法の名称を不公正な取引方法に変更した（19条）。さらに⑦事業者団体法を廃止して，これを後退した形で独禁法8条に挿入した。

　これらの改正は，カルテル政策の根本的な変更をもたらすとともに適用除外規定・立法を大幅に増やし，独禁法の大幅な後退をもたらすものであった。

（**4**）　**昭和52年の独禁法の改正**　　昭和40年代になると，わが国経済は，高度成長が終了し，安定成長ないし低成長へと向かうことになるが，それにつれて商品・サービス価格の下方硬直など寡占化に伴う競争制限的な弊害が一層問題視された。それが同48年の第一次石油危機によってエスカレートし，石油危機に便乗したカルテルあるいは買占め・売り惜しみを頻発させた。しかも，寡占産業において同調的価格引上げが繰り返され，それが物価高騰の一因となったのである。このような経済的混乱に対処するために，産業界の協調的体質を生み出す寡占化に一定の歯止めをかけ，カルテル規制の実効性を確保すべく独禁法の強化改正が初めて行われることになった。

　改正法の内容は，①独占的状態に対する措置（＝企業分割規定）の創設（8条の4・2条7項），②同調的価格引上げに対する理由の報告徴収制度の創設（旧18条の2），③課徴金納付命令制度の創設（7条の2など），④大規模事業会社の株式保有の総額規制（旧9条の2）の創設および⑤金融会社による一般事業会社の株式保有の制限比率を発行済株式総数の10％から5％への引下げ（10条）を骨子とするものであった。

（**5**）　**経済のグローバル化と競争政策の積極的展開**　　平成に入ると，海外からわが国市場は閉鎖的であるとの批判が高まり，一層の自由かつ開放的な市場にすることが要請された。これを受けて，独禁法の執行力強化の観点から，平成3年には課徴金を4倍へと引上げ（7条の2など），同5年には不当な取引制限などの罰則について法人企業などに対する罰金額の上限を500万円から1億円へと引上げ（95条）た。さらには，公取委の執行体制も強化され，事務局

を事務総局に格上げした。

同 9 年から同 11 年にかけて政府規制緩和の観点から，独禁法適用除外立法の廃止・縮小，持株会社の解禁（9条），国際的協定・契約の届出制の廃止（6条），企業結合の届出・報告制度にかかわる手続的負担の軽減などを内容とする立法化が行われた。同 12 年には，独禁法違反行為により被害を受けた企業・消費者が裁判所に差止請求できる制度の導入（24条），同 14 年には，私的独占，不当な取引制限についての法人などに対する罰金額の引上げ（1億円以下から5億円以下へ。95条），同 17 年には，課徴金額の引上げを伴った課徴金制度の改正，課徴金減免（リニエンシー）制度の導入（7条の2），公取委に犯則調査権限の付与（101条以下）が行われ，審査手続などの改正も行われた。同 21 年改正法では，課徴金制度の強化に向けての見直し（7条の2），企業結合の届出規制の見直し（4章），不当な取引制限に対する懲役刑の引上げ（89条1項）が行われた。かようにみると，国際・国内世論の後押しもあって独禁法改正は，年中行事のごとく着々と進められていった。

（**6**）　**平成 25 年改正法による審判制度の見直し**　　独禁法が欧米の法制度を導入してできたことはすでに述べたが，導入に伴って，同法の運用機関として行政的権限と準司法的・準立法的権限を併せもつ欧米流の行政委員会である公取委が設置された。当初の公取委は，独禁法違反の事実があると思料するときは独自で調査を行い（45条），違反行為があると認めれば，審判開始決定を行い（旧49・50条），審判手続を経たのち，審決により違反行為の排除を命じる（旧54条）権能をもっていた。つまり，公取委は，自ら事件を取り上げ（訴追的機能），併せて裁判に準じる手続によって審決をする（判定的機能）権能を有していたのである。かような手続に対し，手続の公正さを疑わせるとの批判が当初からあったことはいうまでもない。

これに対し，公取委は，「審査審判規則」を作って内部機構で訴追的機能と判定的機能を分離する試み（これを職能分離という）を行ってきたところである。しかし，かような努力が行われたとしても，公取委が審査から審判を経て審決に至る一連の手続に行政庁として関与することに変わりはない（この矛盾を生じさせた事件として，東芝ケミカル事件〔東京高判平6・2・25高民集47・1・17，審決集40巻541頁〕がある）。また，事件処理方法として勧告審決や警告・注意などの行政指導に頼る消極的な姿勢にもその弊害がみられた。しかも，審判手続で

は，職権行使の独立性を保障された委員長および委員が審決に関与するだけでなく，公取委の認定した事実に実質的証拠があるときは，裁判所を拘束する（旧80条）とされた。つまり，公取委は，発足当初から第1審の裁判所に準じる位置を占めていたのである。

これに対し，平成25年の改正法は，①公取委が行う審判制度を廃止し，公取委の行政処分（排除措置命令など）に対する不服審査については，抗告訴訟として東京地方裁判所で審理する（85条以下）。また②公取委が行政処分（排除措置命令など）を行う際の処分前手続として，公取委が指定する職員（これを「指定職員」という）が主宰する意見聴取手続（49条以下）を行い，公取委の認定した事実を立証する証拠の閲覧・謄写に係る規定などの整備（52条）も併せて行った（なお，課徴金納付命令・競争回復措置命令についても準用。62条4項・64条4項参照）。

7 独占禁止法と他の法律との関係

（1） 憲法と独禁法 独禁法による規制は，憲法的にみていかなる意味をもっているのであろうか。既述したとおり独禁法は，私的独占，不当な取引制限および不公正な取引方法を中心に事業者の特定行為を禁止するので，これらの行為を行う事業者の営業の自由（事業目的を達成するために必要とされる行為をする自由）は，制限される。他方では，事業者が同法違反行為を行うことは，それによって他の事業者の営業の自由を侵害することになる。そこで，このことをもう少し詳しく説明することにしよう。独禁法上，営業の自由の制限は2つに分けて考える必要があろう。第1に，国家が事業者に対して行う営業の自由の制限である。たとえば，私的独占を行う自由，つまり単独のまたは複数の事業者が他の事業者の事業活動を支配または排除して，市場支配力を形成・維持・強化する自由は，独禁法が存在しなければ各事業者は有しているはずである。しかし，当該行為を行った事業者は，同法によって規制される。同じように，不当な取引制限についても，独禁法が存在しなければ複数の事業者は価格制限，生産制限などを行う自由を有するが，この行為は，同法によって禁止されている。不公正な取引方法についても同様である。このように，国家権力との関係で捉えられている営業の自由をここでは形式的自由と呼ぶことにする。

第2に，独禁法違反行為によって引き起こされる他の事業者の営業の自由の制限である。たとえば，競争関係にある事業者が集団で行う共同の取引の拒絶

は，この行為によって取引を拒絶された事業者は市場から排除され，この者の営業の自由は否定されることになる。この営業の自由を実質的自由と呼ぶことにする。そうすると，独禁法を施行することは，一方では事業者が私的独占，不当な取引制限，不公正な取引方法を行う営業の自由を制限し，他方では同行為によって迷惑を被る他の事業者の営業の自由を確保することを意味することになる。

ところで，憲法は経済的自由を含んだ個人の自由を基本権として保障している（憲13条）。憲法に掲げる基本権のうち経済的自由に関係する規定は，職業選択の自由（憲22条1項）と財産権の不可侵（憲29条1項）があるが，営業の自由は，通説では憲法22条1項の職業選択の自由のうちに含まれるとされている。しかし，営業の自由には，営業を選択する自由以外に営業を行う自由も含まれており，これはむしろ憲法29条の財産権の行使（財産権の使用，収益，処分の自由）に基づいていると考えられる。つまり，憲法22条1項は主として開業・継続・廃止の自由に関係するものであり，憲法29条は主として開業後における営業活動の自由が支配する分野である。そうすると，営業の自由の保障は，憲法22条1項と同法29条によって支持されているとみるべきであろう。それらは憲法の下で，ともに公共の福祉に適合すると考えられている（憲法22条1項も29条も「公共の利益」が含まれている）。しかも憲法による経済的自由を含む基本権の保障は，国家権力による干渉からの自由の保障を意味するから，独禁法が私的独占，不当な取引制限および不公正な取引方法などを禁止する憲法上の意味は，形式的自由を実質的自由の確保のために制限することが営業の自由の保障であり，それが公共の福祉に適合すると考えられる（この考え方をとるのは，今村成和である）。

（2）　民法と独禁法　　次に，民法と独禁法との関係についてふれることにする。民法は，所有権の絶対（民206条）および契約の自由（民90条）を承認したうえで，商品交換過程（＝流通過程）の当事者を自由・平等・対等な法人格者（「人」）によって構成し（民3条1項），商品交換を私人相互間の関係として私的自治の原則の下で行わせている。ここでは，当事者は自由・平等・対等な「人」対「人」という二面関係で構成されている。しかるに，資本主義経済の高度な発展に伴い，独禁法などの特定の法律は，公共目的達成のために，多かれ少なかれ私人の所有権の絶対や契約の自由に制約を加えて，行政権の社会・

経済への介入を行えるようになった（三面関係）。その場合，行政権の介入は公共目的を達成するために保護もしくは規制すべき私人を法主体として特定しなければならないから，独禁法は，民法上の抽象的な法人格者「人」に代えて事業者，消費者，下請事業者という，より具体性を帯びた人格者を法主体として創設し，それらの者を保護ないし規制するための実定法を構成している。このような事情から，独禁法は，従来から民法とは異なる原理をもつ法律として説明されてきた。しかし最近では，民法と独禁法との融合が図られ，両者の関係に変化が生じている（この考え方をとるのは，根岸哲である）。これは，次の点にみられる。

第1に，民法709条と独禁法25条との関係において，判例上，「独占禁止法違反の行為によって自己の法的利益を害されたものは，当該行為が民法上の不法行為に該当する限り，これに対する審決の有無にかかわらず，一般の例に従って損害賠償の請求をすることを妨げられない」（最判平元・12・8民集43巻11号1259頁〔鶴岡灯油訴訟事件〕）とされ，また「エアーソフトガン業界の自主基準に違反した製品が直ちに危険があるとはいえないから，事業者団体が基準に違反する商品の販売を妨害したことは（独禁法旧）8条1項1・5号に該当し，民法709条に基づく当該事業者団体の当該メーカーに対する損害賠償責任が認められる」（東京地判平9・4・9判時1629号70頁〔日本遊戯銃協同組合事件〕）とされ，独禁法違反行為と民法の不法行為との相互補完関係を説く判例が現れている。

第2に，資生堂東京販売事件の東京地裁の判決（平5・9・27判時1474号25頁）で，商品の継続的供給契約の解約が正当化されるか否かを判断する場合の「やむをえない事由」につき，「メーカー（これと一体となった販売会社）が小売業者に対して商品の説明販売を指示すること（その一環として商品の販売先の台帳を作成させること），自社商品専用のコーナーを設けること等の販売方法に関する約定をすることは，商品の安全性の確保，品質の維持，商標の信用の維持等，当該商品の適切な販売のための合理的な理由が認められ，かつ，他の取引先小売業者に対しても同等の条件が課せられている場合には，当然許されることであり，右約定に反する販売方法を採る小売業者との間の継続的供給契約を債務不履行（契約違反）を理由として解約し，あるいは，基本契約上の中途解約権に基づき解約することも是認されてしかるべきである。しかしながら，この販売方法に関する約定についてそれほど合理的な理由が認められず，メーカー（販

売会社）が，このことを手段として小売業者の販売価格，販売地域，取引先等についての制限を行っている場合には，これは不当な取引制限（ママ）といわざるを得ないから，そのことを理由として継続的供給契約を解消することは許されないというべきである」として，民法と独禁法との相互補完関係に言及している。

そのほかにも，独禁法違反行為の私法上の効力につき，最近の学説では民法と独禁法との相互補完関係を論じる考えが示されている（これについては，第7章で取り扱うことになろう）。このようにみると，民法と独禁法とはまったく異なった原理が支配しているとされた従来の立場は，相互に補完関係にある立場へと学説においても判例においても変化を生じつつあるといえよう。

§2　独占禁止法の基礎概念

1　事業者

独禁法が禁止する行為の大半は，事業者または事業者団体の行為である。したがって，事業者に該当するか否かが，独禁法の適用を受けるか否かを左右することになる。

一般に事業者と聞いて思い浮かぶのは，企業や個人商店などであろう。しかし，独禁法では，これより相当広い範囲の者を事業者として扱う。事業者を定義する2条1項には，事業者とは事業を行う者であると書かれており，事業に当たるものが3つ例示されているだけである。この事業とは，「なんらかの経済的利益の供給に対応し反対給付を反復継続して受ける経済活動を」意味する（最判平元・12・14民集43巻12号2078頁〔都立芝浦と畜場事件〕）。このような経済活動を行う者が事業者である。行為「主体の法的性格は問うところではない」（上記最判）。公的な機関や団体も事業者に当たる場合がある。

都立芝浦と畜場事件は，東京都が経営する食肉処理場の屠場料はあまりに低廉で，不当廉売に当たるとして，民間の食肉処理業者が都を訴えたものである。上記の判断枠組みに基づいて，都は事業者に当たるとされた。お年玉付き年賀葉書事件（最判平10・12・18審決集45巻467頁）では，国の事業者性が認められた。郵便事業を行う国は，郵便葉書の発行・販売について事業者であり，私製葉書の製造販売業者と競争関係に立つと判示された。

公益法人も，収益事業などを行っている場合は，その限りで事業者となる。事例として，自動車教習所を事業者とした埼玉県指定自動車教習所協会事件（公取委昭 41・2・12 勧告審決・審決集 13 巻 104 頁），医療用食品の改善と普及を担う財団法人が事業者とされた日本医療食協会事件（公取委平 8・5・8 勧告審決・審決集 43 巻 209 頁）などがある。

　個人で開業する医師，弁護士，建築士などいわゆる自由業と呼ばれるものも，一定の経済活動を行う限りにおいては事業者に当たる（東京高判平 13・2・16 判時 1740 号 13 頁〔観音寺市三豊郡医師会事件〕（開業医が事業者に該当）など）。

　2 条 1 項の後段は，事業者団体の行為を規制する場合に，同項前段よりも，事業者とする者の範囲を広げる規定である。2 条 2 項と独禁法第 3 章の適用については，「事業者の利益のためにする行為を行う役員，従業員，代理人その他の者」は事業者とみなすことになる。後段が適用された事例として，滋賀県薬剤師会事件（公取委平 19・6・18 排除措置命令・審決集 54 巻 474 頁）がある。当該薬剤師会事件では，医薬品販売業者のほかに，販売業者の役員や代表者，さらに販売業者に雇用される薬剤師も事業者であるとされた。

　経済活動の主体であっても，消費者と労働者は事業者に当たらないと解される。

2　事業者団体

　事業者団体は 2 条 2 項により定義されている。事業者団体は，幅広い複数事業者の結合を含む概念である。一般に業界団体と呼ばれるもののほか，多様な形態のものが含まれる。社団法人，財団法人，組合，契約による事業者の結合も事業者団体に当たる。事件になったものとして，大阪バス協会，日本レコード協会，海上埋立土砂建設協会，滋賀県生コンクリート工業組合，千葉市医師会などがある。

　事業者団体であるためには，「事業者としての共通の利益を増進することを主たる目的とする」組織体でなければならない。「事業者としての共通の利益を増進する」活動としては，事業に関連する調査や研究開発，製品の規格や品質基準などの策定，広報活動などがある。事業者が何らかの形で利益を受ける広範囲な活動を含むものである。「主たる目的とする」とは，それが団体の最も重要な目的であるということではない。その団体に主要な目的が幾つかあり，

その1つに当たればよい。

事業者団体の連合体も事業者団体である。たとえば，ある製品の製造業者が市町村ごとに事業者団体を結成しており，その事業者団体が都道府県単位で連合し，さらにそれら連合組織が全国規模の連合体を作っている場合，いずれの連合体も事業者団体に当たる。事業者団体に該当するには，必ずしも競争関係にある事業者によって構成されている必要はない。複数業種の事業者や取引段階が違う事業者が混在していてもよい。

しかし，事業者の結合体であっても，事業の主体となるものまで事業者団体とすることは，妥当ではない。2条2項但書により，資本を有するなど一定の条件を満たすものは，事業者団体ではなく事業者となる。たとえば，事業者を株主とする株式会社があるが，これは実質をみても事業者であり，事業者団体と捉えることは妥当ではない。また，事業者団体であっても，商品の販売など事業を行っている場合は，その限りで事業者として扱われることがある。

3 一定の取引分野

独禁法が禁止する行為には，「一定の取引分野における競争を実質的に制限すること」（または「こととなる」）を要件とするものが多数存在する。私的独占（2条5項），不当な取引制限（2条6項），違法な国際的協定・契約（6条），事業者団体の行為（8条1号），第4章の企業結合を制限する諸規定（10条1項・13条1項・14条・15条1項1号・15条の2第1項1号・15条の3第1項1号および16条1項）がそれである。

これらの規定では，問題となる行為を行った事業者と競争関係にある事業者がどの範囲にいるか一定の取引分野として画定し，そこでの競争が制限されるか否かを判断することになる。

一定の取引分野を画定するに当たっては，競争関係にある商品・役務の範囲や取引が行われる地理的な範囲のほか，取引段階，取引の相手方等を考慮することになる（参照，私的独占ガイドライン第3-1，企業結合ガイドライン第2-2）。

（1）　商品の範囲　　これは，ある商品（または役務）がどの商品（または役務）と競争関係にあるかという問題である。基本的に，需要者の側からみた代替性によって判断される。独禁法違反が問われる行為の対象となる商品（または役務）について，需用者からみて，その商品（または役務）の代わりとして購

入するに値するかどうかを調べ，競合関係にある商品（または役務）は，同一の取引分野に属すると判断する。製品の用途，性能などを考慮して判断する。

（2）　地理的範囲　　これも，基本的に，需要者からみた代替性に基づいて判断される。たとえば，ある商品の供給者Ａが，甲地域で価格を引き上げた場合に，需要者が乙地域にある事業者から同種の製品を買うことができれば，甲地域における価格引上げは難しくなる。このような場合，Ａの行為については，甲地域に乙地域を加えて地理的範囲を画定する必要がある。

（3）　取引段階　　たとえば，商品の流通をみると，複数の取引段階からなっている。一般に，製造業者から卸売業者に供給され，卸売業者から小売業者へ，そして消費者へという順番で流通する。一定の取引分野は，製造業者が商品を供給する段階，小売業者が商品を販売する段階など，単一の取引段階でとることが妥当な場合もあるし，複数の取引段階を1つにまとめて，一定の取引分野を画定すべき場合もある。これは，違反行為の態様によって異なるものである（東京高判平5・12・14高刑集46巻3号322頁〔シール談合刑事事件〕）。

（4）　取引の相手方　　同一地域で販売される同種の商品について，特定の需要者群のみによって一定の取引分野を画定できる場合がある。たとえば，石油元売業者が供給する石油製品（燃料油など）の取引分野を画定するときに，大口需要者に対する供給と小口需要者に対する供給を個別の取引分野とした事例がある（東京高判昭31・11・9行裁例集7巻11号1849頁〔石油製品価格協定事件〕）。

　企業結合審査においては，商品等の代替性を調べるときに，仮定的独占者テストが参照される。これは，一定の地域および一定の商品について当該地域で当該商品を独占的に供給する事業者を仮定し，「当該独占事業者が，利潤最大化を図る目的で，小幅ではあるが実質的かつ一時的ではない価格引き上げ〔中略〕をした場合に，当該商品及び地域について，需要者が当該商品の購入を他の商品の購入又は地域に振り替える程度を」調べるものである。その結果，「他の商品又は地域への振替の程度が小さいために，当該独占事業者が価格引き上げにより利潤を拡大できるような場合には，その範囲をもって，当該企業結合によって競争上何らかの影響が及び得る範囲」とするものである。振り替える程度が小さくない場合は，範囲を広げて同様の分析を何度か繰り返し，商品の範囲と地理的な範囲を決めてゆく。必要に応じて，供給の代替性も考慮する（企業結合審査ガイドライン第2。詳しくは，第4章§2を参照）。

仮定的独占者テストは，米国の企業結合審査で採用されたもので，公取委は，平成19年改定の企業結合審査ガイドラインでその考え方を明記した。ただ，実際には，調査によって振替の程度を数値で出すことは難しい場合が多いようである（一定の取引分野に関するより具体的な説明は，各禁止行為の解説を参照）。

4 競争の実質的制限

一定の取引分野が決まると，問題の行為がそこにおける「競争を実質的に制限する」か否かが問われることになる。

2条4項は競争を定義している。同項によると，売り手の競争は，「二以上の事業者が〔中略〕同一の需用者に同種又は類似の商品又は役務を供給すること」であり，買い手の競争は，「二以上の事業者が〔中略〕同一の供給者から同種又は類似の商品又は役務の供給を受けること」である。しかし，これは，競争制限の意味を決めるための有用な指針を与えるものではない。

競争は，事業者による顧客の獲得をめぐる競い合いである。売り手の競争でいうと，取引相手に対して，同種の商品・役務を販売する競争相手より魅力的な取引条件を提示することにより，顧客に自己の商品・役務を購入してもらうことである。競争には，価格競争，品質による競争，商品付随のサービス提供による競争など多様な側面がある。

そこで，独占禁止法が禁止すべき競争の制限とはどのようなものかが問題となる。「実質的に」という文言は，国語辞典にあるものとは意味が異なる。形式的の反対語ではなく，相当程度に，有意に等の意味で用いられている。

最高裁は，競争を実質的に制限するとは，市場支配力を形成，維持ないし強化することであると判示した（最判平22・12・17民集64巻8号2067頁〔NTT東日本事件〕）。市場支配力とは，「競争自体が減少して，特定の事業者又は事業者集団が，その意思で，ある程度自由に，価格，品質，数量，その他各般の条件を左右すること」ができる力を意味すると解される（東京高判昭26・9・19審決集3巻166頁〔東宝・スバル事件〕）。

学説においても，市場支配力を新たに形成すること，すでに有している市場支配力を維持することまたは強化することが，競争の実質的制限に当たると解することについては，おおかたの合意がある。これは，市場の競争圧力が弱まる結果，十分な競争が行われているときよりも，事業者が，取引にかかわる条

件を自己に有利に設定できるようになることである。なかでも，価格に対する影響が重視される。売り手が供給する商品・役務の価格を引き上げることを問題とすることが多いが，強い購買力をもつ事業者が商品を買いたたく行為も違法となりうる。

多摩談合（新井組）事件の最高裁判決（平24・2・20民集66巻2号796頁）は，競争の実質的制限について，「市場が有する競争機能を損なうこと」をいうと述べており，これは市場支配力とは異なる角度から説明したものである。

市場支配力の形成，維持，強化があるか否かは，複数の要素を考慮して判断することになる。主な考慮要素として，①行為者および競争者の市場占有率，②行為者のいる一定の取引分野の市場集中度，③一定の取引分野に新規事業者が参入する可能性がある。そのほかに，輸入増加の可能性，競争者の供給余力，製品差別化の程度など，競争に関連する多様なものが考慮要素となりうる。

市場占有率とは，一定の取引分野（市場）で供給される商品の量全体に占める特定事業者が供給する商品の量の割合である。市場集中度は，一定の取引分野に規模の大きな事業者が存在すれば集中度は高くなり，小規模の事業者が多数存在すれば集中度は低くなる。集中度を表す代表的な指標がハーフィンダール・ハーシュマン指数（以下「HHI」という）である。HHIは，一定の取引分野に存在する事業者の個々の市場占有率を2乗して全事業者の総和をとったものである。HHIの数値が高いほど，市場集中度は高くなる（⇒第4章§3-3）。

違法性判断において，上記の考慮要素のすべてが常に検討されるわけではない。個々の事件において，必要な範囲で考慮される。

一般に，市場占有率が大きいほど，その事業者の市場支配力は大きいと考えられる。しかし，市場占有率の大きな競争者が存在すれば，行為者の市場支配力がその分弱まると考えられる。また，一般に，集中度が高いほど，取引分野での競争が不活発であることが推定され，そこで行われる行為は違法と判断される可能性が高くなる。行為者の市場占有率が大きくても，新規参入の可能性があれば，それが競争圧力となり行為者の市場支配力が弱まる場合もある。競争制限効果をみる指標として最もよく用いられるのが，市場占有率である。しかし，公取委は，平成19年の企業結合ガイドラインの改正で，企業結合の違法性審査においては，市場占有率よりも市場集中度を重視する方向に方針を転換した。

価格等各般の条件を左右する力の形成，維持，強化に加えて，市場の開放性を妨げる力の形成，維持，強化も競争の実質的制限に当たるとする説がある。これは，競争者などを市場から排除する行為の競争制限効果を評価するときに問題となるものである。この考え方は，まだ多数説といえるまでには至っていないものの，相当数の研究者の支持を得ている（⇒第3章§3-2の論点）。

5 公共の利益に反して

私的独占と不当な取引制限の定義規定（2条5項・6項）には，「一定の取引分野における競争を実質的に制限すること」の前に「公共の利益に反して」という文言がある。この文言をいかに解釈するかにより，競争を実質的に制限するが違法とならない行為の範囲が異なる。

学説で多数の支持を得るのは訓示的規定説である。この考え方によると，「公共の利益」は自由競争経済秩序を維持することである。競争を実質的に制限することは，自由競争経済秩序に反することであるので，競争の実質的制限が認

★コラム1・4　競争制限効果と経済学

経済学には，競争政策への提言を行うことを目的とする産業組織論という研究分野があり，その研究成果がアメリカの反トラスト法の解釈や運用に影響を与えてきた。したがって，反トラスト法の判例法理や学説から強い影響を受けている日本の独禁法も，産業組織論の影響を受けることになる。

産業組織論は，従来，新古典派経済学の理論を基礎としていた。新古典派では，完全競争（これは理論上の模型であり現実には存在しないものである）を競争の究極の形と考える。完全競争市場では，商品の供給者も需要者も価格を決定する力をもたず，均衡点（需要量と供給量が等しくなる）で決まる価格と数量で取引せざるをえない状態に置かれるとされる。価格などをある程度左右する力（市場支配力）の形成などを不当なものとする発想は，このような理論に由来する。

しかし完全競争市場は，商品の供給者（たとえば製造業者）が無数に存在する市場で，規模の経済性などの効果を享受できず，技術革新も期待できない市場であるので，望ましい経済成果を社会にもたらすものではない。そこで，産業組織論では，規模の経済性など経済に好ましい影響をもたらす諸要素を考慮に入れて，新古典派理論を修正し，経済上望ましくない企業の行為とそうではない行為を区別する基準を作る努力がなされてきた。近年では，さらにゲーム理論を用いた企業行動の研究や行動経済学など新しい研究成果も取り入れて，企業の行動が競争に与える影響などについて研究がなされている。

留意すべきは，独禁法の違法性判断において，経済学の研究成果は有用なものであるが，あくまで違法性判断を補完するものであり，経済理論から直接違法性の判断が導き出されるわけではないことである。

められる場合，常に「公共の利益」に反することになる。したがって，「公共の利益に反して」は，違法性判断において考慮する必要はなく，訓示的意味しかもたないものとなる。

　これに対して，最高裁は多少異なる立場をとる。石油元売業者による価格協定が不当な取引制限に該当するかどうかが争われた石油価格協定刑事事件において，最高裁は次のような内容の判示を行った（最判昭59・2・24刑集38巻4号1287頁）。すなわち，「公共の利益に反して」とは，原則としては独占禁止法の直接の保護法益である自由競争経済秩序に反することを指すが，現に行われた行為が形式的に自由競争経済秩序に反するものであっても，この法益と当該行為によって守られる利益とを比較衡量して，独禁法の究極目的（⇒本章§1）に実質的に反しないと認められる例外的な場合には，不当な取引制限に当たらないことを意味する文言である，というものである。言い換えれば，「公共の利益に反して」は，競争を実質的に制限する場合でも，例外的に違法とならない場合があることを示す文言であるということである。

　判決の中には，「公共の利益に反して」の文言がない8条1項1号（現行法8条1号）違反が問われた事例で，競争を実質的に制限するか否かの判断において，「公共の利益」に反するか否かを判断要素に含めると判示されたものがある（東京地判平9・4・9判時1629号70頁〔日本遊戯銃協同組合事件〕）。

第2章　不当な取引制限の禁止

　競争事業者が話し合って商品の価格を決めるなどして競争を回避する行為は
カルテルと呼ばれ，競争制限自体を目的とする最も悪質な行為である。カルテ
ルには，商品やサービスの価格に関する「価格カルテル」，生産量等の数量に
関する「数量カルテル」，競争者間でなわばりを決めて市場を分割する「市場
分割カルテル」，入札参加者間であらかじめ受注予定者を決めて受注予定者が
受注できるようにする「入札談合」など，さまざまなタイプがある。独占禁止
法（以下「独禁法」という）は，事業者が共同して行うカルテルを「不当な取引
制限」として3条で，事業者団体によって行うカルテルを8条1号でそれぞれ
禁止している。

§1　不当な取引制限の要件

　3条は，不当な取引制限を禁止している。
　不当な取引制限とは，「事業者が」，「他の事業者と共同して」，「相互にその
事業活動を拘束し，又は遂行することにより」，「公共の利益に反して」，「一定
の取引分野における競争を実質的に制限すること」をいう（2条6項）。これら
のうち事業者については第1章§2で説明したとおりなので，ここではそれ以
外の要件についてみていくこととする。

1　共同行為

　不当な取引制限は，事業者が「他の事業者と共同して」行う行為である。事
業者間で契約や協定を締結すれば「共同して」行っていることは明らかである
が，契約や協定が締結されていることまでは必要ない。一方，複数の事業者が
一致した行動をとっていることだけでは「共同して」行っているとはいえない。
「共同して」に該当するのは，事業者間に「意思の連絡」がある場合である。「意
思の連絡」とは，価格カルテルの場合，複数事業者間で相互に同内容または同

種の値上げをすることを認識ないし予測し，これに歩調をそろえる意思があることを意味する（東京高判平7・9・25審決集42巻393頁〔東芝ケミカル事件（差戻審）〕）。したがって，事業者間で明示して合意する場合だけではなく，相互に他の事業者が価格を引き上げることを認識して自分も同様の価格引上げを行う場合も「意思の連絡」があるといえる。意思の連絡は概括的認識で足り，このような意思を有する事業者の範囲を具体的かつ明確に認識することまでは要しない（東京高判平20・4・4審決集55巻791頁〔種苗カルテル事件〕）。

2 間接証拠による共同行為の立証

カルテルを行う事業者はカルテルが違法なことを知っているので，秘密裏に連絡をとりあい，連絡の内容等についても証拠を残さないことが多い。したがって，共同行為の要件である「意思の連絡」をどのようにして立証するかが問題となる。公正取引委員会（以下「公取委」という）は間接証拠によって共同行為を認定しており，裁判所も次のように，間接証拠による共同行為の認定を認めている。

事業者間で価格引上げに関する情報交換をして同じように価格を引き上げれば，他の事業者の行動と無関係に独自の判断で行われたことが認められない限り，「意思の連絡」があると推認される（前掲・東京高判平7・9・25〔東芝ケミカル事件（差戻審）〕）。事業者による会合の内容，各社の価格決定方法等から「意思の連絡」があることが認められれば，その形成過程や成立時期を特定する必要はない（前掲・東京高判平20・4・4〔種苗カルテル事件〕）。事業者間の情報交換についての証拠がない場合でも，各事業者が独自の判断で行ったとするには不自然なさまざまな行動から，少なくとも黙示的な意思の連絡があったと認定した事件もある（東京高判平20・12・19審決集55巻974頁〔郵便区分機事件〕）。

3 相互拘束

不当な取引制限となるためには，共同行為によって「相互に事業活動を拘束する」ことが必要である。合意した内容の実施に向けて努力する意思をもち，他の者もこれに従うと考えて合意した場合には，「相互拘束」に当たるのであり（最判昭59・2・24刑集38巻4号1287頁〔石油価格協定刑事事件〕），合意を実行しない場合の制裁等の定めがある必要はない。「相互拘束」というためには，

具体的な値上げ額等について合意する必要はなく，各社が価格設定をする際の基準となる価格を定めることを合意することによっても「相互拘束」は成立する（前掲・東京高判平20・4・4〔種苗カルテル事件〕）。

公取委は，設立当初，取引段階を異にする事業者間の共同行為も不当な取引制限に当たるとしていた。しかし，東京高裁は，不当な取引制限は，①相互に競争関係にある独立の事業者が，②共同して相互に一定の制限を課すものであり，③各当事者に一定の事業活動の制限を共通に設定することを本質とするものであるとの判断を示し（東京高判昭28・3・9行集4巻3号609頁〔新聞販路協定事件〕），その後は公取委もこの判決に従って競争者間の共同行為のみを不当な取引制限としてきた。しかし，この判決を批判する学説が強く，最近は公取委も裁判所もこれらの点について柔軟に判断するようになっている。たとえば入札談合事件で，入札参加事業者ではないが入札参加事業者に代わって談合に参加していた事業者も違反行為者とされたものがある（東京高判平5・12・14高刑集46巻3号322頁〔シール談合刑事事件〕）。この事件で裁判所が，相互に事業活動を拘束する「事業者」は同質的競争関係にあることを必要としないとし，入札参加事業者ではない事業者も入札参加業者と合意した談合に拘束され，本来自由であるべき事業活動が制約されるに至ったので「相互に事業活動を拘束」する共同行為をしたものというのに支障はないとした。

4 「遂行」とは

独禁法2条6項は，「他の事業者と共同して〔中略〕相互に事業活動を拘束し，又は遂行することにより」と規定していることから，「相互拘束」のほかに「共同遂行」も不当な取引制限となるとする説がある。公取委も，設立当初は，「相互拘束」のほか「共同遂行」も不当な取引制限に当たると解釈していた。しかし，裁判所は，不当な取引制限は各当事者に一定の事業活動の制限を共通に設定することを本質とするのであり，相互拘束を伴わない共同遂行は不当な取引制限に該当しないとの判断を示し（東京高判昭28・12・7高民集6巻13号868頁〔東宝・新東宝事件〕），その後，公取委はこの判決に従っている。近年，入札談合の刑事事件において，個別談合行為が相互拘束である基本合意の「遂行」であり，不当な取引制限の罪の実行行為となるとする判決があることについては，第7章§3参照。

5 一定の取引分野における競争の実質的制限

　不当な取引制限になるのは，複数の事業者が共同して相互に事業活動を拘束することにより，「一定の取引分野における競争を実質的に制限する」場合である。

　（1）　一定の取引分野　　一定の取引分野とは，競争が行われる場であり，市場とも呼ばれる。一定の取引分野の画定方法等の詳細については第1章§2－3で説明した。

　一定の取引分野は，もしその分野で独占者がいたら価格を引き上げて利益を得ることができる範囲であるから，ある分野で事業者が利益を得るために共同して価格を引き上げているならその分野を一定の取引分野とみることができるであろう。裁判所も，不当な取引制限の場合，共同行為が対象としている取引およびそれにより影響を受ける範囲を検討し，その競争が実質的に制限されている範囲を画定して一定の取引分野を決定することが相当であるとしている（前掲・東京高判平5・12・14〔シール談合刑事事件〕）。したがって，不当な取引制限事件で認定される一定の取引分野は企業結合の際に画定される一定の取引分野と必ずしも一致しない。

　また，同じ商品やサービスを対象とする不当な取引制限事件でも，事件によって一定の取引分野は異なりうる。たとえば，全国規模のカルテルが結ばれたときは一定の取引分野の地理的範囲は全国となり，一地方に限定されたカルテルが結ばれたときは地理的範囲は当該地方となる。ある商品全体を対象としたカルテルが結ばれたときは一定の取引分野の商品の範囲は当該商品全体となり，当該商品のうち一部のみを対象としたカルテルが結ばれたときは商品の範囲は当該部分となる。共同行為の実態によっては，複数の取引段階を合わせて一定の取引分野が認定される場合もある（前掲・東京高判平5・12・14〔シール談合刑事事件〕）。

　（2）　競争の実質的制限　　競争の実質的制限については，第1章§2－4で説明した。

　競争を実質的に制限するとは，市場支配力の形成，維持ないし強化という結果が生じることであり（最判平22・12・17審決集57巻215頁〔NTT東日本事件〕），市場支配力とは，「競争自体が減少して，特定の事業者又は事業者団体がその意思で，ある程度自由に，価格，品質，数量，その他各般の条件を左右する

ことによって，市場を支配することができる状態」（東京高判平 21・5・29 審決
集 56 巻 262 頁〔NTT 東日本事件〕）である。したがって，共同行為によって実際
に価格の引上げや供給数量の削減といった結果が生じていれば，市場支配力が
形成されており，競争が実質的に制限されたということができる。価格等を完
全に自由に左右することまでは必要ないので，合意した内容が完全に実現しな
くても，その一部が実現すれば競争が実質的に制限されたということができる。
たとえば，価格引上げカルテルを行った場合，価格を合意した額まで引き上げ
ることができなくても，ある程度引き上げることができれば競争の実質的制限
が生じたということができる。市場の状況によっては，価格引上げカルテルの
効果として価格が維持されたこと，価格の低下が抑えられたことも競争が実質
的に制限されたということができるであろう。

　また，共同行為に参加する事業者が総体として市場支配力を有する場合には，
共同行為によって市場支配力が形成され，一定の取引分野における競争が実質
的に制限されたということができる。たとえば一定の取引分野における供給者
全社が共同行為に参加している場合や，共同行為参加者のシェアが高く共同行
為に参加していないアウトサイダーに十分な供給余力がない等の場合である。
共同行為に参加する事業者のシェアが高くないときでも，アウトサイダーが価
格引上げに追随することが予想されるなどの場合には，共同行為参加者がある
程度自由に価格を引き上げることができる状態が形成されるので，共同行為に
より競争の実質的制限が生じるといえる。

　このような例として，共同して価格を引き上げた事業者のシェアが約 50％
の事件で，共同行為を行っている事業者が業界において指導的地位にあること
および，共同行為を行った事業者以外は小規模な事業者で製造販売を拡張し難
い状況にあり，価格引上げに追随していることから，競争の実質的制限を認定
した事件がある（公取委昭 43・11・29 勧告審決・審決集 15 巻 135 頁〔中央食品（豆
腐価格協定）事件〕）。市場を支配できることができる状態が形成されれば競争の
実質的制限が認定されるのであり，共同行為の結果として実際に価格が上がっ
た等の事実を立証する必要はない（東京高判平 22・12・10 審決集 57 巻 222 頁〔モディ
ファイヤーカルテル事件〕）。

6 不当な取引制限の成立と消滅

　不当な取引制限は，共同行為によって相互に事業活動を拘束することにより，一定の取引分野における競争を実質的に制限すれば成立する。上記のように，市場支配力を形成するような合意をすれば競争の実質的制限が生じるので，合意が実施に移されて価格が引き上げられるなどの事態が発生していなくても不当な取引制限が成立する。裁判所も，「事業者が他の事業者と共同して対価を協議・決定する等相互にその事業活動を拘束すべき合意をした場合において，右合意により，公共の利益に反して，一定の取引分野における競争が実質的に制限されたものと認められるときは，独禁法89条1項1号の罪は直ちに既遂に達し，右決定された内容が各事業者によって実施に移されることや決定された実施時期が現実に到来することなどは，同罪の成立に必要ない」としている（前掲・最判昭59・2・24〔石油価格協定刑事事件〕）。

　不当な取引制限の消滅について，裁判所は「不当な取引制限は，各事業者が違反行為の相互拘束に反する意思の表明等相互拘束が解消されたと認識して事業活動を行うまで継続するのであり，いわゆる価格カルテルについては，事業者間の合意が破棄されるか，破棄されないまでも当該合意による相互拘束が事実上消滅していると認められる特段の事情が生じるまで当該合意による相互拘束は継続すると言うべきである」としている（前掲・東京高判平22・12・10〔モディファイヤーカルテル事件〕）。相互拘束が事実上消滅していると認められた事例として，合意成立から立入検査までの期間が短く値上げの浸透がまだ実現途上にあったこと，立入検査がなされ新聞等で報道された結果，合意に基づく値上げを実現することが客観的に困難になり，同日以降値上げ交渉を行った事実も認められないこと等から，立入検査をもって違反行為がなくなったとされたもの（公取委平19・6・19審判審決・審決集54巻78頁〔日本ポリプロ等課徴金事件〕），共同行為に参加していた1社が合意から離脱する旨通告し，それ以降価格引上げ状況についての情報交換が行われていないことから合意が事実上消滅しているとされたもの（公取委平21・8・27排除措置命令・審決集56巻(2)52頁〔溶融亜鉛めっき鋼板価格カルテル事件〕）等がある。

　なお，最近の排除措置命令は，公取委が立入検査を行ったところ合意に基づく行為を取りやめているとして，立入検査時をもって違反行為の消滅を認定しているものが多い。また，入札談合事件では，従来，立入検査後は受注調整を行っ

ていないとして立入検査時をもって違反行為の消滅を認定しているものが多い。

7 公共の利益に反して

　共同行為は，「公共の利益に反して」いないときには不当な取引制限とならない。第1章§2−5でも説明したように，最高裁は，独禁法2条6項にいう「『公共の利益に反して』とは，原則としては同法の直接の保護法益である自由競争経済秩序に反することを指すが，現に行われた行為が形式的に右に該当する場合であっても，右法益と当該行為によって守られる利益とを比較衡量して，『一般消費者の利益を確保するとともに，国民経済の民主的で健全な発達を促進する』という同法の究極の目的（同法1条参照）に実質的に反しないと認められる例外的な場合を右規定にいう『不当な取引制限』行為から除外する趣旨」だとしている（前掲・最判昭59・2・24〔石油価格協定刑事事件〕）。

　しかし，同事件をはじめ，共同行為が独禁法の究極の目的に反しないとされた事件はない。防衛庁発注の石油製品の入札談合刑事事件で，被告会社らは，本件受注調整によって，特殊で厳格な納入条件の遵守等，国防にとってきわめて重要かつ重大な利益が守られていたこと等から，本件受注調整は独禁法の究極目的に反しないと主張したが，裁判所は，本件受注調整の目的は，被告会社らがそれぞれ前年度実績並みの受注割合を確保し，価格競争による落札価格の下落を防ぐことにあること等から，本件受注調整は独禁法の目的に実質的に反しないものと認められる例外的なものに当たらないことは明らかであるとして，被告会社らの主張を斥けた（東京高判平16・3・24審決集50巻915頁〔防衛庁石油

★コラム2・1　欧米におけるカルテル規制

　欧米では，価格カルテル，数量制限カルテル，市場分割カルテル，入札談合等，競争制限自体を目的とした共同行為はハードコア・カルテルと呼ばれている。米国ではシャーマン法1条によって共同行為が禁止されているが，ハードコア・カルテルは判例法により当然違法とされており，ハードコア・カルテルを行ったことが立証されれば市場に対する影響を考慮することなくシャーマン法1条違反とされる。EUでは，EU機能条約101条1項により競争制限の目的または効果をもつ協定は禁止されている。ハードコア・カルテルは競争制限の目的をもつので，競争制限の効果をもつかどうかにかかわらずEU機能条約101条1項に該当するとされる。これに対し，日本ではハードコア・カルテルであっても市場への効果，すなわち「一定の取引分野における競争を実質的に制限する」ことが不当な取引制限の要件となっている。

製品談合刑事事件〕)。また，郵政省発注の郵便区分機の入札談合事件で排除措置を命ずる審決を受けた事業者らは，「本件は，〔中略〕郵政省が，その郵便処理機械化による効率性の向上，経費の削減等を目的とする郵便事業の大改革及びこれによる消費者利益の確保という国家的プロジェクトを確実に実現するために，〔中略〕原告ら2社のそれぞれに協力を求めた事案であって，〔中略〕直ちに違法と評価すべきものではなく，独禁法1条の究極の目的に反しないかどうかを考慮して判断すべきものである」と主張したが，裁判所は，「原告ら2社は郵政省の区分機類の発注のおおむね半分ずつを安定的，継続的かつ確実に受注する目的を持って本件違反行為を行っていたものと認められるから，原告ら2社の本件違反行為が『公共の利益に反して』いることは明らか」であるとして，原告らの主張を斥けた（前掲・東京高判平20・12・19〔郵便区分機事件〕)。

　なお，最高裁の前記判決を引用して，価格協定が制限しようとしている競争が他の法律により刑事罰等をもって禁止されている違法な取引または違法な取引条件である場合には，排除措置命令を講じても独禁法の目的に沿わないこととなるのが通常なので，特段の事情がない限り，「競争を実質的に制限すること」に該当しないとして，罰則付きの認可運賃を下回った運賃しか収受できていないときに運賃を認可運賃まで引き上げるカルテルが独禁法8条1項1号（現8条1号）に違反しないとした審決がある（公取委平7・7・10審判審決・審決集42巻3頁〔大阪バス協会事件〕)。

8 行政指導と不当な取引制限

　第1章§1で述べたように，わが国では昭和20年代後半から，当時の通商産業省が行政指導によって事業者に生産調整を行わせたり価格設定に介入するなど，競争制限的な行政指導が行われていた。公取委は行政指導があっても違法性は阻却されないので独禁法違反となるとの立場をとっていたが（公取委昭27・4・4審判審決・審決集4巻1頁〔醤油価格協定事件〕)，このような行政指導は，さまざまな分野で昭和50年代まで続いていた。

　行政指導と独禁法の関係についての最高裁の判断は，昭和48年に起きた第一次石油ショックの際に行われた石油元売業者の価格協定に関する刑事事件の判決で示された。最高裁は，「物の価格が市場における自由な競争によって決定されるべきことは，独禁法の最大の眼目とするところであって，価格形成に

行政がみだりに介入すべきでないことは，同法の趣旨・目的に照らして明らかなところである」としつつ，通産省設置法および石油業法の規定ならびに流動する事態に対する円滑・柔軟な行政の対応の必要性から，「石油業法に直接の根拠を持たない価格に関する行政指導であっても，これを必要とする事情がある場合に，これに対処するため社会通念上相当と認められる方法によって行われ，『一般消費者の利益を確保するとともに，国民経済の民主的で健全な発達を促進する』という独禁法の究極の目的に実質的に抵触しないものである限り，これを違法とすべき理由はない」とし，「価格に関する事業者間の合意が形式的に独禁法に違反するように見える場合であっても，それが適法な行政指導に従い，これに協力して行われたものであるときは，その違法性が阻却される」と判示した。そして，この事件については，通産省が緊急事態に対処するために行った値上げについて事前の了承を得させるなどの行政指導は合法だったとしたが，石油元売業者らが通産省の了承の限度一杯まで各社一斉に価格を引き上げる合意をしたことは，行政指導に従いこれに協力して行われたものということはできないとして，石油元売業者らの価格協定を違法とした（前掲・最判昭 59・2・24〔石油価格協定刑事事件〕）。

　公取委は，行政指導ガイドラインを作成公表して行政指導と独禁法に関する考え方を明らかにしている。最新の行政指導ガイドライン（「行政指導に関する独占禁止法上の考え方」〔公取委平 6・6・30〕）は，事業者または事業者団体の行為は，たとえ行政機関の行政指導により誘発されたものであっても独禁法の適用が妨げられるものではないとして，これまでの他の行政機関との調整事例や独禁法違反被疑事件の審査の過程等で認められた事例をふまえて行政指導に関する独禁法上の考え方を類型ごとに具体的に示している。

§2　不当な取引制限の態様

1　取引制限の類型

　不当な取引制限とされる行為の態様は多様である。ここでは事業者団体による行為も含め，過去のカルテル事件を類型別に概観する。

　（1）　価格カルテル　　公取委が措置をとった入札談合を除くカルテル事件の大多数が価格カルテル事件である。価格カルテルの態様には，具体的な販売

価格の決定，最低販売価格の決定，価格引上げ額の決定，価格維持の決定のほか，価格引下げ額の決定（公取委平9・3・31課徴金納付命令・審決集43巻447頁〔東京都エルピーガススタンド協会事件〕），販売価格を定める際の基準となる価格の決定（前掲・東京高判平20・4・4〔種苗カルテル事件〕）等さまざまなものがある。販売価格を決定したものが大半だが，購入価格を決定した事件もある（公取委平4・6・9勧告審決・審決集39巻97頁〔四国食肉流通協議会事件〕等）。カルテル参加者の販売価格を決定したもののほか，取引相手の販売価格（希望小売価格等）を決定した事件もある（公取委平8・7・18同意審決・審決集43巻63頁〔コンビーフカルテル事件〕等）。商品の価格に関するもののほか，サービスの料金に関するものや，レンタル料金に関する事件（公取委平3・10・18勧告審決・審決集38巻104頁〔ダストコントロール製品カルテル事件〕）もある。また，価格自体ではなくその構成要素について決定することも，それにより価格に影響がもたらされる場合には不当な取引制限となる（公取委平8・5・31勧告審決・審決集43巻314頁〔輸入洋書販売業者カルテル事件〕必要経費として上乗せする額を決定，東京高判平24・10・26審決集59巻（2）15頁〔燃油サーチャージカルテル事件〕燃油サーチャージ等の額を荷主に転嫁することを決定）。

（2） 数量カルテル　　商品の供給数量を減らせば需給法則により価格が上昇するため，価格を引き上げるための手段として，または価格カルテルと併せて供給数量を制限するカルテルが行われることがある。数量カルテルの態様としては，事業者ごとの生産量・出荷量の決定（公取委昭30・7・16勧告審決・審決集7巻1頁〔アミド懇話会事件〕等），減産率・減産量の決定（公取委昭47・12・15勧告審決・審決集19巻112頁〔ナイロン糸生産制限協定事件〕等），生産設備の運転休止日数の決定（公取委昭48・2・28勧告審決・審決集19巻155頁〔日本製紙連合会事件〕等），原材料の使用数量の制限（東京高判昭55・9・26高刑集33巻5号359頁〔石油価格協定刑事事件〕）等がある。従来，措置がとられた事件は供給数量を制限したものがほとんどだが，購入数量を制限した事件もある（公取委昭58・3・31勧告審決・審決集29巻104頁〔ソーダ灰輸入カルテル事件〕輸入数量を決定）。

（3） シェアカルテル　　カルテル参加事業者のシェアを決め，総需要量を各事業者に配分するのがシェアカルテルである。シェアカルテルは供給量を制限することにより価格を引き上げる効果をもつが（東京高判平23・10・28審決集58巻（2）60頁〔ダグタイル鋳鉄管シェア協定課徴金事件〕），それ以上に顧客の争奪

第2章　不当な取引制限の禁止　39

を制限することにより価格を引き上げる効果が大きい。

（**4**）　**取引先制限カルテル**　　各事業者の取引先を割り当てるなどにより取引先の獲得をめぐる競争を抑制して競争を実質的に制限することも不当な取引制限となる。従来多くみられるのは，相互に他の事業者がすでに取引している顧客を奪ったり，当該顧客に自社製品を売り込まないことを決める顧客争奪制限カルテルである。価格カルテルの実効確保手段と認定されることが多いが，顧客争奪制限自体を違法とした事件もある（公取委昭38・10・25勧告審決・審決集12巻18頁〔全国港湾荷役振興協会事件〕等）。

（**5**）　**市場分割カルテル**　　事業者間で市場を分割して特定の事業者に割り当てるカルテルは，取引先制限カルテルと同様の効果をもつ。市場分割カルテルには地域市場を分割するものと商品市場を分割するものがある。地域市場を分割するカルテルには国内市場を分割するもの（前掲・東京高判昭28・3・9〔新聞販路協定事件〕）と国際市場を分割するもの（公取委昭47・12・27勧告審決・審決集19巻124頁〔レーヨン糸国際カルテル事件〕，公取委平20・2・20排除措置命令・審決集54巻512頁〔マリンホースカルテル事件〕等）がある。商品市場を分割するカルテルとしては，供給先の商品市場を事業者間で分割したことが不当な取引

★**コラム2・2　適用除外カルテル**

　昭和28年の独禁法改正で，不当な取引制限の規定の適用を除外される行為として不況カルテルと合理化カルテルの制度が導入された。また，その前後には，輸出入取引法，中小企業安定法など，独禁法の適用を除外されるカルテルの制度をもつ法律が多数制定された。これらは，一定の条件の下で，価格カルテル，数量カルテル等を行うことを容認するものだった。当時は，カルテルが必ずしも悪いことだとは思われておらず，むしろカルテルを行うことが必要な場合もあると考えられていたのである。1960年代には公取委に届出のあった適用除外カルテルだけで1000件を超える時期があった。

　しかし，カルテルの弊害が徐々に認識されるようになり，1990年代から規制緩和の一環として適用除外カルテルの見直しが行われた。それにより，不況カルテルおよび合理化カルテルの制度が廃止され，他の法律の独禁法適用除外規定も多くが廃止された（第8章§1参照）。だが，現在も適用除外カルテル制度をもつ法律が海上運送法等10余り残っており，最近も平成25年にいわゆるタクシー特法が改正されて特定地域においてタクシー事業者等により構成される協議会によって行われるタクシーの減車等が独禁法の適用除外とされ（特定地域及び準特定地域における一般常用旅客自動車運送事業の適正化及び活性化に関する特別措置法8条の4），また，平成26年の消費税引上げに際して消費税を転嫁するためのカルテルを独禁法の適用除外とする法律が制定されるなど（消費税の円滑かつ適正な転嫁を阻害する行為の是正等に関する特別措置法，転嫁カルテルは12条），カルテルを容認する考え方はわが国にまだ根強く残っている。

制限とされた事件がある（東京高判昭 61・6・13 行集 37 巻 6 号 765 頁〔旭砿末資料事件〕）。

　（6）　共同ボイコット　　事業者が共同してある事業者との取引を拒絶する行為（共同取引拒絶）は共同ボイコットとも呼ばれる。独禁法 2 条 9 項 1 号および一般指定 1 号は共同取引拒絶を不公正な取引方法としている。しかし，共同ボイコットも共同行為であり相互に事業活動を拘束していることから，共同ボイコットにより一定の取引分野における競争を実質的に制限する場合には不当な取引制限となるという説が有力である。公取委も，流通取引慣行に関する独禁法上の指針（公取委事務局平 3・7・11）で競争事業者との共同取引拒絶によって市場における競争が実質的に制限される場合は不当な取引制限になるとの考え方を表明した。しかし，公取委は，その後，競争事業者による共同取引拒絶によって一定の取引分野における競争が実質的に制限された事件に私的独占を適用しており（公取委平 9・8・6 勧告審決・審決集 44 巻 238 頁〔ぱちんこ機製造業者事件〕），共同ボイコットを不当な取引制限とした事件はない。

　（7）　入札談合　　官公庁が工事を発注したり物品やサービスを購入する場合には，公平を期すとともに最も有利な条件で契約するために，入札という方法をとることが原則とされている（会計 29 条の 3・29 条の 5，地自 234 条）。入札には一般競争入札，指名競争入札等さまざまな方法があるが，いずれも契約を希望するものを競わせ，一定の条件の中で発注者にとって最も有利な条件（最も安い価格等）を提示した者と契約する仕組みである。しかし，入札に参加する事業者が競争せず，自分たちであらかじめ受注する者を決定することがある。これが入札談合である。

　入札談合を行えば，競争によって価格が低下することを防ぐとともに，入札参加者の間で契約を分け合うことができる。しかし，これは入札制度の趣旨に反するものであり，また競争した場合に比べて契約価格が上昇し，発注者である国や地方自治体に損害を与え，最終的には国や地方自治体に税金を納めて工事等の費用を負担している国民・住民に損害を与えるものである。

　民間企業も，複数の事業者に見積りを出させるなどして最も有利な条件を提示した者と契約する場合がある。このような場合に見積りの提示を求められた事業者の間で契約相手となる者を決定すれば，これも入札談合と同様のものと考えることができる。民間企業向けの談合事件は，最近多数摘発されている（公

取委平 22・1・27 排除措置命令・審決集 56 巻（2）85 頁〔東京電力等発注電力用電線受注調整事件〕，公取委平 24・1・19 排除措置命令・審決集 58 巻 250 頁〔トヨタ自動車等発注ワイヤーハーネス受注調整事件〕等）。

　入札談合も，事業者が共同して相互に事業活動を拘束することにより一定の取引分野における競争を実質的に制限するものであり，不当な取引制限に当たる。ここでは入札談合の特色に即して不当な取引制限の要件への該当性を検討する。

　(a)　相互拘束　　公取委が摘発した入札談合のほとんどは，①何らかのルールによってあらかじめ受注予定者を決定する旨の合意（基本合意）と，②基本合意に基づき個別の入札案件について受注予定者を決定する行為（個別調整）の 2 段階の合意によって構成されている。①の合意も②の合意も相互に事業活動を拘束するものであるが，公取委は従来①の合意を違反行為と捉えている。入札談合が長期間続いている場合など，個別調整が繰り返し行われていることは認められるが基本合意の存在や内容についての直接的な証拠がない場合がある。このような場合には，個別の入札案件で一定の方式で受注予定者が決定されていた事実から基本合意を推認する方法がとられている（東京高判平 8・3・29 審決集 42 巻 424 頁〔協和エクシオ事件〕，東京高判平 18・12・15 審決集 53 巻 1000 頁〔大石組事件〕）。

　前述のように，かつて相互拘束は，各当事者に一定の事業活動の制限を共通に設定することが必要と解されていた。入札談合の基本合意における相互拘束の内容は，通常は何らかのルールによってあらかじめ受注予定者を決定し，受注予定者にならなかった者は受注予定者が受注できるように協力することであり，各事業者に共通の事業活動の制限が課されている。しかし，最近は，前述のように入札に参加しない事業者も違反行為者とされた事件や，他の入札で協力が得られることを期待して一方的に協力していた者も違反行為者とされた事件もあり（公取委平 14・12・4 勧告審決・審決集 49 巻 243 頁〔四国ロードサービス事件〕），各事業者に対する拘束の内容はまったく同じでなくてもよいとされている。一方，自ら受注することなく，受注予定者に一方的に協力していた者について，相互拘束が認められず談合の参加者ということはできないとした事件もある（公取委平 13・9・12 審判審決・審決集 48 巻 112 頁〔安藤造園土木事件〕，公取委平 20・7・24 審判審決・審決集 55 巻 174 頁〔多摩談合事件〕）。

　なお，不当な取引制限で 2 段階の合意があるものは，入札談合に限らない。

たとえば長期間にわたって行われる価格カルテルでは，①価格を話し合って決める旨の合意があり，②その合意に基づいてそのときどきに価格を引き上げる合意がなされる場合がある。このようなものとして，①事業者間で販売価格の基準となる価格を毎年決定する旨の合意をし，②合意に基づいて具体的な基準価格を定めていた事件があるが，この事件でも①の合意が違反行為とされている（前掲・東京高判平20・4・4〔種苗カルテル事件〕）。

また。公取委が措置をとった事件の中には，基本合意を認定せず，入札参加者の会合で受注予定者および受注予定者の入札価格ならびに受注予定者以外の者は受注予定者が受注できるように協力することを決定し，決定に基づいて受注予定者が受注したことを不当な取引制限としたものもある（公取委昭59・8・20勧告審決・審決集31巻22頁〔弘善商会ほか14名事件〕）。

(b)　一定の取引分野　§1-5（1）に述べたように，競争が実質的に制限されている範囲が一定の取引分野である。したがって，入札談合の場合，特定の発注者による一定の商品またはサービスの入札が繰り返し行われており，当該入札に参加する事業者によって当該入札における談合ルールが形成されていれば，当該発注者による当該商品またはサービスの取引分野が一定の取引分野となる。

発注者が入札によって調達する物品やサービスのうち，一部のものについてのみ談合が行われる場合もある。たとえば，発注者が土木工事の入札について入札参加希望者にあらかじめ等級をつけ，発注物件ごとに入札に参加できる業者の等級を指定している場合，一定の等級の事業者が共同して，その等級の事業者のみが参加する物件について一定のルールを定めて談合したときは，当該発注者が発注する物件のうちその等級の事業者のみを入札参加者とするものが一定の取引分野となる（公取委平24・10・17排除措置命令・審決集59巻（1）199頁〔土佐国道事務所談合事件〕）。なお，事件によっては基本合意の対象となっている物件の範囲が明確ではない場合もあるが，そのような場合には，個別調整の状況から基本合意の範囲を推認することができる（前掲・公取委平13・9・12〔安藤造園土木事件〕）。

(c)　競争の実質的制限　§1-5（2）で述べたように，ある程度自由に市場を支配することができる状態が形成されれば競争が実質的に制限されたということができる。最高裁は，一定の取引分野における競争の実質的制限とは入

札談合の場合「事業者らがその意思で当該入札市場における落札者及び落札価格をある程度自由に左右することができる状態をもたらすことをいう」としている（最判平24・2・20民集66巻2号796頁〔多摩談合（新井組）事件〕）。したがって，たとえば特定の入札に参加する事業者の全部によって入札談合に関する基本合意が形成されれば，それだけで競争の実質的制限が生じることになる。

　市場を支配することができる状態が形成されたことは，入札談合に参加した事業者およびアウトサイダーを含む市場の状況によって認定することもできるし，入札談合の実施状況から認定することもできる。上述の最高裁判決は，①談合の対象となった工事について，談合に加わっていた事業者が発注者により入札参加事業者に選定される可能性が高かったことおよびアウトサイダーからの協力が期待できたことから基本合意は市場を支配することができる状態をもたらしうるものであったと認定し，さらに，②談合の対象となった工事のうち相当数の工事において基本合意に基づく個別調整が現に行われ，そのほとんどすべての工事において受注予定者とされた者が落札し，落札率も97％を超えるきわめて高いものであったことから，基本合意が有効に機能し市場を支配することができる状態をもたらしていたと認定して，市場の状況と談合の実施状況の両面から競争の実質的制限を認定している（前掲・最判平24・2・20〔多摩談合（新井組）事件〕）。

　実際の事件では，アウトサイダーがいて受注予定者とされた事業者が受注できなかった案件があったり，個別案件で受注調整が失敗して競争が生じた案件がある場合もあるが，市場を完全に支配することまでは必要ないので，アウトサイダーが存在することや受注調整が成功しなかった案件が多数あることは，一定の取引分野における競争の実質的制限を否定する理由にならない。公取委

★コラム2・3　刑法の談合罪・競売入札妨害罪と不当な取引制限

　刑法96条の6第2項は談合罪を，同第1項は競売入札妨害罪を規定している。これらの罪の要件は独禁法の不当な取引制限の要件と異なっているが，不当な取引制限に該当する行為に対してもこれらの罪が適用できる場合がある。実際，入札談合を行った事業者の従業員やそれに関与した発注者側の職員が談合罪や競売入札妨害罪で起訴された後に，公取委が事業者を不当な取引制限の罪で告発し，併せて排除措置等を命じた事件がある（公取委平5・4・22勧告審決・審決集40巻89頁〔シール談合事件〕，公取委平19・6・20排除措置命令・審決集54巻478頁〔防衛施設庁談合事件〕）。

は，「競争の実質的制限とは，取引分野全体において競争が全くなくなること
を要しないし，違反行為者がある程度自由に受注予定者や受注価格を左右でき
る状態をもたらしていれば足りるのであるから，個別物件の指名業者や当該市
場における競争入札への参加者全員が違反行為の参加者であることは必要では
ない」としている（公取委平21・6・30審判審決・審決集56巻（1）163頁〔愛媛県
のり面保護工事入札談合事件〕）。上述の最高裁判決も，談合の対象となった工事
のうち相当数の工事において受注調整が成功していることをもって一定の取引
分野における競争の実質的制限の成立を認定している。

2 官製談合と入札談合等関与行為防止法

（1） 官製談合　　官公庁や特殊法人が発注者である入札について談合が行
われた事件の中には，発注者の職員が入札参加者に談合をさせていたり，談合
が容易になるよう入札に関する秘密情報を入札参加者等に教えていたものがあ
る。このように発注者である官公庁などが関与している談合は「官製談合」と
呼ばれる。このようなことは，会計法などの法律の趣旨に反するものであり，
発注者や納税者に損害を与えるものである。それにもかかわらずこのような行
為が行われる要因の1つとして，発注者の職員を退職後に入札参加者の会社に
受け入れてもらう，いわゆる天下りの問題がみられる。

　官製談合事件の中には，発注者が契約の相手方について意向を示し，意向を
受けた事業者が受注予定者となるものもみられる。このような事件で，受注予
定者を決めていたのは発注者であり，入札参加事業者が共同して受注予定者を
決めていた事実はないとの主張がなされたことがある。しかし，公取委は，そ
のような場合も，入札参加事業者間に発注者の意向を受けた事業者を受注予定
者とし，受注予定者とならなかった者は受注予定者が定めた価格で受注予定者
が受注できるようにするという一定のルールがあったこと，入札手続が行われ
ている以上，仮に発注者が受注予定者を決定して入札参加事業者に意向を示し
たとしても入札参加者はそれに従わない自由を完全に奪われているわけではな
く，その意向を受け入れることが自らにとっても利益をもたらすものであると
の認識の下にこれに沿って行動していたことから，前記のルールに従って受注
調整を行っていたことは，入札参加事業者が共同して受注予定者を決めていた
ことにほかならないとしている（公取委平20・7・29審判審決・審決集55巻359頁

〔大木建設事件〕）。

このように，官製談合の場合も違反行為者は入札参加事業者である。発注者が関与している場合でも，発注者は事業者ではないので違反行為者とはならない。しかし，刑事事件となった場合には，入札談合に関与した発注者の職員が不当な取引制限の罪の共犯とされる場合がある（第7章§3参照）。

（**2**）　**入札談合等関与行為防止法**　　上記のように，入札談合事件に発注者である官公庁や特殊法人の役職員が関与している事件がみられることから，平成14年に「入札談合等関与行為の排除及び防止に関する法律」が制定された。同法は，平成19年に改正されて，「入札談合等関与行為の排除及び防止並びに職員による入札等の公正を害すべき行為の処罰に関する法律」（入札談合等関与行為防止法）となっている。

(a)　**適用対象**　　入札談合等関与行為防止法の対象となる入札談合等関与行為とは，国もしくは地方公共団体の職員または特定法人（国または地方公共団体が資本金の2分の1以上を出資している法人）の役員もしくは職員が入札談合等に関与する行為であって，次のいずれかに該当するものをいう（同法2条5項）。

①　事業者または事業者団体に入札談合等を行わせること

②　契約の相手方となるべき者をあらかじめ指名することその他特定の者を契約の相手方とすることを希望する旨の意向をあらかじめ教示しまたは示唆すること

③　特定の事業者または事業者団体が知ることにより入札談合を行うことが容易になる入札または契約に関する秘密情報を特定の者に対して教示しまたは示唆すること

④　特定の入札談合等に関し，事業者等の依頼を受け，またはこれらの者に自ら働きかけ，かつ，入札談合等を容易にする目的で，職務に反し，入札に参加するものとして特定の者を指名するなどして入札談合等を幇助すること

(b)　**公正取引委員会（公取委）の改善措置要求**　　公取委は，入札談合事件等の調査の結果，当該入札談合につき入札談合等関与行為があると認めるときは，発注官庁等の長に対し，当該入札談合等関与行為を排除するために必要な入札および契約の事務に係る改善措置を講ずべきことを求めることができる（入札談合関与防止3条1項・2項）。

(c) 発注官庁等による措置　発注官庁等の長は，公取委による改善措置要求を受けたときは，必要な調査を行い，入札談合等関与行為があることまたはあったことが明らかになったときは，当該入札談合等関与行為を排除しまたは排除されたことを確保するために必要な改善措置を講じなければならない（同条4項）。そして，講じた改善措置の内容を公表するとともに，公取委に通知しなければならない（同条6項）。

発注官庁等の長は，改善措置要求を受けたときは，当該入札談合等関与行為による国等の損害の有無について調査を行い（入札談合関与防止4条1項），調査の結果損害が生じたと認めるときは，当該入札談合等関与行為を行った職員の賠償責任の有無および賠償額についても調査を行わなければならない（同条2項）。発注官庁等の長は，これらの調査結果を公表しなければならず（同条4項），また，調査の結果当該入札談合等関与行為を行った職員が故意または重大な過失により国等に損害を与えたと認めるときは，当該職員に対し，速やかにその賠償を求めなければならない（同条5項）。

また，発注官庁等の長は，公正取引委員会による改善措置要求を受けたときは，当該入札談合等関与行為を行った職員に対して懲戒処分をすることができるかどうかについて必要な調査をしなければならず（入札談合関与防止5条1項），また，その調査結果を公表しなければならない（同条4項）。

(d) 入札等の公平を害する行為を行った職員に対する罰則　国，地方公共団体等の職員が入札等の際に入札参加事業者等に談合をさせたり，予定価格等の秘密を教示する等入札の公正を害すべき行為を行ったときは，5年以下の懲役または250万円以下の罰金に処される（入札談合関与防止8条）。ここで処罰の対象となっているのは入札談合等関与行為に限らない。また，不当な取引制限の罪とは異なり公正取引委員会の専属告発とはなっていないので，公正取引委員会の告発がなくても警察や検察が捜査して起訴することができる。実際，この罪については，公正取引委員会による独占禁止法違反行為の調査とは無関係に検察や警察が独自に捜査を行うことが多い。

◆ケース2・1　水門設備工事談合事件

公取委は，国土交通省，独立行政法人水資源機構および農林水産省が発注する水門設備工事について入札談合を行っていたとして事業者に対して排除措置命令および課徴金納付命令を行うとともに（公取委平19・3・8排除措置命令・審決集53巻891頁），国土交

第2章 不当な取引制限の禁止 **47**

通省の職員が落札予定者についての意向を示していたとして，国土交通大臣に対し，入札談合等関与行為防止法に基づき改善措置等を求めた。

§3　事業者団体の競争制限行為

　事業者団体とは何かについてはすでに第1章§2-2で説明した。8条は，事業者団体に1号から5号までの5つの類型の行為を禁止している。これらのうち5号については第5章で説明するので，ここでは1号から4号について述べる。

1　事業者団体の行為

　事業者団体の行為であるためには，事業者団体の決定に基づく行為であることが必要である。事業者団体の決定は，正規の意思決定機関でなされたものに限られない。事業者団体の何らかの機関で決定がされた場合において，その決定が構成員により実質的に団体の決定として遵守すべきものとして認識されたときは，その決定は団体による決定とされる（前掲・公取委平7・7・10〔大阪バス協会事件〕）。したがって，事業者団体が何らかの組織で決定して構成事業者が決定内容に従った行動をとっていれば，事業者団体の行為と認めることができるだろう。

2　一定の取引分野における競争を実質的に制限すること（8条1号）

　1号は，どのような方法によるかを問わず，事業者団体が一定の取引分野に

★コラム2・4　事業者の違反行為か事業者団体の違反行為か

　事業者団体の構成事業者全員またはほとんどが出席して価格引上げ決定をしたような場合には，事業者団体の決定として8条1号を適用すべきか，事業者による不当な取引制限として3条を適用すべきかが問題となる。最高裁は，「独占禁止法上処罰の対象とされる不当な取引制限行為が事業者団体によって行われた場合であっても，これが同時に事業者団体を構成する各事業者の従業者等によりその業務に関して行われたと観念しうる事情のあるときは，右行為を行ったことの刑責を事業者団体のほか各事業者に対して問うことも許され，そのいずれに対し刑責を問うかは，公取委ないし検察官の合理的裁量に委ねられている」とした（最判昭59・2・24〔石油価格協定刑事事件〕）。このような場合，事業者団体と事業者の両方の違反を問うべきだとする説もある。

おける競争を実質的に制限することを禁止している。事業者団体が一定の取引
分野における競争を実質的に制限する行為には，不当な取引制限型の行為と私
的独占型の行為がある。不当な取引制限型の行為とは，事業者団体が事業者の
事業活動を制限することによって一定の取引分野における競争を実質的に制限
するものである。事業者団体によるカルテルや入札談合がこれに該当する。私
的独占型の行為とは，事業者団体が事業者の事業活動を排除または支配するこ
とによって一定の取引分野における競争を実質的に制限するものである。従来
1号違反に問われた事件はほとんどが不当な取引制限型の事件なので，ここで
は不当な取引制限型の事件の事例を紹介する。

◆ケース2・2　事業者団体による価格カルテル

　会員の地区内におけるレギュラーガソリンの小売販売量の合計が地区内におけるレギュ
ラーガソリンの小売総販売量のほとんどを占める石油販売業者の事業者団体が，会員のレ
ギュラーガソリンの小売価格を決定し会員に周知した。会員は決定に基づきおおむねレ
ギュラーガソリンの小売価格を引き上げた（公取委平9・6・24審判審決・審決集44巻
3頁〔広島県石油商業組合広島市連合会事件〕）。

◆ケース2・3　事業者団体による入札談合

　建設業者の事業者団体が，土木事務所が発注する工事について，役員会の決定により受
注予定者を定める方法や受注予定者以外の会員は受注予定者が受注できるように協力する
ことを決定し会員に周知した。会員はこの方法により土木事務所発注の工事のほとんどす
べてを受注していた（公取委平10・4・23勧告審決・審決集45巻51頁〔尾北建設協
会事件〕）。

3　「公共の利益に反して」という文言がないことについて

　8条1号には私的独占や不当な取引制限で要件として規定されている「公共
の利益に反して」という文言がない。このことから，事業者団体の行為につい
ては公共の利益についての判断は不要だとする説もある。しかし，「公共の利
益に反して」を§1-7で述べた最高裁判決のように解するなら，独禁法の目
的に実質的に反しないかどうかの判断は，「公共の利益に反して」という文言
の有無にかかわらず，また「公共の利益に反して」という要件を用いるかどう
かにかかわらず必要であろう。実際，最高裁判決後，公取委は，§1-7で述
べたように，認可運賃を下回る運賃を引き上げる事業者団体の決定が独禁法の

目的に照らして「競争を実質的に制限する」ものではないとして8条1項1号（現8条1号）に違反しないとする審決を出している（前掲・公取委平7・7・10〔大阪バス協会事件〕）。

4 第6条に規定する国際的協定または国際的契約をすること（8条2号）

6条は，事業者が不当な取引制限または不公正な取引方法に該当する事項を内容とする国際的協定または国際的契約をすることを禁止しているが，8条2号は事業者団体が同様のことをすることを禁止している。

従来この規定が適用された事件はなく，また第10章で説明するように，6条自体が現在では使われなくなっているので，説明は省略する。

5 一定の事業分野における現在または将来の事業者の数を制限すること（8条3号）

3号は，事業者団体が一定の事業分野における現在または将来の事業者の数を制限すること，つまりある事業分野から現に事業活動を行っている事業者や新規参入しようとする事業者を排除することを禁止している。事業者団体に加入しないと事業活動を行うことが困難な状況の下で，事業者団体への加入を制限したり事業所等の開設を制限することや，事業者団体が団体に加入していない事業者を排除したり参入を阻止する行為がこれに該当する。このような行為によって一定の取引分野における競争が実質的に制限される場合には，1号違反（私的独占型）になる。

> ◆ケース2・4　事業者団体による医療機関の開設制限
>
> 地方の医師会が，医師会に加入しないで開業することが困難な状況の下で，入会の拒否，除名がありうる制度を背景として，医療機関の開設を希望する者に申し出させ，同意・不同意等を決定していたことが8条3号に違反するとされた（東京高判平13・2・16審決集47巻545頁〔観音寺市三豊郡医師会事件〕）。

> ◆ケース2・5　事業者団体によるアウトサイダーの参入阻止
>
> 生コンクリート製造業者を会員とする工業組合が，地区内に生コン製造設備をもち生コンの製造販売事業を行っていた非組合員の製造設備を買い上げ廃棄し，買い上げに際し今後生コンの製造販売を行ってはならない旨の条件を付したことが8条3号に違反するとされた（公取委平5・11・18勧告審決・審決集40巻171頁〔滋賀県生コン工業組合事件

（第二次)))。

6 構成事業者の機能または活動を不当に制限すること（8条4号）

　たとえば事業者団体がリサイクル運動に取り組む場合，構成事業者に対して
リサイクル運動への参加を求めることになる。このように，事業者団体の活動
は，構成事業者の活動を制限することが多い。4号は，これらの活動をすべて
禁止しているのではなく，事業者団体が構成事業者の活動を「不当に」制限す
ることを禁止している。「不当に」というのは，独禁法の目的に照らして不当
なこと，つまり，公正かつ自由な競争を損なうことをいう。したがって，4号は，
事業者団体が構成事業者の競争的な活動を制限することを禁止するものである。

　前述のように，事業者団体が構成事業者の事業活動を制限することによって
一定の取引分野における競争を実質的に制限すると1号違反（不当な取引制限
型）になるので，4号違反となるのは，競争の実質的制限に至らない場合である。
4号が適用された最近の事件として，次のものがある。

- 水先人の団体が，会員が自らの判断により水先の利用者と契約して水先を
  引き受けることを制限し，水先料の調整配分を行った（公取委平27・4・15
  排除措置命令・審決集未掲載〔東京都水先区水先人会事件〕）
- 薬剤師の団体が医薬品販売業者に対し新聞折り込み広告に一般医薬品の販
  売価格を表示しないようにさせた（公取委平19・6・18排除措置命令・審決集
  54巻474頁〔滋賀県薬剤師会事件〕）
- 医師会が会員の医療機関の開設，医療機関の診療科目の増設等を制限した
  （公取委平16・7・27勧告審決・審決集51巻471頁〔四日市医師会事件〕）
- 社会保険労務士の団体が会員のダイレクトメール，ファクシミリ等による
  広告活動を制限した（公取委平16・7・12勧告審決・審決集51巻468頁〔三重

★コラム2・5　8条1号のほかに3号および4号が置かれている理由

　事業者の共同行為は，「一定の取引分野における競争を実質的に制限する」場合でなけ
れば不当な取引制限や私的独占に該当せず規制の対象にはならない。これに対し，事業者
団体の行為は，「一定の取引分野における競争の実質的制限」に至らない場合であっても3
号または4号によって規制の対象となることがある。これは，独禁法8条が昭和28年に
廃止された事業者団体法を引き継いだものだという歴史的経緯のほか，事業者団体は競争
に悪影響を及ぼす潜在的危険が大きいと認識されていることによるものであろう。

県社会保険労務士会事件〕）

・病院等の給食に食材を提供する小規模な企業の全国団体が，会員間の競合を回避するため会員の販売地域を定め販売地域外の顧客に販売しないように指示した（公取委平15・4・9勧告審決・審決集50巻335頁〔全国病院用食材卸売業協同組合事件〕）

7　事業者団体の活動に関するガイドライン

　事業者団体は事業者の共同の利益のためにさまざまな活動を行っているが，このような活動を行う過程で競争を制限する行為が行われる場合があり，実際に事業者団体の違反事件は多数発生している。公取委は，「事業者団体の活動に関する独占禁止法上の指針」（公取委事務局平7・10・30）を作成・公表して，事業者団体のどのような活動が独禁法上問題となるかについて，価格制限行為，数量制限行為，参入制限行為，情報活動等の活動のタイプごとに，過去の違反事例等の具体例を挙げながら考え方を示している。

　このほか，公取委は，医師会について「医師会の活動に関する独占禁止法上の指針」（公取委事務局昭56・8・8），公認会計士，弁護士，税理士等資格者を会員とする団体の設立が義務付けられ資格者には当該団体への入会が義務付けられている8資格の団体について「資格者団体の活動に関する独占禁止法上の考え方」（同事務局平13・10・24）を作成・公表している。また，「公共的な入札に係る事業者及び事業者団体の活動に関する独占禁止法上の指針」（同事務局平6・7・5）および「リサイクル等に係る共同の取組に関する独占禁止法上の指針」（同事務局平13・6・26）においても事業者団体の活動と独禁法に関する考え方が示されている。

§4　競争制限を目的としない共同行為

1　競争制限を目的としない共同行為と不当な取引制限

　競争者間の共同行為は，カルテルや入札談合のように競争を制限することを目的とするものだけではない。事業者は，商品の生産コストや販売コストを下げるために，競争事業者と共同で原材料を購入したり，商品を生産，販売または配送することがある。また，単独では開発が困難な製品や技術を開発するた

めに，競争事業者と共同で研究開発を行うことがある。このような共同行為は，コストの低下を通じた商品の販売価格の低下や新製品・新技術の登場によって市場における競争を促進する可能性がある。こういった行為は競争事業者のうちごく一部の者の間で行われ，競争を制限する効果をもたないものも多い。しかし，共同行為に参加する事業者の範囲や共同行為の内容によっては競争が制限される場合もある。したがって，このような共同行為も一定の取引分野における競争を実質的に制限するものであれば不当な取引制限となる。競争促進効果がある共同行為の場合，競争の実質的制限については，当該行為の競争促進効果と競争制限効果を比較衡量して判断する必要がある。

また，環境保全等の社会公共的な目的を達成するために共同行為が行われる場合もある。そのような場合には，当該共同行為が独禁法の究極の目的に反しないものかどうかについての検討も必要になるであろう（§1-7参照）。

なお，価格カルテル等の競争制限行為の手段として共同生産や共同販売が行われた事件があるが（公取委昭32・7・18勧告審決・審決集9巻7頁〔函館製氷販売事件〕等），そのようなものがここにいう競争制限を目的としない共同行為に該当しないことはいうまでもない。

2 公正取引委員会のガイドラインにおける考え方

わが国では従来，競争制限を目的としない共同行為が不当な取引制限とされたとみられる事件はないが，公取委は次のガイドラインの中で考え方を示している。

（1） 共同研究開発ガイドライン 「共同研究開発に関する独占禁止法上の指針」（公取委事務局平5・4・20）は，共同研究開発は研究開発のコスト削減，リスク分散または期間短縮等により研究開発活動を活発で効率的なものとし，技術革新を促進するものであって，多くの場合競争促進的な効果をもたらすとしつつ，研究開発の共同化によって市場における競争が実質的に制限される場合もありうるとしている。そして，研究開発の共同化によって参加者間で研究開発活動が制限され，技術市場または製品市場における競争が実質的に制限されるおそれがある場合には，不当な取引制限の問題になりうるとしている。そして，個々の事案について競争促進的な効果を考慮しつつ，技術市場または製品市場における競争が実質的に制限されるか否かによって判断されるが，その際

には，①参加者の数，市場シェア等，②研究の性格，③共同化の必要性，④対象範囲，期間等が総合的に勘案されることとなるとしている。

（2）　リサイクルガイドライン　「リサイクル等に係る共同の取組に関する独占禁止法上の指針」（公取委事務局平13・6・26）は，循環型社会を形成・推進していくことが急務とされており，循環型社会形成推進基本法が制定されて事業者等の責務が明確にされたが，事業者が共同してリサイクル等に対する取組みを行わないとリサイクルシステムを構築したりリサイクル等を効率的に推進していくことが困難となり，法令の義務等を果たすのに支障が生じる場合があるとしている。そして，リサイクル等に対する事業者の共同の取組みに対して独禁法上の問題の有無を検討するに当たっては，循環型社会形成推進基本法の趣旨もふまえ，その社会公共的な目的からみた必要性について十分考慮する必要があるとしつつ，その必要性を考慮しても，共同行為を通じて製品市場やリサイクル市場における競争秩序に悪影響を及ぼす場合には，独禁法上の問題が生じることとなるとしている。さらに，このような基本的な考え方の下に，リサイクル等に係る共同行為について，さまざまな行為が独禁法上どのように判断されるかを示している。

§5　違反行為に対する措置

1　排除措置命令

3条に違反する行為があるときは，公取委は，事業者に対し，違反行為の差し止め，事業の一部の譲渡その他違反行為の排除に必要な措置を命ずることができる（7条1項）。

8条に違反する行為があるときは，公取委は，事業者団体に対し，違反行為の差し止め，団体の解散その他違反行為の排除に必要な措置を命ずることができる（8条の2第1項）。

いずれの場合も，公取委は，違反行為がすでになくなっている場合でも，とくに必要があると認めるときは，違反行為が排除されたことを確保するために必要な措置を命ずることができる。ただし，違反行為がなくなった日から5年を経過したときは排除措置を命ずることはできない（7条の2・8条の2第2項）。「特に必要があると認めるとき」に該当するか否かの判断については，わが国

における独禁法の運用機関として競争政策について専門的な知見を有する公取委の専門的な裁量が認められる（最判平 19・4・19 審決集 54 巻 657 頁〔郵便区分機事件〕）。将来再び同様の違反行為を行うおそれがある場合や，当該違反行為の結果が残存しており競争の回復が不十分である場合は「特に必要があると認めるとき」に該当する（東京高判平 20・9・26 審決集 55 巻 910 頁〔ストーカ炉談合事件〕）。実際には公取委の調査開始後，排除措置命令前に違反行為がなくなっていることが多いが，公取委は多くの場合，違反行為が自発的に取りやめられたものとはいえない等の理由で排除措置を命じている。しかし，課徴金免除を受けた事業者（第 7 章 §2－4 参照）に対しては，排除措置を命じないことがある。

排除措置命令の手続等については，第 7 章 §1 で説明する。

2　課徴金納付命令

事業者が不当な取引制限で①商品もしくは役務の対価に係るものまたは②商品もしくは役務について，供給量もしくは購入量，市場占有率もしくは取引の相手方のいずれかを実質的に制限することによりその対価に影響することとなるものをしたときは，当該事業者に課徴金の納付が命じられる（7 条の 2 第 1 項）。

事業者団体が 8 条 1 号または 2 号に違反する行為（不当な取引制限型の行為に限る）で前記①または②に該当するものをしたときは，事業者団体の決定に従ってカルテルや入札談合を実施した構成事業者に対して課徴金の納付が命じられる（8 条の 3）。

課徴金の額は，カルテルの実行期間中におけるカルテルの対象となった商品・サービスの売上額の原則 10％である。カルテルの実行期間とは，カルテルの実行としての事業活動を行った日（始期）から実行としての事業活動がなくなる日（終期）までの期間（3 年を超える場合は，実行としての事業活動がなくなる日から遡って 3 年間）である。値上げカルテルではカルテルによる値上げの予定日，入札談合であれば談合を行う旨の合意をした後，最初に入札に参加した日が実行期間の始期として認定されることが多い。実行期間の終期については，違反行為が終了した日の前日とされることが多い。なお，カルテルや入札談合に途中から参加した事業者については，参加した日が実行期間の始期となり，カルテルから途中で離脱した事業者については，離脱した日の前日が実行行為の終期となる。

課徴金についての詳細は，第7章§2で説明する。

3 罰　則

　3条の規定に違反して不当な取引制限をした者または8条1号の規定に違反して一定の取引分野における競争を実質的に制限した者は，5年以下の懲役または500万円以下の罰金に処される（89条）。法人の代表者，従業員等が法人の業務または財産に関してこれらの違反行為をしたときは，行為者を罰するほか，法人に対しても5億円以下の罰金刑が科される（95条1項）。法人ではない団体の代表者，従業員等が団体の業務または財産に関してこれらの違反行為をしたときも，行為者を罰するほか，団体に対しても5億円以下の罰金刑が科される（95条2項）。したがって，従業員が会社の業務に関して不当な取引制限をした場合は実行行為者である従業員には懲役刑または罰金刑が科され，会社には罰金刑が科される。

　公取委が刑事告発を活発化した1990年以降，多数の事件で個人に懲役刑が，会社に罰金刑が科されているが，これらはすべて不当な取引制限の事件である。

　罰則についての詳細は，第7章§3で説明する。

第3章　私的独占の禁止

§1　概　説

　私的独占は2条5項で定義されており，そのような行為を行うことを禁止する旨が3条で規定されている。名称から，1社が市場を独占する状況を連想するかもしれないが，行為主体の数に制限はない。1社単独であれ，複数事業者によるものであれ，他の事業者の事業活動を排除したり，支配したりすることによって，競争を実質的に制限することが私的独占である。

　複数の場合，事業者の結びつきの形態は問わない。以下，本章では，複数の事業者が結びつく場合を「結合」と表現することとする。結合は，契約，協定など，各事業者が独立性を維持しながら結びつく「ゆるい結合」と，合併や株式の保有などにより，各事業者の事業活動が一元的意思決定の下に置かれる「かたい結合」とに分けることができる。

　かたい結合により競争が実質的に制限されることを禁止する規定としては，ほかに企業結合規制に関する条文があり，これらの規定が適用できる場合もある。

　私的独占に該当する行為の中には，不公正な取引方法の要件も満たすものがある。私的独占とも不公正な取引方法とも構成できる場合は，私的独占として3条違反とすることになる。

　不当な取引制限は，違反事例が多数あるのに対して，私的独占は事例が少ない。排除措置が命じられたのが15件（そのうち2件は不当な取引制限にも問われている），違法宣言がなされたものが2件である。事件の半数以上は，1996年以降のものである。

§2 行為要件

1 排除行為

（1）「排除」の意義　2条5項の「他の事業者の事業活動を排除する」とは，他の事業者の事業活動を継続困難にさせたり，新規参入を困難にしたりする行為であると解される。排除があるというためには，既存の事業者が市場から撤退したり，新規事業者の参入を完全に阻止したりするという結果が現実に発生することは，必要ではない。また，事業者のすべての事業活動を排除することも必要ではない。排除行為には，行為者が相手方に直接働きかける場合だけではなく，第三者を介して行う場合も含まれる。また，行為者に事業活動を排除する意図があることは必要ではない。事業者の行為から事業活動を排除する効果が生じていれば排除行為に当たる。事業活動を排除する意図が存在するという事実は，排除効果を推定する要素となる。

しかし，排除効果がある行為をすべて2条5項の排除行為に当たると解することはできない。たとえば，ある事業者が質の良い商品を販売した，または安い値段で販売した結果，競争相手の商品が売れなくなり，競争相手が市場から退出することによって市場支配力を獲得する場合がある。このような場合，この事業者の行為を排除行為に当たるとして違法とすると，競争を弱めることになりかねない。競争を実質的に制限する排除効果のある行為であっても，一定のものは排除行為に該当しないと解すべきである。このような行為は，正常な競争手段と呼ばれることがある。問題は，正常な競争手段とそうでないものの境界を明確に定めることが難しいことである。原則として，価格や品質による競争は，正常な競争手段による競争であるといえよう（排除行為に該当する廉売については（4）を参照）。

また，1社単独による直接の取引拒絶も，排除行為には当たるかどうかの判断は慎重に行われなければならない。事業者には，取引相手を選ぶ自由があり，これは自由競争経済において尊重されなければならないからである。公益事業分野で不可欠施設を保有する場合など，一定の条件を満たす場合には，排除行為に当たる。

排除行為とそうでないものを分ける基準については諸説あるが，いずれも一

長一短があり広い支持を得ているとはいいがたい。最高裁は，判断基準として，「自らの市場支配力の形成，維持ないし強化という観点からみて正常な競争手段の範囲を逸脱するような人為性を有する」か否かを挙げている（最判平22・12・17民集64巻8号2067頁〔NTT東日本事件〕）。しかし，正常な競争手段かどうかを判断するには，この人為性の内容を明らかにする必要があるのである（学説における議論については，★コラム3・1を参照）。

　この項目では，いかなる行為が排除行為に該当するか解説する。排除行為には多様なものが含まれ，すべてを網羅することは困難である。以下は，実際に事件となったものを中心にして整理したものである。事件の中には，排除行為のみの事例と支配行為のみの事例のほかに，両行為が併存する事例もある。両行為を含む事例については，説明の都合上，排除行為と支配行為の記述を分離し，それぞれの項目で取り上げることにする。なお，公正取引委員会（以下「公取委」という）は，私的独占ガイドラインにおいて，排除行為の中で主に問題となるものについて解説している。

　（2）排他的取引による排除　　自己の競争者と取引せず，自己のみと取引することを条件として相手方事業者と取引することは，排除行為に該当しうる。

　取引相手に条件を受け入れさせる方法として，取引相手に何らかの形で圧力をかけ自己とのみ取引するようにさせる場合がある。

> **◆ケース3・1　ニプロ事件（公取委平18・6・5審判審決・審決集53巻195頁）**
> 　　**―取引上の地位を利用した競合品輸入の阻止**
>
> 　ニプロは，注射液等の容器として使用されるアンプルを製造するためのガラス生地管（以下「生地管」という）を，A社から仕入れてアンプル加工業者に販売している。国内の生地管製造業者はA社のみで，同社の国内市場占有率は，輸入生地管を含めると93％であった。A社の生地管は，西日本ではニプロが，東日本ではB社が独占的に販売していた。アンプル加工業者は生地管をアンプルに加工し，製薬会社等に販売する。
> 　西日本に所在するナイガイグループは，ニプロから生地管を仕入れアンプルの加工を行っていたが，平成4年から価格の安い生地管の輸入を本格的に開始し，輸入生地管の割合を増やしていった。ニプロは，ナイガイグループに，生地管の輸入を止めるよう要求したが，ナイガイグループがこれを拒否したところ，ニプロは，生地管を値上げするなど，取引条件をナイガイグループに不利なものに変更することを申し入れたり，一部生地管の供給を止めたりするなどの行為を行った。

　上記ケースでは，違反行為者は，ニプロ1社である。同社は，西日本で生地管を独占的に販売している。ナイガイグループは，すべての生地管を輸入でま

第 3 章　私的独占の禁止　59

かなうことはできず，ニプロとの取引を継続する必要がある。ニプロは，この
ような事情を利用して，ナイガイグループに圧力をかけ，ニプロのみから生地
管を購入することを求めた。この事件では，ナイガイグループは，依然として
輸入を続けているが，公取委は，輸入の継続が困難になっていると評価したも
のと思われる。ニプロは，ナイガイグループに生地管輸入を止めるよう圧力を
かけることにより，競争者である外国の生地管製造業者を排除し，これにより
競争を制限したのである。

　エム・ディ・エス・ノーディオン事件（10 章 §1-4 を参照）では，世界で販
売されるモリブデン 99 の大部分を販売するノーディオンが，モリブデン 99 を
原料として製剤を製造する 2 社との間で，10 年間同物質をノーディオンのみ
から購入することを条件に，取引を行った。日本では当該製剤を製造するのは
この 2 社のみなので，ノーディオンの行為は，他のモリブデン 99 の製造販売
業者の事業活動を排除したものである。

　前記の事例とは異なり，取引相手に利益を提供することにより，自己とのみ
取引することを承諾させる場合がある。提供する利益としてたとえばリベート
（割戻金）がある。リベートには多様なものがあり，すべてのリベートが排除行
為に当たるわけではない。

◆ケース３・２　インテル事件（公取委平 17・4・13 勧告審決・審決集 52 巻 341 頁）
　　　　　　　―リベート等による取引誘引

　日本インテルは，米国インテルが製造したパソコンの基幹部品である CPU を販売して
いる。わが国において大きな市場占有率を有しているが，日本 AMD が，米国 AMD 製造
の CPU を低価格で販売したことなどにより，AMD 製 CPU の市場占有率が上昇した（平
成 12 年 17%→平成 14 年 22%）。このため，日本インテルは，日本のパソコン製造業
者 5 社に対して，次の 3 つの条件，すなわち①すべてインテル製 CPU にする，②他社
製 CPU を 10%以内に抑える，③生産量の比較的多い複数種類のパソコンにはインテル製
CPU を搭載する，のいずれかを受け入れた製造業者には，リベートや販促資金の提供を行っ
た。その結果，競争者である AMD ほか 1 社の市場占有率は，大きく下がった（平成 14
年 2 社合計 24%→平成 15 年同 11%）。

　上記ケースで，違反行為者は，インテル 1 社である。同社の行為は，自社製
品の採用比率を高めることを条件にリベートや販促資金の提供を行ったもので
ある。このようなリベートは，忠誠リベートまたは占有率リベートと呼ばれ，
商品の取引で用いられることは珍しくない。インテルの出した条件は，パソコ

ン製造業者が AMD 等と CPU を購入することを禁じるものではないが，AMD 等競争者の取引を排除する効果がある。公取委は，これを排除行為に当たるとした。もともと小さかった競争者の市場占有率が短期間に大幅に低下し，これが AMD 等競争者の事業活動の継続を困難にしたと評価された。

（3）　取引拒絶による排除　　複数事業者が共同で取引拒絶を行うことや，他の事業者に取引拒絶をさせること（間接的な取引拒絶）も，排除行為に当たる場合がある。

◆**ケース３・３　ぱちんこ機製造業者事件**（公取委平９・８・６勧告審決・審決集　44 巻 238 頁）—特許プールを用いた共同の取引拒絶

　　ぱちんこ機の製造業者 10 社は，ぱちんこ機の製造に関する特許権および実用新案権を所有し，これらの実施許諾にかかわる業務（許諾契約の締結，許諾料の徴収など）を，株式会社である日本遊技機特許運営連盟（以下「特許連盟」という）に委託しており特許連

★**コラム３・１　正常な競争手段と排除行為**

　　競争者を排除する効果がある行為でも，それが競争上正当な行為であれば，2 条 5 項の排除行為には当たらない。インテル事件では，インテルの行為は，自社製品の購入量を増やすことを条件に，取引相手に一定の利益を提供したものである。後述の有線ブロードネットワークス事件では，有線ブロードネットワークス（以下「有線」という）は，サービスの料金を引き下げて競争相手から顧客を奪っている。この行為がなぜ排除行為に当たるのであろうか。

　　学説では，排除の人為性について，効率性（または真価）によらない排除であるかどうかを手がかりにして考えようとするものがある。より具体的には，ライバル費用を引き上げるものかどうか，および略奪的な行為であるかどうかを検討するというものである。

　　ライバル費用の引上げとは，競争相手の事業活動に要する費用を引き上げる行為である。費用の上昇により，競争相手は事業活動継続が困難になることがある。自己が提供する商品・役務の魅力を高めたり，経営の効率化など自己の改善により競争に勝とうとするのではなく，競争相手に負担を負わせることにより競争に勝とうとするものである。審決の事実認定からは断定できないが，もしインテルの行為が AMD 等の CPU を供給するときに必要な費用を押し上げるものであるならば，これに該当する。ただし，ライバル費用引上げ型行為のすべてに人為性が認められるわけではない。

　　他方，略奪的な行為は，競争制限効果を生じさせて利益を得る以外には，利益を得ることができない行為である。たとえば，商品を仕入原価を大幅に下回る価格で販売し，競争者の商品が売れなくなり市場から退出したところで，商品の価格を大幅に引き上げ，大きな利益を得ることである。需要者は，短期的には低価格による利益を得るが，より長い期間でみると価格が大幅に引き上げられ損失を被る。有線についても，審決の事実認定からは判断できないが，もし有線の行為が役務の供給に要する費用を大きく下回っており，かつキャンシステムを排除した後に当該企業が大幅な価格引上げをする力を獲得できるのであれば，これに該当する。

盟の意思決定に関与している。同連盟が管理する特許権等の実施許諾が受けられなければ，ぱちんこ機の製造は困難であった。

これら 10 社を含む 19 社は，ぱちんこ機製造業者のほとんどすべてであり，いずれも日本遊技機工業協同組合（以下「組合」という）に加入していた。19 社は，特許連盟から実施許諾を受けてぱちんこ機を製造していた。特許連盟は実施許諾契約の中に乱売禁止条項を入れるなどしており，19 社間では協調的な慣行があった。

特許連盟は，組合に加入していない事業者には実施許諾をしなかった（例外あり）。また，既存のぱちんこ機製造業者を買収して参入しようとした事業者に対しては，実施許諾契約の更新を拒否した。

上記ケースでは，特許権等を有する 10 社と特許連盟が結合して，ぱちんこ機の製造分野に参入しようとする事業者に対して，実施許諾を拒否し，参入を困難にさせたことが，ぱちんこ機を製造しようとする者の事業活動を排除することに当たるとされた。特許プール（この事件では特許連盟）を用いたのが特徴である。特許プール自体は悪いものではないが，運用の仕方によっては，新規参入を阻害することにもなる。

北海道新聞社事件では，排除行為の一部として間接的取引拒絶が使われている。なお，私的独占ガイドラインでは，供給拒絶と差別的取扱いをひとまとめにして論じている。

（**4**）　**価格設定を利用した排除**　　自己が供給する商品・役務の価格を著しく低く設定したりすることが，排除行為に当たる場合がある。基本的に，価格の低下は望ましいことであり，原則として排除行為には当たらない（(1) 参照）。しかしたとえば，商品・役務を，その供給に要する費用を著しく下回る価格で一定期間継続して販売し，競争相手が価格競争に耐えられず，事業継続が困難になるような場合，排除行為と評価される場合がある。他の事例として，有線ブロードネットワークス事件（公取委平 16・10・13 勧告審決・審決集 51 巻 518 頁）がある。これは，音楽放送事業を行う有線が，音楽放送を提供する料金を，すでに自社と契約している顧客のものよりも，競争相手であるキャンシステムから自社に乗り換えた顧客の料金を低く設定することにより，短期間に大量の顧客をキャンシステムから奪ったものである。

最近は，マージン・スクイーズ（価格圧搾）の問題が認識されるようになってきている。これは，上流市場と下流市場の両方で商品・役務を販売する事業者が，上流市場で有する市場支配力を利用して，上流市場と下流市場との商品・

役務の価格差を縮めることにより，下流市場の競争者を排除しようとする行為である。私的独占ガイドラインでは供給拒絶に分類されている。

◆ケース3・4　NTT東日本事件（最判平22・12・17民集64巻8号2067頁）
　　　　―電気通信事業におけるマージン・スクイーズ

　戸建て住宅向けのFTTHサービス（光ファイバを用いてインターネットに接続するデータ通信サービス）には，分岐方式（同社の電話局から加入者宅まで敷設する光ファイバを，1芯の光ファイバを複数人で使用する方式）と芯線直結方式（電話局から加入者宅まで敷設する光ファイバについて，1芯を1人で使用する方式）がある。分岐方式は，1芯を複数で分け合うので，芯線直結方式よりユーザー1人当たりの費用は安くなるが，分岐装置など追加的な費用がかかるので，利用ユーザー数が少ないと，芯線直結方式よりユーザー1人あたりの費用が高くなる。

　FTTHサービスの利用者はまだ少なく分岐方式では割高になるため，NTT東日本は，芯線直結方式を用いながら，分岐方式を用いていると称して，十分なユーザーがいるとの想定でユーザー料金を低額に設定した。この料金額は，他の電気通信事業者が，NTT東日本の通信回線に芯線直結方式で接続してFTTHサービスを提供しようとすると，採算割れを起こす水準であった。

　上記ケースは，NTT東日本が，提供に必要な費用を下回る価格でサービスを提供したことをもって排除行為としたものである。FTTHサービスの提供に必要な光ファイバ網はNTT東日本が所有しており，FTTHサービスを提供しようとする他の事業者（以下「競合他社」という）は，接続料金を支払ってこの光ファイバ網に接続しなければならない。競合他社のユーザー料金は，接続料

★コラム3・2　特許プール

　特許プールとは，特定の製品を作るために必要な特許技術を複数の企業がもっているときに，これら技術の特許権や実施許諾する権利を，一定の企業体や組織体に集め，これら組織体等を通じて，構成員である企業やその他の企業が必要な実施許諾を受けるものである。プールとなる組織体等では，実施許諾をするときの条件（特許権使用料など）を決定し，使用を許諾した企業から使用料を徴収し，利益を特許権者に配分するなどの業務を行う。

　特許プールには，競争を促進する性質を有するものがある。たとえば，製品Aの製造に必要な特許技術が多数の企業に分散している場合，製品を作ろうとする企業は，個々の企業と交渉をして実施許諾を受けなければならないが，特許プールで一括して許諾が得られれば，製造を始めるのが容易になり，製品Aを製造する事業者が増える可能性がある。

　他方，特許プールには，競争を制限する性質をもつものも少なくない。複数事業者が特許プールによって結合することになるので，集める特許技術の内容，特許権使用料の額，実施許諾を与える事業者の範囲など，仕組みを慎重に設計しないと，一部の事業者を市場から排除する等の競争阻害効果を伴うことになる。

第 3 章　私的独占の禁止　63

金に当該事業者のサービス提供費用などを加えて算出される。分岐方式で採算をとるだけの十分なユーザーが集まらない状況で，競合他社は，芯線直結方式を使い，その接続料金に他の費用等を載せてユーザー料金を決めるのに対して，NTT 東日本は，分岐方式の接続料金をもとにユーザー料金を決めるので，競争事業者は NTT 東日本に価格で太刀打ちできなくなる。その結果，競合他社の FTTH サービスへの参入が阻害されたと判断された（第 10 章 §2）。

　（5）その他の排除行為　　（2）から（4）に分類できない排除行為とその事例を幾つか紹介する。

> ◆ケース３・５　雪印乳業・北海道バター事件（公取委昭 31・7・28 審判審決・審決集 8 巻 12 頁）―融資を利用した取引の拘束
>
> 　雪印乳業と北海道バター（以下「2 社」という）は，牛乳の処理と乳製品の製造を行っている。農家からの集乳量について北海道の全生産量に占める割合は，2 社合わせて 80% である。2 社は，集乳については常に共同歩調をとっている。
> 　2 社は，自社工場周辺の有畜農家に乳牛の飼育頭数を増加させるための融資の斡旋を行った。乳牛導入資金は農林中央金庫（以下「農林中金」という）が融資を行い，単位農協に融資する場合は，北海道信用農業協同組合連合会（以下「北信連」という）が保証を与える。
> 　農林中金と北信連は，2 社と通謀して，2 社のみに生産乳を供給することを条件に単位農協や組合員に融資を行った。雪印乳業は，他の乳業会社と取引する農家に対し，資金の斡旋を条件に自己と取引するよう誘引し，農林中金と北信連は，2 社以外の乳業会社と取引する単位農協に対して，乳牛導入資金の融資等において不利に扱うことを示唆するなどの行為を行った結果，2 社以外の乳業会社は，集乳に支障をきたした。

　上記ケースで公取委は，2 社のみを私的独占の行為者とした。2 社が結合して，他の乳業者の集乳活動を排除したものと構成した。2 社は，第三者（農林中金と北信連）を媒介にして，農家等を間接的に自己と取引するよう拘束している。2 社への生産乳供給を融資条件とするためには，農林中金と北信連の協力が不可欠であるが，2 社がこの両者に 2 社有利の融資をさせたと構成している。農林中金と北信連に対しては，不公正な取引方法を行ったとして排除措置が命じられている。

> ◆ケース３・６　日本医療食協会事件（公取委平 8・5・8 勧告審決・審決集 43 巻 209 頁）―医療用食品加算制度の悪用
>
> 　日本医療食協会（以下「協会」という）は，医療用食品加算制度（医療機関が病院給食で医療用食品を使用すると，健康保険の加算が受けられる制度）の下で，唯一の検査機関に指定され，医療用食品の販売業者などから検定料を徴収して，栄養成分値などの検査を行う収益事業を行っていた。また，医療用食品の製造工場と販売業者の認定制度，および

医療食登録制度（協会に登録された食品だけが保険加算の対象となる制度）を設けて運用していた。

　協会は，日清医療食品（以下「日清」という）の要請を受け，同社と通謀して，日清が高い収益を上げられるよう，医療用食品の製造から流通までを管理した。認定制度により製造業者と販売業者の数を制限すると同時に，認定をした製造業者には販売先を指定し，販売業者には，仕入先，販売先，販売価格を指示し，製造業者間にも販売業者間にも競争が起こらない流通体制を作った（この事件の支配行為については２（５）を見よ）。

　上記ケースは，協会と日清が結合して私的独占を行ったものである。排除行為は，製造業者と販売業者の数を制限したことである（医療用食品市場への参入の制限）。審決によれば，日清に独占的利益を得させることが協会の安定収入につながるのであり，両社は利害を共有していた。

◆ケース３・７　パラマウントベッド事件（公取委平10・3・31勧告審決・審決集44巻362頁）―入札条件の操作

　東京都は，都立病院の医療用ベッドを，順次，電動式ギャッチベッドに更新することとし，ベッドの販売業者（30社余り）による指名競争入札によって当該ベッドを購入した。医療用ベッドの製造業者は，パラマウントベッドのほか２社が存在する。東京都は，入札において，製造業者３社のベッドを納入可能にする方針を決めたが，パラマウントベッドは，医療用ベッドの仕様に精通していない入札担当者に働きかけて，①パラマウントベッドに有利なように仕様書（入札対象となるベッドに必要な機能等が書かれたもの）を作成させ（パラマウントベッドが工業所有権を有する構造を仕様書に盛り込ませるなど），②入札のための現場説明会では，パラマウントベッドの製品の優秀さを販売業者に向けて説明させた。その結果，競合２社の製品の納入を予定する販売業者は，ほとんどの入札に参加することができなかった（この事件の支配行為については２（３）を見よ）。

　上記ケースは，入札担当者に働きかけ，自己に有利なように入札条件を設定させた点に特徴がある。違反行為者はパラマウントベッド１社である。同社の行為によって，競合２社のベッドは，入札の対象から外れ，２社は都立病院にベッドを供給できなくなった。これは，競合２社の事業活動を排除したことになる。

◆ケース３・８　北海道新聞社事件（公取委平12・2・28同意審決・審決集46巻144頁）―商標登録制度の不当利用

　北海道新聞社（以下「道新」という）は，北海道における一般日刊新聞朝刊の発行部数の過半を占めており，函館地区においては朝刊，夕刊とも大部分を占めている。平成６年８月頃から，夕刊紙の発行を目的とした函館新聞社（以下「函新」という）を設立する動きがみられたが，道新は，設立の動きがみられた時期から，函新が設立された後まで，同社の新聞発行を阻止するため，次のような行為を行った。①函館地区で新聞を発行するときに新聞題字に使用されると目される名称９件について，特許庁に商標登録出願を行った。②時事通信社に対し，函新が望んでいた記事の配信を行わないよう要請した。③函新の広

告集稿対象となると思われる中小企業に対して，損失が予測されるほどの低価格の広告料金を設定した。④函新がコマーシャルの放映を求めたテレビ局に対して，放映を拒否させた。

　上記ケースは，道新が函新の事業活動を排除したものである。排除効果は，商標登録出願のみから生じたものではなく，上記行為②，③，④との組み合わせることで生じたものである。結局，登録は認められなかったが（拒絶査定），道新は，出願中であることを理由に，函館新聞という名称を使用しないよう函新に圧力をかけた。②と④は間接的な取引拒絶であり，③は極端な廉売である。函新は，最終的に夕刊を発行するに至るのであるが，函新が事業を始めるに当たっても，夕刊の発行を継続するに当たっても，道新の行為は大きな障害となったのであり，排除行為に該当する（第9章§3）。

　東洋製罐事件（本§2-2(2)）では，東洋製罐は，食缶の供給先である缶詰製造業者が，自社で使用する食缶を自ら製造（自家製缶）しようとしたところ，これを断念させた。缶詰製造業者は，必要なすべての種類の食缶を製造できるわけではなく，また資金援助を受けるなど，東洋製罐への依存度が高かった。

　私的独占ガイドラインでは，排除行為となりうるものとして，ほかに，抱き合わせ販売を挙げている。

2　支配行為

　（1）　「支配」の意義　　2条5項の「他の事業者の事業活動を〔中略〕支配する」とは，他の事業者の事業活動に関する意思決定に制約を加え，自己の意思に従って事業活動を行わせることを意味すると解される。

　支配行為には，直接他の事業者を支配する場合のほか，第三の事業者を介して間接的に支配する場合も含まれる。市場の客観的条件を介した間接的支配が支配行為に当たるとされた事例もある。

　支配行為と排除行為は，必ずしも排他的な関係にはない。行為の中には，支配行為とも排除行為とも構成できるものがある。たとえば，排他的な条件を付けて取引する場合は，従来排除行為として捉えてきたが，取引相手への拘束の部分に着目し，支配行為と捉えることも可能とする指摘がある。

　（2）　株式保有による支配　　他の会社の株式を保有することが支配行為を構成する場合がある。

◆ケース3・9 東洋製罐事件（公取委昭47・9・18勧告審決・審決集19巻87頁）—株式保有による経営への関与

東洋製罐は，食缶の製造業者で，食缶の56％を供給している。東洋製罐は，食缶の製造業者であるＡ社，Ｂ社，Ｃ社，Ｄ社の株式を，それぞれ29％，81％，71.5％，50％保有している（他社名義であるが東洋製罐が実質的に保有するものを含む）。Ａ社に対しては，販売地域を制限する，新工場の建設を断念させるなど，事業活動に制約を加えた。Ｂ社とＣ社に対しては，役員を派遣し，営業の要項を定めて，東洋製罐の意向に従って営業するよう管理していた。Ｄ社も東洋製罐の意向に従って営業させた（この事件の排除行為については1（5）を見よ）。

上記ケースで違反行為者は，東洋製罐1社である。東洋製罐は，競争者4社の相当割合の株式を保有し，株式に基づく影響力を用いて，自己の意思に従って営業させた。本件では，工場新設の阻止など制約の具体的な内容が認定され

★コラム3・3　株式保有と支配行為

他の会社の株式を保有する場合，どのような条件を満たせば当該企業の事業活動を支配したことになるのか，議論の余地がある。工場を造ることをやめさせたり，製品の生産量を制限したりするなど，具体的に相手方事業者の事業活動に制約を加えることまでは必要なく，事業活動を一般的に管理していれば足りることについては異論はない。

問題は，株式を保有するのみで支配行為に該当すると解すべきか否かである。否定する見解がある一方で，肯定する見解もある。肯定する見解によれば，議決権の行使がなくても支配可能な数の株式を取得すれば，株式を発行した会社は，株式を保有する会社の意向を無視して事業を行うことは通常できないので，株式の取得をもって"現実の"支配行為があると評価すべきとする。支配可能な株式の数は企業によって異なるが，少なくとも議決権が50％を超える数の株式を保有していれば支配可能となる。

★コラム3・4　支配行為の範囲

野田醤油事件における公取委と東京高裁の支配の捉え方については，支持するものがある一方，有力な反対論がある。反対説によれば，他の三印に対して野田醤油は価格の指示等は行っていないので，野田醤油は，醤油製造業者である三印の事業活動を支配したとはいえない。野田醤油が支配したのは，流通業者の事業活動である。すなわち，流通業者に野田醤油製品の販売価格を一定に維持させたことである。東京高裁のいう支配行為は支配概念の不当な拡張であると評価される。反対説が妥当であると思われる。

流通業者に対する再販売価格の拘束を支配行為と捉えても，野田醤油が私的独占に当たる行為をしたという結論が変わるわけではない。市場の客観的条件は，競争の実質的制限の判断において考慮されるべき要素となる。野田醤油が再販売価格の拘束によって製品の小売価格を引き上げたことにより，市場の客観的条件と相まって，競争者3社もそれぞれ再販売価格を拘束し，四印の小売価格が斉一になった，すなわち醤油の市場における競争が実質的に制限されたのである。

ているのは，北海製罐に対するもののみである。他の3社については，自己の意思に従って営業させていたことのみ認定されている。これらが支配行為に当たるとされた。

（3）　取引上の地位を利用した支配　　取引の相手方より取引上優位にあることを利用して，相手方の事業活動に制約を加えることは，当然，支配行為に当たる。パラマウントベッド事件（本§2-1 (5)）では，事実上医療用ベッドの唯一の供給者となったパラマウントベッドが，ほとんどの入札で，受注予定者と落札予定価格を決め，受注予定者とそれ以外の入札参加者に入札すべき価格を指示して，その価格で入札させていた。さらに，受注予定者とならなかった販売業者にも，礼金を支払うなど利益を分ける仕組みを作っていた。これが，販売業者の事業活動を支配するものと評価された。

（4）　施主代行の地位を利用した支配　　福井県経済連事件（公取委平27・1・6排除措置命令・公取委web）では，農協が発注する工事の入札に施主を代行して入札業務を行っていた福井県経済連が，入札参加者の事業活動を支配していた。福井経済連は，受注予定者となる施工業者を指名し，入札参加者に入札すべき価格を指示して，受注予定者が受注できるようにさせていたのである。

（5）　公的制度を利用した支配　　日本医療食協会事件では，協会の権限を利用して，製造業者や販売業者の販売先，仕入れ先等について制約を加えたことが支配行為に当たる。この事件では，排除行為と支配行為が一体となって，医療用食品市場において製造業者も販売業者も競争ができない体制を形成している。

（6）　市場条件を介した間接支配　　株式を保有したり指示を出したりしなくても，事業者の行為が因果の連鎖により他の事業者の一定の行動をもたらした場合，支配行為に当たるとされることがある。

◆ケース3・10　野田醤油事件（東京高判昭32・12・25審決集9巻57頁）─価格先導者による再販売価格の拘束

　相当規模の生産設備を擁し広い地域で販売を行う醤油製造業者には，慣習的に最上，次最上，極上等の格付けがなされており，関東地方では，野田醤油のほか3社に最上の格付けがなされ，最上四印と呼ばれていた。なかでも野田醤油が生産力等で群を抜いていた。消費者は，価格を品質判断の基準とするので，他の3社が最上の格付けを維持するには，野田醤油の製品と自己の製品の価格を同一にしなければならなかった。

　このような状況の下で，野田醤油が，同社製品を卸売業者が販売する価格および小売業

> 者が販売する価格を拘束し，醬油の価格を引き上げたところ，他の３社も追随し，再販売
> 価格の拘束により自社が製造した製品の卸売価格と小売価格を野田醬油と同一水準まで引
> き上げた。

　上記ケースで東京高裁は，野田醬油が，競争者である醬油製造業者３社の価格決定を支配したとして私的独占に当たると判断した。野田醬油は，３社に価格引上げをするよう要請したわけではない。しかし，東京高裁は，自己の行為がすでに市場に成立している客観的条件に乗って，ことの当然の経過として他の事業者の事業活動を制約することを知りながら行為する場合は，他の事業者の事業活動を支配することに当たると判示した。この事件で，客観的条件とは，格付けを維持しようとすると３社が野田醬油の価格に追随する必要があることである。

　ただし上記判決は，価格先導者が，競争者の価格決定に影響を与える行為を行う場合，常に違法となるとまではいっていない。たとえば，野田醬油が卸売業者への販売価格を引き上げたところ，競争者も販売価格を引き上げた場合，価格競争は行われていないが，支配行為には当たらない。野田醬油の行為が支配行為に当たるとされたのは，他の事業者の再販売価格の拘束という不公正な取引方法の要件を満たす行為が含まれていたためである。

§3　対市場効果要件

1　一定の取引分野

　一定の取引分野，競争の実質的制限および「公共の利益に反して」の基本的な説明は第１章に譲る。私的独占における一定の取引分野は，排除行為または支配行為の対象となる商品・役務を中心に，代替関係にあるもの，それが取引される地理的範囲，支配行為等が及ぶ取引段階などを考慮して画定される。

　たとえば，NTT東日本事件では，排除効果のある価格引下げがFTTHサービスについて行われた。インターネットのブロードバンド・サービスにはほかにメタル回線を用いたADSLサービスやCATVインターネット・サービスなどもあるが，これらは通信速度，容量，安定性，通信品質，料金などに違いがあり，FTTHほか各通信サービスには，サービス内容や料金に応じた個別の需要が存在することなどから，FTTHサービスのみで独立した取引分野が画定で

きるとして，戸建て住宅向け FTTH サービスの取引分野が一定の取引分野であるとされた。地理的範囲は東日本地区である。

ニプロ事件では，西日本における生地管の供給分野と画定している。東日本の生地管販売業者は，西日本のアンプル加工業者には販売しないので，生地管の供給については東日本からの競争圧力がないためである。

パラマウントベッド事件では，財務局（東京都）が発注する特定医療用ベッドの取引分野である。医療用ベッドは民間の医療施設等も購入するが，排除行為と支配行為が入札にかかわるものであることから，東京都が入札で購入するベッドのみで一定の取引分野を画定している。

2 競争の実質的制限

不当な取引制限の事件では，単独では市場支配力をもたない複数の事業者が，結合することにより市場支配力を形成する事例が多い。これに対して，私的独占の事件では，行為者がすでに市場支配力を有しており，それをさらに強化しようとしたり，弱まるのを防ごうとしたりする事例が目立つ。たとえば，北海道新聞社事件をみると，道新は函館地区において，この地区の一般日刊新聞の大部分を供給しているので，相当程度の市場支配力を有している。ここに函新が参入することにより，道新の市場支配力が弱まることを防ごうとしたものである。

複数事業者の結合により市場支配力を形成した事例としては，ぱちんこ機製造業者事件がある。この事件では，製造業者は，個々には市場支配力をもたないが，複数が特許プールを利用して結合することにより市場支配力を形成している。既存の事業者の間で競争回避的な行動が定着しているところに，特許プールを使って新規事業者が参入して競争圧力が高まることを防いだのである。

3 公共の利益

私的独占の事件で，公共の利益が問題になったのは，NTT 東日本事件である。NTT 東日本は，同社の行為は，FTTH サービスのユーザー料金を低下させて，ブロードバンド市場における競争を促進するものであり，消費者の利益に合致するものであるから，公共の利益に反するものではないと主張した。しかし，東京高裁は，既存事業者間の価格競争により価格が下がれば消費者の利益

になるが，それは将来的に既存事業者のみによる市場支配につながり，新規参入者との間で更なる価格競争やサービス競争が行われ，これによって消費者の利益が増す可能性を失わせる，ひいては消費者の利益が損なわれるので，NTT東日本の行為は公共の利益に反すると判示した（東京高判平21・5・29審決集56巻262頁）。

★コラム3・5　排除行為と競争の実質的制限

　事業者が市場から排除される場合の競争の実質的制限については，議論がある。それは，市場支配力が形成，維持または強化されたことが立証されなくても，市場の開放性を妨げることをもって競争の実質的制限とすべきというものである。

　市場支配力の形成等を要する説との違いが現れるのは，ぱちんこ機製造業者事件のように，複数の事業者が結合して排除行為を行う場合である。数社が排除されても市場に多数の事業者が残っている場合，これらの事業者が活発に競争を行えば，市場支配力は形成されないかもしれない。違いが現れるもう1つの事例は，排除される事業者が，規模が小さいなど競争者として弱いと思われる場合である。そのような弱小の競争者が排除されても，競争には影響がないのではないかという疑問が生じる。これは，事業者を市場から排除する型の不当な取引制限における競争制限効果にも，共通する問題である。

　流通・取引慣行ガイドライン（第1編2章第2，2（1）注2）では，不当な取引制限に関する記述であるが，事業者の排除により競争が実質的に制限される場合として，次のようなものを挙げている。まず，排除される事業者が，価格や品質面で優れた商品を製造または販売している者であるとき，革新的な販売方法を採用する者であるとき，および総合的事業能力が大きい者であるときである。これらは，いずれも事業者が大きな競争圧力を生み出す力をもっている場合である。排除される事業者の能力を問わない場合としては，市場にいる事業者間での競争が不活発な場合と，新規参入しようとするすべての事業者を排除する場合を挙げている。このような条件があれば，市場支配力の形成等が認められるということである。

　これに対して，市場の開放性を重視する立場では，いかなる事業者であれ，排除されれば競争の実質的制限を認める。その理由として次の2つを挙げる。1つは，市場が閉鎖されれば技術等における革新が遅れるなどの重大な弊害が生じるおそれがあるが，個別に弊害の有無を判断することは困難なので，一律に違法とすべきというものである。もう1つは，経験上，市場が閉鎖されれば，市場の内部で競争が不活発化することは避けられないということである。

　ぱちんこ機製造業者事件で考えると，市場の開放性を妨げることをもって競争の実質的制限とできるとする見解に立てば，違法とするのに，既存の事業者間で競争回避的な行動が定着していた事実の認定は必要ないことになる。

§4　排除措置等

　私的独占を行った事業者に対しては，7条に基づいて排除措置命令がなされる（第7章§2-2）。排除措置としては，まず，排除行為または支配行為を止めるよう命じられる。違反行為者が保有する株式の処分が命じられる場合もある（東洋製罐事件）。その他必要な措置として，野田醤油事件では，野田醤油に対して，製造する醤油の再販売価格について自己の意思を表明してはならないこと，また何人にも表示させてはならないことが命じられている。これは，希望小売価格の表示もできないということである。醤油の市場では，競争相手が野田醤油の価格に追随する傾向が強かったことから，このような厳しい内容の命令になったと思われる。

　公取委は，経済事情の変化などにより，排除措置命令を維持することが妥当でなくなった場合は，決定により排除措置命令を取り消したり変更したりできる（70条の3第3項）。現行法とは異なる手続の下での事例であるが，排除措置の内容が変更されたものとして，野田醤油事件の審決の一部を変更する審決（公取委平5・6・28変更審決・審決集40巻241頁〔キッコーマン事件〕，旧66条2項に基づくもの）がある。排除措置が命じられてから37年余り後になされたもので，醤油の小売市場における市場構造の変化等を理由として，再販売価格に関する意思の表示を禁じた部分を取り消した。

　一定条件を満たす私的独占を行った事業者に対しては，課徴金が課される（第7章§2-3）。私的独占に課徴金が課された事例はまだない。私的独占には，刑事罰の規定もあるが（89条1項1号・95条1項1号），いまだ適用された例はない。

第4章　企業結合規制

§1　企業結合規制の意義と特色

1　企業結合規制の趣旨

　近年，グローバル化による競争の激化や，技術革新の急速な進展と，これに伴う製品のライフサイクルの短縮化等，事業者を取り巻く環境は大きく変化している。このような競争環境の変化に対処するため，事業者は生産体制の効率化や製品開発の促進，経営リスクの縮減等を図ることを迫られており，これらの経営課題への対応手段として，合併をはじめとした事業者間の結合がさまざまな形で展開されている。事業者間の企業結合については，コスト削減等による製品価格の引下げ，新商品や改良品の早期市場投入や販売先の拡大等により，市場における事業者間の競争を促進する効果を有すると考えられるものも存在する反面，有力な競争業者間における生産数量・販売価格等の重要な競争手段に関する意思決定の一体化等により，市場における競争を制限する効果を生じる場合も考えられる。独占禁止法（以下「独禁法」といい，引用するときは条数のみを引用する）上は，株式取得・所有（10条），役員兼任（13条・14条），合併（15条），事業譲受等（16条），会社分割（15条の2），株式移転（15条の3）というように，企業結合の行為類型別にそれぞれ規定を置いている。現実には，企業の再編・統合はこれらのさまざまな手法が用いて行われるが，その独禁法的検討に当たっては，現実の M & A（Merger & Acquisition，企業の合併と買収）がそれぞれどの規定に該当するか検討する必要がある。

　本章では，競争者間の企業結合が，どのような場合に独禁法上問題となるかについて，より一般的な分析の枠組みを示すことにより，企業結合が競争を阻害される場合とはどういう状況かを理解することを目的とする。世界的な M & A 活動の高まりを受けて，企業結合規制の重要性は増しつつある。ただ，企業結合は企業結合によって，いわゆるハードコア・カルテル（第2章参照）

第 4 章　企業結合規制　73

図表 4 - 1　企業結合規制の概要

企業結合による競争制限の防止	**株式保有による競争制限の禁止**（法10条 1 項・法14条）	監視手段としての事前の届出制度　他の会社の議決権を20%または50%を超えて取得する場合，実行日の30日以上前に届出（一定規模以上のものに限る）
	役員兼任による競争制限の禁止（法13条 1 項）	
	合併・分割・共同株式移転・事業譲受け等による競争制限の禁止（法15条 1 項・法15条の 2 第 1 項・法15条の 3 第 1 項・法16条 1 項）	監視手段としての事前の届出制度　一定規模以上の合併等について実行日の30日以上前に届出
事業支配力の過度の集中の防止	**一定の規模を超える会社の規制**（法 9 条）	事業支配力が過度に集中することとなる会社の設立・転化を禁止　一定規模以上の会社グループについて，届出（設立時）および定期報告制度
	銀行または保険会社の議決権保有の制限（法11条）	銀行または保険会社が，国内の会社の 5 %超（保険会社は10%）の議決権を保有することを原則禁止

　公取委は，企業結合審査における独禁法の適用の考え方を示すものとして「企業結合審査に関する独占禁止法の運用指針」(平成16年 5 月31日公表，平成23年 6 月14日改定。以下，「企業結合ガイドライン」という）を策定している。

のように競争制限効果しかもたらさないような行為類型とは異なり，行為それ自体に競争制限効果を認めることはできず，その意味では競争上中立的な行為である。企業結合は，後述のように，社会的に望ましい効果や目的を有する場合がある。このため，規制の発動に当たっては慎重かつ精緻な審査が求められている。

　企業結合規制は，市場の状況を競争的なものに保つための，構造規制としての性格を有し，一般に，市場集中規制と一般集中規制に分けられる。前者は，特定の市場への影響を根拠に行うべき企業結合規制をいい，10条・13条・14条・15条・15条の 2・15条の 3・16条がこれに当たる。後者は，国民経済全

図表 4 - 2 　企業結合規制の基本的な考え方

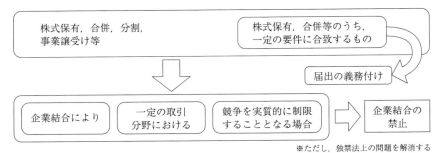

体における力の集中を問題とするものであり，9 条・9 条の 2・11 条がこの規制に該当する。一般集中規制は，「一定の取引分野における競争の実質的制限」を要件としていない。特定の市場における競争への悪影響が明らかでなくても，国民経済全体あるいは産業全体における経済力の著しい結集を問題とするものである。紙幅の都合上，解説は省略する。

2　企業結合の諸形態

企業結合は次の 3 形態に分類することができる。

第 1 は，水平型企業結合であり，これは，同一の一定の取引分野において競争関係にある会社間の企業結合をいう。第 2 は，垂直型企業結合であり，これは，メーカーとその商品の販売業者との間の合併などのように，川上と川下の取引段階にある会社間の企業結合をいう。第 3 は，混合型企業結合であり，たとえば，異業種に属する会社間の合併，一定の取引分野の地理的範囲を異にする会社間の株式保有など水平型企業結合または垂直型企業結合のいずれにも該当しない企業結合をいう。

このうち水平型企業結合は，一定の取引分野における競争単位の数を減少させるので，競争に与える影響が最も直接的であり，一定の取引分野における競争を実質的に制限することとなる可能性は，垂直型企業結合や混合型企業結合

第4章 企業結合規制

図表4-3 企業結合審査のフローチャート

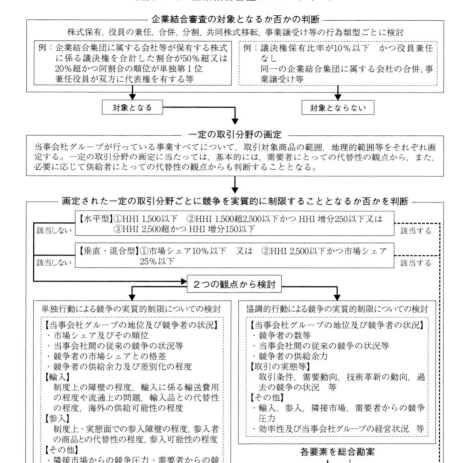

(出所) 公正取引委員会

に比べ高い。これに対し，垂直型企業結合および混合型企業結合は，一定の取引分野における競争単位の数を減少させないので，水平型企業結合に比べて競争に与える影響は大きくなく，一定の場合を除き，通常，一定の取引分野における競争を実質的に制限することとなるとは考えられないとされる。企業結合審査の対象となる企業結合が，水平型企業結合，垂直型企業結合，混合型企業結合のいずれに該当するかによって，当該企業結合が一定の取引分野における競争を実質的に制限することとなるか否かを判断する際の検討の枠組みや判断要素が異なる。

　以下では，企業結合ガイドライン（公取委「企業結合審査に関する独占禁止法の運用指針」。以下「企業結合ガイドライン」という）を基底にして，紙幅の都合上，水平的企業結合に限定して，公取委による企業結合審査の実態を解説することとしたい（企業結合審査の流れについては図表4-3を参照）。

§2　市場画定

1　基本的理解

（1）　**市場画定とは何か**　　市場画定とは何か。これを理解するには，まず市場画定というのは，ある種の政策目的があって，初めて成立する問題群だという点を確認しておく必要がある。市場画定という問題自体は，仮に経済学の問題であれば，いわゆる一物一価が成立する場の画定ということになるが，これが独禁法の場合には，そういった側面とは異なった目的のためにある。すなわち，本節で問題にする市場画定をめぐる議論は，基本的に独禁法違反行為を判断するためにつくられた基準であって，法的紛争を予定せずに，先験的に，ある商品・地理的範囲を捉えて，そこが市場かどうかを問う議論ではなく，たぶんに経路依存的な性格をもつものである。市場画定は空中戦の議論ではなく，ある種の紛争ないしは法的問題が生じたときに，その問題の解決に必要な限りで市場を画定するという，非常に実践的なものである。これが，公正取引委員会（以下「公取委」という）が行う企業結合審査の場合には，多くの事前相談事案や届出事案の中から，とくに競争上問題のありそうな事案を取り出して，より詳細に審査するための「審査のスクリーニング」の一環として市場画定が利用される。そして，競争への悪影響のおそれが大きいと目される企業結合案件

については，詳細に審査するべく，さらに厳密に市場を画定して，そこでの競争への悪影響をより綿密にチェックするのである。

独禁法の問題としての市場画定とは，競争制限効果を判断する場である。ここで議論する市場画定という問題群は，「市場」という言葉から連想されるのとは裏腹に，実は経済学の問題ではない。市場画定というのは，いわば独禁争訟が作り出した人工物である。経済分析にとって，市場画定で問題とされてきた，特定の製品なり企業なりが，ある市場に属するか否かを問う二項対立的問題設定はナンセンスであって，その意味で，市場画定は，独禁法の問題に限って成立している問題である。

以下で詳論するように，市場の画定は，市場支配力の識別のためという競争評価の前提作業として成立する問題である。市場画定はあくまで競争評価の手段であって目的ではない。欧米で市場画定が問題になった訴訟では，しばしばその本来の目的から離れて，手段の方が自己目的化する傾向がみられることがある。後に検討する，いわゆる SSNIP テストや，あるいは判例でつくられた定式化を金科玉条のように捉えれば，市場画定が手段であることが忘れられて，それ自身が自己目的化されてしまう危険性のあることに注意する必要がある。市場画定というのは，あくまで市場支配力分析の手段であって競争評価の前提作業なのである。

（**2**）　**「一定の取引分野」と「競争の実質的制限」**　　合併規制における反競争効果は「一定の取引分野における競争の実質的制限」である。企業結合の競争秩序に及ぼす影響については，適切に画定された一定の取引分野に及ぼす影響をもって判断される。　しかし，「一定の取引分野における競争の実質的制限」について，独禁法は定義規定を置いてない。ここでいう「競争の制限」とは企業の個別の競い合い活動（「競争」の定義については 2 条 4 項を参照）を制限することを意味するのではなく，それら個々の競争行為が市場において集積した結果としての「競争機能」が全体として害されることである。言い換えれば，競争の実質的制限とは個別の競争行為を制限することそれ自体をいうのではなく，市場において企業がお互いの競争を通じて相互に牽制しあう関係，すなわち競争を通じた相互の牽制作用（欧米でいう competitive constraints がこれに当たる）が実質的に制限されることこそが，「一定の取引分野における競争の実質的制限」である。一定の取引分野を画定することは，かような反競争効果を測定す

るのにふさわしい場を決定するという意味をもつ。

このように,「一定の取引分野」とは「競争の実質的制限」を判断するための「場」としての役割を果たすもので,一般に「市場」（market）であると解されている。たとえば,「競争の実質的制限」を判断するための要因の1つとして,行為者の市場占拠率（シェア）の値が重視されるが,市場占拠率は「一定の取引分野」（市場）を元にして算定されるのである。市場占拠率の重視は,行為それ自体からは違法性を見出しがたい企業統合規制では,従来,行為の違法性を左右する決め手の1つとされてきた。一般に,市場を狭くとれば,行為者の市場占拠率が高く出て,問題の行為が競争制限的だと判断される可能性が高まり,逆に,それを広くとれば,行為者の市場占拠率は低く出て,競争制限的だと判断される可能性は低くなる。

2 市場画定の意義と目的

（1） 市場支配力の識別　「市場画定」の目的は,市場支配力の分析のためである。市場支配力の存否は,一口にいうと,市場における企業間の競争を通じて相互に牽制しあう関係,すなわち競争による牽制作用（competitive constraints）があるか否かを判断することによって判断される。しかしそのためには,牽制をかけるものの範囲がそもそもどこにあるのかという点に関する初期段階での評価が必要である。その段階での判断枠組みを形作るために,市場画定という作業が要請される。要するに,市場画定は,市場支配力の行使を牽制できるものの範囲,境界を画定する作業である。市場画定はあくまで競争評価の手段であって目的ではない。そもそも,シェア・集中度を市場支配力の指標の1つとして考える以上,市場画定なしには市場支配力分析はできない。

この市場支配力の牽制を行うものの境界という視点は,実はそれほど古いものではない。ただ単に,市場というものがあって,市場シェアを算定すれば市場支配力が判断できる。したがって,市場シェアを算定する前提として,何らかの市場の範囲を画定しなければいけないという程度の理解であった。しかし,シェア・集中度を市場支配力の指標の1つとして考える以上,市場画定なしには市場支配力分析はできないはずである。仮に「ある程度自由に,価格,数量,品質,その他各般の条件を左右」できる力が直接に測定可能ならば,市場画定を抜きにして,競争評価は可能といえる。その意味では,市場画定は省略可能

かもしれない。ただそのような直接的手法はいまだ開発途上の段階にとどまっている。

（2）　市場という「枠」による「可視化」　　市場支配力を牽制する要因というのは，いろいろな形で存在する。市場画定の段階での競争的牽制要因（需要と供給の代替性の大きさを指し示す具体的要因）に加えて，たとえば隣接市場からの競争圧力，輸入圧力，参入圧力等，市場画定後の段階においてみるべき要因として，さまざまな形での牽制が加わっていく。仮にこれらの牽制要因を，市場という場を抜きにして列挙していくと，とくに企業結合規制の場合においては，膨大な考慮事項に対して統一性がとれずに議論することになってしまう。そこで，そういった情報を「市場」という「枠」にいったん集約することによって議論を可視化し，透明化する，そのために出てきた道具が市場画定だ，ということである。目的でなく手段ということの意味は，ここに存する。図表4－3をもう一度見てほしい。そうすれば市場（一定の取引分野）という「枠」によって，企業結合の競争評価の流れを「可視化」していることがよく分かるだろう。

すなわち，「競争制限効果を判断する場」としての市場画定は，どの市場で反競争効果が生じているかを目に見える形で提示するという効用がある。市場画定という作業を経ずに，企業結合ガイドラインに書いてある膨大な市場支配力の牽制要因を系統だてて考慮することは困難である。整理のための道具として，市場画定という「可視化」の作業を経ることにより，競争的牽制要因を市場画定の場で識別し，そこで集約された情報をもとに，その後の競争効果分析において，市場外の要因も考慮に入れながら，問題となっている行為の違法性を判断する。このように，市場画定と競争効果分析とはいわばコインの裏表のような関係にある。要は，競争的牽制力の識別を，競争評価の第1段階である市場画定で行い，続く競争効果分析でさらに細かく吟味していくという2段構えの構成になっているのである。敷衍すれば，法的問題解決の場で市場画定を利用する必要があるのは，それなしには，合理的な議論の積み重ねで競争の悪影響があるか否かを判断する枠組みが構築できないからである。そこで，市場画定が，今のところ競争評価の手法として実用的で信頼できる方法だということで，従来も今も，各国で市場画定作業に注力しているのが実情である。

そもそもわが国において，企業結合ガイドライン以前の指針では，市場画定の体系的な指針がほとんど示されていなかった。市場画定の基本的考え方や実

際の画定に当たって考慮する事項の説明が十分とはいえなかった。企業結合ガイドラインはそのような問題点を改善させた点で，日本の企業結合規制にとって大きな前進であった。

わが国の場合，商品間の需要面の代替性や供給の代替性について，以前は，数値としての閾値を設けていなかったこともあり，ある商品を市場に含めるか，市場に含めずに隣接市場として構成するか，ケースバイケースで判断されている。それが一部の間で画定手法のある種の不透明感を生み，「公取委の市場のとり方は狭い」という印象ないし評価をもたらしていた。何をもって狭いと評するかは一概にいえることではないが，市場の狭い広いを言ったところで実のある議論にはなりがたい。市場画定は冒頭で述べたように，「入り口」の議論であって，競争制限効果を判断する場としてふさわしい場かどうかが議論の焦点である。仮に公取委が同一市場に含める代替性の程度をかなり高い水準に置いているとして，その結果，ある商品役務を市場に含めなかったとしても，市場外の考慮として，たとえば隣接市場からの競争圧力として市場画定後の競争効果分析の中で適正に評価の俎上に乗せられるのであれば，結論において実はあまり変わらない。それを市場に含めなかったから狭すぎると批判しても，それは評価手順の重点の置き方の違いを批判しているに過ぎず，あまり生産的ではない。もちろん，全体としてみた場合，仮に公取委の市場画定の判断基準に一貫性がみられず，判断にブレが生じているのだとしたら，それ自体が問題である。

ただ，このように述べると，市場画定に重要性がないと言っているやにみえるかもしれないが，そうではない。市場画定を行わないことには議論の整理ができないというのは確かであって，そのための体系だった整理はどのように行えばいいかということが課題になるのである。

一定の取引分野は，企業結合だけでなく，私的独占（2条5項）や不当な取引制限（2条6項）等においてもその画定が必要とされている。そこで，一定の取引分野について企業結合の場合と私的独占や不当な取引制限等とで考え方が異なるのか，という問題がある。上で述べた市場画定の基本的な考え方は規制類型により異なるものではない。ただし，企業結合の場合と異なり，私的独占や不当な取引制限の審査は，排除・支配行為，共同行為といった特定の「行為」を前提にしていることから，一定の取引分野の画定に当たって検討の対象

とすべき商品が何であるかについてあらかじめ特定されている点，さらに事前審査ではなく行為が行われた後に審査を行うという点等で相違があるため，市場画定のもつ役割や重要性には自ずと差異がある。

　なお，市場画定には製品市場（商品範囲）の画定と地理的市場（地理的範囲）の画定の2つがある。地理的市場の画定は，製品市場の画定を前提とし，後者の議論が前者にも原則としてあてはまるため，以下では，主として製品市場に着目して説明する。

3　市場の画定基準

　（1）　需要面での代替性　　市場画定は，需要の代替性と供給の代替性の2つの観点から画される。素朴に考えても，競争は，値段が上がった場合には客は他の商品に逃げるか，それとも，すぐに他の供給者が供給を振り向けるかの基本的に二者択一である。供給と需要の双方から，競争を通じた牽制作用が働くのである。経済的にみて，需要の代替が，供給者への価格決定に関して最も直接的で効果的な競争的規律をもたらすことは直感的に理解できよう。顧客が容易に利用可能な代替品や隣接した場所への供給者に乗り換えることができるなら，現在の販売条件に有意なインパクトを与えることはできない。

　需要者にとっての代替性をみるに当たっては，ある地域において，ある事業者が，ある商品を独占して供給しているという仮定の下で，当該独占事業者が，利潤最大化を図る目的で，小幅ではあるが，実質的かつ一時的ではない価格引上げ（これを英語の small but significant and nontransitory increase in price の頭文字をとって，SSNIP〔スニップあるいはエスエスニップ〕テストと呼ぶことがある）をした場合に，当該商品および地域について，需要者が当該商品の購入を他の商品または地域に振り替える程度を考慮する。他の商品または地域への振替えの程度が小さいために，当該独占事業者が価格引上げにより利潤を拡大できるような場合には，その範囲をもって，当該企業結合によって競争上何らかの影響がおよびうる範囲ということとなる。

　ところで，需要の代替性が問題となるとき，経済学では「需要の交叉弾力性」という概念が用いられる。これは，商品Aの価格が1%変化することによって商品Bの需要量が何%変化するかを示す数値である。これが大きいときは商品Bは商品Aに対して強い競争上の制約を加えていることを意味する。それ

ゆえ，商品 A だけで市場を構成すると考えるのは不当であり，A に B を加える必要がある。このように，需要の代替性を経済学的に示すものとして有益な概念である。

（2） 供給面での代替性　　消費者の観点からみれば代替性が乏しくとも，供給者の観点からすれば即座に供給できる製品・サービスが存するときがある。消費者の観点から見て代替の困難な商品に対して競争水準を越えた価格引き上げが行われ，直ちに競合する供給者が供給することができる場合には，供給者の代替性を考慮しないことには，市場シェアを算定してもそれが市場支配力の指標となりがたい。供給側の代替性は，その効果が即時的であれば需要の代替性と同じく，関連市場に含めて考察すべきと考えられる。たとえば，美術図録に用いられる高級品質紙とコピー用紙とでは，需要面で代替性は乏しくとも，供給の面で通常は代替可能である。

供給の代替性についても，需要の代替性と同様に，当該商品および地域について，小幅ではあるが，実質的かつ一時的ではない価格引上げがあった場合に，他の供給者が，多大な追加的費用やリスクを負うことなく，短期間（1年以内を目途）のうちに，別の商品または地域から当該商品に製造・販売を転換する可能性の程度を考慮する。そのような転換の可能性の程度が小さいために，当該独占事業者が価格引上げにより利潤を拡大できるような場合には，その範囲をもって，当該企業結合によって競争上何らかの影響が及びうる範囲ということとなる。

供給の代替性が市場画定で考慮されるのは，それに即時性のある場合である。即時性とは，供給者が埋没費用や多大なリスクを負うことなく，短期間のうちに，ある商品から他の商品に製造・販売を転換し得ることである。企業結合ガイドラインでは，甲商品と乙商品について，甲商品の価格が上昇した場合に，乙商品の広範な範囲の供給者が乙商品の生産設備や販売網等を，多大な追加的費用やリスクを負うことなく，短期間のうちに，甲商品へ切り替えることが可能であると認められる場合には，甲商品および乙商品をもって商品の範囲が画定される場合があるとしている。

（3） 代替性の判断要素——企業結合ガイドラインの基準　　商品の代替性の程度は，当該商品の効用等の同種性の程度と一致することが多く，この基準で判断できることが多い。以下では企業結合ガイドラインの説明を基に，代替

性の判断要素についてみてみよう。

　たとえば，甲商品と乙商品が存在する場合，需要者にとって両商品の効用等の同種性の程度が大きければ大きいほど，甲商品の価格が引き上げられた場合，需要者は甲商品に代えて乙商品を購入する程度が大きくなることから，乙商品が甲商品の価格引上げを妨げることとなると考えられる。このような場合，甲商品および乙商品は同一の商品の範囲に属することとなる。この場合において，当該商品の需要者とは，当事会社グループの事業活動の対象となる取引先であって，たとえば，当事会社グループが，生産財のメーカーであれば当該商品を加工して次の商品の製造等を行う者，消費財のメーカーであれば一般消費者，流通業者であれば次の流通段階にある者がこれに当たる。

　商品の効用等の同種性の程度について評価を行う場合には，次のような事項が考慮に入れられる。第1が「用途」である。すなわち，ある商品が取引対象商品と同一の用途に用いられているか，または用いることができるか否かが考慮される。同一の用途に用いることができるか否かは，商品の大きさ，形状等の外形的な特徴や，強度，可塑性，耐熱性，絶縁性等の物性上の特性，純度等の品質，規格，方式等の技術的な特徴などを考慮して判断される。なお，取引対象商品が複数の用途に用いられている場合には，それぞれの用途ごとに，同一の用途に用いられているか，または用いることができるか否かが考慮される。たとえば，ある用途については甲商品と乙商品の効用等が同種であると認められるが，別の用途については甲商品と丙商品の効用等が同種であると認められる場合がある。

　第2に，価格水準の違い，価格・数量の動き等が考慮される場合がある。たとえば，甲商品と乙商品は同一の用途に用いることは可能ではあるが，価格水準が大きく異なり，甲商品の代わりとして乙商品が用いられることが少ないために，甲商品と乙商品は効用等が同種であると認められない場合がある。また，甲商品と乙商品は同一の用途に用いることは可能ではあり，かつ，価格水準にも差はないが，甲商品の使用から乙商品の使用に切り替えるために設備の変更，従業員の訓練等の費用を要することから，事実上，甲商品の替わりとして乙商品が用いられることが少ないために，甲商品と乙商品は効用等が同種であると認められない場合がある。他方，甲商品と乙商品の効用等が同種であれば，甲商品の価格が引き上げられた場合，需要者は甲商品に代えて乙商品を購入する

ようになり，その結果として，乙商品の価格が上昇する傾向があると考えられるので，甲商品の価格が上昇した場合に乙商品の販売数量が増加し，または乙商品の価格が上昇するときには，乙商品は甲商品と効用等が同種であると認められる場合がある。

第3に，需要者の認識・行動等が考慮される場合がある。たとえば，甲商品と乙商品に物性上の特性等に違いがあっても，需要者が，いずれでも同品質の商品丙を製造するための原料として使用することができるとして甲商品と乙商品を併用しているため，甲商品と乙商品は効用等が同種であると認められる場合がある。また，過去に甲商品の価格が引き上げられた場合に，需要者が甲商品に替えて乙商品を用いたことがあるか否かが考慮される場合もある。

（**4**）　**国際市場の画定**　　近時，企業活動はグローバル化してきている。そのことを背景に，世界で競争しているから，市場が日本の国境を越えて成立し，国内でシェアが高くなる合併であっても，国際的にはシェアは高くないから認めるべきだと主張されることがある。これが，いわゆる「世界市場（国際市場）」の画定の問題である。しかし，わが国市場での市場支配力の形成・維持・強化が問題となっているにもかかわらず，世界で競争しているからといって世界市場が成立すると主張することは意味をなさない。ただし，顧客が世界各地の主要なメーカーから複数の見積りを取り，メーカーが設定する製品価格は，世界的に統一価格で設定されているとか，価格・品質・納期などの取引条件を競わせたうえで世界レベルで調達先を選定している等，需要者の買い回る範囲や商品の特性，輸送手段・費用等の点から，内外の需要者が内外の供給者を差別することなく取引しているような場合には，国内市場だけをみていたのではそこでのシェアが適切な指標となりえない場合は確かに存在する。競争の実態からすると，国内シェアだけを問題にしたのでは，競争の実質的制限を判断できない場合もある。

経済のグローバル化に伴い，消費者・ユーザーが国内外の供給者を差別することなく取引する商品等が増えてきている。公取委は，このような商品等の分野における合併等の企業結合については，国境を越えた国際的な市場における競争にどのような影響を与えるかをみて判断してきており，このような考え方は，企業結合ガイドラインにも明記されている。すなわち，企業結合ガイドラインは，ある商品について，内外の需要者が内外の供給者を差別することなく

取引しているような場合には，日本において価格が引き上げられたとしても，日本の需要者が，海外の供給者にも当該商品の購入を代替しうるために，日本における価格引上げが妨げられることがありうるとして，国境を越えて地理的範囲が画定されるとしている。

　また，市場を国内で画定した場合でも，輸入や外国企業の参入圧力も考慮して判断した事例としては，「ソニーと日本電気による光ディスクドライブ事業に係る合弁会社の設立」（平成17年度事前相談）が挙げられる。この事例では，「一定の取引分野」の法解釈としては地理的範囲としては国内としつつ，実態としては世界市場をみとめて，そこでのシェア・集中度を競争評価の基礎とした。ここで，競争実態というのは，大手パソコンメーカーは全世界における需要を本社で一括して調達していて，光ディスクドライブメーカーが設定する製品価格は，世界的に統一価格で設定されていること，また，大手パソコンメーカーは，世界各地の主要光ディスクドライブメーカーから複数の見積りを取り，価格・品質・納期などの取引条件を競わせたうえで調達先を選定していることであり，これらのことから判断すると，大手パソコン向け販売市場については，実態として世界全体で1つの市場が形成されているとした。「株式会社SUMCOによるコマツ電子金属株式会社の株式取得について」（平成18年度事前相談事例）では，明示的に世界市場をとりつつも，「日本において価格が引き上げられたとしても，日本の需要者が海外の供給者からのウェーハの購入に代替し得るために，日本における価格引上げは行えない状況が認められる」と述べているように，日本の需要者に対する影響を注視している。同様に，「Seagate TechnologyによるMaxtor Corporationの子会社化について」（平成18年度事前相談事例）でも，「日本において価格が引き上げられたとしても，日本の需要者が海外の供給者からのHDDの購入に代替し得るために，日本における価格引上げは行えない状況が認められる」としており，日本の需要者に対する競争への悪影響が議論の焦点とされている。

　比較的最近の事例では，NECエレクトロニクス㈱と㈱ルネサステクノロジの合併（平成21年度）半導体の主要ユーザーのほとんどが，本社所在地にかかわらず全世界の半導体メーカーから大規模に調達している状況にあることなどを踏まえ，公取委は，半導体（SRAM等）について世界全体で1つの市場が形成されていると判断し，世界全体の市場を画定して審査を行った結果，半導体

（SRAM 等）について独禁法上の問題はないと判断した（SRAM について，当事会社は，世界市場ではシェア約 3 割・第 1 位，日本市場ではシェア約 5 割・第 1 位）。また，新日石グループと新日鉱グループの経営統合（平成 21 年度）では，公取委は，ナフサについて日本全体で 1 つの市場が形成されていると判断した。統合後の当事会社のシェアが第 2 位の会社の約 2 倍あるものの，ナフサの輸入シェアが約 25％あり海外からの輸入圧力が存在すること等を踏まえ，ナフサについて独禁法上の問題はないと判断した（ナフサについて，当事会社は，日本市場でシェア約 3 割・第 1 位）。

　産業界からは，国際的競争力確保のための企業結合が必要だと主張されることがある。しかし，そのかけ声の下，国内市場が寡占化することは問題であり，国際競争力を高める目的で，特定の産業の集中化を進め，その結果として統合によって競争が制限されることとなれば，値上げや減産により，消費者の利益が損なわれるだけでなく，かえって取引先の企業の国際競争力も弱めてしまい，結局，国民経済全体にとって悪影響を及ぼすことになってしまう。このため，公取委の企業結合審査においては，グローバルな競争が国内市場の競争に影響を及ぼしているのであれば，輸入圧力等の実態も考慮に入れているが，国内ユーザーにとって，国内事業者の供給する商品または役務しか利用可能性が無い場合には，国内市場への輸入圧力が働かないため，国内市場における競争状況で判断することとしている。

（ 5 ）　重畳的市場画定　　市場はどの製品を起点とするか，あるいはいかなる需要者に着目するかによって重畳的に画定できる。企業結合ガイドラインによれば，一定の取引分野は，取引実態に応じ，ある商品の範囲（または地理的範囲等）について成立すると同時に，それより広い（または狭い）商品の範囲（または地理的範囲等）についても成立するというように，重畳的に成立することがあるとしている。また，当事会社グループが多岐にわたる事業を行っている場合には，それらの事業すべてについて，取引の対象となる商品の範囲および地理的範囲をそれぞれ画定していくともしている。このように，SSNIP 基準をとったとしても，SSNIP の基礎となるタイムスパンでの競争の実体や大きな市場支配力への影響を見るには複数の市場画定が必要とされる場合もある。

　企業結合ガイドラインが述べているように，たとえば，直接取引している需要者に大口需要者と小口需要者が存在し，それぞれに特有の取引が行われてい

第4章 企業結合規制　87

る場合に，物流面の制約等のために，小口需要者向けの価格が引き上げられたとしても，小口需要者が大口需要者向けの商品を購入することができず，大口需要者向けの商品が小口需要者向けの商品の価格引上げを妨げる要因とならないときは，大口需要者向け取引分野と小口需要者向け取引分野が，それぞれ画定されることとなる。ここでのポイントは，大口需要者向け商品と小口需要者向け商品との間で一方の価格引上げ等に対して他方の抑制が働くかどうかである。それが働かない場合，それぞれの市場が画定されることになる。

　　（6）　一定の取引分野と取引可能性　　一定の「取引」分野という以上，取引対象でないものは「一定の取引分野」として画定できないとされている。たとえば，八幡・富士製鉄合併事件（昭和44年）において，鉄道用レール，食かん用ブリキ，鋳物用銑，鋼矢板の個別4品目を市場とみたが，粗鋼に関しては

★コラム4・1　SSNIPの意味するところ

　日米欧で採用されているSSNIP型の市場画定というのは，市場支配力分析のための必要条件として，ある市場を画定して，その市場での競争上の悪影響があることを判断しようと企図されたものである。そこにおける市場というのはどういうものかといえば，先述のとおり，そこで仮に競争が破壊された場合に，先に定義した市場支配力が発生するかどうかということが基準になる。ただ，市場支配力というのは，さまざまな程度がある。すなわち，価格引上げの能力の程度とタイムスパンの程度の2つである。前者は，たとえば，ある地域において，ある事業者が，利潤最大化を図る目的で，小幅ではあるが，実質的な価格引上げ（5％から10％程度の価格引上げ）を行うことができる能力であり，後者のタイムスパンとは，たとえば，かような競争水準を超えた5％から10％の実質的な価格引上げを1年間程度継続して行って，利益を上げられるような能力のことである。これを問題となる市場支配力と考えて，ある暫定的な商品・地理的範囲独占者がいると仮定して，そのような場で市場支配力が生れるならば，その「場」はここでいう「関連市場」だという考え方を表明したものが，SSNIPテストである。

　SSNIP，すなわち，「小幅であるが有意かつ一時的でない価格引上げ」という，5ないし10％程度の価格引上げを1年間続けるだけの市場支配力の行使を見るに当たって，需要の代替性に関しては，SSNIPは，需要の観点の代替性のテストとして見られることも多い。しかし，同様の理は供給面にも言えることである。ただ直感的に分かりやすいのは確かに需要の代替性のほうである。供給の代替性のほうは，新規参入との連続した問題，程度問題であるから，ここでタイムスパンの問題が出てくる。これについては，少なくとも市場画定の段階では通常1年以内で即時に市場支配力に対する競争的牽制が働くかどうかという，その即時性の点から，普通の参入と区別をするということなる。競争的牽制力の識別という点からは，供給の代替性を市場画定基準から排除することはできないのである。このことから，企業結合ガイドラインでは，市場の画定に当たって，需要の代替性に加えて，必要に応じて，供給の代替性を考慮することが明示されたのであろう。

取引市場が存在しないことから，粗鋼は「一定の取引分野」とはされなかった。ただし，仮に粗鋼が市場ではないとしても，粗鋼を原料とする各種鉄鋼製品に関しては，供給の代替性の観点から多くの鉄鋼製品をまとめてそれ全体を1つの市場とみることは可能であろう。

　この取引可能性との関係で注目されるのは，技術革新市場（イノベーション市場・研究開発市場）という考え方である。近時，米国およびEUでは，企業の研究開発競争の重要性にかんがみて，研究開発競争それ自体の市場というものを観念できるという立場を一部の規制当局や研究者が議論している。この技術革新市場とは，研究開発の結果できた新製品の製品市場ではなく，また，結果として開発された技術それ自体の取り引きされる市場（技術市場）でもなく，研究開発活動が行われる場自体を市場と呼ぶものである。研究開発活動による競争自体の重要性はわが国でも当然認められるが，この概念をわが国でも導入可能かどうかは争いがある。一定の取引分野はあくまでも取引分野であると考えるなら，取引対象となりえない研究開発自体の市場は，研究開発の請負等を行う場合を除いては考えられないことになる。別にこのように解したとしても，当該研究開発の成果が生かされる製品市場や，技術市場（研究開発の成果である特許などの知的財産権のライセンス市場）での影響を考えれば足りるから，技術革新市場を認めなかったとしても現実には不都合はあまりない。欧米でも研究開発競争の影響は通常はこれらの製品市場や技術市場での影響を考えれば足りるものとされ，研究開発市場が問題となるのは例外的な事例に限定されている。

§3　市場集中の規制枠組み——「競争の実質的制限」

1　基本的理解

（1）「競争を実質的に制限する」にいう「競争」とは？　　「一定の取引分野」と並んで重要な概念が「競争を実質的に制限する」（以下「競争の実質的制限」という）である。独禁法は，私的独占，不当な取引制限および不公正な取引方法を禁止する等により，直接的には「公正且つ自由な競争を促進すること」，すなわち自由競争経済秩序の維持を目的とし，これにより「一般消費者の利益を確保するとともに，国民経済の民主的で健全な発達を促進すること」を究極の目的としている（1条）。そして，同条は，市場の競争機能すなわち，需要量

と供給量との関係で価格が決まり，価格の変化を通して需要と供給が調整されるという市場メカニズムを最大限発揮することが，「事業者の創意を発揮させ，事業活動を盛んにし，雇用および国民実所得の水準を高め」るというような諸々の経済的効果をもたらすために，最も重要であるとの考えに立っているものである。

このような独禁法の目的からすると，「競争の実質的制限」における「競争」とは，単なる事業者間の個々の「競争関係」を指すのでなく市場の「競争機能」を指すと解される。この点に関して，独禁法２条４項は「競争」を定義しているが，同項は，独禁法の適用の前提として，単に事業者間において競争関係にあることを定義するにとどまり，企業結合規制（法第四章）の「競争」が市場の競争の機能を意味することからすると，同条４項の内容をそのまま企業結合規制の「競争」と同義に解することは相当でない。独禁法２条４項で示される定義規定は，「この法律において競争とは……」と定めているけれども，実質的には，個々の事業者間における競争関係の存在が認められる範囲を定めたものにすぎないといってよい。この定義規定を「一定の取引分野における競争の実質的制限」にいう「競争」に当てはめてみても，あまり役に立たない。「競争の実質的制限」とは，市場における競争機能の発揮を妨げることに外ならない。すなわち，独禁法１条にいう「公正且つ自由な競争を促進し」にいう「競争」とは市場のもつ価格形成機能が正常に働きうる状態をいうのであって，この定義規定に基づく競争概念とは無関係である。

（２）「競争の実質的制限」と市場支配力――学説・判例　競争の実質的制限の考え方について，判例（東宝株式会社ほか１名に対する件〔東京高判昭28・12・7高民集6巻13号868頁〕）では，次のような考え方が示されている。「競争を実質的に制限するとは，競争自体が減少して，特定の事業者または事業者集団がその意思で，ある程度自由に，価格，品質，数量，その他各般の条件を左右することによって，市場を支配することができる状態をもたらすことをいう」。ここでいう「市場を支配することができる状態」，これがいわゆる「市場支配力」と呼ばれるものである。すなわち，他の競争者の競争的抑制から独立して，ある程度自由に競争水準から乖離した取引条件の設定（価格引上げ）を可能にする状態がもたらされることが，市場支配力であり，このような力が，「形成」，「維持」，「強化」（行使の容易化を含む）されることが，「競争の実質的制限」

である。市場支配力の有無・程度は，適切に画定された市場における占有率(シェア）を基礎に認定されるが，もちろん，シェアだけで決定できるわけではなく，後述するように，さまざまな定性的・定量的指標を判断される。

　なお，学説の中には，競争相手の競争活動を排除し，参入を妨害できるような地位を市場の開放性と呼び，それを妨げることのできる地位を市場支配力の別個の類型（市場閉鎖型市場支配力）と考える見解がある。これは，垂直的結合や混合型結合において問題となるものである。この学説のように，市場の開放性を妨げることそれ自体をも市場支配力の概念に含めて競争の実質的制限と考えるべきかどうか，争いがある。市場の開放性を妨げること自体は，市場支配力が成立する一形態にすぎないと解するのが妥当である。市場の開放性を妨げ，他者を有意に排除できる地位が形成される場合は，通常，市場支配力の形成につながると考えられるため，企業結合規制に関しては両者にそれほど大きな差はない。このため，企業結合ガイドラインでも，価格支配力としての市場支配力を基礎に，それをもたらす要因として市場閉鎖の問題を考えている。

　（3）「こととなる」の意義　　企業結合規制では，独禁法3条または8条の規定と異なり，一定の取引分野における競争を実質的に制限する「こととなる」場合の企業結合を禁止している。この「こととなる」とは，企業結合ガイドラインによれば，企業結合により，競争の実質的制限が必然ではないが容易に現出し得る状況がもたらされることで足りるとする蓋然性を意味するものとされる。このため企業結合規制では，当該結合により市場構造が非競争的に変化して，当事会社が単独でまたは他の会社と協調的行動をとることによって，ある程度自由に価格，品質，数量，その他各般の条件を左右することができる状態が容易に現出しうるとみられる場合には，一定の取引分野における競争を実質的に制限することとなり，禁止される。

2　競争の実質的制限の2つのシナリオ

　（1）　単独行動による市場支配力　　水平的合併の競争制限効果として，①単独の市場支配力獲得型（いわゆる独占規制型アプローチ）と②寡占的協調型（いわゆる協調規制型アプローチ）がある（後述）。さらに最近では，③ユニラテラル効果が欧米で注目されている。

　商品が同質的なものである場合，合併後の企業が市場で圧倒的なシェアを占

める上位企業となることにより競争水準以上に価格を引き上げることができ，これに対して，競争者は，自己の生産量を拡大することによっては，当該合併後の企業に競争上対抗できない状況が念頭に置かれている。通常は，企業結合ガイドラインも述べるように，当事会社グループが当該商品の価格を引き上げたときには，他の事業者が当該商品の価格を引き上げなければ，需要者は購入先をそれらの他の事業者に振り替えるので，当事会社グループの売上げは減少し，他の事業者の売上げが拡大することになる。したがって，当事会社グループが当該商品の価格等をある程度自由に左右することは困難である場合が多い。

しかし，ライバル企業の能力・反応によっては，市場の圧倒的シェアを占めている企業が競争水準を乖離する価格設定をしたとして，仮に残りの企業がそれに対して引き上げられた価格を所与として生産増を行っても十分な価格引き下げがもたらされないような状況が生じる。こうした状況の発生には，当事会社のシェアの大きさ，市場の需要曲線の弾力性，参入障壁の程度などがかかわってくる。たとえば，当事会社グループの生産・販売能力が大きいのに対し，他の競争事業者の生産・販売能力が小さい等の事情から，当事会社グループが当該商品の価格を引き上げた場合に，他の事業者が当該商品の価格を引き上げないで売上げを拡大することや，需要者が購入先をそのような他の事業者に振り替えることができない場合には，当事会社グループが当該商品の価格等をある程度自由に左右することができる状態が容易に現出しうるので，水平型企業結合が，一定の取引分野における競争を実質的に制限することとなる。

一方，ユニラテラル効果は，製品差別化された市場において，緊密な代替関係にある製品を生産している者同士が合併する場合に，当該合併により圧倒的なシェアを獲得するに至らなくとも，合併後の企業が他の競争者の出方にかかわりなく，競争水準を超えて価格を設定できる状況が主に念頭に置かれている。これは，差別化された市場で密接な競争関係にある企業間の競争が消滅する結果として，協調がなくとも市場支配力が成立しうることを問題にしている。差別化されている場合は，市場内でとくに代替性が強い製品間の結合が問題となる場合に比較的小さなシェアで反競争効果が認定される可能性がある。

たとえば，商品がブランドで差別化されている場合において，あるブランドの商品の価格が引き上げられた場合，需要者はそれに代わるものとして他のブランドの商品を一様に購入の対象とするわけではなく，価格が引き上げられた

ブランドの商品の次に需要者にとって好ましい（代替性の高い）ブランドの商品が購入されることになると考えられる。

　このような場合，当事会社グループがあるブランドの商品の価格を引き上げたとしても，当事会社グループが当該商品と代替性が高いブランドの商品も販売しているときには，価格を引き上げたブランドの商品の売上げが減少しても当該商品と代替性の高いブランドの商品の売上げの増加で償うことができるので，当事会社グループ全体としては売上げを大きく減少させることなく，商品の価格を引き上げることができる。

　したがって，商品がブランド等により差別化されている場合，代替性の高い商品を販売する会社間で企業結合が行われ，他の事業者が当該商品と代替性の高い商品を販売していないときには，当事会社グループが当該商品の価格等をある程度自由に左右することができる状態が容易に現出しうるので，水平型企業結合が，一定の取引分野における競争を実質的に制限することとなる。

　市場シェアや集中度を中心に単独の市場支配力の問題を考えるとき，暗黙のうちに市場内が同質であることを仮定している。しかし，市場内の競争は一様ではない。たとえば，地理的にも近隣のものと遠隔のものとがある。商品の特性においても同様のことが言えるし，いわゆるブランドについても同様である。このように，同一の市場内でもとくに競合関係が強い部分で合併が行われたとき，他の部門からの競争圧力は小さくなり，比較的低いシェアで市場支配力の行使が可能になる。これを「局地化された競争」の消滅などと呼ぶ場合もある。同質財における単独の市場支配力の場合には，50％に近いシェアが問題にされることが多いが，このような場合には30％程度であっても市場支配力が生まれることがあるとされる（米国合併ガイドライン参照）。ただし，これは差別化されている市場だからそうなのではなく，差別化された市場の中で密接に代替する関係のある（それまで競争がしっかり行われていた）企業間での競争が消滅することから，比較的すくないシェアで市場支配力が発生するおそれがあると考えられているのである。

　また，このようなおそれがあるといえるには，従来代替関係が乏しかった他企業の製品が合併当事企業の商品と密接に代替するような地位に転換することが容易でない（ポジショニングが困難な場合と呼ぶ）ことが前提条件となっていることに注意されたい。この場合，競争者が合併により競争が弱まった市場内の

差別化された部分に対して，生産ラインの調整などにより，迅速にその部分における価格引上げに対応できるなら，このような単独の市場支配力行使は困難になる。

（2） 協調行動による市場支配力　　水平型企業結合によって競争単位の数が減少し，市場構造が寡占的になると，各事業者が互いの行動を高い確度で予測することができるようになり，協調的な行動をとることが利益となる場合がある。

　水平型企業結合が，協調的行動により一定の取引分野における競争を実質的に制限することとなる典型的なものは，たとえば，事業者甲が商品の価格を引き上げた場合，他の事業者乙，丙等は当該商品の価格を引き上げないで，売上げを拡大しようとし，それに対し，事業者甲は，価格を元の価格にまで引き下げ，あるいはそれ以下に引き下げて，事業者乙，丙等が拡大した売上げを取り戻そうとするような場合である。

　しかし，水平型企業結合によって競争単位の数が減少することに加え，当該一定の取引分野の集中度等の市場構造，商品の特性，取引慣行等から，各事業者が互いの行動を高い確度で予測することができるようになり，協調的な行動をとることが利益となる場合がある。このような場合，事業者甲の価格引上げに追随して他の事業者が商品の価格を引き上げたときに，たとえば，事業者乙が当該商品の価格を引き上げないで売上げを拡大しようとしても，他の事業者が容易にそれを知り，それに対抗して当該商品の価格を元の価格まで，あるいはそれ以下に引き下げて，奪われた売上げを取り戻そうとする可能性が高い。

　したがって，事業者乙が当該商品の価格を引き上げないことにより獲得できると見込まれる一時的な利益は，事業者甲に追随して価格を引き上げたときに見込まれるものより小さなものとなりやすい（以上，企業結合ガイドライン）。このような状況が生み出される場合には，各事業者にとって，価格を引き上げないで売上げを拡大するのではなく互いに当該商品の価格を引き上げることが利益となり，当事会社とその競争者が協調的行動をとることにより市場支配力が形成・強化されるおそれが強いため，水平的合併が一定の取引分野における競争を実質的に制限することとなると判断される。

3 競争を実質的に制限することとならない場合

ところで,単独行動および協調行為によって競争の実質的制限が生じるためには,ある程度寡占的な市場である必要がある。さらに,合併企業のシェアが高まることが単独行動や協調行動を促すというためには,合併後にそれなりに高いシェアをもつことが必要である。このようなシェア・集中度に関する必要条件から,企業結合ガイドラインでは,次のような場合には「競争の実質的制限」が起こらないものとして,セーフハーバーを設定している。

企業結合ガイドラインでは,企業結合後の当事会社グループが次の①〜③のいずれかに該当する場合には,水平型企業結合が一定の取引分野における競争を実質的に制限することとなるとは通常考えられないとしている。

① 企業結合後のハーフィンダール・ハーシュマン指数(HHI)が1,500以下である場合
② 企業結合後のHHIが1,500超2,500以下であって,かつ,HHIの増分が250以下である場合
③ 企業結合後のHHIが2,500を超え,かつ,HHIの増分が150以下である場合

ここにいう,HHIとは,当該一定の取引分野における各事業者の市場シェアの2乗の総和によって算出される。たとえば,シェア10%の企業が市場に10社存在していれば,HHIは,10の2乗×10で1000となる。市場にシェアが100%の企業が1社しか存在していなければ,シェアは1000となり,これが

図表4-4 HHI(ハーフィンダール・ハーシュマン指数)について

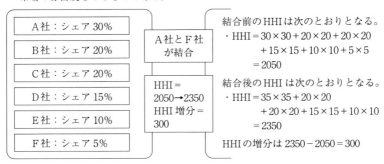

第4章　企業結合規制　95

HHI の最大値である。

　なお，企業結合ガイドラインも述べるように，上記の基準に該当しないからといって，ただちに競争を実質的に制限することとなるものではなく，個々の事案ごとに判断されることとなる。市場シェア・集中度はあくまで審査のスクリーニングの1段階にすぎない。企業結合ガイドラインでは，過去の事例から，企業結合後の HHI が 2,500 以下であり，かつ，企業結合後の当事会社グループの市場シェアが 35％以下の場合には，競争を実質的に制限することとなるおそれは小さいと通常考えられるとしている。

4　企業結合による効率性

　効率性の増大は競争が達成を意図する効果の1つである。また，企業が行うもっとも適切な競争の形態も自己の効率性を増大させることにある。企業結合の当事会社側は，ほとんど常に，効率性の達成・向上が企業結合の目的だと主張する。ここでは法律的な観点から，統合により仮に何らかの効率性が達成されるとして，それを独禁法上どのように位置付けるべきかを検討しよう。

　効率性の評価について，わが国では，効率性の向上により，製品・サービスの価格の低下，品質の向上，新商品の提供，次世代技術・環境対応能力など研究開発の効率化等を通じて，その成果が需要者に還元される場合に競争効果分

★コラム4・2　市場シェア・市場集中度の位置付けとその変遷

　市場シェア・市場集中度の役割は，時代とともに変遷がみられる。1977年に独占的状態に対する措置に関する規定が導入された当時，合併の弊害は，いわゆる管理価格理論に基づき，当該合併によって生じる集中度の高い独占・寡占的な市場において，高い利益率や価格の下方硬直性等がもたらされるからだと説明されていた。これは，当時の個別企業行動分析や個別産業分析に基づき，集中度の高い市場では資源配分や技術進歩における非効率が発生するという考え方（SCP パラダイム〔市場構造—行動—成果パラダイム〕）を背景とするものであり，独占・寡占の弊害の根拠として市場シェアや集中度にかなりの重点が置かれていた。

　しかしその後，高いシェアは高い効率を反映するものであるとの説（シカゴ学派）や，高い利潤率はイノベーションを反映するものであるとの説（オーストリア学派）等が現れ，シェアが高いこと自体は，効率やイノベーションによるものであり，それが高い利益率に反映されているという新しい競争論が有力に議論されるようになった。

　現在の企業結合規制では，厳格な SCP パラダイムは影をひそめ，市場シェア・市場集中度は，本文に述べたように，「審査のスクリーニング」のための一次指標として主に活用されている。

析の中で内在的に考慮される。統合により何らかの効率性が達成され，その一方で，それが同時に競争を制限する効果も持ちうるとき，かかる競争制限効果と効率性とを比較衡量すべきだろうか。この点に関して，効率性の考慮は，「効率性の抗弁」というかたちで整理されることもあるが，通説的な考え方によれば，合併によってもたらされる競争制限効果と効率性との間の比較衡量を認めていないという意味で，厳密には「抗弁」ではない（すなわち，効率性は，競争制限効果に対する違法性阻却事由ではない）。

　上記の通説に対しては，折衷的見解として，市場支配力が発生したとしても，効率性の増大が現状よりも価格を引き上げるインセンティブを低下させるという事情が存在する場合には，合併のもたらす影響を全体として判断した結果，合併前よりも価格引上げの可能性がない場合に限り，効率性による正当化を認める立場もある（米国の合併ガイドライン）。

　そもそも，統合によって達成されるとする効率性向上は測定が困難である。現実に企業によって主張されるのは，単なるありうるかも知れないといった程度のものに過ぎず，効率性向上を主張する当事会社自身，正確には予測できず，効率性改善のために必要な組織改編に伴う費用を過小評価しがちである。さらに，統合を認めてもらいたいがため，合併による効率性向上を意識的に過大に主張するおそれもある。また，組織拡大に伴う非効率性（いわゆるＸ非効率性）も勘案しなければならない。また，企業経営者の規模拡張選好（いわゆる「帝国建設の夢」）により企業結合が追求されている可能性があり，効率性向上を求めて追求されているとは限らない。以上の見地から，効率性向上を企業結合の正当化として認めることには慎重な態度が求められる。

　企業結合後において，規模の経済性，生産設備の統合，工場の専門化，輸送費用の軽減，研究開発体制の効率化等により当事会社グループの効率性が向上することによって，当事会社グループが競争的な行動をとることが見込まれる場合には，その点も加味して競争に与える影響を判断する。この場合における効率性については，企業結合ガイドラインでは，①企業結合に固有の効果として効率性が向上するものであること，②効率性の向上が実現可能であること，③効率性の向上により需要者の厚生が増大するものであることの3つの観点から判断される。なお，独占または独占に近い状況をもたらす企業結合を効率性が正当化することはほとんどない。

①について，当該効率性の向上は，企業結合に固有の成果でなくてはならない。そのため，予定される効率性に関する各要因について，それが，より競争制限的とはならない他の方法によっては生じえないものである必要がある。②については当該効率性の向上は，実現可能なものでなくてはならない。この点については，たとえば，当該企業結合を決定するに至るまでの内部手続に係る文書，予定される効率性に関する株主および金融市場に対する説明用の資料，効率性の向上等に関する外部専門家による資料等を検討することとなる。③の点について，企業結合ガイドラインでは，当該効率性の向上により，製品・サービスの価格の低下，品質の向上，新商品の提供，次世代技術・環境対応能力など研究開発の効率化等を通じて，その成果が需要者に還元されなくてはならないとされる。この点については，②に示した資料のほか，価格低下等の効果をもたらし得る能力向上に関する情報，需要・供給両面の競争圧力の下で価格低下，品質向上，新商品提供等を行ってきた実績等が検討される。

　前述のように，合併当事企業は，ほとんど常に効率性の向上を合併の目的だと主張するが，合併による規模の拡大が効率性の内容ならば，それは内部成長によっても達成可能であり，合併特有のものではない。そもそも規模の拡大が効率性をもたらすとは必ずしも限らない。また，効率性は，検証できなければならない。効率性を主張する当事企業自身，当該効率性の中身を，漠然としか把握できていないかもしれず，あるいは，合併を認めてもらいたいがために，合併による効率性の向上を過大にあるいは憶測的に主張するかもしれない。

　企業結合が効率性を向上させる場合，そのことを考慮するとしても，これは，国際競争力のある日本企業の育成という産業政策目的に対し，公取委としても，独禁法の適用において配慮する場合があることを示すものではないことに注意されたい。効率性の向上が競争の実質的制限の判断に際して考慮されるのは，前述の①②③が認められるときに限られており，企業が規模の経済を達成するなどの成果が生じるだけで考慮されるものではない。また，企業結合が独占や独占に近い状態をもたらす場合には，たとえ効率性の向上を考慮しても競争の実質的制限をもたらしていないと判断されることはほとんどない旨が企業結合ガイドラインでは示されている。公取委が，「国際競争力の向上」といった曖昧で，競争政策とは関連の乏しい他の政策目的のために，法令・ガイドラインの根拠もなしに，特定の企業結合について法適用を控えるということはない。

5 経営不振会社との救済合併

　当事会社の一方が実質的に債務超過に陥っているか運転資金の融資が受けられないなどの状況であって，近い将来において倒産し市場から退出する蓋然性が高い場合において，これを企業結合により救済することが可能な事業者で，他方当事会社による企業結合よりも競争に与える影響が小さいものの存在が認めがたいときなどは，当事会社間の企業結合は，一般に，一定の取引分野における競争を実質的に制限することとなるおそれは小さいと考えられる。これがいわゆる経営不振企業との救済合併である。救済合併の場合，ある特定企業のシェアが増えるとしても救済を認める方が経済的効率性の観点からは好ましいと考えられる。さもなければ閉鎖されたかもしれない生産設備が市場外に散逸することを免れ維持されることになるからである。このように，救済合併であれば，市場シェアが多少上昇したとしても競争の実質的制限にはならないと評価される可能性が高いのである。

★コラム４・３　平成22年企業結合ガイドライン改定

　企業結合ガイドラインについては，その内容が理論的であり，記載に抽象的な面があって，企業が計画している企業結合に独禁法上の問題があるかどうかわかりづらいという指摘があった。この結果，企業結合が躊躇されてしまっては本末転倒である。そこで，今回の企業結合ガイドラインの見直しにおいては，世界市場を認定する場合の例示，輸入や競合品についての評価方法の明示，企業や企業の中の部門が破綻している場合の例示，企業結合審査の対象とならない場合の明確化が行われ，よりわかりやすい審査基準とすべく改訂された。改正ポイントは以下の通りである。
　①　世界市場を認定する場合の例示が追加された。すなわち，内外の主要な供給者が世界中の販売地域において実質的に同等の価格で販売しており，需要者が世界各地の供給者から主要な調達先を選定しているような場合である。
　②　現在輸入が行われているかどうかにかかわらず，輸入圧力を評価することが明示された。
　③　近い将来における競合品の競争圧力（隣接市場からの競争圧力）についても考慮の対象とすることが明示された
　④　破綻認定について例示が追加された。すなわち，当事会社の一方が継続的に大幅な経常損失を計上している場合および事業部門が継続的に大幅な損失を計上している場合，である。
　⑤　企業結合審査の対象とならない場合が明確化された。すなわち，議決権保有比率が10％以下等のときは，企業結合審査の対象とならないことが明示された。また届出書の記載内容が簡素化され，従来は，届出会社等の10％超の議決権を保有する会社についての情報の提出を求めていたところ，これを20％超に限定した。

経営不振会社との救済合併とは，経営不振会社をそのまま放置して，消滅させるか，それとも経営不振会社との統合で，その経営資源を維持することを認めるかの判断であり，経営不振会社が消滅しても，合併により吸収するのでも，競争単位が減ることには変わりがない。そうした状況の中で競争を活発化させる可能性を経営不振会社との救済合併の中に探ろうという考慮なのである。

6 産業政策と合併規制

産業育成策と競争政策をめぐる論点である。産業育成策の手段としては，第1に，制度の基盤整備として度量衡の統一であるとか，規格の整備，特許制度等が挙げられよう。第2に，国内産業保護として，関税，非関税障壁といった例が挙げられる。第3に，参入規制や対内投資規制である。たとえば，許認可制による参入規制，外為法等による対内投資規制である。第4に，補助金・税制・政策金融による特定産業・企業・事業の優遇策である。これは，わが国の最近の例でいえば，産活法（産業活力の再生および産業活動の革新に関する特別措置法。平成11年法律131号）が挙げられよう。第5に，供給量・企業数への介入である。これはたとえば，本章のトピックである合併・事業提携の誘導等がその典型例である。これらの組み合わせによって，自国の「国際競争力」を向上させよという主張が散見される。

しかし，ここでいう「国際競争力」とはそもそも何であろうか。これは，①他国企業と比べた自国企業の規模が大きいこと，②輸出で大きな利益を稼げること，③日本国内における日本企業・製品・サービスのシェアが高いこと，といったイメージで一般に受け止められている。そして，わが国では，①「日本企業は政府の支援を受けて国際競争に勝った」，②「国内競争で消耗し，世界で勝てない」（「韓国企業は国内で独占に近く，国内で消耗戦をしていない分，世界で有利に戦える」），③「大企業の方が効率が良く，イノベーションをもたらす」といった「神話」が語られることがある。

これらの「神話」を検証するのは本章の任ではないが，ただし，競争政策の観点からは，以下の点を指摘することができよう。すなわち，第1に，政府が投資すべき分野（将来成長する分野）をあらかじめ指定するのは現実には困難であり，市場メカニズムによる資源配分が基本となるべきである。第2に，他方で「市場の失敗」（自由な市場取引では需給調整できないこと）が生じる分野につ

いては，政府の介入は必要である。第3に，参入規制は必要最小限にすべきである。とくに，参入の量的規制は既得権をもたらし，産業の発展や消費者利便にマイナスとなりうる。第4に，企業結合は基本的に自由であり，競争を実質的に制限することとなる企業結合のみ独禁法により禁止される。

この点で，興味深いのは韓国である。韓国では，1997年の通貨危機を背景に，財閥企業の過剰多角化を解消するため，政府の強い関与の下，産業の大集約を実施したが，1999年に，韓国公正取引法は改正され，「産業の合理化または国際競争力強化のための企業結合」を公正取引法の企業結合規制から適用除外する旨の規定は，むしろ廃止されたのである（1980年に韓国公正取引法が制定された当時，「産業の合理化または国際競争力強化のための企業結合」は同法の適用除外であった）。韓国公正取引委員会がOECD競争委員会に提出した1998年の年次報告によれば，「産業の合理化または国際競争力強化に関する企業結合規制の適用除外規定は濫用されるかもしれないとの懸念があり，より効果的に反競争的企業結合を規制するために改正された」とされている。

過去にみられたように政府主導で特定の産業や国有企業を保護・育成しようとするのではなく，新しい市場やビジネスが誕生することを妨げている既存の規制を改革し，市場のインフラとしての競争法を厳正に執行することは，先進国では常識であるが，途上国や新興国ではそうではない。産業政策と競争政策をめぐる論点は，途上国や新興国の企業結合規制を考えるうえで，ホットトピックであり続けている。

§4　企業結合規制の手続法

1　概　　説

企業結合は原則として適法な行為であり，その規制は，例外的に生じる競争への悪影響を解消することに主眼を置いている。このため，その規制の発動に当たっては，競争上中立的な大多数の企業結合が円滑に実行されることを妨げてはならず，かつまた，例外的に生じる競争制限効果を的確に把握し，その解消に必要な措置を迅速に具体化できることが求められる。企業結合により独禁法上の問題点が生じる場合でも，その問題点を解消するための措置（問題解消措置）が確実かつ迅速に履行確保される必要がある。

★コラム 4・4　少数株式取得と企業結合規制

　一口に「企業結合」といっても，前述のように，当事会社の一体化をもたらす完全な結合である合併や，完全な親子会社関係を生み出す株式移転や株式交換といった結合形態から，保有比率により結合の程度がさまざまである株式保有まであり，結合形態は多様である。

　そのうち，株式取得については，支配関係やグループ関係を形成しない数％程度の出資から，会計上の関連会社となる 20％以上の出資，子会社化のための 50％超となる株式取得，さらには 100％の株式を取得することによる完全子会社化まで，取得比率を任意に設定することが可能であり，Ｍ＆Ａや業務提携の手法として，その時々の企業戦略の一環として用いられるものである。わが国の企業結合審査は，株式取得によって，当事会社間において「一定程度または完全に一体化して事業活動を行う関係（結合関係）」が形成・維持・強化されることによりもたらされる競争制限効果に着目して行われてきた。すなわち，一定の売上高規模を満たす事業者間の株式取得の場合に，当該株式取得によって取得者の保有比率が 20％を超えることとなる場合，または，50％を超えることとなる場合については，企業結合届出の対象とされる。さらに，企業結合ガイドラインでは，「保有比率が 20％を超え，かつ保有割合の順位が単独で 1 位となる場合」には，結合関係が形成・維持・強化され，企業結合審査の対象となると明記されている。

　これに対しては，経営支配に至る 50％超の基準についてはともかく，相当程度の保有比率に達しない株式保有（たとえば，20％程度の保有比率）では，本来，結合関係を生じさせるものではなく，企業結合審査の対象とすることは妥当ではないという批判が産業界を中心に出されていた。株式保有比率の低い株式取得を独禁法上の企業結合審査の対象とすれば，企業の負担は軽視しえないというのである。

　そもそも独禁法上は，株式保有と一定の取引分野における競争の実質的制限との間に因果関係が認められれば違法としているのであって，「結合関係」の認定は必須の要素ではない。とくに，「事業活動の一体化」という意味での「結合関係」の認定が必要なのかという点については疑問が出されていた。協調効果（事業活動の共同歩調の助長効果）は，ガイドラインのいう「事業活動の一体化」という意味での「結合関係」のレベルにまで至らなくとも達成可能である。要するに，株式保有により，株式発行会社のためになることが株式所有会社のためにもなるという利益状況が生み出されれば，互いに自己の行動を調整するインセンティブが生じ，行動の調整が可能となる。また，役員兼任の場合には，経営の意思決定への関与による行動の調整に加えて，役員として経営に参画することにより，兼任先の会社の事業活動に関する重要な情報を容易に入手でき，それが，兼任当事会社間で行動の調整を招く可能性がある。さらに共同出資会社の場合には，出資会社が共同出資会社の事業活動に相当な影響を与えるほどではなくとも，投資として有意な程度株式を保有することにより，他の出資会社との間で自らの行動を調整するインセンティブを作り出し，共同協調をとることの信頼できるコミットメントを生み出す可能性がある。

　この問題について，海外の法制をみると，たとえば EU では，「支配権取得」を生じる企業結合のみが届出・審査の対象とされており，支配権の取得を伴わないような少数株式取得は審査の対象外とすることができる。しかし，この「支配権基準」には，「支配権」について客観的な基準に欠けるため，企業にとっては予測可能性に欠けるという問題もある。

　このように，少数株式取得の規律のあり方は難しい問題をはらむが，要は，競争政策の観点から本来審査すべきもの（競争に影響をもたらしうる案件）を漏れなく捕捉しつつ，

他方で，審査対象を広げすぎることによって結合当事者の負担を過剰なものとし，機動的なＭ＆Ａの妨げにならないようにするためのバランスが求められていることになろう。

　前述のとおり，企業結合規制の執行主体は，公取委中心主義が徹底している。以下では，以上の視点を元に，企業結合の規制手続について概説することにしよう。

　なお，わが国市場のみならず，海外の市場にも影響を及ぼしうる企業結合については，当然，国・地域によって競争に及ぼす影響も異なる。そうした事案の審査に当たっては，米国・EUをはじめとした海外の関係当局間の連携がきわめて重要である。

2 　事前届出制

　企業結合規制は，実務上，義務的な事前届出制度と任意の事前相談から構成される。前者については法律上届出が要求されており，合併については15条2項に規定されている。法律上，合併を実行する前に届出が要求されている趣旨は，公取委に対して，当該合併が行われる前にその当否を判断する機会を与

★コラム4・5　企業結合規制の手続規定の改正（平成21年）

　平成21年に企業結合規制の手続規定が届出規定を中心に改正された。そもそも，企業結合に係る届出制度については，政府の「規制改革推進のための3か年計画」（平成19年6月閣議決定），「経済成長戦略大綱 工程表」（平成19年6月改定 財政・経済一体改革会議）において，それぞれ見直しの検討を行うこととされていた。

　というのも，それまでのわが国の企業結合規制は，海外の主要国と異なり，株式取得に関して事後報告制を採用していた。しかし経済のグローバル化が進展し，複数の競争当局で同時に企業結合審査が行われる事案が増えてきているなかで，競争当局間で協力して審査を行い，仮に競争上の問題があればそれについて競争当局間で調整を行うことが競争当局にとって必要かつ重要であるにもかかわらず，現実にはそのような協力が行いにくくなっていた。加えて，当事会社側としてみても，すでに海外の競争当局が審査を終えた事案について，公取委から，審査の結果，事後的に何らかの排除措置を命じられるといった事態も生じるおそれがあった。

　これとは別に，わが国の市場に対する影響の大きさからみて，本来であれば届出等が行われるべきであるような外国会社に係る企業結合が届出等の対象となっていないような事例も見受けられた。

　こうした状況等により，国際的整合性の確保や規制の実効性の確保の観点から，企業結合規制の手続規定の見直しが行われたのである。

えておくものである。というのも，合併は企業組織の有機的統合を伴うものであるから，一旦合併が完成した場合に，それを事後的に否定するのは，費用の点からも非現実的であり，無用な混乱を招くおそれがあるからである。

　独禁法では，一定規模以上の合併等についてその計画を届出させることになっている。届出基準を判断する一般的な指標としては，総資産または売上高が存在するが，これまで，わが国の市場に対する影響の大きさからみて，本来，届出が行われるべき会社に係る企業結合が届出の対象となっていなかったことから，平成 21 年法改正では，届出基準をこれまでの親子 3 代の総資産合計額から企業グループの国内売上高に変更した。その理由は以下のとおりである。

　企業結合規制の目的は，価格等をある程度自由に支配できる市場支配力の形成・維持・強化を未然に防止する点にある。このことにかんがみれば，商品および役務の対価の総体であり，また，企業結合審査実務において市場占有率の算出にも用いられている売上高のほうが，総資産よりも届出基準として望ましい。また，日本市場におけるプレゼンスという観点からは，総売上高よりも国内売上高のほうがそれを捉えるのにより適切であると考えられる。

　諸外国の状況をみても，EU をはじめとして，売上高を届出基準としている国が多数を占めており，国際的整合性の観点からも，売上高を届出基準として用いることが適切である。さらに，株式取得会社・合併当事会社が外国会社である場合には，当該株式取得会社・当事会社が日本市場にまったくプレゼンスをもたない場合であっても報告・届出対象となりうるという問題点があった。今回の法改正により，国内売上高を届出基準とすることによって，そのような問題点も解消できる。このような理由から，株式取得会社・合併当事会社の届出基準として，当該株式取得会社・当事会社の属する企業結合集団の国内売上高を用いることとし，外国会社についても国内会社と同様の届出基準を適用することにした（図表 4-5 を参照）。

　また，平成 21 年の法改正では，「企業結合集団」という概念が登場した。「企業結合集団」とは①会社（A 社）および②当該会社の子会社（B 社）ならびに③当該会社の親会社であって他の会社の子会社でないもの（C 社）および④当該親会社の子会社（D 社）から成る集団をいう（改正法 10 条 2 項参照）。たとえば A 社があり，A 社の子会社に B 社がいて，さらに A 社の親会社に C 社が存在し，加えて C 社には A 社のほかに D 社も子会社として抱えているという場合，

A社からD社は同一の企業結合集団ということになる。このような概念を用いる趣旨は，次のとおりである。すなわち，持株会社の解禁や連結決算制度の導入をはじめとしたグループ法制の整備が行われた結果，グループ経営の考え方が主流になっているところ，旧法制度の下では，届出基準の算定範囲を直接の国内の子会社および親会社に限定していることから，国内会社および外国会社の株式取得について，わが国の市場に与える影響が大きな事案であっても届出がなされない場合があった。現行法では，外国会社の場合も，企業結合集団の国内売上高合計額で判断され，日本市場における影響を測るため国内会社と同様に企業結合集団（会社法に規定する実質支配力基準を用いたもの）の国内売上高合計額に基づき，届出基準を算定される。

　外国会社の届出との関係では，平成21年法改正により，外国の親会社の株式を対価とする三角合併も届出対象となることとなった。三角合併とは，存続会社が消滅会社の株主に対して合併の対価として，自社の親会社の株式を交付するものであるが，これまでの合併の届出基準では，当事会社，国内の直接の子会社および親会社の総資産の合計額で判断していたため，外国会社を親会社としてもつ国内の会社が合併当事者となる三角合併においては，対価として株式を割り当てる外国の親会社の規模に比して実際に合併を行う買収のための器でしかないその国内の子会社の総資産の額が小さいことから，わが国市場に与える影響の大きな合併であっても，合併の届出がなされないという可能性があった。平成21年法改正により，届出基準は総資産合計額から国内売上高合計額となり，また，国内売上高合計額は当事会社の企業結合集団に基づいて判断されることとなるため，当事者である国内の会社単体の国内売上高が小さい場合であっても，その外国の親会社等のわが国市場におけるプレゼンスが大きければ，届出がなされることとなった。

　ところで，届出といっても，すべての企業結合を届け出る必要はない。たとえば合併においては，親子会社間，兄弟会社間の合併は届ける必要はない。新たな結合関係が発生したとは考えられないからである。なお，合併等には待機期間が設けられており，届出受理の日から原則として30日間は合併できない。ただし短縮は可能である。待機期間の趣旨は，事前審査の実効性を担保するためには，事前届出から一定期間合併を行えないようにしておく必要があるからである。合併等に対する公取委の事前審査制度の趣旨を全うするために不可欠

なものであり，現在，ほとんどの国で待機期間の制度が設けられている。

　また，合併等について，公取委が必要な措置を命じることができる期間が定められており（15条5項），これを措置期間という。15条に違反するとして審判開始決定や勧告を行うのは，届出の受理の日から120日もしくは必要な報告を受けた日から90日のどちらか遅いほうの時期までにしなければならない。措置期間制度の下では当該合併が違法か否かの判断を120日以内に第一次的に出さなくてはならないという制約がある。ただし，例外が認められており，当該合併計画について追加報告を求めた場合には延長される。追加情報を必要とするような審査では慎重な考慮を要し，措置期間を延長しなければ効果的な審査は行えないからである。

　このほか，期間を越えても許される場合として，①合併計画において当事会社がとるとしていた措置が期限までにとられなかったときや，②計画に重要な事項に虚偽記載があった場合が法定されている。措置期間は，この期間が経過すると，当該合併に対し合併に対して公取委が措置をとることができなくなるものであるが，このような制度が設けられている趣旨は，待機期間が経過した後，合併が可能となったとしても，当該合併が違法であると判断される可能性が続くのでは，合併当事者を法的に不安定な状態に置くことになるし，事前届出制度の利点も減殺される。もちろん，事前制度をとっているからといって当然に措置期間を認めなければならないわけではない。たとえば，EUではわが国と同様の措置期間の定めがあるが，米国では存在しない。このため，大型案件では正式な判断が出るまで1年近くかかる場合もある。

　なお，以上に述べた届出規定は，株式取得や事業譲受等についても準用された。これまでのわが国の企業結合規制においては，株式取得について他の主要国とは異なり事後報告制となっていたため公取委への事前届出義務はなく，海外の競争当局との協力が行いにくい等の状況が生じていた。そこで平成21年の法改正では，届出義務のある会社は企業グループの国内売上高の合計額200億円超の会社が，会社およびその子会社の国内売上高の合計額50億円超の会社の議決権を新たに20％，または50％を超えて保有することとなる場合に，合併等の他の企業結合と同様に事前届出制を導入した（10条2項ないし10項）。

　以上から，事前届出の対象となる企業結合は，合併，株式取得，会社分割，株式移転，事業譲受等（事業または事業上の固定資産の譲受け）とされている。規

図表 4-5　企業結合の届出基準に係る主な変更点と届出基準額

企業結合の類型	買収（取得，譲受け）会社	被買収（被取得，被譲受け）会社
株式取得，合併，分割（全部承継），共同株式移転	200 億円超 （企業結合集団の国内売上高の合計額）	50 億円超 （会社およびその子会社の国内売上高の合計額）
分割（重要部分承継），事業等の譲受け	200 億円超 （同上）	30 億円超 （同上）

模要件は合併と同様である。

①届出が必要となる株式取得について，それまでの 3 段階から 2 段階（20％超および 50％超）に簡素化された。

②届出基準として国内売上高（改正前は総資産）による基準を採用し，基準となる金額を 200 億円および 50 億円に引き上げられた。

③届出基準たる国内売上高を算定する企業グループ（企業結合集団）の範囲が設定された

3　事前相談とその廃止

　実務的には，事前届出を行う前に公取委に事前相談を行うのが通例であった。事前相談とは，具体的な企業結合計画を有する事業者が，法定の届出等を行う前に，当該計画が独禁法上問題となるか否かについての相談を自主的に行うことをいう。公取委が事前相談において独禁法上問題なしとの回答を行い，同内容の届出等が行われた場合には法定の措置をとることはなった。

　公取委は「企業結合計画に関する事前相談に対する対応方針」（平成 14 年 12 月 11 日，平成 18 年 1 月 8 日改定）において手続を明確化した。事前相談は，実務上は，企業結合のクリアランス手続として機能していた。日本の企業結合規制は，この事前相談が非常に重点が置かれている点に特色があった。しかし，事前相談への過度の依存には，非公式の折衝によって企業結合審査が事実上決着するために，事前届出制度が形骸化しているという強い批判があった。事前相談が偏重されている理由としては，第 1 に，公取委のリソースの制約の中，効率的かつ迅速に事件を処理できる利点があるからであった。第 2 に，非公開の折衝の中で企業結合の秘密が保持できる，迅速な処理が期待できるといった点から，事前相談に対する当事会社ひいては経済界からの要請が強いことが挙

げられていた。このように，事前相談には便利な点も多いが，弊害もあった。

　まず，当事会社との非公式な折衝のため，規制の透明性の点で問題があった。事前相談は，かつては，公表内容が簡略であったため，審査基準の明確性・予見性の点で問題があった。

　加えて事前相談の問題点は，それが正式事件の蓄積を阻み，企業結合規制の法理の発展と深化を阻害するおそれが存在することであった。以上の点にかんがみ，平成22年に，事前相談は廃止されることとなった。そもそも事前相談は産業界のニーズに基づいて制度を設けて運用されてきたのである。しかし，事前相談は，主要国の企業結合審査との国際的整合性の点で問題があること，先にみたように，平成21年の法改正により株式取得について合併と同様の事前届出制になり，事前相談の意義が薄れたこと，また，事前相談を求めてきた産業界自身が，そのあり方について，独禁法上の判断は法定の届出後に行うという提言を行ったことを背景に，平成22年に，公取委は，事前相談の位置付けを見直すこととした。

　すなわち，法定の届出を要する企業結合計画に対する独禁法上の判断は，法定の届出後の手続において示されることとして，届出会社は，届出書の記載方法等について任意で届出前に相談をすることができるという方式に改められた。また，届出後の企業結合審査に係る手続の整備として，届出会社と公取委とのコミュニケーションを充実させ，予見可能性の高い企業結合審査を行うために，審査期間において届出会社から求めがあった場合には，その時点における論点等を説明するという手続が整備されることとなった。また，企業結合審査の迅速性，透明性および予見可能性の向上を図るため，独禁法上問題がない案件については，事前通知をしない旨を書面で通知するなど，企業結合審査の終了時の手続が整備されることとなった。このように今後は，法定の届出を要する企業結合計画に対する独禁法上の判断は，法定の届出後の手続において示すこととなり，性格付けの変わった新たな事前相談段階においては，示されないこととなる。

4　問題解消措置

（1）　基本的考え方　　企業結合が一定の取引分野における競争を実質的に制限することとなる場合においても，当事会社が一定の適切な措置を講じるこ

とにより，その問題を解消することができる場合がある。このような措置を「問題解消措置」という。企業結合の結果，効率性がもたらされる場合もしばしばあるため，企業結合を完全に禁止するよりは，この措置によって競争上の問題を回避することが望まれる場合がある。問題解消措置としてどのような措置が適切かは，個々の企業結合に応じて個別具体的に検討されるべきものであるが，事業譲受等の構造的な措置が原則であり，当事会社グループが価格等をある程度自由に左右することができないように，企業結合によって失われる競争を回復することができることが基本となる（企業結合ガイドライン）。

　問題解消措置は，原則として，企業結合の実行前に講ずべきものである。たとえば，問題解消措置として事業部門の全部または一部の譲受等を行う場合には，当該企業結合の実行前に譲受先等が決定していることが必要である。ただし，やむを得ず，当該企業結合の実行後に措置を講じることとなる場合には，措置を講じる期限が適切かつ明確に定められていることが必要である。

　（2）　事業譲受等　　最も有効な措置は，新規の独立した競争者を創出し，あるいは，既存の競争者が有効な牽制力を有することとなるよう強化する措置であるが，このような措置としては，当事会社グループの事業部門の全部または一部の譲受等（事業譲受等），当事会社グループと結合関係にある会社の結合関係の解消（議決権保有の取止めまたは議決権保有比率の引下げ，役員兼任の取止め等），第三者との業務提携の解消などがある。

　（3）　輸入・参入を促進する措置等　　また，問題解消措置として，輸入・

★コラム4・6　事前相談の廃止により企業結合審査が迅速化するか

　平成23年の事前相談の廃止により，公取委が届出書を受理するとただちに第一次審査が開始されることとなった。これまで，事前相談の申出後に第一次審査がなかなか開始されないという不満や，事前相談の後に法定の届出に係る手続があるため二重に審査が存在しているかのようだとの指摘があった。しかし今後は，これまでのような事前相談は行われず，第一次審査の期間は30日間，第二次審査の必要がある場合の期間は，必要な報告等が提出された後90日間と法定されているため，審査期間は最長でも，届出書受理後120日とはっきり予測できるようになった。また，独禁法上，公取委が必要あると認める場合を除き，届出後30日間は，当該企業結合を行うことが禁止されているが，届出会社から禁止期間の短縮の申出があった場合であって，当該案件に独禁法上の問題がないときは，30日間の禁止期間を短縮することも可能である。

　この事前相談の廃止により，企業結合審査の迅速化が一定程度図られたと判断するにはまだ時期尚早であろう。

第4章　企業結合規制　109

参入促進策がとられることもある。需要が減少傾向にある等のために，当事会社グループの事業部門の全部または一部の譲受先が容易に出現する状況にないなどの理由から，事業譲受等を問題解消措置として講じることができないときは，輸入・参入促進措置が問題解消措置としてふさわしい場合がある（企業結合ガイドライン）。たとえば，輸入に必要な貯蔵設備や物流サービス部門等を当事会社グループが有している場合，それらを輸入業者等が利用することができるようにし，輸入を促進することにより，問題解消措置として認められることがある。

（4）　行動的措置　　前述のとおり，問題解消措置は構造的措置が原則であるが，当事会社の行動に関する措置を講じることにより，競争の実質的制限の問題が解消される場合がある。たとえば，技術革新等により市場構造の変動が激しい市場においては，一定の行動に関する措置をとることが妥当な場合も考えられる。たとえば，商品の生産は共同出資会社において行うが，販売は出資会社がそれぞれ行うこととしている企業結合の場合，出資会社相互間および出資会社と共同出資会社間において当該商品の販売に関する情報の交換を遮断すること，共同資材調達の禁止など独立性を確保する措置が問題解消措置として認められる場合がある（企業結合ガイドライン）。

◆ケース4・1　JALとJASの経営統合に係る問題解消措置の評価

1　経営統合時に公取委が指摘した問題点

国内航空市場においては，2002年10月にJAL（日本航空）とJAS（日本エアシステム）の経営統合が実施され，市場構造が大きく変化した。当該経営統合について公取委が審査した結果，当該統合により国内大手航空会社は3社から2社（JALとANA〔全日空〕）に減少し，競争が実質的に制限されるおそれがあったことから，公取委が当事会社に問題点の指摘を行ったところ，その問題点を解消するべく当事会社において羽田空港の発着枠の返還等の措置がとられることとなった。

公取委は，当初，このJAL/JAS統合計画に対し，次の4点の懸念を表明した（「一次判断」平成14年3月15日）。第1に，大手航空会社が3社から2社になることにより，これまでも同調的であった運賃設定行動がさらに容易になる。一定の取引分野における競争者の数が少ないとか少数の有力な事業者に市場シェアが集中している場合には，競争者の行動を高い確率で予測しやすいからである。また，当事会社間の従来の競争の状況も活発とはいえず，その同調的体質が統合により一層助長されることも問題となった。

第2に，就航企業数が少ない路線ほど，特定便割引運賃が全便に設定される割合およびその割引率が低くなっており，大手航空会社数の減少は，競争に重大な影響を及ぼすものと考えられる。各航空事業者は旅客輸送という同質的な商品を販売しており，費用条件が類似している場合が考えられることから，各事業者の利害が共通することが多く，協調的

行動がとられやすくなり，また，競争者が協調的な行動をとるかどうかを高い確度で予測しやすいと考えられ，こうした状況が統合により一層助長されることが問題となったものである。

第3に，国内線市場への新規参入は，混雑空港における発着枠の制約等から困難な状況にあり，新規参入による競争圧力は限定的である。このため，大手航空会社の同調的な運賃設定行動に対する牽制力として期待しがたい。これは参入圧力の考慮である。本件のように，参入が容易でなく，参入圧力が十分働いているとはいえない場合には，当事会社がある程度自由に価格等を左右することを妨げる要因とはなりえない。

最後に，一般消費者は航空会社の設定する航空運賃について価格交渉の余地がなく，航空会社の設定した運賃を受け入れざるをえないため，航空会社による同調的な運賃設定行動がさらに容易となった場合，より大きな不利益を被ることとなる。これは，需要者からの競争圧力の考慮である。需要者が，当事会社グループに対して，対抗的な交渉力を有している場合には，取引関係を通じて，当事会社グループがある程度自由に価格等を左右することをある程度妨げる要因となりえるが，本件のように一般消費者の場合には，これが期待しがたいことを述べている。

以上のように，第1，第2の点はANAが，第3の点は新規参入航空会社が，そして第4の点は消費者が，それぞれ寡占的協調を崩すような，有力な競争者として機能していないことをさまざまな角度から述べたものである。

JAL/JASは，本件統合の効果として，ANAと真に対等かつ実効的に競争できる環境がつくり出されると主張する。しかし，そもそもそのようなインセンティブはあったのだろうか。というのも，本件統合以前に大手航空会社間ですでに同調的な運賃設定行動がなされていたことにかんがみれば，JAL/JASの主たる競争相手であるANAが競争的な牽制力を振るう意欲は乏しいとみるのが自然である。また，統合によって，多くの市場で複占が生じることにかんがみれば，ANAは，あえて積極的に競争的行動に出るよりは，複占に伴う相互依存関係に依拠して，暗黙の協調に与したほうが得策であると推認してかかるのが自然であろう。しかし，公取委が続いて出した「二次判断」（平成14年4月26日）では，新規航空会社に有効な牽制力ある競争者としての役割を期待し，結果として複占を認めた。しかし，この判断には，批判が強い。

以下では，本件におけるさまざまな問題解消措置について，以下の視点に基づいて検討してみたい。

① 問題解消措置の内容の明確性
② 問題解消措置の実効性
③ 問題解消措置の範囲の適切性
④ 問題解消措置の必要性

2 問題点に対する当事会社の対応策と公取委の評価

上記の公取委からの問題点の指摘に対し，当事会社から申出のあった対応策と，当該対応策に対する公取委の評価は，以下のとおりである。

ア 新規参入促進のための措置

統合時点で当事会社の申し出た措置	公取委の評価
(ア)発着枠の返上	新規航空会社向けに最大12便の発着枠が

当事会社の有する羽田発着枠について，平成14年10月に，9便を国土交通省に返上する。

また，平成17年2月の発着枠の再配分までに，上記9便を繰り入れる競争促進枠が不足する事態が生じた場合には，さらに3便を上限として羽田発着枠を国土交通省に返上する。

（さらに，国土交通省において，平成17年2月に発着枠の抜本的見直しを行い，競争促進枠の拡充を図る）

確保されることから，新規航空会社の事業拡大について支障は生じないものと考えられ，特定の路線に限定されるものの，競争が活発に行われるものと考えられる。

発着枠の抜本的見直しにより，新規航空会社が大手航空会社と伍して競争し，事業拡大できるよう競争促進枠がさらに拡充され，また，新規航空会社の中には発着枠が確保されれば大手航空会社と伍して競争し，本格的な事業展開を行っていこうとする事業者がいる。このような新規航空会社が，大手航空会社に対して有効な競争を行うことが可能な競争事業者となる蓋然性は高いと考えられる。

(ｲ)新規航空会社に対する空港施設面での対応 当事会社は，現在自社が使用しているボーディング・ブリッジ，固定スポット，チェックイン・カウンター等の空港施設の一部について，新規航空会社の希望があれば，新規航空会社にこれら施設を提供する。	新規航空会社に対する空港施設面での支援の強化により，新規航空会社の事業拡大等が可能・容易になる。
(ｳ)航空機整備業務等各種業務受託による新規航空会社への協力 新規航空会社の航空運送事業への参入や事業の継続・拡大に際し必要となる航空機整備業務，空港地上業務など各種業務について，新規航空会社の希望があれば積極的にこれを引き受ける。	新規航空会社の航空機整備業務等の各種業務受託を積極的に引き受けることにより，新規航空会社の事業拡大等が可能・容易となる。

イ　路線網の拡充による競争促進と利便性の向上

統合時点で当事会社が申し出た措置	公取委の評価
他の大手航空会社の単独路線や便数優位路線への参入・増便を図る。	本件統合による合理化効果を一般消費者の利益となるよう用いるものとして，一定の評価を行うことが可能である。

ウ　運賃面での措置等

統合時点で当事会社が申し出た措置	公取委の評価
①普通運賃を，主要なすべての路線について，一律10％引き下げ，急激な経済環境の変化のない限り，少なくとも3年間	本件統合による合理化効果を一般消費者の利益となるよう用いるものとして，一定の評価を行うことが可能である。

は値上げしない。 ②特割運賃・事前購入割引運賃を，他の大手航空会社と競合する主要なすべての路線および統合により当事会社単独路線となる主要な路線について，全便に設定する。また，その水準についても現在の3社競合路線に設定されているものと同水準とする。	

3 問題解消措置の事後検証

　発着枠の返上措置は，当事会社が所有する発着枠という「資産」を譲渡する措置と考えられる。また，新規航空会社に対する整備業務等の支援措置は，航空サービスを行っていくうえで不可欠な航空機整備業務や固定スポットの提供等を行うものであり，重要設備へのアクセスを保障することにより参入を促進する措置と考えられる。運賃面での措置やANA単独路線への参入等の措置は，当事会社の行動に関する措置である。

　資産の譲渡に該当する発着枠の返上措置や，参入を促進する措置に該当する航空機整備業務の支援措置については，一定の問題解消措置の効果はあったものと思われる。これに対して，運賃面での措置や新規就航の措置等については，企業結合審査時点において必要不可欠な措置と評価されていたものではないが，問題がある。

　まず，問題解消措置の設計上の問題として，新規就航の措置について，行動の内容（どの路線にいつ参入するか）が明確になっていないという点が挙げられる。また，当該措置の実効性をいかに担保するかという問題が残った。また運賃面での措置のうち値上げ凍結措置については，「（急激な経済環境の変化のない限り）3年間は値上げをしない」という担保が付されていた一方で，特割運賃の設定措置や新規就航の措置については，当該措置の実効性を維持するための条件は付されていなかった。値上げ凍結措置からも明らかなように，そもそも企業の戦略的行動を自ら制限すること自体が妥当なのかという問題がある。加えて，問題解消措置履行後にその効果を打ち消す行為を事後的にとることも不可能ではなかったという問題がある。このように，価格設定等の企業の戦略的行動に関する措置の実効性を保つことは困難な側面があり，その意味でこのような措置を根拠に企業結合を認めることには慎重であるべきだった。

第5章 不公正な取引方法

§1 総 説

1 意 義

　不公正な取引方法の禁止は，私的独占および不当な取引制限の禁止とともに，独禁法1条の目的規定に掲げられた禁止行為の基本3類型の1つである。私的独占および不当な取引制限の禁止は，有効な市場機能の維持・促進を目的として，競争を実質的に制限する行為を規制するものである。一方，不公正な取引方法は，市場機能の基盤となる「公正な取引秩序」を阻害する行為を排除し，自由競争による市場機能のメリットを十分に発揮させることを趣旨とする規制である。したがって，この規制は，独禁法1条に規定される同法の目的の中でも「公正な競争の促進」すなわち能率競争の促進を主な目的とする。不公正な取引方法の規制は，市場機能の維持・促進それ自体ではなく，事業者間の個別的な取引方法について，競争政策の観点から「公正な取引秩序」を維持することを目的としているものと考えられる。

　このような趣旨でなされる個別的な取引方法の規制は，その現実的な効果が各々の取引の場においては，相対的に経済力の弱い者を保護する機能を果たすものともなる。その結果として，この規制は，取引関係において最も弱い立場に立つ消費者の保護に資するという側面が他の規制に比べてより強く現れる規制となっている。

2 法的位置付け

　不公正な取引方法の規制は，個別的な取引方法の公正さを維持することで，公正な競争秩序を維持・促進し，市場競争機能の基盤を形成する効果を発揮する。事業者が公正な競争を阻害する取引方法を用いることから生じる競争阻害効果が増大していくことによって，市場の有効な競争機能が阻害される程度に

至る場合が生じることとなる。この意味で，不公正な取引方法の規制は，独禁法体系上の位置付けとしては，「私的独占」（2条5項）の予防規制の性格を有するものと位置付けられる。たとえば，不公正な取引方法として指定されている排他条件付取引や不当廉売によって生じる競争制限の効果が実質的なものとなれば排除型の私的独占行為として評価されることとなる。一方で，不公正な取引方法の一形態である「優越的地位の濫用」については，競争阻害効果そのものよりも，公正競争の前提となる事業活動の自主的決定に対する侵害効果が規制の趣旨として重視されている（本章§6-2参照）。

　不公正な取引方法は，2条9項に定義され，19条が事業者に対してこの不公正な取引方法を用いることを禁止している。また，不公正な取引方法による企業結合（株式保有〔10条1項〕，役員兼任〔13条2項〕，合併〔15条1項2号〕など），事業者団体が事業者に不公正な取引方法をさせること（8条1項5号），不公正な取引方法を内容とする国際契約・協定（6条）が禁止されている。

3　定　義

　（1）　2条9項　　不公正な取引方法は，2条9項に定義されている。この定義は，独禁法上行為類型が定められる5種類の行為形態（1号～5号）（法定違反行為）と公正取引委員会（以下「公取委」という）が指定により違反行為類型を定める6種類の行為形態（6号イ～ヘ）（指定違反行為）に大別して規定される。

　この定義方法は，平成21年独禁法改正によって，不公正な取引方法に対しても課徴金が適用されることから用いられているものである。旧2条9項は，不公正な取引方法に該当するすべての行為形態が，次の3段階の要件によって定義される構造となっていた。第1に，同項の各号に列挙された行為に該当すること，第2に，公正な競争を阻害するおそれがある行為であること，第3に，公取委の指定に該当すること，であった。第1および第3の要件は，行為形態の要件であり，第2の要件は，違法性の要件であって，「公正競争阻害性（不当性）」と呼ばれている。このような3段階の定義方法は，不公正な取引方法が個別的な取引方法を規制対象とすることから，違反行為をより明確化して事業者の予見可能性を高めるとともに，公取委の専門的判断を反映させ，違反行為を適切かつ効果的に規制することを意図するものである。

　この公取委による指定についての定義方法は，現行の2条9項6号において

も維持され，指定違反行為の根拠規定となっている。6号は，イ〜ヘに列挙された行為形態の範囲内で違反行為を弾力的に設定することを公取委に委任する規定である。この点で，6号は不公正な取引方法の総則的規定であり，イ〜ヘが違反行為の大枠を設定するとともに，「公正な競争を阻害するおそれ」（公正競争阻害性）が不公正な取引方法の違法性の判断基準であることを規定している。

　一方，2条9項1号〜5号は，平成21年改正により課徴金の適用範囲が不公正な取引方法へ拡大したことから法定された。私的独占の予防規制の性格が強い「特定の共同の取引拒絶（ボイコット）・特定の差別対価・特定の不当廉売・再販売価格維持」および自由競争の基盤を侵害し違反行為を明確にできる「特定の優越的地位の濫用」を課徴金の対象とすることから，その構成要件を法定したものである。したがって，不公正な取引方法として定義される基本的な行為形態の範囲は9項6号に定められ，そのうちとくに課徴金の対象となる行為形態が9項1号〜5号に定義されたものと解される（図表5-1参照）。

　2条9項6号に基づく公取委の指定には，一般指定と特殊指定の2種類があ

図表5-1　不公正な取引方法の構成

2条9項6号	一般指定　　　　→　　　法定行為
イ　差別的取扱い	①共同取引拒絶（ボイ　→1号（供給のみ） 　コット）（受領のみ） ②その他の取引拒絶 ③差別対価　　　　　　→2号（継続性・事業困難， 　　　　　　　　　　　　　供給のみ） ④取引条件等の差別的取扱い ⑤事業者団体等の内部における差別的取扱い
ロ　不当対価	⑥不当廉売　　　　　　→3号（著しい不当廉売） ⑦不当高価購入
ハ　顧客の不当誘引・取引強制	⑧ぎまん的顧客誘引 ⑨不当な利益による顧客誘引 ⑩抱き合わせ販売等
ニ　相手方の事業活動の不当拘束	⑪排他条件付取引 ⑫拘束条件付取引　　　→4号（再販売価格の拘束）
ホ　取引上の地位の不当利用	⑬相手方の役員選任への　　5号（優越的地位の濫用） 　不当干渉
ヘ　競争事業者に対する事業妨害	⑭競争者に対する取引妨害 ⑮競争会社に対する内部干渉

る。一般指定は，すべての業種および取引形態に適用される指定であり，現行指定は，昭和 57 年公取委告示 15 号（平成 21 年公取委告示 18 号で改正）による「不公正な取引方法」である。特殊指定は，特定の業種または取引形態に適用される指定である。一般指定と特殊指定は，いわゆる一般法・特別法の関係にあり，特殊指定が優先的に適用される。現在告示されている特殊指定は，新聞業，大規模小売業および物流業の 3 種類に限定されており，一般指定の適用事例が多くを占めている。

　また，不公正な取引方法は行為類型が多種多様であり，公正競争阻害性の判断が専門的かつ裁量的なものであることから，各種ガイドラインにおいてその判断基準を明確化し，事業者に行為基準を示す運用が図られている。たとえば，「流通・取引慣行ガイドライン」（平成 3 年）が不公正な取引方法がとくに問題となる流通業での取引方法の指針となっている。そのほかにも，フランチャイズ・システムに関する「フランチャイズガイドライン」（平成 14 年），小売業における不当廉売に関する「不当廉売ガイドライン」（平成 21 年），知的財産の利用等の問題に関する「知的財産ガイドライン」（平成 19 年）等のガイドラインが公表され，不公正な取引方法に該当する行為についての公取委の考え方が示されている。

　（2）　一般指定　　現行一般指定は，平成 21 年に改正された指定であり，2 条 9 項 6 号イ〜ヘに対応する 15 項目の指定行為で構成されている。その内容を概観すると，不当な差別的取扱い（同項 6 号イ）に該当する行為として，共同の取引拒絶（ボイコット）（1 項），その他の取引拒絶（2 項），差別対価（3 項），取引条件等の差別的取扱い（4 項），事業者団体等の内部における差別的取扱い（5 項）が，不当対価（同項 6 号ロ）に該当する行為として，不当廉売（6 項），不当高価購入（7 項）が，顧客の不当誘因・取引強制（同項 6 号ハ）に該当する行為として，ぎまん的顧客誘因（8 項），不当な利益による顧客誘因（9 項），抱き合わせ販売等（10 項）が，事業活動の不当拘束（同項 6 号ニ）に該当する行為として，排他条件付取引（11 項），拘束条件付取引（12 項）が，取引上の地位の不当利用（同項 6 号ホ）に該当する行為として，役員選任への不当干渉（13 項）が，競争事業者に対する事業妨害（同項 6 号ヘ）に該当する行為として，競争者に対する取引妨害（14 項），競争会社に対する内部干渉（15 項）が指定されている（図表 5-1 参照）。

4 公正競争阻害性

（**1**） **規　定**　　不公正な取引方法として禁止される行為は，「公正な競争を阻害するおそれ」すなわち「公正競争阻害性」が認められる行為である（2条9項6号）。不公正な取引方法の禁止の目的が個別の取引方法の競争阻害効果の問題であることから，公正競争阻害性の判断は，それぞれの違反行為の事案ごとに個別的に判断されることとなる。2条9項1号～5号には，公正競争阻害性の要件を示す「不当に」・「正常な商慣習に照らして不当に」・「正当な理由がないのに」との文言が規定される。また，6号のイ～ヘには，違反行為類型の外延を規定する「不当に（な）」の文言が規定される。この「不当に（な）」の文言の意義も，公正競争阻害性と同義であると解され，それ以外の違法性の要件が含まれるものではないと考えられる。また，一般指定においても，同様に，各項の行為に「不当に（な）」・「正常な商慣習に照らして不当に（な）」・「正当な理由がないのに」との文言が規定されている。これらの文言は，行為類型と公正競争阻害性との関係を示すものである。

　「不当に（な）」・「正常な商慣習に照らして不当に（な）」の文言が規定される行為は，その行為自体からただちに公正競争阻害性は推定されず，個別に行為の違法性が立証されて禁止される取引方法であり，原則として合法な行為と推定される。一方，「正当な理由がないのに」の文言が規定される行為は，その行為自体から公正競争阻害性が推定される行為であり，原則として違法な行為と認められるものである。法定違反行為においては，共同の取引拒絶（供給ボイコット）（1号），著しい不当廉売（3号），再販売維持行為（4号）の3行為類型には「正当な理由がないのに」と規定される。一般指定においては，共同の取引拒絶（受領ボイコット）（1項）のみに「正当な理由がないのに」と規定され，その他の指定違反行為には「不当に」・「正常な商慣習に照らして不当に（な）」と規定される。この違法性の要件に用いられる「正常な商慣習」とは，その事業分野で現に存在する商慣習ではなく，公正な競争秩序の維持という観点から想定される「あるべき商慣習」であると解される。

（**2**） **意　義**　　「公正な競争」とは，「良質廉価な商品・役務を提供する」ことを競い合い取引の相手を奪い合う競争（能率競争）であり（最判平10・12・18判時1664号14頁〔花王化粧品販売事件〕），各競争事業者の事業活動における各々の効率性・生産性が結果に反映される競争である。

この意味での「公正な競争」を「阻害するおそれ」が，「公正競争阻害性」であり，個別の取引方法において，公正競争阻害性が認められる行為を規制することが不公正な取引方法の禁止の目的である。したがって，公正競争阻害性の認定において基準となる競争制限効果は，私的独占・不当な取引制限等の成立要件であった「競争の実質的制限」と比べると，比較的軽度の競争制限効果で成立するものである。不公正な取引方法の禁止が私的独占の予防的規制として位置付けられ，私的独占の前段階で規制できるという効果が現実に発揮される前提として，この違法性の特徴がある。

　前述のとおり，不公正な取引方法には，多種多様な行為形態があり，これらに共通する違法性である公正競争阻害性をどのような概念として構成するかは，従来から重要な問題となってきた。

　学説上は，競争制限効果（自由競争・能率競争の減退）を中心に考察する説と取引の場における抑圧効果（経済力の濫用による取引相手等の自律性の侵害）を重視する説が対立してきた。現行の定義規定および指定は，この両説により主張される公正競争阻害性の概念を融合した捉え方に基づいて構成した考え方によるものと解される。この考え方は，学説上の多数説となっており，実務上もこの考え方による運用がなされている。この説では，公正競争阻害性は，①競争の減殺，②競争方法の不公正さ，③競争基盤の侵害の3概念で構成される違法性と捉えられる。①は，その取引行為により自由競争がある程度抑制・回避されることであり，②は，能率競争の結果が不当に歪められることであり，③は，自由で公正な競争の基盤となる自主的事業活動の機会が喪失されることおよび能率向上等の競争努力への信頼性が奪われることである。不公正な取引方法の各々の行為には，これら3概念の違法性が必ずしも一対一に対応するものではなく，これらが複合的に存在する違反行為もある。

　公正競争阻害性は，「阻害するおそれ」と規定され，その取引方法から具体的な競争阻害効果（①から③）が発生していることまでは必要ではなく，市場状況や累積効果等の予測による競争阻害効果の蓋然性でも認定できる。

　私的独占や不当な取引制限の違法性である「競争の実質的制限」の判断には，その前提となる「一定の取引分野（市場）の画定」が必要である（第1章§2参照）が，2条9項には，この要件が規定されていない。私的独占の予防規制としての法的位置付けからも，公正競争阻害性の判断においても，市場の画定の必要

性が問題となる。競争の減殺（①）が公正競争阻害性の中核となる違反行為においては,市場の画定を前提とした競争減殺効果の認定が必要と考えられる（東京高判昭 59・2・17 行集 35 巻 2 号 144 頁〔東洋精米機事件〕）。一方,②・③の違法性の判断においては,量的な判断より質的判断が重要であり,違反被疑行為の影響を判断する競争の場を想定することで十分であり,市場の明確な画定が必要とはならないと考えられる。

　また,公正競争阻害性の判断において,その取引方法に事業経営上の必要性（合理性）または社会的目的の達成等の正当化理由が考慮されるか,さらに,これらの理由が「公正な競争」を阻害する行為を合法化するのかが問題となる。

　公正競争阻害性の判断における「正当な理由」については,「専ら公正な競争秩序維持の観点から見た観念であって」,事業経営上または取引上の必要性または合理性は正当な理由とならないとされてきた（最判昭 50・7・10 民集 29 巻 6 号 888 頁〔第一次育児用粉ミルク（和光堂）事件〕）。しかし,「正当な理由」としての社会的目的の達成については,製品の安全性の維持または物価の安定等の公益目的を公正競争阻害性の判断において考慮すべき要因とする判例がみられる（最判平元・12・14 民集 43 巻 12 号 2078 頁〔都営芝浦と畜場事件〕,大阪高判平 5・7・30 判時 1479 号 21 頁〔東芝エレベータテクノス事件〕,東京地判平 9・4・9 判時 1629 号 70 頁〔日本遊戯銃協同組合事件〕,最判平 10・12・18 審決集 45 巻 467 頁〔お年玉付き年賀葉書事件〕）。

5 排除措置・課徴金

　不公正な取引方法の禁止に違反した事業者に対しては,行政処分として排除措置が命ぜられる。その内容は,「当該行為の差止,契約条項の削除その他当該行為を排除するために必要な措置」とされる（20 条 1 項）。また,この排除措置は,すでに違反行為が終了している場合にも命ずることができる（20 条 2 項）。不公正な取引方法については,その行為自体は刑事処罰の対象とはならない。また,平成 21 年独禁法改正により,2 条 9 項 1 号から 5 号に法定された違反行為に対しては,20 条の 2 から 20 条の 6 により課徴金の納付が命じられる（課徴金納付制度の詳細については,第 7 章 §2 を参照）。

§2　差別的取扱い

1　概　要

不当な差別的取扱い（2条9項6号イ）に該当する行為としては，2条9項1号・2号に定義される法定違反行為としての共同の取引拒絶および差別対価ならびに2条9項6号イに基づく指定違反行為としての差別的取扱いがある。

2条9項6号イに基づく差別的取扱いとしては，①取引を拒絶する差別行為，②取引の条件に格差を設ける差別行為，③事業者団体等の団体内部での差別行為の3類型の行為が一般指定において規定されている。①については，共同の取引拒絶（一般指定1項）および単独の取引拒絶（2項）として，競争事業者との共同性の有無によって取引拒絶を類型化して指定する。②については，差別する取引条件の内容により，対価の差別（3項）とその他の取引条件の差別（4項）に二分して指定する。これは，競争に対する影響が直接的かつ効果的な対価の差別をとくに明示して指定するものであり，違反行為類型の明確化を図ることで規制を効果的に行おうするものである。③については，事業者の団体等の内部における差別的行為（5項）として指定され，1項から4項までの指定と比べ，限定された事業者間における差別および排斥を規制対象として明確化したものである。

以下では，差別的取扱いに該当するこれら5類型ごとに述べていく。

2　共同の取引拒絶（ボイコット）

（1）　意　義　2条9項1号は，「正当な理由がないのに，競争者と共同して，次の各号のいずれかに掲げる行為をすること。　イ　ある事業者に対し，供給を拒絶し，又は供給に係る商品若しくは役務の数量若しくは内容を制限すること。　ロ　他の事業者に，ある事業者に対する供給を拒絶させ，又は供給に係る商品若しくは役務の数量若しくは内容を制限させること。」と規定する。

この規定は，自己の競争者と共同して行う取引拒絶を不公正な取引方法として定義するものであり，その取引の形態は，商品または役務を供給する取引に限定される。共同の取引拒絶は「ボイコット」と呼ばれるが，イの取引拒絶は直接ボイコットといわれる行為である。たとえば，ある製品のメーカーが共

第5章　不公正な取引方法　121

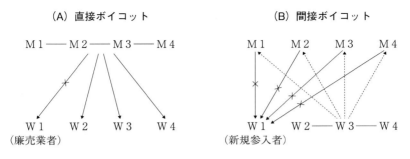

図表5-2　ボイコットの類型

同して廉売業者に製品を供給しない行為がこれに当たる（図表5-2（A）参照）。これに対して、ロの取引拒絶は間接ボイコットといわれる行為である。たとえば、ある製品の販売業者が共同して新規参入の販売業者と取引しないようにメーカーに供給を拒絶させる行為がこれに当たる（図表5-2（B）参照）。イ・ロ後段の取引数量または内容の制限に該当する行為は、その制限された数量または内容を超える取引を拒絶する行為と考えられる。

一方、一般指定1項は、「正当な理由がないのに、自己と競争関係にある他の事業者（以下、「競争者」という）と共同して、次の各号のいずれかに掲げる行為をすること。　一　ある事業者から商品若しくは役務の供給を受けることを拒絶し、又は供給を受ける商品若しくは役務の数量若しくは内容を制限すること。　二　他の事業者に、ある事業者から商品若しくは役務の供給を受けることを拒絶させ、又は供給を受ける商品若しくは役務の数量若しくは内容を制限させること。」と規定する。共同の取引拒絶の意義は、2条9項1号と同様であるが、その行為形態は供給を受けることを拒絶する（させる）ことに限定される。

（2）　公正競争阻害性　　共同の取引拒絶は、「正当な理由がないのに」と規定されており、原則的に公正競争阻害性が推定される違反行為類型とされる。

この行為は、競争事業者間の共同行為としての取引拒絶であり、取引拒絶された事業者の競争機能の低下の度合いが大きいとともに、拒絶する競争事業者間においても取引先選択の自由を相互に制限する競争阻害効果が生じるものであって、二重の競争阻害効果がある行為と評価されるからである。前述の直接ボイコットの例（図表5-2（A）参照）では、取引拒絶される廉売業者の競争能

力の低下とともにメーカー相互間の取引先選択の競争が阻害されることとなる。一方，間接ボイコットの例（図表5-2（B）参照）では，既存の販売業者と新規参入者の競争が阻害され，メーカーの販売先も拡大しない。さらに，販売業者と新規参入者との競争において，参入者の競争機能が阻害され，公正な能率競争の結果を歪めることとなる。このように，共同の取引拒絶における公正競争阻害性は，原則的に「競争の減殺」にあり，間接ボイコットでは，違反事業者の市場での「競争方法としての不公正さ」も加わることとなる。

共同の取引拒絶の結果として，その効果が市場競争を実質的に制限する場合には，直接ボイコットは不当な取引制限に，間接ボイコットは私的独占となりうる。公取委は，「流通・取引慣行ガイドライン」において，競争者との共同取引拒絶とともに，取引先との共同取引拒絶もまた不当な取引制限に該当しうるとの見解を表明している（いわゆる「縦のカルテル」について，第2章§1参照。）。

（3）　正当な理由　　共同の取引拒絶は，原則的に違法であるが，「正当な理由」が認められる場合には，その取引拒絶は許容されることとなる。その正当化理由としては，安全性の確保，社会的制度の維持，事業上の倫理性の維持等の公益的目的が挙げられる。

手形交換所取引停止処分事件（東京高判昭58・11・17審決集30巻161頁）は，不渡手形を出した者に対して手形交換所が各金融機関に手形取引を停止させる制度が共同の取引拒絶に該当するとして，この処分を受けた者が提訴した事件である。東京高裁は，取引停止制度は，信用取引の安全を守り，手形制度の信用維持を図るという公益目的に資する必要な制度であり，不公正な取引方法に当たらないとの判断を示した。

日本遊戯銃協同組合事件（前掲・東京地判平9・4・9）は，同組合が非組合員の製品に合致しないようにエアガンの安全性基準を定め，この自主的基準に適合しないエアガンを取り扱わないよう卸・小売業者に要請した事件である。この違反行為は，事業者団体が組合員に対してその取引先事業者に取引拒絶をさせる行為（8条1項5号）とされた。この事案は，事業者団体の組合員が共同して要請を行った場合には間接ボイコットを構成するものでもあった。東京地裁は，安全性基準の設定目的が，競争政策の観点から是認され，かつ，基準内容および実施方法がその設定目的から合理的なものである場合には，正当な理由があり，不公正な取引方法に該当しないとの判断を示した。この判決は，安全

性の確保という正当化理由は一般的に認められるが，安全性を名目とした競争
阻害行為は違法とするものであり，本件では安全基準の基準内容や実施方法等
が合理的で相当なものとは認められず，違法とされた。

3 その他の取引拒絶

一般指定2項は，「不当に，ある事業者に対し取引を拒絶し若しくは取引に
係る商品若しくは役務の数量若しくは内容を制限し，又は他の事業者にこれら
に該当する行為をさせること。」と規定する。2項の取引拒絶には，取引事業
者等と共同する取引拒絶も含まれるが，競争事業者間の共同性がないことから
「単独の取引拒絶」とも呼ばれる。

1項の共同の取引拒絶とは異なり，単独の取引拒絶の行為形態は，取引先選
択の自由として本来は保障される行為であり，むしろ取引条件により取引相手
を選択することこそが競争の基盤であるともいえよう。したがって，2項では，
公正競争阻害性の判断基準として「不当に」と規定されており，この行為は原
則として合法な行為であって，個別の事案ごとに公正競争阻害性が認められる
場合にのみ違法となる。

単独の取引拒絶に公正競争阻害性が認められる場合として，第1には，有力
な事業者がその競争者を市場から排除する等の目的で行う直接の取引拒絶が行
われ，拒絶された事業者の事業活動が困難となるおそれがある場合が挙げられ
る。たとえば，送電設備を独占する電力会社が，発電事業を行う事業者に一部
の送電設備の利用を拒絶する場合には，当該発電事業者が独自にその送電設備
を構築することは大きな負担となり，事業活動を十分に展開することが困難と
なって事業規模が縮小し，発電事業における競争が減殺されることとなる。こ
の送電設備のように，事業の継続のために不可欠な設備を「エッセンシャル・
ファシリティ」と呼び，これを有する事業者の単独の取引拒絶が問題となる（こ
の場合の競争の減殺効果が競争の実質的制限に該当するものであれば，私的独占となる。
第3章§2参照）。また，有力な事業者による間接の取引拒絶によって，拒絶さ
れた事業者の取引の機会が減少することで，その競争機能をかなりの程度低減
させるような場合にも公正競争阻害性が認められる。この場合には，取引先事
業者に対して一定の事業者との取引を拒絶させるものであり，排他条件付取引
と同様の効果が生じることもある。

第2に，独禁法上の違反行為の実効性を確保する手段として単独で直接または間接の取引拒絶を用いる場合にも，公正競争阻害性が認められる。再販売価格維持や排他条件付取引などの実効性を確保するため，これらの条件を守らない事業者に対して行う取引拒絶には公正競争阻害性が認められることとなる（公取委昭30・12・10勧告審決・審決集7巻99頁〔大正製薬事件〕）。このような行為に対して，独禁法を適用する場合に，主たる違反行為とともに取引拒絶を独立した違反行為として法を適用すべきか否かという問題がある。取引拒絶が主たる違反行為の実行手段である場合には，主たる行為のみを処分すれば足りる場合もあろうが，独立して違反行為の成立を認定する必要のある場合も考えられる。たとえば，主たる違反行為自体の成立要件の立証が困難であるが，取引拒絶によって当該違反行為と類似の競争減殺効果が生じている場合や，主たる違反行為が不公正な取引方法ではない違反行為でありその実行手段となっている取引拒絶に対する差止めが必要な場合等がある。前者の事例として，松下電器産業事件（公取委平13・7・27勧告審決・審決集48巻187頁）があげられる。松下電器産業が代理店および小売店に対して廉売小売店へ販売しないよう要請していたことが，2項に該当するとされた事件である。廉売に対する苦情によってなされた取引拒絶の要請が問題であり，当該小売店への再販売価格の拘束行為は認定しがたいが，小売段階における松下製品の価格維持を主たる目的とする間接の取引拒絶として処理された事例である。

また，下水道敷設の特定工法の利用を一定の事業者に限定させるための取引拒絶が同時に旧一般指定1項（共同ボイコット）と2項の違反行為とされた事例もある（公取委平12・10・31勧告審決・審決集47巻317頁〔ロックマン工事施工者事件〕）。

2項に該当する取引拒絶が私的独占として規制された事例として，東洋製罐事件（公取委昭47・9・18勧告審決・審決集19巻87頁）がある。缶詰製造業者による自家製缶を阻止するため，製缶業界で市場支配力を有する事業者が当該缶詰製造業者への食缶の供給を拒絶した行為が私的独占の「排除行為」として規制された（第3章§2参照）。

4　差別対価

差別対価には，2条9項2号に規定される法定違反行為と一般指定3項に規定される指定違反行為がある。

2条9項2号は，「不当に，地域又は相手方により差別的な対価をもって，商品又は役務を継続して供給することであって，他の事業者の事業活動を困難にさせるおそれがあるもの。」と規定する。一方，一般指定3項は，「第2条第9項第2号に該当する行為のほか，不当に，地域又は相手方により差別的な対価をもって，商品若しくは役務を供給し，又はこれらの供給を受けること。」と指定する。

2条9項2号の法定の差別対価では，「継続して」行われることと「他の事業者の事業活動を困難にするおそれ」が要件となっている。これらの要件が一般指定3項に指定される差別対価との相違点である。また，2条9項2号では，供給する場合のみに対象が限定されており，受領における差別対価は一般指定3項の適用対象となる。この両規定の定義方法により，差別対価のうち課徴金の対象とすべき法定違反行為の要件を明確化するものとなっている。

これらの規定では，差別対価の類型を，①地域的差別対価と②取引の相手方による差別対価との2形態として捉えている。地域または相手方により，対価に格差を設けることは通常生じる状況であり，価格競争の反映や取引条件の差異によるものであって，むしろ競争が有効に機能している結果ともいえよう。したがって，これらの条件によって価格に格差を設ける行為自体は，いずれも原則として合法な行為であり，「不当に」と規定され，個別事案ごとに公正競争阻害性が認められる場合にのみ禁止されることとなる。

差別対価に公正競争阻害性が認められる場合としては，いわゆる略奪的価格設定（predatory pricing）が行われている場合および他の違反行為の実効手段として用いられる場合がある。

前者は，競争者の事業活動を困難化し，競争を排除する戦略的価格設定として差別対価が用いられる場合であり，公正競争阻害性は「競争の減殺」にあると考えられる。この事例として，北国新聞社事件（東京高決昭32・3・18行集8巻3号443頁）では，石川県の新聞社が富山県へ進出し，富山新聞を発行する際に低価格を設定し，富山県の既存新聞社の購読者を略奪する価格設定を行ったことが地域的差別対価とされた。

後者は，差別対価により生じる利益または不利益を用いて他の違反行為の成立やその実効性を確保しようとするものであり，差別対価が違反行為の手段として利用される場合である。この事例として，東洋リノリューム事件（公取委

昭55・2・7勧告審決・審決集26巻85頁）では，東洋リノリューム等の床材製造業者が自らのカルテルの実効性維持のため，その取引先事業者に対して販売価格維持を目的とする協同組合への加盟を推進し，その手段として組合員と非組合員との間に差別対価を設定した行為が相手方による差別対価とされた。

差別対価として違反行為が成立するためには，対価の差別的設定の認定が必要であるが，この認定は同一の商品・役務間で行われる必要がある。同一性（比較可能性）の認定には，比較すべき商品・役務が完全に同一であることは必要ではなく，公正競争阻害性の判断の前提としての同種・同質性で足りるものであって，その判断は事案ごとに実態的になされることとなる。たとえば，北国新聞社事件では，石川・富山両県で発行される新聞記事の差異が少なく，ほとんどの内容が同一であることで実質的に同一の新聞と判断された。差別対価とされる対価は，販売価格のみではなく，実質的対価であって，リベート・割引決裁・同一商品の提供等の実質的値引き分を差し引いた価格となる。

差別対価の対象は，事業者のみではなく，一般消費者に対する差別的価格設定も含まれる。2条9項1号は，違反行為の対象を「他の事業者」と限定しているが，同2号および一般指定3項では，差別的な対価での供給（または受領）を規定し，その対象を限定していない。北国新聞社事件での差別対価の対象は購読者，すなわち消費者である。

略奪的価格設定型の差別対価については，同様に競争者の取引を排除する略奪的価格設定である不当廉売の判断基準との関係が問題とされている。低価格設定の差別対価に公正競争阻害性が認められるためには，不当廉売において「原価」の基準となる総販売原価を下回っていることが重要な判断要素となるとの考え方がある（東京高判平17・4・27審決集52巻789頁〔ニチガス事件〕）。しかし，有力な事業者が一定の競争者の顧客の略奪を狙うような不当な行為については，総販売原価を下回る必要はないと考えられる（東京高判平17・5・31審決集52巻818頁〔トーカイ事件〕）。

5 差別的取引条件等

一般指定4項は，販売価格以外の取引条件を差別的に設定する行為を指定するものであり，「不当に，ある事業者に対し取引の条件又は実施について有利な又は不利な取扱をすること。」を禁止する。

本項における「取引の条件」についての差別とは，一般指定3項が規制する差別対価の対象となる販売価格等以外の取引条件の差別であり，商品の品質・規格・取引量，決済条件，支払条件，運送条件，販売促進費・累進リベート等の経済的利益の提供等について差別的条件を設定することである。「取引の実施」についての差別とは，取引の履行について，売れ筋商品の配送，配送期間，配送頻度等の事実上の差別を行うことである。このように本項は，対価自体の差別以外の差別を広く適用対象とする規定であり，3項との関係ではより一般的な差別を対象とする規定となっている。

また，差別の対象が事業者のみである点が3項の差別対価との相違点であり，消費者に対する対価以外の差別的条件の設定等は本項の規制対象とはならない。

本項違反行為の公正競争阻害性については，3項と同様に考えられ，行為者または取引先の競争者の事業を困難とすることおよび他の違反行為の手段として用いられることで，「競争の減殺」を生じることである。オートグラス東日本事件（公取委平12・2・2勧告審決・審決集46巻394頁）では，自動車用国産補修ガラスの有力な卸売業者が，輸入品を積極的に販売する取引業者に対して卸売価格の引上げおよび配送回数の削減を行った行為が，取引の条件または実施についての不当な差別的行為に当たるとされた。

6 事業者団体等における差別的取扱い等

一般指定5項は，「事業者団体若しくは共同行為からある事業者を不当に排斥し，又は事業者団体の内部若しくは共同行為においてある事業者を不当に差別的に取り扱い，その事業者の事業活動を困難にさせること。」と規定し，事業者が結合した団体の内部において，その団体とその構成事業者間の取引等における差別的取扱いを規制する指定である。

事業者団体等の共同体における取引内容やある事業者の団体からの排斥は，原則として，私的自治の問題であり，その行為に個別事案ごとに公正競争阻害性が認められて違法となる行為である。したがって，この行為は，原則合法の行為類型に当たり，「不当に」との違法性についての規定がなされている。差別的取扱いまたは排斥により，当該事業者の事業活動が困難となり，「競争の減殺」が生じることが公正競争阻害性の判断基準となる。

事業者団体としての競争制限行為については，8条が規制するところである

（本章 §8 参照）が，本指定は，事業者団体の事業者としての構成事業者との取引が規制対象となる点で8条の規制とは対象が異なる。共同行為とは，事業者の共同事業等で不当な取引制限に該当しないものであり，その共同事業体と共同事業者との取引における差別的取扱いが規制対象となる。

　本項の適用事例としては，浜中村主畜農業協同組合（浜中農協）事件（公取委昭32・3・7勧告審決・審決集8巻54頁）がある。浜中農協の組合員は，その生産した生乳を組合長が役員を務める北海道バターに出荷していた。しかし，一部組合員が取引条件の有利な他社への出荷を開始した。浜中農協は，それらの組合員に対して，販売委託の拒否，資金貸付の拒否，精算取引の停止等の措置をとり，農協からの脱退を勧告した。浜中農協による販売委託の拒否等が不当な差別的取扱いに，脱退勧告が不当な排斥に該当するとされた。

§3　不当対価

1　概　要

　不当な対価による取引（2条9項6号ロ）に該当する行為には，2条9項3号および一般指定6項の不当廉売ならびに一般指定7項の不当高価購入がある。

　不当な対価に当たる行為には，一般指定7項が不当に高く買い占める行為を想定する。これは，経済力の優越した事業者が競争者の必要とする原材料・部品等を買い占めて，競争者の事業活動を困難にするような行為である。しかし，このような行為は，行為類型としては想定されるが，わが国の産業や国際取引の現状では，違反行為が成立する状況は容易に起こりそうにないものといえよう。一般指定7項については，従来から規制事例もないところであり，以下では，不当廉売についてのみ解説する。

2　不当廉売

　（1）　意　義　　不当対価の規制対象となる不当な廉価設定について，2条9項3号は，「正当な理由がないのに商品又は役務をその供給に要する費用を著しく下回る対価で継続して供給することであって，他の事業者の事業活動を困難にさせるおそれがあるもの。」と法定する。これは，商品等を供給する時に，その原価（供給に要する費用）を著しく下回る価格で継続して販売する廉売行為

である。

　一方，一般指定6項は，「法第2条第9項第3号に該当する行為のほか，不当に商品又は役務を低い対価で供給し，他の事業者の事業活動を困難にさせるおそれがあること。」と規定し，法定違反行為の要件である「供給に要する費用を著しく下回る対価」または「継続性」は満たさないような不当な廉売行為を指定する。

　これらの行為についての公正競争阻害性の判断について，2条9項3号の廉売行為については，「正当な理由がないのに」と規定されており，原則違法の行為とされる。これに対して，法定違反行為の要件に当たらない一般指定6項の廉売行為は，「不当に」と規定され，原則合法の行為であって，個別事案ごとに公正競争阻害性が認められる場合に規制される。

　低い価格の設定それ自体は，独禁法の目的である「公正かつ自由な競争」の成果として生じる経済的効果であり，管理価格状態を防止または排除して市場価格を維持することの成果といえよう。すなわち，一般的には，廉売は競争の手段であり，成果である。価格の引下げにより販売価格と原価の差額が縮小すると利潤が減少するため，これを補いさらに利潤を増大する方策を追求することで，競争機能が有効に発現して事業者の効率性を高めることとなるものである。このような意味で低価格を規制する不当廉売規制は，その公正競争阻害性を適切に捉えることが重要であり，不適切な規制は，逆に活発な競争を抑制してしまう結果に陥ることとなる。

　不当廉売が違法とされるのは，その廉売が略奪的価格設定として，市場競争を制限し，競争を減殺する手段として使われるものと認定できることによる。この略奪的行動の判断基準となるのが，原価を著しく下回りかつ継続的に行われている廉売か否かという前段の推定基準である。なぜなら，このような基準を満たす原価割れの価格設定は，赤字競争状態を継続させるものであり，通常の事業活動から逸脱するものであって，当該商品等の能率競争が競争の勝敗に反映せず，事業者の資本力，事業の多角化や企業の構造等がその勝敗を左右することとなる蓋然性が高くなるからである。この点で，不当廉売は，私的独占の予防的規制としての位置付けが明確な不公正な取引方法の一類型である。

　これに対して，一般指定6項が規制する廉売では，個別に略奪的意図と効果が認定できるか否かにより，公正競争阻害性の有無が判断されることとなる。

不当廉売規制が，他の事業者の事業活動の困難性を要件としていることは，公正競争阻害性を市場の不当な略奪として捉えていることを示すものである。また，不当廉売行為は他の事業者の対抗的価格引下げの連鎖を生み，一定の資本力等を有する事業者のみを市場に残存させ，競争者数を減少させて，当該市場構造を悪化させるものであり，この点でも，本規制は，能率競争を維持し，競争環境を整備して，私的独占行為を予防的に排除するものといえよう。

不当廉売は，短期的には購買者・消費者の利益になるようにみえる廉売行動であるが，この行動による市場状況の変化により，行為者の廉売による損失の「埋め合わせ」と将来的な独占的利潤の発生によって，長期的には購買者・消費者の利益とはならないことから，独禁法による規制を必要とする行為類型である。

（2）　原価の意義　　不当廉売は，原則として，市場価格を下回るだけではなく，原価を下回る価格設定である。そこで，商品または役務の原価とは，独禁法上どのような価格をいうのかが問題となる。

一般に，原価の算定方法には，①製造原価または仕入価格，②製造原価または仕入価格に一般管理費・販売促進費等を加えた費用（総販売原価），③製造原価または仕入価格にみなし経費を加えた費用（マークアップ原価）④総販売原価またはマークアップ原価に適正利潤を加えた費用（適正原価）の4種類が考えられる。③は，多品種の商品を製造する事業者や多様な事業を展開する事業者において，②の一般管理費等の諸経費を特定の商品に割り振ることが現実には困難と考えられることから，その代替手段として一定のみなし経費を加算する算定方法である。

同一商品について，これらの算定方法を比較すると，④の適正原価が最も高い規制水準の基準価額となり，①の製造原価（または仕入価格）が最も低い水準となるが，価額水準が高い算定方法ほど不当廉売規制は厳しくなる。前述のごとく，効率性を反映しない赤字競争を規制するとの趣旨からみると，総販売原価を下回ることで実際の損失が生じることから，これが不当廉売規制の運用基準となる原価（供給に必要な費用）として最も適切な基準と考えられる。これに対して，適正な利潤を生まない価格設定は，正常な事業活動とはいえないとする立場からは，適正原価による運用が考えられ，国際取引における不当廉売関税の適用基準として用いられる「構成価額」の計算においては，適正原価を下

回るか否かを基準として用いることが認められている（ガット6条1項）。しかし，適正利潤を加えて不当廉売か否かを判断することは，政府が適正利潤を事業者に保証するものであり，効率性の低い事業者を保護する効果が過剰に生じることから，独禁法の運用基準としては適切とは考えられない。

　総販売原価を原価の基準としたとき，2条9項3号の要件である「費用を著しく下回る対価」とは，廉売商品を供給しなければ発生しない費用をさらに下回る対価と考えられる。「不当廉売ガイドライン」（平成21年）では，この費用を「可変的性質を持つ費用」として，費用計算の算定要素となる費目や算定方法の基準を示している。このガイドラインでは，製造業では，製造原価に販売経費の一部（当該商品の供給に密接に関連する販売経費）を加え，卸・小売業では仕入原価（仕入経費を含む）に同様の販売経費の一部を加えて算定するとの考え方が示されている。

　一般指定6項の不当廉売については，「費用を著しく下回る対価」には当たらないが不当に低い価格の設定が問題となる。不当廉売として規制する不当に低い価格に該当するには，③の総販売原価を下回っているが「可変的性質を持つ費用」は上回る範囲の価格設定が該当することとなる。

（**3**）　**事業活動の困難性**　　不当廉売規制の「他の事業者の事業活動を困難にさせるおそれ」の要件は，2条9項3号および一般指定6項ともに違反行為の成立要件となるものである。不当廉売が成立するためには，廉売行為による競争の減殺効果が生じるおそれがあることが必要とされることを意味する。「他の事業者」については，不当廉売の規制目的から，廉売行為者と「同等またはそれ以上に効率的な競争事業者」が該当することとなる。困難性の要件の認定には，「他の事業者」の顧客が取引先を当該廉売行為者に切り替える等の効果が一定の範囲で見受けられることが必要であるが，一定数の競争者の事業活動が現実に困難化したことまでは求められないと解される。また，事案によっては，事業活動が困難となるおそれが生じる事業者が廉売行為の対象商品の競争者に限られない場合もあり，廉売対象商品等の一定の事業分野において効率性が正当に反映しなくなり，当該廉売行為から間接的に事業活動に不当な被害が生じるおそれのある事業者も「他の事業者」に含まれる場合がある。

（**4**）　**正当な理由**　　2条9項3号の不当廉売は，原則的に違法であるが，「正当な理由」が認められる場合には，原価割れの廉売価格の設定が許容されるこ

ととなる。正当化理由としては，①商品の市場状況への対応，②商品の市場性の変化（生鮮食料品，有効期限付き商品，季節商品，流行遅れ・旧型製品等），③新規参入・新製品の市場形成，④商慣習上の廉価販売（バーゲンセール，年末年始販売等）が挙げられる。

また，公企業の料金や公共料金の原価割れ価格については，その価格設定の趣旨・目的の公益目的が廉売の「正当な理由」と認められ，公正競争阻害性を欠くと認められる場合がある。

（5）　審判決例　中部読売新聞社事件（東京高決昭 50・4・30 高民集 28 巻 2 号 174 頁）では，中部読売新聞社が，東海 3 県において中部読売新聞を 1 カ月の購読料を 500 円として発行・販売を開始したことが問題となった。同地域における他の全国紙は統合版 1300 円，地方紙は朝刊 1000 円から 1200 円で販売していた。中部読売新聞のこのような低価格設定により，同紙へと購読紙を切り替える読者が続出した。中部読売新聞社は，読売新聞社から各種援助を受けることで同社の損益計算上は損失が出ていなかったため，原価を著しく下回るものと認定できるか否かが争われた。東京高裁は，緊急停止命令の決定において，①不当廉売とは，単に市場価格を下回るというのではなく，その原価を下回る価格をいう，②読売新聞社の援助という特殊な要因に基づいた原価は，不当廉売の基準たるべき原価としてそのまま是認できない，③原価は，特殊な事情のない一般の独立の事業者が自らの責任において，その規模の企業を維持するため，経済上通常計上すべき費目を基準として計算されるべき原価でなければならない，と判断した。

裁判所は，このような算定基準に基づき，中部読売新聞社の定めた 500 円の購読料は，原価を著しく下回るものと認定し，その原価を 1 部 812 円と算定して，これを下回る価格での販売を禁止した。この事件では，原価の算定方法として総販売原価が適切な基準とされ，中部読売新聞社の実際に要するとされる総販売原価が算定された。

マルエツ・ハローマート事件（公取委昭 57・5・28 勧告審決・審決集 29 巻 13 頁，同 29 巻 18 頁）では，近接するスーパーマーケット間での牛乳の安売り競争が問題とされた。マルエツおよびハローマートは，松戸市に上本郷店を設置して食料品等の販売を行っており，両店舗 1km 以内には，同種店舗としてセーフー松戸新田店があって，この 3 店が有力な食料品小売業者であった。

両店では，1ℓ紙容器牛乳を通常178円で販売していたが，対抗的に価格を下げ合い，公取委が審査を開始した時点では両店とも1本目を100円，2本目からは150円で販売していた。両店の廉売開始時からの仕入価格は，マルエツが155円から158円，ハローマートが157円から160円であった。同期間における牛乳専売店等の同種商品の販売価格は190円から230円であり，両店の廉売行為により，牛乳専売店では販売数量，宅配件数等が減少し，セーフーでも牛乳販売数量，来店客数等が減少した。

　以上の行為が，仕入価格を著しく下回る価格での販売であり，当該廉売行為が他の量販店へも波及しやすいことから，牛乳専売店等の事業活動を困難にするおそれがあるものとして不当廉売と認定された。ただし，公取委の審査開始により両店は本件廉売行為をやめており，今後同様な行為を行わないことが命ぜられ，価格設定の変更についての排除措置命令は下されていない。本件の判断からは，「原価を著しく下回る対価」についての小売業における判断基準として，両社の商品の仕入価格が原価割れの価格基準として用いられることが法運用上想定される。

　本件は加工食品の小売販売の事例であるが，この廉売行為の公正競争阻害性については，前述の略奪的価格設定とは異なる規制の根拠を見出す必要がある。このような商品の市場の参入障壁は低く，市場を略奪しても独占利潤によって損失を埋め合わせることは期待できない状況にある。むしろ，本件は計画的価格操作ではなく，対抗的値下げ行動が引き起こした原価割れ状態の価格設定と捉えることが現実的であろう。そこで，本件の廉売を「おとり廉売」ととらえ，そのぎまん的顧客誘引効果に違法性の根拠を見出す見解がある。しかし，本件のような事件を「おとり廉売」として規制する場合には，当該商品を原価割れ販売することによる他の商品購入についての顧客に対するぎまん効果について明確化する必要があろう。

　また，本件の場合には，小売業者としての事業形態（スーパーマーケット・牛乳専売店等）の効率性に関する競争上の評価の問題や，複合的商品販売による費用計算の問題等も生じるものである。したがって，不当廉売の規制については，原則として略奪的価格設定の違法性を問題として規制を行うことが妥当であろうと思われる。

　公共料金の設定に関する不当廉売の事例として，都営芝浦と畜場事件（前掲・

最判平元・12・14) とお年玉付き年賀葉書事件（前掲・最判平 10・12・18）がある。両事件ともに，低廉な公共料金の設定が違法な不当廉売に該当し，競合する民間事業者に損害を生ぜしめたものとして，損害賠償訴訟が提訴された事案である。都営芝浦と畜場事件では，同と畜場による原価を著しく下回った料金設定が公企業の政策目的（食肉価格の安定等）によりなされた場合には，公益目的が公正競争阻害性の判断における考慮要因とされ，と畜市場の広域的競争の実態等と総合考慮すれば，公正競争阻害性がないと判断された。一方，お年玉付き年賀葉書事件は，くじ付き図画記載年賀葉書等の販売価格が原価以下の価格設定であるとして，私製はがき業者により提訴された事件であるが，郵便事業の公益性と原価割れの程度を総合的に考慮して，不当廉売に該当しないと判断された。

§4　不当顧客誘引・取引強制

1　概　要

　不当顧客誘引および取引強制（2条9項6号ハ）に該当する行為について，一般指定は，ぎまん的顧客誘引（一般指定8項），不当な利益による顧客誘引（9項）および抱き合わせ販売等（10項）の3つの行為類型を指定する。

　顧客を誘引する方法が不当とされる場合としては，ぎまん的方法による場合と不当な利益を提供して誘い込む場合の2類型の行為が指定されている。一方，取引を強制する場合としては，ある商品の取引条件として他の商品の取引を強制するような行為類型が指定されている。ただし，抱き合わせ販売等を指定する10項に該当する行為について，指定事業者から購入させまたは指定業者と取引するよう強制する行為は，2条9項6号ハの要件である「自己との取引の強制」に当たらないので，同項ニの「事業活動の不当拘束」に基づく取引強制を指定したものと解される。

　また，一般消費者に対する取引の場面で，ぎまん的方法（虚偽広告等）や利益提供（おまけ付販売，くじ付販売等）による不当な顧客の誘引が起こりやすいことから，独禁法の関連法令として「不当景品類および不当表示防止法」（昭和37年制定。以下「景品表示法」という）が制定されている（第6章§1参照）。

2 ぎまん的顧客誘引

一般指定8項は,「自己の供給する商品又は役務の内容又は取引条件その他これらの取引に関する事項について,実際のもの又は競争者に係るものよりも著しく優良又は有利であると顧客に誤認させることにより,競争者の顧客を自己と取引するように不当に誘引すること。」と規定する。

この指定は,顧客の不当誘引の一種として,取引の相手方に取引内容や取引条件について誤認させ,自己との取引に誘い込むというぎまん的取引方法を不公正な取引方法として規制するものである。ぎまん的誘引の方法については,その行為形態の限定はなく,誤認を生じさせるような広告宣伝・表示・勧誘等がすべて含まれるものである。本項の適用対象となる行為には,積極的な表示等だけではなく,不利な事項等の不表示も含まれる。

しかし,通常の営業活動等においても,自己の商品または役務が優良で取引条件が有利であるように広告宣伝や勧誘活動が行われるものである。そこで,本指定では,許容されるべき誇張の限度を超える逸脱的な内容である広告宣伝・表示等を規制対象とする趣旨で「著しく」誤認させることを要件として規定している。また,本項では,「誘引すること」を規定することから,誘引行為それ自体で違反が成立し,その結果,実際に取引が成立したことが要件とはされていない。

相手方を著しく誤認させるぎまん的広告宣伝等は,取引先を争奪する競争方法として不正な行為であり,本来の効率競争を歪めるものであるから,本項の公正競争阻害性の意義は,「競争方法の不公正さ」にあると解される。

消費者に対するぎまん的誘引が社会的問題となった事件が,昭和35年の「にせ牛缶事件」であった。この事件では,原材料の馬肉・鯨肉を牛肉と誤認する缶詰のラベル表示が問題となった。この事件を契機として,消費者に対するぎまん的誘引を規制する景品表示法が昭和37年に制定された(景品表示法による不当表示規制については,第6章§1参照)。

そこで,一般指定8項の規制対象は,消費者以外へのぎまん的誘引行為となる。しかし,事業者に対するぎまん的顧客誘引は現実には起こりにくいものと思われる。事業者は,取引対象の商品または役務について,専門的な知識と取引の経験を有する場合が通常であり,著しい誤認は生じがたい。本項の適用対象となった従来の事例としては,事実上消費者を対象とした「マルチ商法」ま

たは「マルチまがい商法」の事件がある。

　ホリデイ・マジック事件（公取委昭 50・6・13 勧告審決・審決集 22 巻 11 頁）は，化粧品のマルチ商法の事件である。ホリデイ・マジック社は，販売員をピラミッド型段階の流通経路の各段階に位置付け，下位の販売員の売上に応じて上位の販売員に報酬が入るシステムを作り上げた。このマルチ商法は，勧誘対象者数，売上や利益等に限界があるものであるが，講演会における話術・音楽・映画・照明等の効果により，雰囲気や環境を操作し，参加者の冷静で合理的な判断を妨げ，報奨金等の利益について誤認を生ぜしめたものである（適用された昭和 28 年指定 6 項が現 9 項の「不当な利益」による誘引のみを規定していたため，「報奨金等の利益」を手段として誘引したことを違法と認定したものであり，現 9 項の適用事例とも解される。しかし，本件のようなマルチ商法においては，将来の利益・損失の誤認が本質的問題であり，現 8 項に当たるものと考えられる）。

　ベルギー・ダイヤモンド事件（東京高判平 5・3・29 判時 1457 号 92 頁）では，ダイヤモンドの「マルチまがい商法」が，豊田商事事件（大阪高判平 10・1・29 審決集 45 巻 555 頁）では，架空の純金預かり証券を用いた詐欺的取引が 8 項違反行為とされた。

　マルチ商法については，昭和 51 年に，その行為形態等の要件を明確化した「訪問販売法」（現在は，「特定商取引法」に改正）が制定され，同法の規制対象となっている。本項の規制対象となる事業者に対するぎまん的顧客誘引が問題となる場合としては，フランチャイズ契約の勧誘における重要事項の虚偽表示や，特定商取引法の要件に当てはまらない新型マルチ商法等が考えられる。

3　不当な利益による顧客誘引

　一般指定 9 項は，「正常な商慣習に照らして不当な利益をもって，競争者の顧客を自己と取引するように誘引すること。」と規定する。

　取引先への利益提供としては，リベートの提供，低価格設定や価格の割引等さまざまな行為が想定されるが，これらが他の不公正な取引方法の要件に該当する場合には，各々の違反行為として規制される。9 項の指定が不公正な取引方法として規制する行為は，景品・懸賞等の経済上の利益を不当に提供することで，顧客を自己との取引に誘引する取引方法である。一定の景品付販売や懸賞品・懸賞金等の提供は，原則として正当な事業活動であるが，公正な競争を

阻害するような過度の景品等の提供による利益供与が規制対象となる。そこで，本項には，「正常な商慣習に照らして不当な」と規定されている。「正常な商慣習」とは，現に存する商慣習ではなく，独禁法上「あるべき商慣習」である（本章§1-4（1）参照）。

過度の景品等の提供により，取引の相手方は当該利益に誘引されて，本来の商品・サービスの価格・品質等による評価とは異なる取引先の選択を行うことで，公正な能率競争が歪められることが問題であり，本項の公正競争阻害性の意義は，「競争方法の不公正さ」にあると解される。

景品等による利益誘導で商品・サービスの選択を歪められる危険性が高いのは消費者であり，ぎまん的顧客誘引（8項）と同様に，本項の違反行為も一般消費者に対する景品付販売等が問題となる。そこで，消費者向けの景品付販売等の不当な利益誘導は，独禁法の関連法規である景品表示法によって規制される（第6章§1-4参照）。

したがって，本項の適用は，景品表示法が適用されない不当な利益誘導の事案に対しての適用となる。野村証券損失補塡事件（公取委平3・12・2勧告審決・審決集38巻134頁）では，証券会社が一部の重要な顧客に対してその損失を補塡した行為が「証券業における正常な慣習に反する」不当な利益による誘引であるとして，本9項違反とされた。

4 抱き合わせ販売等

（1）意 義 一般指定10項は，「相手方に対し，不当に，商品又は役務の供給に併せて他の商品又は役務を自己又は自己の指定する事業者から購入させ，その他自己又は自己の指定する事業者と取引するように強制すること。」と規定する。この指定は，買い手が，ある商品の購入に際して，別の商品も購入させられる場合の抱き合わせ販売等の取引強制を指定するものである。

前段は，売り手Xが商品Aを販売する際に，買い手Yに自己（または指定業者Z）の商品Bを購入させる等の抱き合わせ販売を規定する（図表5-3（A）参照）。これは，10項の典型的な取引強制の形態であり，商品Aを主たる商品（抱き合わせる商品）と商品Bを従たる商品（抱き合わされる商品）と呼び，これらを抱き合わせた取引が強制されるものである。これらの取引形態は，販売に限られず，リースや委託等の契約も含まれる。この行為形態に該当するためには，主

たる商品と従たる商品として，2つの別個の商品が存在すると認定できることが適用の前提となる。

後段は，売り手Xが商品Aを販売する際に，自己（または指定業者）との間で何らかの取引を強制する場合であり，前段に該当しない取引強制を規定する（図表5-3（B）参照）。これに該当する場合として，第1に，売り手Xが商品を販売する際に，その指定する全量を購入することを条件として買い手Yに販売する場合がある（図表5-3（B）①参照）。これは，全量購入条件付契約（full-line forcing）と呼ばれ，独立した商品Aと商品Bとの抱き合わせ販売とは異なり，同一商品について一定の数量を単位に販売することで，買い手Yが購入を希望しない数量分の同一商品が取引強制されることとなる。

また，売り手Xが商品Aを販売する際に，買い手Yに自己（または指定業者Z）に商品Bを販売させる等の不当な取引強制も買い手Yに対する売り手Xの販売には当たらないため後段違反に該当する（図表5-3（B）②参照）。

（2）　公正競争阻害性　　一般指定10項は，「不当に」と規定しており，抱き合わせ販売等の取引強制は，個別事案ごとに公正競争阻害性が認められて違法となる原則合法の行為形態に当たる。

抱き合わせ販売等の行為は，主たる商品についての購入を買い手が希望しており，売り手に取引強制を行わせる経済力を主たる商品が与えている場合に発生するものである。この経済力により，売り手が主たる商品Aに併せて従たる商品Bの購入を強制すると，買い手は，従たる商品Bを購入せざるをえなくなる（図表5-3（A）参照）。そこで，Bの市場においては，Bと競争関係にある他の商品との価格・性能・品質の比較に関係なくBを購入させることとなり，Bの市場での能率競争が阻害される。このBの市場での「競争手段の不公正さ」による能率競争の阻害が抱き合わせ販売等の公正競争阻害性といえる。

（3）　審判決例　　長野県教科書供給所事件（公取委昭39・2・11同意審決・審決集12巻100頁）では，長野県で唯一の教科書卸売業者であるとともに書籍卸売業者でもある長野県教科書供給所が，書店である教科書取次店に対して，教科書を取引する条件として，教科書取扱額の3分の1の額の一般図書または300万円以上の一般図書の購入を求め，これに達しない教科書取次店は教科書取引を整理することを通知し，書店に当該一般図書の購入を了承させた。

東芝エレベータテクノス事件（前掲・大阪高判平5・7・30）では，東芝製エレベー

第5章 不公正な取引方法　139

図表5-3　抱き合わせ販売等の類型

(A) 10項前段（抱合せ販売）

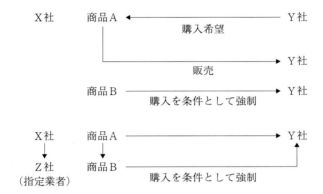

(B) 10項後段（その他の取引強制）

①全量購入条件付契約（full-line forcing）

②その他の取引の強制

タの保守管理および交換部品の一手販売を行う東芝の子会社が，独立系保守業者と契約する同エレベータの設置者に対して，同社に取替え調整工事を発注しなければ修理部品を販売しないこととしていた。

マイクロソフト事件（公取委平 10・12・14 勧告審決・審決集 45 巻 153 頁）では，マイクロソフト社が，パソコン製造業者との間で，表計算ソフト「エクセル」を搭載・同梱する際には，ワープロソフト「ワード」およびスケジュール管理ソフト「アウトルック」を搭載・同梱する契約を締結し，パソコン製造業者の「エクセル」のみを搭載・同梱したいとする要請を拒絶した。本件契約締結当時，表計算ソフトでは「エクセル」はシェア第 1 位であったが，「ワード」および「アウトルック」には，それぞれシェア第 1 位の有力な競合ソフトが存在していた。本件契約の結果，「ワード」および「アウトルック」のシェアが拡大し，それぞれのソフト市場において第 1 位となった。

以上の各事件では，教科書，修理部品，「エクセル」が主たる商品であり，一般図書，取替え調整工事，「ワード」および「アウトルック」が従たる商品であって，従たる商品の市場（一般図書の卸売市場，調整工事等エレベータ保守管理市場，ワープロソフトおよびスケジュール管理ソフト市場）において，能率競争が阻害されていると評価することができる。

これに対して，ドラクエ事件（公取委平 4・2・28 審判審決・審決集 38 巻 41 頁）では，ゲームソフト卸売業者が，取引先の小売業者に対して，人気の高いゲームソフトであるドラクエⅣの販売条件として，卸売業者の在庫となっている売れ残りソフトをドラクエⅣ 1 本につき 3 本を購入させた。この事件の主たる商品はドラクエⅣであり，従たる商品は在庫売れ残りソフトであるが，この従たる商品は，小売業者にとって購入する必要のない不人気ソフトであり，従たる商品の市場における能率競争の阻害効果については想定しがたいとの見方がある。

そこで，抱き合わせ販売について，ドラクエ事件のような不要商品型と，従たる商品の市場における能率競争の阻害を引き起こす競争者被害型に分類する考え方がある。この考え方によれば，不要商品型の抱き合わせは，優越的地位の濫用と捉えるべきであり，その公正競争阻害性は，販売店の自主的事業活動の決定を阻害する「競争基盤の侵害」にあるとされる。しかし，ドラクエ事件においても，従たる商品であるソフトが小売業者により購入されることで，ほかのより人気のあるソフトが選択されない結果が生じており，ドラクエⅣ以外

のゲームソフト間での能率競争が阻害されていると評価することもできよう。

　一方，抱き合わせ販売等に公正競争阻害性が認められない場合としては，フランチャイズ契約や特許の一括ライセンスなどがある。フランチャイズは，本来的に　複数の商品または役務の組み合わせによる取引に合理的な意義がある典型的な契約形態であり，原則として抱き合わせに正当な理由が認められる場合であるとされる（フランチャイズガイドライン3本文）。特許の一括ライセンスについては，特許技術の適切な利用または十分な効用を確保するため他の技術のライセンスを受けることを条件とする場合には，その抱き合わせに合理性が認められる（知的財産ガイドライン第4-5-（4））。

　一般指定10に該当する取引強制が私的独占として規制された事例として，埼玉銀行・丸佐生糸事件（公取委昭25・7・13同意審決・審決集2巻74頁）がある。埼玉銀行が生糸製糸業者に対して，融資（役務）の供給条件として，従来からの取引先である輸出問屋ではなく，同行の指定する丸佐生糸（子会社）と輸出委託取引を行うよう強制した行為が「排除行為」として規制された（第3章§2参照）（この事件における排除行為の手段とされた取引強制の形態は,図表5-3（B）イ）の形態に当たっている）。

§5　不当拘束

1　概　要

　事業活動の不当拘束を定義する2条9項6号ニは，「相手方の事業活動を不当に拘束する条件をもって取引すること」と規定する。不当拘束に該当する行為については，2条9項4号に定義される法定違反行為としての再販売価格維持および2条9項6号ニに基づく指定違反行為とがある。2条9項6号ニに基づく一般指定には,排他条件付取引（11項）およびその他の拘束条件付取引（12項）の2類型の指定がある。

　不当拘束は，事業者が取引の相手方とその取引の相手方との取引について拘束する行為であり，取引の相手方の設定する価格の拘束等，さまざまな拘束の行為がありうる。それらの行為の中で，公正な競争を阻害するおそれのある典型的な行為形態として，再販売価格維持と排他条件付取引が明示的に法定または指定され，その他の拘束が包括的に指定されている。

法定違反行為である再販売価格維持は，取引の相手方とその需要者との取引価格を拘束する条件を付して取引するものである。この行為は，競争の減殺効果の明確な行為形態であり，私的独占（支配行為）についての予防的規制として位置付けられることから，課徴金の対象となる行為として2条9項4号に法定されている。

不当な拘束条件の用いられる状況として，製造業者が卸売業者や小売業者に対して拘束条件を課する場合が考えられる。このような流通市場における拘束条件等の問題について，公取委は，「流通・取引慣行ガイドライン」を公表して，法の運用の考え方や判断基準を具体的に示している。

事業活動の拘束が親子会社間の取引について行われる場合には，原則として不当な拘束として不公正な取引方法に該当するものではない（流通・取引慣行ガイドライン（付）「親子会社間の取引」）。親子会社間の取引は，通常，実質的に同一企業内取引と考えられるからであり，親会社である製造業者が子会社である販社にその製品価格，販売地域，取引先等を指示しても，再販売価格維持や不当な拘束条件付取引として規制されることはない。

2　再販売価格維持

（1）　意　義　2条9項4号は，「自己の供給する商品を購入する相手方に，正当な理由がないのに，次のいずれかに掲げる拘束の条件を付けて，当該商品を供給すること。　イ　相手方に対しその販売する当該商品の販売価格を定めてこれを維持させることその他相手方の当該商品の販売価格の自由な決定を拘束すること。　ロ　相手方の販売する当該商品を購入する事業者の当該商品の販売価格を定めて相手方をして当該事業者にこれを維持させることその他相手方をして当該事業者の当該商品の販売価格の自由な決定を拘束させること。」と規定する。

イは，取引の相手方の販売価格を直接に拘束する行為（再販売価格の拘束）であり，ロは，取引の相手方をしてその取引先の販売価格を拘束させる行為（再々販売価格の拘束）である。商品の供給者から拘束される事業者までの取引段階が3段階以上になる場合であっても，ロの違反行為に該当することとなる。また，イの行為形態には，メーカーがリベート提供・販促活動支援・販売管理等の取引上の接触のある2段階以上隔たる小売業者に直接に拘束を加える行為も

含まれる（公取委平 9・4・25 勧告審決・審決集 44 巻 230 頁〔ハーゲンダッツ事件〕）。

「拘束の条件」とは，実効的に価格を維持させる条件のことである。拘束は，一方的に拘束する場合に限られるものではなく，メーカーと販売業者が合意の上で価格を維持する場合も含まれる。また，拘束の態様としては，定められた販売価格を遵守しない場合に，取引の停止，リベートの引下げ，派遣店員の引上げ等の経済的不利益を課す場合だけではなく，条件を遵守する場合にリベートの提供，販売促進支援，人気商品・試供品等の提供等の利益供与を行う場合も含まれる（公取委平 7・11・30 同意審決・審決集 42 巻 97 頁〔資生堂事件〕，前掲・公取委平 9・4・25〔ハーゲンダッツ事件〕）。

（2）　公正競争阻害性　　再販売価格維持について，2 条 9 項 4 号には「正当な理由がないのに」と規定されており，原則違法とされる行為である。再販売価格維持は，当該商品についての販売業者間の価格競争（ブランド内競争）をただちに減殺する行為形態であり，基本的競争要素である価格を拘束することから「競争の減殺」効果を原則として認めることができる。通常は，再販売価格維持行為が何らかの競争促進効果を生じることは想定しがたいものといえる。

再販売価格維持によるブランド内競争の減殺は，当該商品価格の維持または引上げ効果を意図し，これを実現するものである。したがって，再販価格維持は，当該商品の価格競争力を低下させる効果を生じさせるものと推定される。そこで，このような再販売価格維持を実効的に実施できる条件として，①当該商品の製品差別化が進展しており競争事業者の同種商品との競争（ブランド間競争）が機能不全に陥っていることまたは，②ブランド間競争が衰退して協調的な価格設定等の行動がなされていることが考えられる。すなわち，再販売価格維持は，有効なブランド間競争が十分に機能していないことを条件に成り立ち，その機能不全を前提にブランド内競争を制限する行為である。さらに，再販売価格維持によるブランド内競争の制限は，ブランド間競争の衰退をより促進するものとも評価できる。

（3）　正当な理由　　再販売価格維持は，原則違法の行為形態であり，例外的に「正当な理由」が認められる場合に限り許容されることとなる。その例外に該当する再販売価格維持として認められる場合があるか否かが問題となってきた。

第 1 は，ブランド内競争の制限によってブランド間競争を維持・促進する場

合には，公正競争阻害性は認められない，とする主張がある。

　和光堂（粉ミルク）事件（前掲・最判昭50・7・10）では，和光堂が，上位有力メーカーの再販売価格維持により，対抗的に再販売価格維持を行わなければ，和光堂の商品が小売店による廉売等に用いられてブランド・イメージが低下し，流通業者に当該商品が不当に不利な取扱いを受けることで，上位メーカーと対等な競争状態を維持できないことから，当該再販売価格維持はブランド間競争の維持・促進となる旨が主張された。最高裁は，この主張を退け，「再販売価格維持行為により，行為者とその競争者との競争関係が強化されるとしても，それが必ずしも相手方たる当該商品の販売業者間において自由な価格競争が行われた場合と同様な経済上の効果をもたらすものではない以上，競争阻害性のあることを否定することはできない。」と判示した。

　この事件においては，ブランド間競争の衰退によって下位メーカー（和光堂）による再販売価格維持が行えるわけであり，さらにブランド内競争を減殺する以上，ブランド間競争の促進を「正当な理由」とはできないものと解する最高裁の論旨は妥当である。

　一方，平成27年の「流通・取引慣行ガイドライン」の改正により，再販売価格の拘束によってブランド間競争が促進され，当該商品の需要が増大し，消費者利益の増進が図られる場合で，より競争阻害的でない他の方法によっては当該競争促進効果が生じ得ず，必要な範囲および必要な期間に限られる場合には，「正当な理由」が認められる，とされた。この一般的な考え方の具体的な例として，他の流通業者の情報提供や販売促進活動に対する「フリーライダー問題」の解消を通じて，ブランド間競争の促進等の上記要件がすべて満たされる場合があげられている。「フリーライダー問題」とは，他の流通業者の販売促進活動等へのただ乗りが起こると，いずれの流通業者も積極的な販売活動を行わなくなり，本来なら当該商品を購入する消費者が購入しない状態に至ることである（第2部第一-2)。

　第2は，再販売価格維持の適用除外規定である23条1項の指定再販制度の要件を備えている場合には，公取委による指定がなされていない場合にも「正当な理由」が認められる，との主張がある。これは，指定再販制度は，不当廉売やおとり販売による当該商品のイメージダウン等の不当な利益侵害を防止する趣旨であり，実質的に当該要件を満たす場合には「正当な理由」に該当する

と主張するものである。しかし，この主張について，最高裁は，適用除外制度と不公正な取引方法の規制とは経済政策上の観点が異なるものであり，公取委の指定がない限り，「正当な理由」を有するものとはいえない，と判示した（最判昭 50・7・11 民集 29 巻 6 号 951 頁〔第一次育児用粉ミルク（明治商事）事件〕）。

第 3 は，最高価格を拘束する再販売価格維持について公正競争阻害性が認められるかという問題である。最高再販売価格の拘束は，当該最高価格以下での競争を阻害するものではなく，その効果は価格の上限のみを定めることであるから，一見競争促進的ともみられる。一方，最高価格カルテルについては，共同して価格を決定すること自体が市場支配力の形成であり，違法性が認められるとされてきた（公取委昭 27・4・4 審判審決・審決集 4 巻 1 頁〔醤油価格協定事件〕）。しかし，再販売価格維持の公正競争阻害性については，ブランド内競争の制限による「競争の減殺」と考えられ，最高販売価格の拘束が設定最高価格以下での競争を減殺する効果を実際に生じるか否かが問題となる。たとえば，メーカーの小売最高価格の設定が小売業者の価格決定に対して一定の価格指示・指標効果をもつか否かを含めて検討する必要がある。この点で，競争事業者の共同行為を規制することで自由な価格設定（自由競争）の維持を目的とするカルテル規制と再販売価格維持の問題を同様に解するべきか否か，なお検討を要するものである。

平成 27 年の「流通・取引慣行ガイドライン」の改正により，再販売価格維持に「正当な理由」が認められる場合が明記されたが，その要件はかなり厳格なものであり，「正当な理由」が認められる場合はきわめて限定的であると考えられる。この点が原則違法行為の他の 2 類型（共同の取引拒絶・著しい不当廉売）と異なる点である。一方で，再販売価格維持を例外的に許容する適用除外制度が設けられている（23 条）。この制度には，公取委の指定による前記指定再販と著作物についての著作物再販（法定再販）とがある（詳細は，第 8 章 §3 を参照）。

3 排他条件付取引

（1）意　義　　一般指定 11 項は，「不当に，相手方が競争者と取引しないことを条件として当該相手方と取引し，競争者の取引の機会を減少させるおそれがあること。」と規定し，事業者が自己の競争者との取引を制限する条件（排他条件）を付して取引することを指定する。排他条件付取引の形態の類型とし

て，①排他的供給契約，②排他的受入契約，③相互排他条件契約の 3 形態がある。

　排他的供給契約は，排他条件を課する行為者が売り手の場合であり，特約店制または専売店制がこれに当たる。この形態に該当する特約店制には，特定の製造業者の製品を優先的に販売させるもの，累進リベート等により取扱比率を高率に設定されるものから，当該製造業者の製品のみを取り扱うことを強制する排他的特約店契約（専売店制）までがある。また，製造業者が，流通業者に対して，特定の商品等についてその必要とする全量を自社から購入するように強制する契約（全量購入契約）も，当該商品についての競争者との取引を制限することとなり，排他的供給契約と考えられる（公取委昭 56・7・7 勧告審決・審決集 28 巻 56 頁〔大分県酪農業協同組合事件〕）。

　排他的受入契約は，排他条件を課する行為者が買い手の場合であり，典型的な契約として一手販売契約がある。輸入総代理店契約は，外国の製造業者が特定の輸入業者に対して日本における一手販売権を与える契約であり，この一手販売契約の代表的契約である。

　相互排他条件契約は，売り手と買い手が相互に排他条件を付して閉鎖的取引関係を構築する場合である。

　公取委が本指定を適用した規制事例では，公正競争を阻害するおそれがあるとされた排他的供給契約（専売店制）が多数を占めている。

　なお 11 項は，排他条件の内容として，主に専売店制または一手販売契約を指定したものであるが，取引の相手方に対して，累進リベート等により取引比率を上げさせる行為，特定の競争者また特定の条件にある競争者（たとえば，新規参入者）と取引させない行為等はその外延的行為といえよう。これらは，拘束条件付取引（一般指定 12 項）または間接の取引拒絶（一般指定 2 項）にも該当する行為であるが，その行為の意図・効果からみて，排他条件付取引（11 項）として規制するか，他の類型の違反行為として法を適用するかを判断することが適当と考えられる。

　（2）　公正競争阻害性　　排他条件付取引について，一般指定 11 項は，「不当に」と規定しており，この行為は，行為の外形からそれ自体が違法とは推定されず，原則合法な行為である。

　排他条件付取引（とくに特約店制等の排他的供給契約）は，いわゆる流通系列化の手段として用いられるものである。流通系列化は，メーカーが，自社製品の

小売店までの流通経路を系列店システムとして整備し，そのシステムのメリットを競争手段として，販売拡大等の積極的経営戦略を展開しようとするものである。そのためにメーカーは，宣伝広告，店舗施設・設備の改善，販売員教育，製品・技術情報の提供等に投資を行うため，その対象となる流通業者を自社製品の専売店にすることとなる。その結果，たとえば，商品の流通状況や顧客の情報の把握，価格の戦略的設定，販路の効果的拡充，専門的販売能力の向上，充実したアフターサービスの提供等が達成される。この意味で，流通系列化については，競争上のメリットを生じる仕組みとして評価することができる場合も多い。

　そこで，排他条件付取引に公正競争阻害性が認められる不当な場合とはどのような場合かが問題となる。

　かつての事例においては，併売店を専売店に切り替えさせることに公正競争阻害性を見出す運用が多かった。このような解釈は，流通業者の取引の自由を阻害する抑圧性および当該流通業者の取引先であった競争者の取引の排除効果を違法性の判断要素として捉えたものと解される。

　昭和49年の武藤工業事件（公取委昭49・11・22勧告審決・審決集21巻148頁）以後の運用では，競争者の流通経路の重要部分の閉鎖効果（客観的市場閉鎖効果）が公正競争阻害性の内容とされてきた（公取委昭51・1・7勧告審決・審決集22巻115頁〔ビジョン事件〕，公取委昭51・2・20勧告審決・審決集22巻127頁〔フランスベッド事件〕）。専売店制は，併売店の専売店への切り替えやその手段の抑圧性がなくとも，競争者が利用できる流通経路を閉鎖するおそれがある。この閉鎖効果が競争者の取引の機会を減少させ，競争を減殺する効果があるときに，その公正競争阻害性が認められ，違法な行為とされる。11項の「競争者の取引の機会を減少させるおそれ」との文言は，このような違法性の意義を明確化する要件であり，このことが競争の減殺効果を生じさせることで違法性が認定されるものと解される。

　「流通・取引慣行ガイドライン」においては，運用上の公正競争阻害性の基準を明確化するため，競争の減殺のおそれがある場合とは，市場における有力なメーカーがその行為者の場合であることを示している。これが「有力な事業者」基準と呼ばれるものであり，特定の市場におけるシェアが10％以上または上位3位以内が一応の基準となっている。逆に，同ガイドラインでは，行

為者がシェア 10％未満かつ順位 4 位以下の場合または新規参入者の場合には，原則として，競争の減殺のおそれは認められないとしている。

東洋精米機事件審決（公取委昭 56・7・1 審判審決・審決集 28 巻 38 頁）では，小型精米機の有力な事業者（シェア約 28％，順位 1 位）である東洋精米機が，全国の販売業者約 240 社中 79 社との間に競合品の取扱いを禁止する「特約店契約」を締結したことが，違法な専売店制であると判断された。東洋精米機は，この審決に対する取消訴訟を提起し，東京高裁は，以下のように判示して，この審決を取り消した（東京高判昭 59・2・17 行集 35 巻 2 号 144 頁）。

公正競争阻害性の有無については，「（競争）事業者の利用しうる流通経路がどの程度閉鎖的な状態におかれることとなるかによって決定されるべきであり，一般に一定の取引分野において有力な立場にある事業者がその製品について販売業者の中の相当数の者との間で排他条件付取引を行う場合には，その取引には原則的に公正競争阻害性が認められる」。

これを前提にして，第 1 に，本件では，東洋精米機が「有力な立場にある事業者」である根拠となるシェアの算定について，市場閉鎖効果を判断する流通経路（取引の場）を「販売業者を通じて小精米用食糧加工機を米穀小売業者に対して供給する独立の取引の場」とした。審決は，この取引の場について正確なシェアの計算をなしておらず，また，販売業者数等の実態についての証拠も明らかではないと判断した。第 2 に，「（上記判示の場合であっても，）すでに各販売業者が事実上特定の事業者の系列に組み込まれて〔中略〕いるなど特段の事情が認められる場合は，排他条件付取引に公正競争阻害性が認められないとされる余地が生じるものと解される。したがって，排他条件付取引に公正競争阻害性が認められるか否かを判断するに当たっては，行為者およびその競争者の製造する製品を取り扱う販売業者がどの程度存在し，販売業者の各事業者への系列化の実情がどのようになっているかといった点が重要な判断資料となるものというべきである。」と判示している。東京高裁は，これらの点において本件審決は実質的証拠を欠く違法なものであるとして，公取委に事件を差し戻した。

この判決の判断について解釈上問題となるのが，「並列的専売店制」に関する評価である。この判決の考え方は，行為者以外のメーカーがそれぞれ自社の専売店系列の構築を進めていれば，流通系列システム間で十分な競争が維持され，競争の減殺のおそれが生じない場合があり，その実態を把握して公正競争

阻害性を判断するべきであると解するものである。しかし，並列的専売店制は，既存の専売店系列システムが販売経路の大枠を設定して市場の閉鎖的状態を維持することにより活発な競争を抑制することとなる場合があろう。また，販売拡大を企図しても十分に専売店を確保できないメーカーや新規参入者にとっては，明らかに流通経路の閉鎖効果が生じるものである。このような批判に基づいて，「流通・取引慣行ガイドライン」では，複数のメーカーによる並列的専売店制は，単独の場合と比べて，「市場全体として新規参入者や既存の競争者にとって代替的な流通経路を容易に確保することができなくなるおそれが生じる可能性が高い」として，この判決とは反対の考え方が記されている。

4　拘束条件付取引

（1）　意　義　　再販売価格維持または排他条件付取引以外の不当な拘束条件付取引について，一般指定12項は，「法第2条第9項第4号又は前項に該当する行為のほか，相手方とその取引の相手方との取引その他相手方の事業活動を不当に拘束する条件をつけて，当該相手方と取引すること。」と規定する。

したがって，本項には，上記2類型の行為以外の拘束条件付取引が一般的・包括的に該当することとなる。これらの行為形態は多様であり，「不当に」との文言が記されているように，行為の形態からただちに公正競争阻害性が推定されるような行為類型とはいえない。

本項の適用対象となる行為類型としては，取引先の拘束（たとえば，一店一帳合制），取引地域の拘束（テリトリー制），再販売価格以外の価格拘束（たとえば，特許・ノウハウのライセンスに伴う最終商品の価格の拘束，販売した商品のリース料金の拘束）等が問題となる。

「拘束する条件」の要件については，再販売価格維持の場合（本章§5−2（1）参照）と同様に，条件に従わない場合に経済上何らかの不利益を伴うこと等で現実に実効性が確保されていれば，この要件を満たすこととなる。また，一方的・抑圧的な拘束だけではなく，合意による場合や利益供与による場合もこの意味で「拘束する条件」に該当する。

（2）　公正競争阻害性　　拘束条件付取引の行為態様はさまざまであるが，取引の相手方への拘束により競争が回避されたり，競争者が取引の場から排除されたりして，競争が減殺されることが，本項の違反行為の公正競争阻害性の

内容と考えられる。

本項の規制対象となる違反行為全般に共通する違法性の具体的判断については，再販売価格維持の場合の「原則違法」の基準や，排他条件付取引の場合の「有力な事業者」基準のような目安となる基準を設定することは困難である。したがって，各々の個別事案ごとに，その拘束条件が生じさせる競争の減殺効果を実態的に判断していくことが重要であり，その際には一定の行為類型ごとに判断基準を考えていくこととなる。

以下では，主な違反行為類型を取り上げて，検討していく。

（**3**）　**違反行為類型**　　（**a**）**取引先の拘束**　　①**一店一帳合制**　　一店一帳合制は，小売業者の取引先を特定の一卸売業者に限定する制度である。この制度がとられている場合には，当該メーカーの製品について，売り手も買い手も取引先の選択における競争の機会がなくなることとなる。この意味で卸売間・小売間のブランド内競争を消滅させる効果がある。そこで，この制度が用いられていても競争関係にあるメーカーとのブランド間競争が有効に機能しているか，またはこの制度によりブランド間競争が促進されているか否かが問題となる。ブランド間競争が有効に機能しないような状況での一店一帳合制は，競争の減殺効果のある違法なものと解される。この一店一帳合制に類似した制度として小売業者に対して特定の卸売業者とのみ取引することを義務付ける「帳合取引制」もあり，これらの制度による取引制限は，再販売価格維持の手段となることがある（公取委昭 52・11・28 審判審決・審決集 24 巻 65 頁〔第二次育児用粉ミルク（雪印乳業）事件〕）。一店一帳合制等が実効的になされていることは，再販売価格維持と同様に，ブランド間競争が衰退している市場状況を推定させるものとも解される。

②　**仲間取引の禁止**　　仲間取引とは，競合する同一の取引段階にある事業者間の取引のことであり，「横流し」とも呼ばれる。メーカーが廉売を行う流通業者に自己の商品を転売されないように，取引先流通業者に仲間取引を禁止するような場合に問題となる。これは，廉売業者に商品が供給されることを阻止しようとする行為であり，廉売業者とその競争者間の価格競争を制限する意図・目的で行われる。当該行為により，流通業者間で価格の維持がなされる効果が生じれば，競争の減殺効果のある違法な行為となろう。ソニー・コンピュータエンタテインメント（SCE）事件（公取委平 13・8・1 勧告審決・審決集

48巻3頁）では，SCEがゲーム機およびゲームソフトの再販売価格維持を行うとともに，これをより効果的に実施する手段として，小売業者に一般消費者のみに販売することを義務付け，仲間取引を禁止したことが拘束条件付取引に該当するとされた。

③　廉売業者への販売禁止　　メーカーや輸入総代理店が，廉売を行う量販店等や並行輸入品を取り扱う小売業者への販売を取引先に対して禁止する場合が問題となる。この取引先への拘束も，量販店等に商品が供給されることを阻止しようとする行為であり，量販店や輸入品販売店との競争を制限するものであって，競争の減殺効果が認められるときに違法となる。

④供給者への取引先制限　　拘束条件付取引の規制の対象としては，売り手が買い手に拘束条件を課する場合が多く見受けられるが，買い手が売り手にその取引先を制限する場合も同様に規制の対象となる。

全国農業協同組合連合会(全農)事件(公取委平2・2・20勧告審決・審決集36巻53頁)では，全農が，取引先の段ボール箱メーカーに対して，指定県以外において全農を通じない直接販売を制限した行為等が不当な拘束条件付取引として規制されている。

(b)　地域制限（テリトリー制）　　メーカーが自己の商品の流通業者に対して販売地域や営業所等の設置場所を制限する場合が問題となる。「流通・取引慣行ガイドライン」（第2部第二-3）では，流通業者に対して販売地域を割り当てることで地域外での積極的な販売を制限する「厳格な地域制限」または地域外の顧客からの求めに応じた受動的な販売をも制限する「地域外顧客への販売制限」を行い，価格が維持されるおそれがある場合には，拘束条件付取引に該当するとしている。「厳格な地域制限」については，排他条件付取引の場合と同様に「有力な事業者」基準が判断基準として示され，「地域外顧客への販売制限」では，価格が維持されるおそれがある場合にはただちに違法と判断されている。

一方，これらのような厳格なテリトリー制（クローズド・テリトリー制）には当たらない例として，一定地域を責任販売地域として割り当てて積極的な販売活動を促す「責任地域制」または販売拠点の設置場所を指定する「販売拠点制」が挙げられ，これらにとどまる限りは違法とはならないとされる。

(c)　販売方法の制限　　メーカーが小売業者に対して販売方法に関する制限を課する場合が問題となる。販売方法の制限としては，商品の説明販売の義務

付け，宅配の指示，品質管理条件の設定，専門販売コーナーの開設，広告・表示方法の制限などが挙げられる（流通・取引慣行ガイドライン第2部第二 -5）。

これらの制限には，商品の安全性の確保，品質の維持，顧客サービスの向上等合理的な理由による場合があり，公正な競争秩序に悪影響の認められない場合には，不当な拘束には該当しない（最判平10・12・18民集52巻9号1866頁〔資生堂東京販売事件〕，最判平10・12・18判時1664号14頁〔花王化粧品販売事件〕）。しかし，これらの制限を利用する販売価格の維持，競合商品の販売制限等の競争の減殺効果が生じ，公正競争阻害性が認められる場合には，不当な拘束条件付取引に該当することとなる。

また，小売業者の広告・表示方法について，安売り広告や低価格を明示したチラシ配布等を制限し，小売価格を維持する効果が認められる場合には，不当な拘束条件付取引として違法となる（公取委平5・3・8勧告審決・審決集39巻236頁〔松下エレクトロニクス事件〕，公取委平22・12・1排除措置命令・審決集57巻（2）50頁〔ジョンソン・エンド・ジョンソン事件〕）。

(d) 技術の利用に関する拘束　　特許技術などの知的財産のライセンスに伴って，ライセンサーがライセンシーに課する拘束に公正競争阻害性が認められる場合がある。

独禁法21条は，知的財産権と独禁法の適用について規定しており，知的財産権の「権利の行使」については適用除外としている。そこで，「権利の行使」と認められる拘束条件と，その範囲を越える行為であり「権利の行使」とは認められない拘束条件との境界についての判断が問題となる。「知的財産ガイドライン」（第4-4）では，不公正な取引方法の適用の観点からの技術の利用の制限に関する拘束条件付取引の適用が問題とされている（詳細は，第8章§4参照。）。

(e) 価格の拘束　　前記の再販売価格維持（本章§5−2）では，自己の商品を供給した相手方の販売価格を拘束する行為が規制の対象となるが，この行為類型に該当しない態様により取引の相手方の販売価格等を拘束する場合が問題となる。

たとえば，商品の原材料の供給メーカーが，その原材料を使用する完成品のメーカーの販売価格を拘束する場合，商品を購入したリース業者に対してそのリース料を拘束する場合，特許権者がライセンスを与えた事業者が製造する商品の販売価格を拘束する場合（知的財産ガイドライン第4-4（3））などが考えられる。

ヤクルト本社事件（公取委昭40・9・13勧告審決・審決集13巻72頁）では，発酵乳原液を製造販売するヤクルト本社が，原液を希釈・加工して飲料を製造する加工業者に製法特許をライセンスし，当該飲料の小売業者とは小売価格を遵守する契約を締結して，加工業者に対し当該契約小売業者にのみ販売することを義務付けていた。ヤクルト本社の行為は，自己の製造する原液を原料とする飲料の小売価格の維持であるが，ヤクルト本社の商品は小売業者へ販売されていないため再販売価格維持の要件には該当しないことから，不当な拘束条件付取引として規制された。

§6 取引上の地位の不当利用

1 概　要

独禁法2条9項6号ホは，「自己の取引上の地位を不当に利用して相手方と取引すること。」と規定し，取引上の地位の不当利用を定めている。この違反行為については，平成21年独禁法改正前の旧2条9項5号に基づき，旧一般指定14項が優越的地位の濫用として違反行為の類型を指定していた。

平成21年改正では，取引上の地位の不当利用に該当する主な違反行為を2条9項5号に法定することとし，以下のように，優越的地位の濫用を規定している。

「自己の取引上の地位が相手方に優越していることを利用して，正常な商慣習に照らして不当に，次のいずれかに該当する行為をすること。

イ　継続して取引する相手方（新たに継続して取引しようとする相手方を含む。ロにおいて同じ。）に対して，当該取引に係る商品又は役務以外の商品又は役務を購入させること。

ロ　継続して取引する相手方に対して，自己のために金銭，役務その他の経済上の利益を提供させること。

ハ　取引の相手方からの取引に係る商品の受領を拒み，取引の相手方から取引に係る商品を受領した後当該商品を当該取引の相手方に引き取らせ，取引の相手方に対して取引の対価の支払を遅らせ，若しくはその額を減じ，その他取引の相手方に不利となるように取引条件を設定し，若しくは変更し，又は取引を実施すること。」

また，2条9項6号ホに基づき，一般指定13項では，「自己の取引上の地位が相手方に優越していることを利用して，正常な商慣習に照らして不当に，取引の相手方である会社に対し，当該会社の役員〔中略〕の選任についてあらかじめ自己の指示に従わせ，又は自己の承認を受けさせること。」が指定されている。

　取引上の地位の不当利用は，取引の相手方との間に生じた個別的取引における相対的な地位の優劣を利用し，対等な関係では受け入れられない不当な要請を強要するような経済力の濫用行為を規制する趣旨で設けられた規制である。

　さらに，このような優越的地位の濫用行為が行われやすい取引の場として，大規模小売業者と納入業者，新聞発行業者と新聞販売店，荷主と物流業者，親事業者と下請事業者等の取引の場がある。これらの取引における「不当な地位の利用」となる行為を規制する特殊指定としては，「大規模小売業者による納入業者との取引における特定の不公正な取引方法」（大規模小売業者に対する特殊指定）（平成17年公取委告示11号），「新聞業における特定の不公正な取引方法」（新聞業に対する特殊指定）（平成11年公取委告示5号）および「特定荷主が物品の運送または保管を委託する場合の特定の不公正な取引方法」（物流業に対する特殊指定）（平成16年公取委告示1号）が告示されている。また，親事業者と下請事業者の取引における不公正な取引方法については，独禁法の補助立法である「下請代金支払遅延等防止法」（下請法）が制定されている（下請法については，第6章§2参照）。

　これらは，優越的地位の濫用行為を規制するためにその行為の態様を規定する方法として，優越的地位が生じやすく，規制すべき濫用行為が頻発する取引分野を特定して，特殊指定や補助立法により行為要件を明確化するため指定・立法されたものである。たとえば，大規模小売業者による不当な返品や買い叩き，新聞発行業者の「押し紙」等が具体的に指定されており，違反行為を詳細に明示している。この点では，下請取引における濫用行為を規制する下請法も同様である。

　独禁法と下請法とは一般法と特別法の関係にあるとは解されておらず，選択的に適用される。一般指定と特殊指定とは一般法と特別法の関係にあるが，優越的地位の濫用が2条9項5号に法定されたことから，優越的地位の濫用に該当する特殊指定との関係は選択的な適用となる。

2 優越的地位の濫用

（1）意　義　　優越的地位の濫用とは，取引の相手方との間に生じている相対的な地位の優劣を利用して，不当な力の濫用を行うことである。この違反行為が成立するための前提として，行為者の相手方に優越する地位（優越的地位）の存在がある。

優越的地位とは，行為者には取引先を選定する自由が実質的にあるが，その相手方は，行為者に事業活動を依存しており，容易に取引先を行為者以外の者に変更できないような関係にある場合に生じる取引上の地位である。したがって，この地位は，事業者の市場における資本力，規模，シェア等で決定されるものではなく，一定の取引の場における取引の相手方との相対的優越性で足りるものであり，それぞれの取引の実態により個別事案ごとに判断されるものである。

（2）行為の態様　　2条9項5号のイ〜ハに該当する行為が優越的地位の濫用行為であると法定されている。一般的には，「濫用」に該当する行為とは，優越的地位を利用して，取引の相手方に過度に抑圧的な条件を受け入れさせることである。そのような条件としては，恣意的に予測不能な不利益を与える条件や経済的に著しく不利益な条件等が当たると考えられる。そのような要件に該当する違反行為の具体的定義を，その範囲をできる限り明確化するよう規定することが望まれるが，これは困難を伴うものである。

2条9項5号では，イ〜ハの3類型として具体性の高い枠組みを規定しているが，イまたはロは，後述の三越事件における濫用行為を先例として旧一般指定において規定されたものを踏襲している。イまたはロでは，違反行為の前提となる取引の相手方との取引に継続性があること（新たに継続的な取引関係に入る場合も含む。）が要件となっている。一方，ハは，不利益な取引条件の設定または変更等を規定する一般的な条項であり，その取引の相手方との取引に継続性がなくても適用されることとなる。ハでは，不利益な取引条件の設定または変更等の具体的例示として，受領の拒否，不当な返品，代金の支払遅延または不当減額を明示し，その他不利益な取引条件の設定，変更または不利益な取引の実施を包括的に規定している。ハに規定された不利益な条件または取引の実施の具体的な例示行為類型は，下請法または大規模小売業者に対する特殊指定において規定されている典型的な違反行為でもある。

（**3**）**公正競争阻害性**　優越的地位は，現実の取引関係においては日常的に生じうるものであり，優越する事業者が取引先に対して自らの利得を増大するような要請を行うこと自体が原則として公正競争を阻害するおそれがあるとまではいえない。そこで，2条9項5号には，「商慣習に照らして不当に」との規定がなされている。「正常な商慣習」とは，現に存する商慣習ではなく，本項の規制の趣旨から見て「あるべき商慣習」である（本章§1-4（1）参照）。

優越的地位の濫用の規制における公正競争阻害性については，さまざまな解釈が示されてきた。それらを大別すると，第1に，不公正な取引方法の法的位置付けとして私的独占の予防規定と解する考え方を当てはめ，他の違反行為類型とは異なった間接的な競争阻害効果であると考える解釈がある。濫用者が濫用行為により自己の取引の場で競争上有利となり，被濫用者が同じく自己の取引の場で不利となることが競争上の不当な効果であるとする見解や優越的地位の濫用の規制は，競争を維持する規制ではなく競争の前提となる公正な取引秩序を維持する規制と解する見解がこの立場といえよう。第2は，不公正な取引方法の違法性の本質を経済力の濫用行為と捉え，優越的地位の濫用は，その典型的違反行為類型と考える見解である。

現在の通説および公取委の運用の前提となる解釈は，これらの折衷的見解であり，公正競争阻害性を①競争の減殺，②競争方法の不公正さ，③自由競争基盤の侵害の3要素で構成される要件と解して，優越的地位の濫用の違法性を③に求める解釈である。③は，自由な競争基盤となる取引主体の取引条件の設定等についての自由かつ自主的判断を侵害することである。

（**4**）**審決例**　2条9項5号イ～ハの違反行為に該当するとされた行為形態については，以下の事例がある。

（**a**）**押付販売・協賛金の要請等（5号イ・ロ）**　5号イ・ロに該当する典型的事例として，三越事件（公取委昭57・6・17同意審決・審決集29巻31頁）がある。当時，百貨店業界で売上高第1位であり，有名百貨店として有力な地位にあった三越が，納入業者に対して，「お勧め販売」と称し店頭外販売により特定商品の購入を要求し，また各種催事等についての協賛金等を要請した事件である。この事件は，取引上の地位を不当に利用して，継続的取引関係にある納入業者に対する押付販売や協賛金等の要請を行った事案であり，昭和28年一般指定10項に該当するとされた（押付販売は現5号イに該当し，協賛金等の要請は現5号

ロに該当する）。

ローソン事件（公取委平 10・7・30 勧告審決・審決集 45 巻 136 頁）においては，コンビニエンスストア業界において売上高第 2 位の地位を占めるローソンが，その取引を強く望む納入業者に対して，次期商品の選定期に，特段の算出根拠のない仕入割戻金を要求し，また標準棚割商品を 1 円で納入させたことが，旧一般指定 14 項 2 号（現 5 号ロに該当する）の経済上の利益を提供させた行為に該当するとされた。

（b）　不利益な取引条件の設定・変更等（5 号ハ）　　セブン－イレブン事件（公取委平 21・6・22 排除措置命令・審決集 56 巻（2）6 頁）では，コンビニンスストア業界において売上高第 1 位の地位を占めるセブン－イレブンが，加盟店に対して，破棄されるデイリー商品の原価分が加盟店の負担となるフランチャイズ契約の下で，見切り販売（消費期限等が迫っている商品の値引き販売）を禁止し，負担軽減の措置を選択できないように強制していた。このセブン－イレブンの行為は，セブン－イレブンとの取引の継続を強く望む加盟店に対して，不当に不利益な取引条件の設定を行ったものであり，5 号ハに該当すると判断された。

なお，優越的地位の濫用の運用においては，近時，大規模小売業者による納入業者への濫用の事例が増加しており，課徴金納付命令の対象ともなっている（公取委平 23・6・22 排除措置命令・審決集 58 巻(1)193 頁〔山陽マルナカ事件〕，公取委平 23・12・13 排除措置命令・審決集 58 巻(1)244 頁〔日本トイザらス事件〕，公取委平 24・2・16 排除措置命令・審決集 58 巻(1)278 頁〔エディオン事件〕等）。

2 条 9 項 6 号ホに基づく一般指定 13 項は，取引上の地位を不当に利用して取引の相手方の役員専任人事に干渉し，その経営を支配する行為を想定した規定である。

従来の適用事例としては，銀行がその融資先の役員選任について自己の指示に従うことを条件に融資を行うこととした事例がある（公取委昭 28・11・6 勧告審決・審決集 5 巻 61 頁〔日本興業銀行事件〕，公取委昭 32・6・3 勧告審決・審決集 9 巻 1 頁〔三菱銀行事件〕）。これらの事件以降，適用事例はなく，平成 21 年独禁法改正において，取引上の地位の不当利用について指定した旧一般指定 14 項の行為類型中，この役員選任への不当干渉のみは課徴金の対象となる法定違反行為に移されず，一般指定 13 項として残された。

§7 取引妨害・内部干渉

1 概　要

　2条9項6号へは，「自己又は自己が株主若しくは役員である会社と国内において競争関係にある他の事業者とその取引の相手方との取引を不当に妨害し，又は当該事業者が会社である場合において，その会社の株主若しくは役員をその会社の不利益となる行為をするように，誘引し，唆し，若しくは強制すること。」と規定する。この規定は，競争者の事業活動を不当に妨害する行為を不公正な取引方法として指定する。

　本来，競争は，競争者から取引の相手方を奪う行為であり，この意味で競争者の事業活動を妨害する行為ともいえる。このような意味での競争行為の中で，公正な競争を阻害するおそれがある行為をある程度類型化して規定したものが2条9項6号イ～ホの行為である。さらに，イ～ホの行為の要件に該当しないような競争者の事業活動に対する直接的な妨害行為を規制する趣旨で2条9項6号へが規定されている。

　この規定に基づき，一般指定では，競争者に対する不当な取引妨害（14項）および競争会社に対する不当な内部干渉（15項）が指定されている。

2 取引妨害

　一般指定14項は，「自己又は自己が株主若しくは役員である会社と国内において競争関係にある他の事業者とその取引の相手方との取引について，契約の成立の阻止，契約の不履行の誘引その他いかなる方法をもってするかを問わず，その取引を不当に妨害すること。」と規定する。

　本項の指定する違反行為は，競争者とその取引の相手方の取引の妨害であり，契約の成立の阻止等は例示であって，取引妨害の方法は問わない。競争者の取引の妨害に該当する行為は広範囲におよび，本項以外の不公正な取引方法に該当する行為も含まれる。本項は他の指定に対して一般的・包括的規定であり，他の違反行為の要件に該当する競争者の取引の妨害に対してはそれぞれの規定が優先的・一義的に適用されることとなる。その意味では，本項は他の規定に対する補完的規定と位置付けられよう。

本項が適用される行為としては，直接的に競争者の取引を妨害する行為であって他の違反行為に典型的に該当しない行為，たとえば，物理的な妨害行為や競争者の取引先への賄賂の提供等が想定される。

取引妨害における公正競争阻害性は，従来，自己と競争者との能率競争の阻害，すなわち「競争方法の不公正さ」と考えられてきた。しかし，近年，メーカー系保守事業者が独立系保守事業者やその顧客への修理部品の販売を不合理に遅延させる行為を本項違反とする事例が見受けられる（前掲・大阪高判平 5・7・30〔東芝エレベータテクノス事件〕，公取委平 16・4・12 勧告審決・審決集 51 巻 401 頁〔東急パーキングシステムズ事件〕）。これらの事案は，取引へのロックイン効果によって自己のみしか供給できない修理部品等について，その取引条件を操作することで，競争者である独立系保守事業者と顧客との取引を阻止しようとする行為である。この場合の公正競争阻害性は，メーカー系保守事業者と独立系保守業者との競争の減殺効果として認められるものである。

一方，本項に該当する取引妨害として規制されてきた事例の多くは，輸入総代理店の並行輸入の妨害行為である。並行輸入とは，輸入総代理店以外のルートから当該輸入商品を輸入して販売する行為である。並行輸入については，当該商品の商標権を侵害するものとして差止訴訟が提起されたが，当該輸入商品が真正商品であればその輸入は商標権の侵害に当たらないとされている（大阪地判昭 45・2・27 判時 625 号 75 頁〔パーカー事件〕）。輸入総代理店契約が存在するとしても，真正商品の並行輸入は合法であり，海外での流通ルートの閉鎖や販売業者への並行輸入商品の取扱いの制限等によって，当該輸入取引を阻害することで競争を減殺し価格を維持するような場合には，本項の不当な取引妨害に該当する。従来の事例は，輸入総代理店が，低価格販売されている並行輸入商品の輸入を阻止するため，海外の製造業者に対してロット番号等を通報し，並行輸入者への国外での輸出ルートを閉鎖させた行為が本項違反とされている（公取委平 8・3・22 勧告審決・審決集 42 巻 195 頁〔星商事事件〕，前掲・公取委平 9・4・25〔ハーゲンダッツ事件〕）。輸入総代理店契約の対象となるブランド品等の国内価格が海外における当該商品の価格と比較して割高な場合には並行輸入が生じ，並行輸入商品が輸入総代理店より安価で販売されることから，並行輸入の阻害による取引妨害には，一般に価格維持による競争の減殺効果が認定できる。

3 内部干渉

一般指定 15 項は,「自己又は自己が株主若しくは役員である会社と国内において競争関係にある会社の株主又は役員に対し,株主権の行使,株式の譲渡,秘密の漏えいその他いかなる方法をもってするかを問わず,その会社の不利益となる行為をするように,不当に誘引し,そそのかし,又は強制すること。」と規定する。

本項の指定する違反行為は,事業者が,競争会社（株主または役員である会社の競争会社を含む）の組織内部に干渉して,不利益となる行為をさせることである。その手段の例示として,株主権の行使等が示されるが,その方法はこれらに限定されず,またその態様も誘引,教唆,強制と広範囲なものとなっている。

本項が規制対象とする行為は,競争会社の役員等を買収して新設工場の建設を取締役会等において否決させる場合など競争上不利益となる行為をさせることであり,当該競争者の効率競争を阻害することである。したがって,本項は,「競争方法としての不公正さ」を公正競争阻害性の内容とする行為類型である。

しかし,現在まで本項が適用された事例は存在しない。

§8　事業者団体と不公正な取引方法

1 概　要

独禁法 19 条は,不公正な取引方法を禁止する主体を「事業者」と規定しており,2 条 9 項各号の定義する違反行為が禁止される対象は,2 条 1 項に定義される「事業者」である。事業者団体が自ら事業活動を行い,その取引の相手方に対して不公正な取引方法に該当する行為を行う場合には,当該事業者団体は「事業者」として 19 条に違反することとなる。一方,事業者団体の活動規制について規定する 8 条は,その禁止行為として,8 条 5 号に「事業者に不公正な取引方法に該当する行為をさせるようにすること。」と規定する。

この規定は,事業者団体が自らは取引の主体となってはいない取引に関して,事業者に不公正な取引方法を勧奨または強制することを禁止する規定である。この場合に,不公正な取引方法をさせられる「事業者」は,その事業者団体の構成事業者には限定されておらず,また,不公正な取引方法をさせる行為の形態にも限定はない。

事業者団体が事業者に不公正な取引方法をさせることで，構成事業者の活動・機能が制限されることとなる場合，さらに競争事業者間の競争が実質的に制限される場合には，8条4号または1号が適用されることとなる。

2 審決判例

滋賀県生コン工業組合事件（第二次）（公取委平5・11・18勧告審決・審決集40巻171頁）では，生コン製造業者の事業者団体である工業組合が，その組合員である生コン製造業者が共同販売事業を行うために組織した生コン協同組合（3組合）に対して，非組合員から生コンを購入している建設業者には割戻し（リベートの支払い）を行わないことで，建設業者に非組合員から生コンを購入させないようにした行為が，同組合が生コン協同組合に排他条件付取引（旧一般指定11項〔現11項〕）をさせたものとして，旧8条1項5号（現8条5号）に違反するとされた。本件は，事業者団体が，非構成事業者に対して不公正な取引方法をさせた事案である。

日本遊戯銃協同組合事件（前掲・東京地判平9・4・9）では，エアーソフトガン等の製造業者の事業者団体である協同組合が，組合員および問屋に対して，エアーソフトガンおよびこれに用いるBB弾について特定の製造業者との取引を小売店に拒絶させるように要請する行為が，組合員および問屋に対して間接の共同取引拒絶（ボイコット）（旧一般指定1項2号〔現1項2号〕）をさせたものとして，旧8条1項5号（現8条5号）に違反するとされた（本章§2-2（3）参照）。本件は，事業者団体が，構成事業者および非構成事業者に対して不公正な取引方法をさせた事案である。

また，東日本おしぼり協同組合事件（公取委平7・4・24勧告審決・審決集42巻119頁）では，貸しおしぼり業者の事業者団体である協同組合が，貸しおしぼり業に必要な資機材供給業者に対して，新規参入業者に資機材を供給しないようにさせたことが旧8条1項5号（現8条5号）に違反するとされた。本件は，事業者団体が，非構成事業者に対して不公正な取引方法をさせた事案である。

これらの事件は，事業者団体の構成事業者達が，その団体を用いて，競争者とその取引先との取引を妨害するため，競争者の取引先にその取引を拒絶させたもの（間接ボイコット）とみることもできよう。平成21年独禁法改正により，供給についての間接ボイコットは，2条9項1号の法定違反行為であるので課

徴金が適用される対象行為となる。事実上同一の違反行為が事業者団体を通して行われる場合には，課徴金は賦課されなくなることから，事業者団体の行為と構成事業者の共同行為のいずれの行為と認定するかは重要な問題となろう。

第6章　景品表示法と下請法

§1　景品表示法

1　景品表示法の目的

「不当景品類および不当表示防止法」（以下「景品表示法」という）は，商品および役務の取引に関連する不当な景品類および表示による顧客の誘引を防止するため，一般消費者による自主的かつ合理的な選択を阻害するおそれのある行為の制限および禁止について定めることにより，一般消費者の利益を保護することを目的としている（1条）。

2　景品表示法の消費者庁への移管と目的規定の改正

第5章で述べたように，ぎまん的顧客誘引および不当な利益による顧客誘引は不公正な取引方法とされている（一般指定8項・9項）。ぎまん的顧客誘引の典型は不当表示であり，不当な利益による顧客誘引の典型は過大な景品類の提供である。景品表示法は，不当な景品類の提供と不当表示について禁止される行為を具体化し，景品および表示のルールを明確にすることによって独占禁止法（以下「独禁法」という）を補完するものとして，昭和37年に定められた。そして，景品表示法の目的は，商品および役務の取引に関連する不当な景品類および表示による顧客の誘引を防止するため，独禁法の特例を定めることにより，公正な競争を確保し，もって一般消費者の利益を保護することとされており，公正取引委員会（以下「公取委」という）が景品表示法を運用していた。

しかし，平成21年の消費者庁設置に伴い，景品表示法は公取委から消費者庁に移管され，独禁法との関係は切り離されて目的規定も改正された。

景品表示法に基づいて公取委が制定した規則や告示は，改正法施行後も効力を有している。また，後述のように，公取委は消費者庁長官の委任を受けて景

品表示法違反事件の調査をしている。

3 不当表示の規制

（1） **表示規制の概要**　**(a)** 規制対象となる表示　景品表示法は，同法の対象となる表示について，「顧客を誘引するための手段として，事業者が自己の供給する商品又は役務の内容又は取引条件その他これらの取引に関する事項について行う広告その他の表示であって，内閣総理大臣が指定するもの。」と規定している（景表2条4項）。そして，「不当景品類および不当表示防止法第二条の規定により景品類および表示を指定する件」（景品・表示指定告示）（昭37公取委告示3号）により，商品・容器・包装による広告その他の表示，見本・チラシ・パンフレット等による広告その他の表示，ポスター・看板等による広告，新聞・雑誌・放送による広告，情報機器による広告その他の表示（インターネットによるもの等を含む）など，広範な表示が指定されている。

(b) **規制の概要**　景品表示法で禁止している表示には，次の3つの類型がある（同5条）。

①　商品または役務の内容について，一般消費者に対し，著しく優良であると示す表示（優良誤認表示）

②　商品または役務の取引条件について，著しく有利であると一般消費者に誤認される表示（有利誤認表示）

③　商品または役務の取引に関する事項について一般消費者に誤認されるおそれがある表示であって，内閣総理大臣が指定するもの

いずれも禁止されているのは一般消費者に誤認される表示である。事業者向けの表示で一般消費者の目にふれないものは，景品表示法の対象とはならないが，不公正な取引方法（ぎまん的顧客誘引）として独禁法の適用を受ける可能性がある。

また，いずれも禁止されるのは「不当に顧客を誘引し，一般消費者による自主的かつ合理的な選択を阻害するおそれがあると認められるもの」である。したがって，表示が事実と異なっていても，一般消費者の選択に影響を及ぼすおそれがあると認められないものであれば，景品表示法に違反する不当表示とはいえないであろう。

(c) **不当表示の主体**　不当表示を行ったとして後述の措置命令を受けるの

は，自己の供給する商品または役務の取引について表示をした事業者である（同5条柱書）。表示の内容の決定に関与した事業者は表示をした事業者に該当する。決定への関与には，自ら積極的に表示内容を決定した場合のみならず，他の者の説明に基づき表示内容を定めた場合や他の者に表示内容の決定を委ねた場合も含まれる。

◆ケース6・1　輸入ズボン原産国表示事件

　輸入業者が小売業者に対し，ルーマニアで製造された輸入ズボンの原産地をイタリアであると説明し，小売業者がそれを信じて輸入業者に依頼してイタリア製であることを示すタグをつけさせた事件で，輸入業者と小売業者5社がともに表示主体とされ，排除命令を受けた（公取委平16・11・24排除命令・排除命令集24巻202頁〔八木通商事件〕）。小売業者は審判で争ったが，排除措置を命ずる審決がなされ（公取委平18・5・15審判審決・審決集53巻173頁〔ユナイテッドアローズ事件〕，公取委平19・1・30審判審決・審決集53巻562頁〔ビームス事件ほか1件〕および公取委平19・12・4審判審決・審決集54巻357頁〔トウモローランド事件ほか1件〕），審決取消訴訟も棄却された（東京高判平20・5・23審決集55巻842頁〔ベイクルーズ事件〕）。

（2）優良誤認表示　　**(a) 著しく優良であると示す表示**　　景品表示法5条1号は，商品やサービスの内容について，一般消費者に対し，

①　実際のものよりも著しく優良であると示す表示，および

②　事実に相違して当該事業者と同種もしくは類似の商品もしくは役務を供給している他の事業者に係るものよりも著しく優良であると示す表示

を禁止している。このような表示は「優良誤認表示」と呼ばれる。

　景品表示法による表示規制の目的は，消費者の自主的かつ合理的な選択が阻害されないようにすることであるから，「実際のものよりも著しく優良であると示す」ものかどうかは，一般消費者の誤認を招き商品等の選択に影響を及ぼすかどうかという観点から判断される。したがって，表示内容と実際のものとが科学的に等価であったり，いずれが客観的にみて優良であるか判断できない場合であっても，一般消費者が表示された内容のものであると誤認して選択するおそれがある表示であれば不当表示となる。

◆ケース6・2　「あきたこまち米使用純米クッキー」事件

　観光土産品として販売されている焼き菓子の包装紙に「あきたこまち米使用純米クッキー」と表示したが，実際には主原料は小麦粉であり，「あきたこまち」の粉末がきわめて少量しか使用されていないものだったことが優良誤認表示とされ，措置命令が行われた（消費者庁平22・10・13措置命令）。客観的にみると米を主原料としたクッキーが小麦を主

原料としたクッキーより品質が良いとはいえないだろうが，観光土産品を購入しようとする消費者は，表示を見て秋田県の特産品である「あきたこまち」を使用し米を主原料としたクッキーだと誤認してこの商品を選択するおそれがあるので，優良誤認表示となるのである。

(b) 合理的根拠のない表示 事業者が商品または役務の効果や性能について著しく優良であると示す表示を行った場合，不当表示に該当するとして措置命令を行うためには，調査してその商品または役務の効果や性能が表示のとおりでないことを立証する必要がある。しかし，そのためには多大な時間を要し，その間にも被害が拡大するおそれがある。そこで，景品表示法7条2項は，商品または役務の著しい優良性を示す表示をする事業者に対し，内閣総理大臣が表示の裏付けとなる合理的な根拠を示す資料の提出を求めることができることとし，事業者が合理的な根拠を示す資料を提出しない場合には不当表示とみなすこととしている。資料の提出を求める事務は，消費者庁長官または都道府県知事が行う（同法33条1項・11項および不当景品類および不当表示防止法施行令23条）。

表示の裏付けとなる資料をまったく提出しない場合のみならず，提出した資料が表示の裏付けとなる合理的な根拠を示すものと認められない場合にも不当表示とみなされる。

> **◆ケース6・3 痩身食品事件**
> 食品等を販売する事業者2社が，一般消費者に販売する特定の食品について，それを摂取することにより容易に著しい痩身効果が得られると認識される表示を行っていた。消費者庁が表示の裏付けとなる合理的な根拠を示す資料の提出を求めたところ，両社から資料が提出されたが，当該資料は表示の裏付けとなる合理的な根拠を示すものとは認められないものであったことから，消費者庁は不当表示とみなして措置命令を行った（消費者庁平23・11・25措置命令）。

（3） 有利誤認表示 景品表示法5条2号は，商品または役務の価格その他の取引条件について，

① 実際のものよりも取引の相手方に著しく有利であると一般消費者に誤認される表示，および

② 当該事業者と同種もしくは類似の商品もしくは役務を供給している他の事業者に係るものよりも取引の相手方に著しく有利であると一般消費者に誤認される表示

を禁止している。このような表示は「有利誤認表示」と呼ばれる。

「価格その他の取引条件」とは，商品または役務の内容そのものを除いた取引にかかわる条件をいい，商品または役務の価格・料金の額のほか，数量，支払条件，取引に付随して提供される景品類，アフターサービス等種々のものが含まれる。

> ◆ケース6・4　雑誌懸賞事件
> 　雑誌を出版する事業者が，自社が供給する複数の漫画雑誌の誌面上で実施した懸賞企画において，それぞれの景品類について各誌面上に当選者数を記載していたが，実際には誌面上に記載された当選者数を下回る数しか景品類の提供を行っていなかった。消費者庁は，当該事業者が行った表示は有利誤認表示に該当し景品表示法に違反するとして，措置命令を行った（消費者庁平25・8・20措置命令）。

有利誤認表示の典型は不当な二重価格表示等価格表示に関するものであるが，これについては，公取委が平成12年に「不当な価格表示についての景品表示法上の考え方」（「価格表示ガイドライン」）を公表してどのような価格表示が景品表示法上問題となるおそれがあるかを明らかにしている。「価格表示ガイドライン」は，一般的な考え方として，次のような価格表示は不当表示に該当するおそれがあるとしている。

① 実際の販売価格よりも安い価格を表示する場合

② 販売価格が，過去の販売価格や競争事業者の販売価格等と比較して安いとの印象を与える表示を行っているが，たとえば次のような理由のために実際は安くない場合

　ア 比較に用いた販売価格が実際と異なっているとき

　イ 商品または役務の内容や適用条件が異なるものの販売価格を比較に用いているとき

③ その他，販売価格が安いとの印象を与える表示を行っているが，実際は安くない場合

> ◆ケース6・5　紳士服5社事件
> 　紳士服等を販売する事業者5社が，それぞれ経営する店舗を通じて一般消費者に供給する衣料品等について，テレビコマーシャルおよび新聞折り込みチラシにおいて，あたかも全品表示価格の半額で販売するかのような表示をしていたが，実際には，一定の条件を満たした場合にのみ表示価格の半額で販売するものであった。消費者庁は，5社が行った表示は有利誤認表示に該当し景品表示法に違反するとして，措置命令を行った（消費者庁平

23・7・26 措置命令)。

（**4**） **内閣総理大臣が指定する表示**　　景品表示法 5 条 3 号は，内閣総理大臣に不当表示を指定する権限を付与している。不当表示を指定する告示は，現在，次の 6 つである。

①　無果汁の清涼飲料水等についての表示（昭 48 公取委告示 4 号）（無果汁飲料告示）

②　商品の原産国に関する不当な表示（昭 48 公取委告示 34 号）（原産国告示）

③　消費者信用の融資費用に関する不当な表示（昭 55 公取委告示 13 号）

④　不動産のおとり広告に関する表示（昭 55 公取委告示 14 号）

⑤　おとり広告に関する表示（平 5 公取委告示 17 号）

⑥　有料老人ホーム等に関する不当な表示（平 16 公取委告示 3 号）

これらのうち，無果汁飲料告示は，原材料に果汁や果肉が使用されていない容器または包装入りの清涼飲料水等（清涼飲料水，乳飲料，発酵乳，乳酸菌飲料，アイスクリーム類，氷菓）について，原材料に果汁等が使用されていない旨を明瞭に記載しないで行う次のような表示等を不当表示としている。

①　容器または包装に記載されている果実の名称を用いた商品名等の表示

②　容器または包装に掲載されている果実の絵，写真または図案の表示

また，原産国告示は，外国産品についての次の表示であって，その表示がその原産国で生産されたものであることを一般消費者が判別することが困難であると認められるもの等を不当表示としている。

①　その商品の原産国以外の国名，地名，国旗，紋章その他これらに類するものの表示

②　その商品の原産国以外の事業者またはデザイナーの氏名，名称または商標の表示

③　表示の全部または主要部分が和文で示されている表示

4　過大景品の規制

（**1**）　**規制の概要**　　**(a)**　**規制対象となる景品類**　　景品表示法 2 条 3 項は，景品類の定義について，「顧客を誘引するための手段として，〔中略〕事業者が自己の供給する商品または役務の取引〔中略〕に付随して相手方に提供する物

品，金銭その他の経済上の利益であって，内閣総理大臣が指定するもの。」と
規定している。そして，景品・表示指定告示により，物品，土地・建物，金銭，
有価証券，催物への招待・優待，役務等，広範な経済上の利益が指定されている。

　また，同告示は，正常な商慣習に照らして値引またはアフターサービスと認
められる経済上の利益および正常な商慣習に照らして当該取引に係る商品また
は役務に附属すると認められる経済上の利益は景品類に含まれないとしている。

　(b)　景品規制の概要　　過大な景品提供は消費者の自主的かつ合理的な選
択を阻害するおそれがある一方で，景品は市場への新規参入者等にとって有効
な販売促進手段となることもある。そこで，景品表示法は，景品付販売自体は
禁止せず，過大な景品類の提供等を禁止するという手法をとっている。どのよ
うな規制をするかは内閣総理大臣に委ねられており（景表4条），規制内容は告
示で定められている。過大な景品類の提供を規制する業種横断的な告示として，
現在，次の2つの告示がある。

　①　懸賞による景品類の提供に関する事項の制限（昭52公取委告示3号）（懸
賞制限告示）

　②　一般消費者に対する景品類の提供に関する事項の制限（昭52公取委告示
5号）（総付制限告示）

　このほか，新聞業など特定業種に関する告示がある。

　（2）　懸賞により提供する景品類の制限　　懸賞による景品類の提供は，懸
賞制限告示で最高額および総額が規制されている。また，いわゆる「カード合
わせ」の方法を用いた懸賞による景品類の提供は禁止されている。

　(a)　懸　賞　　「懸賞」とは，次の方法によって景品類の提供の相手方また
は提供する景品類の価額を定めることをいう（懸賞制限告示1項）。

　①　くじその他偶然性を利用して定める方法

　抽選券を用いる方法，レシート・商品の容器包装等を抽選券として用いる方
法，商品のうち一部のものにのみ景品類を添付し購入の際にいずれに添付され
ているかを判別できないようにしておく方法等がこれに該当する。

　②　特定の行為の優劣または正誤によって定める方法

　その年の10大ニュース等応募の際に，一般には明らかでない事項について
予想を募集し，その回答の正誤によって定める方法，キャッチフレーズ等を募
集しその優劣によって定める方法，パズル・クイズ等の解答を募集しその正誤

によって定める方法等がこれに該当する。

 (b) 景品の制限　　懸賞により提供する場合の景品類の制限は，次のとおりである（懸賞制限告示2項〜4項）。

	最高額			総　額
通常の場合	懸賞に係る取引の価額	5,000円未満	取引の価額の20倍	懸賞に係る取引の予定総額の100分の2
		5,000円以上	10万円	
共同懸賞	懸賞に係る取引の価額にかかわらず30万円			懸賞に係る取引の予定総額の100分の3

　共同懸賞とは，次のいずれかに該当する場合である（同告示4項）。

　①　一定の地域における小売業者またはサービス業者の相当多数が共同して行う場合

　②　一定の商店街に属する小売業者またはサービス業者の相当多数が共同して行う場合。ただし，中元，年末等の時期において，年3回を限度とし，かつ，年間通算して70日の期間内で行う場合に限る

　③　一定の地域において一定の種類の事業を行う事業者の相当多数が共同して行う場合

 (c) いわゆる「カード合わせ」の方法による景品類の提供の禁止（懸賞制限告示5項）　　2以上の種類の文字，絵，符号等を表示した符票のうち，異なる種類の符票の特定の組み合わせを提示させる方法を用いた懸賞による景品類の提供は全面的に禁止されている。

　これは，たとえば菓子の箱の中に1種類のカードが入っていて全種類集めると景品類と引き換えるというものであるが，全種類が同じ確率で入っているとは限らないことからその方法自体ぎまん性が強く，また子供向けの商品に提供されることが多かったことから子供の射幸心をあおる度合いが強いとして，全

★コラム6・1　コンプガチャ

　オンラインゲーム会社が，オンラインゲームの中で使用できるアイテムを有料で提供し（どのアイテムが提供されるかは偶然性による），異なる種類の複数のアイテムをそろえた場合に別のアイテムを提供する方法（コンプガチャと呼ばれる）をとり，子供が多額の金銭をつぎ込むなど社会問題になった。消費者庁は平成24年5月にこのような方法は懸賞制限告示5項に違反することを明らかにし，オンラインゲーム会社はコンプガチャをやめた。

面的に禁止されたものである。

（**3**）　購入者等の全員に提供する景品の制限　　一般消費者に対して懸賞によらないで景品を提供する場合は，景品類の提供に係る取引の価額の 10 分の 2 の金額（取引の価額が 1,000 円未満のときは 200 円）の範囲内であって，正常な商慣習に照らして適当と認められる限度を超えるものを提供することが禁止されている（総付制限告示 1 項）。商品の購入者に対し購入額に応じて，あるいは購入額の多寡を問わずにもれなく景品を提供する場合，店舗への入店者に対して商品の購入を条件とせず景品を提供する場合などがこれに該当する。

なお，次のもので正常な商慣習に照らして適当と認められるものは，景品類に該当する場合であっても，上記の制限が適用されない（同告示 2 項）。

①　商品の販売もしくは使用のためまたは役務の提供のため必要な物品またはサービス

②　見本その他宣伝用の物品またはサービス

③　自己の供給する商品または役務の取引において用いられる割引券等

④　開店披露，創業記念等の行事に際して提供する物品またはサービス

5　事業者が講ずべき景品類の提供および表示の管理上の措置

事業者は，自己の供給する商品または役務の取引について，景品類の提供または表示により不当に顧客を誘引し，一般消費者による自主的かつ合理的な選択を阻害することのないよう，景品類の提供および表示に関する事項を適切に管理するために必要な体制の整備その他の必要な措置を講じなければならない（景表 26 条 1 項）。内閣総理大臣は事業者が講ずべき措置に関して指針を定めることとされており（同条 2 項），これに基づいて「事業者が講ずべき景品類の提供および表示の管理上の措置についての指針」を作成・公表している。

6　違反行為に対する措置

（**1**）　措置命令　　景品表示法 5 条の規定に違反する不当表示または 4 条の規定による制限に違反する景品類の提供があるときは，内閣総理大臣は，報告命令，立ち入り検査等を行って必要な調査を行い（景表 29 条 1 項），違反行為を行っている事業者に対し，違反行為の差し止め，再発防止のために必要な事項等を命じることができる（措置命令）（同 7 条 1 項）。この命令は，違反行為が

すでになくなっている場合にも，違反行為者をした事業者や合併等により違反行為に係る事業を継承した事業者に対して行うことができる（同）。

内閣総理大臣は景品表示法による権限を消費者庁長官および都道府県知事に委任している（景法33条1項・11項，不当景品類および不当表示防止法施行令〔以下（政令）という〕23条）ので，違反事件に対する調査や措置は実際には消費者庁および都道府県が行う。また，消費者庁長官は，違反事件の調査権限を公取委に委任しており（景表33条2項，政令15条），公取委も地方事務所において景品表示法違反事件の調査を行っている。

従来，景品表示法に違反した事業者に対し措置命令を行うことができるのは消費者庁長官だけであり，都道府県知事は罰則による担保のない指示ができるだけであった。しかし，平成26年6月の景品表示法改正により，都道府県知事も措置命令ができることとなった。

消費者庁長官は，緊急かつ重点的に不当な景品類または表示に対処する必要がある場合または効果的かつ効率的に不当な景品類もしくは表示に対処するために事業者の事業を所管する大臣または金融庁長官が有する専門的知見をとくに活用する必要がある場合，委任しようとする事務の範囲および期間を定めて，違反行為の調査権限を事業者の事業を所管する大臣または金融庁長官に委任することができる（景表33条3項，政令16条および17条）。

違反事件の調査や措置は，原則として景品類の提供または表示がされた場所または地域を含む都道府県の知事が行うこととされている。しかし，2以上の都道府県の区域にわたり一般消費者の自主的かつ合理的な選択を阻害するおそれがあり，消費者庁長官等がその事態に適切かつ効率的に対処するためとくに必要と認めるときまたは都道府県知事から要請があったときは，消費者庁長官等が行うことができる（政令23条）。措置命令に違反した者は，2年以下の懲役または300万円以下の罰金に処される（景表36条1項）。

消費者庁長官は，従来，措置命令において，多くの場合，違反事業者に対し，違反行為の差止めのほか，一般消費者の誤認排除のための周知徹底，再発防止策を講じて役員および従業員に周知徹底すること，今後同様の表示を行わないことおよび命令に従ってとった措置の報告を命じている。

（2）　課徴金納付命令　　平成26年11月の景品表示法改正により課徴金制度が導入された。改正法は平成28年4月1日に施行された。導入された課徴

金制度の概要は，次のとおりである。

(**a**) **課徴金の対象となる行為**　　優良誤認表示および有利誤認表示に課徴金を賦課する（景表8条1項）。内閣総理大臣（実際には委任を受けた消費者庁長官）が表示の裏付けとなる合理的な根拠を資料の提出を求め，一定の期間内に当該資料の提出がない場合には，優良誤認表示と推定して課徴金を賦課する（同8条3項）。違反事業者が相当の注意を怠った者でないと認められるときは，課徴金を賦課しない（同8条1項）。

(**b**) **課徴金額の算定**　　課徴金の額は，不当表示の対象商品・サービスの売上額に3％を乗じた額とする（同8条1項）。対象期間は3年を上限とする（同8条2項）。課徴金額が150万円未満となる場合は，課徴金を賦課しない（同8条1項）。

(**c**) **違反行為の報告による課徴金額の減額**　　違反行為を自主申告した事業者に対し，課徴金額の2分の1を減額する（同9条）。

(**d**) **返金措置の実施による課徴金額の減額**　　事業者が不当表示の対象商品・サービスを購入した消費者に所定の手続に沿って自主返金を行った場合，返金額の合計を課徴金額から減額する（同10条）。返金額の合計が課徴金額を上回るときは課徴金額を0とする（同11条2項）。

(**e**) **除斥期間**　　違反行為をやめた日から5年を経過したときは，課徴金を賦課しない（同12条7項）。

（**3**）　**消費者団体による差止請求**　　内閣総理大臣が認定した消費者団体（適格消費者団体）は，一般消費者に対して優良誤認表示または有利誤認表示を現に行いまたは行うおそれがある事業者に対し，当該行為の停止または予防，優良誤認表示または有利誤認表示を行った旨の周知その他当該行為の停止または予防に必要な措置をとることを請求することができる（景表30条）。

適格消費者団体は，景品表示法のほか，消費者契約法，特定商取引法および食品表示法に基づいて差止訴訟を提起することができる。

7 「協定又は規約」

事業者または事業者団体は，景品類または表示に関する事項について，内閣総理大臣および公取委の認定を受けて，不当な顧客の誘因を防止し，一般消費者による自主的かつ合理的な選択および事業者間の公正な競争を確保するための「協定又は規約」（公正競争規約）を締結し，または設定することができる

（景表31条1項）。これは，景品類または表示に関する業界の自主ルールである。内閣総理大臣および公取委は，次の要件のすべてに適合する場合でなければこの「協定又は規約」を認定してはならない（同条2項）。

①　不当な顧客の誘因を防止し，一般消費者による自主的かつ合理的な選択および事業者間の公正な競争を確保するために適切なものであること

②　一般消費者および関連事業者の利益を不当に害するおそれがないこと

③　不当に差別的でないこと

④　当該協定もしくは規約に参加し，または当該協定もしくは規約から脱退することを不当に制限しないこと

平成28年1月末現在，景品について新聞等37件，表示について飲用乳等67件，計104件の公正競争規約が認定されている。

§2　下請法

1　法の目的

「下請代金支払遅延等防止法」（以下「下請法」という）は，下請代金の支払遅延等を防止することによって，親事業者の下請事業者に対する取引を公正ならしめるとともに，下請事業者の利益を保護し，もつて国民経済の健全な発達に寄与することを目的としている（同法1条）。

わが国では製造業者が多くの下請事業者に部品等の製造を発注して生産活動を行うことが一般的だが，下請事業者は発注者である親事業者に依存して生産し，企業規模の格差もあることから，親事業者に対し取引上弱い立場におかれることが多い。したがって，このような下請取引においては，親事業者が取引上優越した地位を利用して下請事業者に対し不当な行為を行いやすい。第5章で述べたように，優越的地位の濫用は不公正な取引方法とされている（独禁2条9項5号）が，下請事業者が親事業者を申告することは期待できず，また，下請事業者の利益を守るためには事件を迅速に処理することが求められる。このような下請取引の特殊性にかんがみ，下請取引の公正化と下請事業者の利益保護のために，下請法が制定された。

2 適用される取引

下請法の適用対象となる取引は，①製造委託，②修理委託，③情報成果物作成委託および④役務提供委託の4種類である。このうち①と②は昭和31年の法制定当時からのものであり，③と④は平成15年の法改正により追加されたものである。

これらは，いずれも委託取引である。発注者が何らかのデザイン，仕様等を示して受注者に作業させる場合が委託取引に該当する。一般に販売されている物品等を購入する場合は委託取引に該当せず，下請法の適用対象とならない。

（1）製造委託（下請2条1項）　製造委託には，次の4つの類型がある。

①　業として物品を販売している事業者（親事業者）が，その販売する物品それ自体もしくはその物品の半製品，部品等の製造またはその物品・部品等の製造に用いられる金型の製造を他の事業者（下請事業者）に委託する取引

製造業者が販売する物品の製造や加工を他の製造業者に委託する場合，物品の部品の製造を部品製造業者に委託する場合，物品や部品の金型の製造を金型製造業者にする場合等がこれに該当する。また，小売業者が自社ブランドで販売する商品（いわゆるプライベートブランド商品）の製造を委託する場合もこれに該当する。

②　業として物品等の製造を請け負っている事業者（親事業者）が，製造を請け負っている物品それ自体もしくはその物品の半製品，部品等の製造またはその物品・部品等の製造に用いられる金型の製造を他の事業者（下請事業者）に委託する取引

なお，請け負った建設工事を他の事業者に委託することはこれに当たらない。不動産は「物品」ではないためである。

③　業として物品の修理を行っている事業者（親事業者）が，修理に必要な部品もしくは原材料の製造を他の事業者（下請事業者）に委託する取引

④　自社で使用しまたは消費する物品の製造を業として行っている事業者（親事業者）が，当該物品それ自体もしくはその物品の半製品，部品等の製造またはその物品・部品等の製造に用いられる金型の製造を他の事業者（下請事業者）に委託する取引

たとえば，工作機械製造業者が自社の工場で使用する工具を製造している場合に，工具の部品の製造を部品製造業者に委託する場合がこれに該当する。

（2）　修理委託（同2条2項）　　修理委託には，次の2つの類型がある。

①　業として修理を請け負っている事業者（親事業者）が，請け負った修理物品の修理の全部または一部を他の事業者（下請事業者）に委託する取引

　たとえば，自動車のディーラーが請け負った自動車修理を修理業者に委託することが，これに該当する。

②　事業者（親事業者）が自分で使用する物品の修理を業として行う場合に，自社で使用する物品の修理の一部を他の事業者（下請事業者）に委託する取引

　たとえば，製造業者（親事業者）が自社の工場で使用している機械の修理を自社で行っている場合に，その修理の一部を修理業者（下請事業者）に委託することが，これに該当する

（3）　情報成果物作成委託（同2条3項）　　情報成果物とは，次のものをいう（同条6項）。

①プログラム（1号）……コンピュータプログラムそのものおよび制作過程のシステム設計書等がこれに該当する。

②映画，放送番組その他映像または音声その他の音響により構成されるもの（2号）……テレビ番組，テレビコマーシャル，プロモーションビデオ等がこれに該当する。

③文字，図形もしくは記号もしくはこれらの結合またはこれらと色彩との結合により構成されるもの（3号）……デザイン，設計図，パンフレット，雑誌広告等がこれに該当する。

　このほか政令で情報成果物を追加できるが（4号），現在のところ追加は行われていない。

　これらの情報成果物について，販売目的で仕様，内容等を指定して作成を依頼することが，情報成果物作成委託である。情報成果物作成委託には，次の3つの類型がある。

①　業として情報成果物を提供している事業者が，その情報成果物の作成行為の全部または一部を他の事業者に委託する取引

　プログラム開発業者がユーザーに提供するアプリケーションソフトの開発の一部を他のプログラム開発会社に委託すること，放送事業者が放送する番組の制作を番組制作業者に委託すること，食品製造業者が新製品の商品パッケージのデザインをデザイン業者に委託すること等がこれに該当する。

② 業として情報成果物の作成を請け負っている事業者が，請け負った情報成果物の作成の全部または一部を他の事業者に委託する取引

③ 自社で使用する情報成果物の作成を業として行っている事業者が，自社で使用する情報成果物の作成の全部または一部を他の事業者に委託する取引

（4） 役務提供委託（同2条4項）　業として他者に対し役務を有償で提供する事業者（親事業者）が，その役務提供行為の全部または一部を他の事業者（下請事業者）に委託することがこれに該当する。ただし，建設業者が業として請け負う建設工事の全部または一部を他の建設業者に請け負わせることは除かれている。

役務提供委託に該当する行為としては，トラック運送業者が請け負った貨物運送のうちの一部を他の運送事業者に委託すること，ビル管理会社が請け負ったビルメンテナンスの一部であるビルの掃除を清掃業者に委託すること，情報処理サービス業者が顧客から請け負ったデータ入力作業を他の情報処理業者に委託すること等がある。

なお，委託事業者が専ら自ら用いる役務を他の事業者に委託することは，役務提供委託に該当しない。たとえば，トラック運送業者が梱包業者に梱包を委託することは，荷主から貨物の運送に併せて梱包作業を請け負っていれば役務提供委託となるが，梱包作業を請け負っておらず，自らの運送作業に必要な梱包作業を他の事業者に委託する場合には，役務提供委託にならない。

建設工事の請負については，建設業法に下請法と類似の規定が置かれているため，下請法の適用対象から除外されている。

3　親事業者と下請事業者

下請法は，資本金の額または出資の総額（以下「資本金等」という）が一定額を超える事業者を親事業者，資本金等が一定額以下の事業者を下請事業者としている。

資本金等による区分は，次頁の表のとおりである（下請2条7項・8項）。

なお，プログラムの作成に係る情報成果物作成委託ならびに運送，物品の倉庫における保管および情報処理に係る役務提供委託については，資本金等の区分は製造委託と同様である。

	親事業者	下請事業者
製造委託，修理委託等	資本金等 3 億円超の法人事業者	資本金等 3 億円以下の法人事業者または個人事業者
	資本金等 1,000 万円超 3 億円以下の法人事業者	資本金等 1,000 万円以下の法人事業者または個人事業者
情報成果物作成委託，役務提供委託	資本金等 5,000 万円超の法人事業者	資本金等 5,000 万円以下の法人事業者または個人事業者
	資本金等 1,000 万円超 5,000 万円以下の法人事業者	資本金等 1,000 万円以下の法人事業者または個人事業者

4 親事業者の義務と禁止行為

（1）　親事業者の義務　　下請法は，親事業者に対し，次の 4 つの義務を課している。

(a)　書面の交付義務（下請 3 条）　　親事業者は，下請事業者に対し製造委託，修理委託，情報成果物作成委託または役務提供委託（以下「製造委託等」という）をした場合は，ただちに下請事業者の給付の内容，下請代金の額，支払期日および支払方法等を記載した書面を下請事業者に交付しなければならない。ただし，これらの事項のうちその内容が定められないことにつき正当な理由があるものについては，親事業者は，内容が定められた後ただちに当該事項を記載した書面を下請事業者に交付すればよい（1 項）。親事業者は，下請事業者の承諾を得て，書面の交付に代えて情報通信技術を理由する方法によって書面に記載すべき事項を提供することができる（2 項）。

わが国では発注の際に書面を作成しない場合があるが，書面がないと後から条件をめぐってトラブルが生じ下請事業者の利益が損なわれかねないこと，および，下請法違反の有無を判断するためには発注時に取り決めた条件が明確になっている必要があることから，親事業者に書面の交付を義務付けているものである。

(b)　書類等の作成・保存義務（同 5 条）　　親事業者は，下請事業者に対し製造委託等をした場合は，下請事業者の給付，給付の受領，下請代金の支払いその他の事項について記載または記録した書類または電磁的記録を作成し，保存しなければならない。

下請取引に係るトラブルを防止するとともに，違反行為の検査を迅速に行えるようにするために，親事業者に書類等の作成・保存を義務付けているものである。

下請法3条1項または5条に違反した者には，50万円以下の罰金が科される（下請10条）。

(c) **支払期日を定める義務**（同2条の2）　親事業者は，下請事業者の給付を受領した日から60日以内で，かつ，できるだけ短い期間になるように下請代金の支払期日を定めなければならない（1項）。支払期日を定めなかったときは受領日が，60日を超える支払期日を定めたときは60日を経過した日の前日が支払期日とみなされる（2項）。

(d) **遅延利息の支払義務**（同4条の2）　親事業者は，下請代金を支払期日までに支払わなかったときは，下請事業者に対し，給付を受領した日から起算して60日を経過した日から実際に支払いをする日までの期間について，その日数に応じ，未払金額に公取委規則で定める率（年率14.6％）を乗じて得た金額を遅延利息として支払わなければならない。

（2）　親事業者の禁止行為（同4条）　親事業者は，次の行為をしてはならない（1項）。支払遅延の例外は一切認められず，その他も下請事業者の責に帰すべき理由がある場合等，各号に記載されている場合を除き，例外は認められない。したがって，たとえば下請代金の減額をすれば，下請事業者の同意を得て行ったとしても違反となる。

下請法は，親事業者が下請事業者に対して優越的地位にあり，下請事業者は親事業者の要求を受け入れざるをえないという前提に立っている。したがって，親事業者が禁止行為を行った場合は，たとえ下請事業者が同意している場合であっても違反としている。

①受領拒否（1号）……下請事業者の責に帰すべき理由がないのに，下請事業者の給付の受領を拒否すること

②支払遅延（2号）……下請代金を支払期日の経過後なお支払わないこと

③減額（3号）……下請事業者の責に帰すべき理由がないのに，下請代金の額を減ずること

④返品（4号）……下請事業者の責に帰すべき理由がないのに，下請事業者の給付を受領した後，下請事業者にその給付に係る物を引き取らせること

⑤買いたたき（5号）……下請事業者の給付の内容と同種または類似の給付に対し通常支払われる対価に比し，著しく低い下請代金の額を不当に定めること

⑥購入強制・利用強制（6号）……下請事業者の給付の内容を均質にしまたはその改善を図るため必要がある場合その他正当な理由がある場合を除き，自己の指定する物を強制して購入させ，または役務を強制して利用させること

⑦報復措置（7号）……親事業者が第4条に違反している場合，下請事業者が公取委または中小企業庁長官に違反事実を知らせたことを理由として，取引数量の削減，取引停止，その他不利益な取扱いをすること

また，親事業者は，次の行為をすることによって，下請事業者の利益を不当に害してはならない（下請4条2項）。

①有償支給材量の対価の早期決済（1号）……親事業者が原材料を自己から購入させた場合に，下請事業者の責に帰すべき理由がないのに，その対価を当該原材料を用いた給付に対する下請代金の支払期日より早く決済すること

②割引困難な手形の交付（2号）……支払代金の支払期日までに一般の金融機関による割引を受けることが困難であると認められる手形を交付すること

③不当な経済上の利益の提供要請（3号）……自己のために金銭，役務その他経済上の利益を提供させること

④不当な給付内容の変更およびやり直し（4号）……下請事業者の責に帰すべき理由がないのに，下請事業者の給付の内容を変更させ，または下請事業者の給付を受領した後に給付をやり直させること

5 違反行為に対する措置

下請法の運用を行うのは，公取委および中小企業庁である。公取委および中小企業庁は，下請取引の適正化のため，次のように積極的に事件を発掘し，違反行為を是正させている。

（1）端　緒　下請法違反が行われた場合，これにより不利益を受けた下請事業者は公取委または中小企業庁に申告することができる。下請事業者が

申告したことを理由として不利益な取扱いをすることは禁止されているが（下請4条1項7号），それでも親事業者との取引に対する影響を懸念することから，下請事業者による申告は期待しにくい。

このため，公取委等は，定期的に，多数の親事業者および下請事業者に，下請取引に関する調査票を発送し，下請法違反の発見に努めている。親事業者に対する調査には，調査権限（同9条1項・2項）が用いられており，親事業者が調査票に回答しない場合や虚偽の報告をする場合には，罰則が科される（同11条）。

（2）調査　公取委等が下請法違反事件の端緒に接した場合には，調査を開始する。下請法は，公取委等に報告命令や立入検査を行う権限を与えているが（同9条1項・2項）一般的には調査権限を用いず相手側の任意の協力を得て調査している。

（3）措置　調査の結果，下請法違反行為が認められた場合，公取委は，親事業者に対し，必要な措置をとるべきことを勧告する（下請7条）。たとえば受領拒否の場合は，速やかに下請事業者の給付を受領することを，支払遅延の場合は下請代金および遅延利息を支払うことを勧告する（同条1項）。また，従来，勧告が行われている事件は主として減額事件であるが，減額事件の場合は，親事業者に対し，速やかに減じた額を支払うことを勧告する（同条2項）。公取委は，勧告を行った場合，親事業者名を含む事件の内容を原則として公表している。

◆ケース6・6　はるやま商事事件

　はるやま商事（株）は販売する衣料品等の製造を下請事業者に委託しているところ（製造委託），自社の発注業務の合理化を図るために導入した電子発注システム等の運用費用等を確保するため，下請事業者に一定額を負担するよう要請し，要請に応じた下請事業者について下請代金から減額していた（不当減額）。また，下請事業者の給付を受領した後，下請事業者に責任がないのに，販売期間が終了し在庫となった季節商品であること，売れ行きが悪く在庫となった商品であること等を理由として引き取らせていた（不当返品）。

　公取委は，減額した額および，返品した商品を再び引き取りその下請代金相当額を支払うこと，今後同様の行為を行わないこと等を取締役会の決議で確認すること等を勧告した（公取委平24・1・25勧告・公取委web）。

◆ケース6・7　日本旅行事件

　（株）日本旅行は顧客から請け負った海外の宿泊施設，交通機関，食事等の手配を下請事業者に委託しているところ（役務提供委託），「ボリュームインセンティブ」等として，宿

泊施設等を手配した海外旅行者数に一定額を乗じた額等を負担するように要請し，要請に
応じた下請事業者についてその額を下請代金の額から差し引きまたは支払わせていた（不
当減額）。
　同社は調査開始後，下請事業者に減額した金額を返還していることから，公取委は，今
後同様の行為を行わないこと等を取締役会の決議で確認すること等を勧告した（公取委平
25・4・26勧告・公取委web）。

　なお，公取委は，親事業者が，①公取委が調査に着手する前に違反行為を自
発的に申し出，②当該違反行為をすでに取りやめており，③当該違反行為によっ
て下請事業者に与えた不利益を回復するために必要な措置をすでに講じており，
④当該違反行為を今後行わないための再発防止策を講じることとしており，⑤
当該違反行為について公取委が行う調査および指導に全面的に協力している場
合には，勧告をしないこととしている（公取委平20・12・17「下請法違反行為を自
発的に申し出た親事業者の取扱いについて」）。

　勧告を行うことができるのは公取委だけなので，中小企業が調査し勧告相当
と考える事件は，中小企業庁長官が公取委に対し措置請求をする（下請6条）。

　勧告のほか，行政指導によって是正措置をとらせることが行われている。平
成26年度の件数でみると，勧告が7件に対し指導が5,461件と，指導によっ
て処理されるものが大部分である（公取委平27・6・3「平成26年度における下請
法の運用状況および企業間取引の公正化への取組」）。

　下請法違反行為は，優越的地位の濫用として不公正な取引方法に該当し独禁
法にも違反する場合がある。しかし，事業者が下請法に基づく勧告に従った場
合は独禁法に基づく措置命令または課徴金納付命令は適用されない（同8条）。

第**7**章　独占禁止法の運用

§1　公正取引委員会の組織と権限

1　公正取引委員会

（**1**）　**公正取引委員会（以下「公取委」という）の組織**　独占禁止法（以下「独禁法」という）の目的を達成するために，内閣府に外局として公正取引委員会（以下「公取委」という）が置かれている（27条1項，内閣府49条）。

公取委は，委員長と4人の委員の計5人で組織される（29条1項）。委員長および委員は，35歳以上で，法律または経済に関する学識経験のある者のうちから，内閣総理大臣が，衆参両議院の同意を得て任命する（同条2項）。委員長の任免は，天皇が認証する（同条3項）。委員長および委員の任期は5年である（30条1項）。

（**2**）　**公取委の独立性**　公取委の委員長および委員は，独立してその職務を行う（28条）。公取委は，内閣総理大臣の所轄に属する（27条2項）が，職務の遂行に当たって内閣総理大臣の指揮命令を受けることはない。

公取委の職権行使の独立が規定されているのは，独禁法が自由主義経済体制の下での事業活動の基本ルールを定めるものであるから，その運用機関である公取委に公正性・中立性が強く求められるためである。

（**3**）　**公取委の独立性の根拠**　公取委に独立性が認められている理由として，このほか一般に，①高度の専門的知識に基づいて運用されることおよび，②審判において準司法手続がとられることが挙げられていた。しかし，高度な専門的知識に基づいて運用される行政分野は，特許，医薬品規制，大気汚染の規制等ほかにも多数存在する。また，審判制度は特許庁や国税庁も有しており，公取委に独立性が必要な根拠とはならないであろう。平成25年改正で審判制度は廃止されたが，公取委に公正性・中立性が強く求められることに変わりはなく，職権行使の独立性が必要性なことは変わらない。

公取委の職権行使の独立性を担保するため，委員長および委員は，懲戒免官の処分を受けた場合，独禁法の規定に違反して刑に処せられた場合等，法に定められた場合を除いて，在任中，その意に反して罷免されることがないものとされている（31条）。また，委員長および委員の報酬は，在任中，その意に反して減額することができないものとされている（36条2項）。

　また，公取委の公正性・中立性を確保するため，委員長および委員は，在任中，次の行為をすることが禁止されている（37条）。

　①国会もしくは地方公共団体の議会の議員となり，または積極的に政治運動をすること

　②内閣総理大臣の許可のある場合を除き，報酬のある他の職務に従事すること

　③商業を営み，その他金銭上の利益を目的とする業務を行うこと

　（4）　公取委の運営　委員長は，公取委の会務を総理し，公取委を代表する（33条1項）。

　公取委の運営は，委員長および委員の合議によって行われる。公取委は，委員長および2人以上の委員の出席がなければ，議事を開き，議決することができない（34条1項）。公取委の議事は，出席者の過半数により決する。可否同数のときは，委員長の決するところによる（同条2項）。

　（5）　事務総局　公取委の事務を処理させるため，公取委に事務総局が置かれている（35条1項）。事務総局には事務総長が置かれ（同条2項），事務総局の局務を統理する（同条3項）。

　事務総局の組織の詳細は，「公正取引委員会事務総局組織令」（昭27政令第373号）（組織令），「公正取引委員会事務総局組織規則」（昭53総理府令第10号）（組織規則）および「公正取引委員会事務局組織規程」（昭40公取委規則第1号）により定められている。

　事務総局には，官房ならびに経済取引局および審査局の2局が置かれている（35条4項，組織令1条1項）。経済取引局には取引部が，審査局には犯則審査部が置かれている（組織令1条2項）。官房，局および部には，組織令および組織規則により，課，室等が置かれている。

　事務総局の職員中には，検察官，任命の際に弁護士たる者または弁護士の資格を有する者を加えなければならない（同条7項）。したがって，事務総局には

検察官である職員がいるが，その職員の掌る職務は，独禁法違反事件に関するものに限られる（同条8項）。最近では，検察官である職員のほか，弁護士や弁護士の資格を有する者が多数事務総局の職員となっている。

事務総局の地方機関として，北海道事務所，東北事務所，中部事務所，近畿中国四国事務所および九州事務所の5つの地方事務所が置かれ（35条の2第1項・第2項，組織令22条），近畿中国四国事務所には中国支所および四国支所の2つの支所が置かれている（35条の2第3項・第4項，組織規則11条）。なお，沖縄については，内閣府沖縄総合事務局が公取委の地方機関の役割を果たしている（内閣府44条1項1号イ・2項1号）。

事務総局の定員は，平成27年度末で，838人である（行政機関職員定員令1条2項）。

2 公正取引委員会の権限と活動

（1） 独禁法および関連法の執行　　公取委は，§2に述べるように，独禁法に違反する疑いのある事件を調査し（45条・47条），違反事実が認められたときは排除措置命令を行い（49条），課徴金対象の事案であればさらに課徴金納付命令を行う（50条）。

また，入札談合等の事件についての調査の結果，発注官庁等の職員が入札談合等に関与していたと認めるときは，発注官庁等の長に対し，入札談合等関与行為を排除するために必要な改善措置を講ずべきことを求めることができる（入札談合排除3条）。

さらに，§3に述べるように，独禁法違反の犯罪を調査する必要があるときは，犯則調査を行い（101条），犯罪があるとの心証を得たときは，検事総長に告発する（74条）。

下請法については，第6章§2で述べたように，公取委は，親事業者および下請事業者に対し報告をさせ，検査をし（下請9条），親事業者が遵守すべき事項に違反していることが認められた場合には，必要な措置をとるべきことを勧告する（同7条）。

（2） その他の活動　　このほか，公取委は，次のような業務を行っている。
①独禁法の改正案等の関係法令案の作成，公取委規則の制定
②不公正な取引方法の指定（2条9項），再販売価格に関する商品の指定（23条）
③独禁法等の運用指針（ガイドライン）の作成・公表

前章までに述べたように，公取委は，事業者団体ガイドライン，流通取引慣行ガイドライン，知的財産ガイドライン，企業結合ガイドライン等，多数のガイドラインを作成公表している。

④経済法令およびこれに基づく行政措置に関する関係行政機関との調整

⑤独占禁止政策に係る事業活動および経済実態の調査

⑥独禁法その他の法律に基づく認可・同意・協議および処分の請求ならびに届出・報告・通知の受理

公取委による認可としては，銀行等の株式保有の認可（11条1項・2項）等があり，届出の受理としては，株式取得の届出（10条2項），合併の届出（15条2項）等がある。

⑦独禁法の施行状況についての年次報告の作成および国会への報告（44条1項）および独禁法の目的を達成するために必要な事項に関する意見の国会への提出（同条2項）

⑧独禁法24条に基づく差止請求訴訟があったとき，裁判所から通知を受け（79条1項），裁判所に対し，独禁法の適用その他必要な事項について意見を述べること（同条2項・3項）および独禁法25条に基づく損害賠償請求訴訟が提起されたとき，裁判所の求めに応じ，違反行為によって生じた損害の額について意見を述べること（84条）

⑨ OECD等の国際機関に関する事務，外国の競争当局との協議および執行協力，途上国の競争当局に対する技術支援（第11章§3参照）

⑩独禁法および競争政策に関する広報

公取委は，これらの職務を行うために必要があるときは，公務所，事業者，事業者団体等およびその職員に対し出頭を命じ，または必要な報告，情報もしくは資料の提出を求めることができる（40条）。出頭せず，報告等をせずまたは虚偽の報告等をした者は罰則の対象となる（94条の2）。また，必要な調査を公務所，学識経験者等に嘱託し（41条），公聴会を開いて一般の意見を求める（42条）ことができる。さらに，独禁法の適正な運用を図るため，事業者の秘密を除いて必要な事項を一般に公表することができる（43条）。

§2 行政処分

1 事件の審査

　違反事件の調査（審査）を開始するきっかけ（端緒）には，一般人からの報告（申告）（45条1項），公取委自身による探知（同条4項），課徴金減免制度を利用した事業者からの報告（7条の2第7項・第8項）等がある。申告が書面で具体的な事実を摘示して行われた場合，公取委は措置をとり，またはとらないとしたときは，速やかに報告者に通知しなければならない（45条3項）。

　公取委は端緒事実について補充調査をし，排除措置命令等を行うべき事件があると考えるときは，次のような行政調査権限（47条1項）を用いて審査を行う。

　①事件関係人の営業所等への立入検査（4号）

　②物件の提出命令および留置（3号）

　③事件関係人および参考人への出頭命令および審尋（1号）

　④事件関係人および参考人への報告命令（1号）

　⑤鑑定人による鑑定（2号）

　行政調査においては，後述の犯則調査とは異なり，相手方の抵抗を排して調査することはできないが，立入検査を拒否する等，行政調査に応じずまたは虚偽の陳述等をした者は，1年以下の懲役または300万円以下の罰金に処される（94条）。これらの権限を用いるほか，相手方の協力を得て行う方法も用いて調査が行われる。

　補充調査の結果，独禁法違反の犯罪（89条〜91条）があると考えるときは，公取委は，後述の犯則調査を行う。

2 緊急停止命令

　公取委が審査を行っている間，違反の疑いがある行為が継続すると，競争秩序の侵害が回復しがたい状況に陥ることが予想される場合がある。このような場合，公取委は，東京高等裁判所に当該行為を一時停止すべきことを命じるよう申し立てることができる（70条の4）。緊急停止命令に違反した者には過料が課される（98条）。

　緊急停止命令を受けた者は，保証金または有価証券を供託して執行を免れる

ことができる。この場合，排除措置命令が確定したときは，公取委の申立てにより，裁判所は供託に係る保証金または有価証券を没収することができる（70条の5）。

3 排除措置命令

（1） 排除措置命令の手続　　審査の結果，違反行為が認められた場合，公取委は，合議により排除措置を命じる（7条・8条の2・17条の2・20条・65条1項）。排除措置命令は文書で行われ，排除措置命令書には，①違反行為を排除しまたは違反行為が排除されたことを確保するために必要な措置（主文）ならびに②公取委が認定した事実および③これに対する法令の適用を示し，委員長および合議に出席した委員が記名押印する（61条1項）。排除措置命令は，名宛人に排除措置命令書の謄本を送達することによって効力を生ずる（同条2項）。

公取委は，排除措置命令を行うに当たって，排除措置命令の名宛人となるべき者について，意見聴取を行わなければならない（49条）。公取委は，意見聴取を行うに当たって，排除措置命令の名宛人となるべき者に対し，予定される排除措置命令の内容，公取委の認定した事実およびこれに対する法令の適用等を書面により通知する（50条）。当事者は，意見聴取の通知を受けた時から意見聴取が終結するまでの間，意見聴取に係る事件について公取委の認定した事実を立証する証拠の閲覧を求めることができ，閲覧の対象となる証拠のうち，自社が提出した物証および自社従業員の供述調書については，謄写を求めることができる（52条）。

意見聴取は，公取委が事件ごとに指定する公取委の職員（指定職員）が主宰する（53条）。指定職員は，当該事件の審査に従事した職員（審査官等）に，予定される排除措置命令の内容，公取委の認定した事実および証拠のうち主要なものならびに公取委の認定した事実に対する法令の適用を，意見聴取の期日に出頭した当事者に対して説明させる（54条1項）。当事者は，意見聴取の期日に出頭して，意見を述べ，証拠を提出し，指定職員の許可を得て審査官等に質問することができる（同条2項）。意見聴取は公開しない（同条4項）。指定職員は，意見聴取の期日における当事者の意見陳述等の経過を記載した調書を作成し（58条1項），意見聴取の終結後速やかに，当該意見聴取に係る事件の論点を整理し，整理された論点を記載した報告書を作成し，調書とともに公取委に

提出する（同条4項）。公取委は，排除措置命令に係る議決をするときは，指定職員から提出された調書および報告書の内容を十分に参酌しなければならない（60条）。

（2）　排除措置命令の内容　　公取委は，排除措置命令により，違反行為の差止めだけではなく，違反行為を排除するために必要な措置を幅広く命じることができる。

　従来，多くみられるのは，①違反行為の取りやめまたは取りやめている旨の確認，②違反行為を取りやめ，今後行わない旨の取締役会等での決議，③とった措置の取引先・需要者・消費者への通知または新聞広告等による周知および自社従業員への周知徹底，④今後同様の行為を行ってはならないこと，⑤違反行為再発防止のための社内体制の整備，⑥とった排除措置の公取委への報告であるが，このほか，事案に応じてさまざまな措置が命じられている。

（3）　排除措置命令の効力　　排除措置命令は行政処分であり，執行力を有する。したがって，排除措置命令を受けた者は，排除措置を履行する義務があり，排除措置命令に違反した者には，排除措置命令の確定前であっても，過料を課すことができる（97条）。

　確定した排除措置命令に違反した者は，2年以下の懲役または300万円以下

★コラム7・1　勧告・審判を経た審決制度から排除措置命令制度，審判の廃止へ

　平成17年改正以前は，独禁法違反行為が認められた場合，公取委は違反事業者等に適当な措置をとるよう勧告し，事業者等が勧告を応諾したときには審決によって排除措置を命じ（勧告審決），勧告を応諾しない場合は審判手続を行って審決によって排除措置を命ずる（審判審決）という制度がとられていた。この制度においては，審判手続は排除措置を命ずるための事前手続であった。しかし，審判手続が長期化し，排除措置を命ずるまでに時間がかかっていたことから，平成17年の改正により，事件審査を行った結果違反行為が認められる場合には簡易な事前手続を経てただちに排除措置を命じることができる制度に改められ，審判制度は排除措置命令に対する不服審査制度になった。

　しかし，このような制度では，排除措置命令を行った公取委が自ら不服審査を行うことになり，公平性に問題があるとの指摘があった。このため，平成25年改正により審判制度は廃止され，排除措置命令に不服がある者は，東京地方裁判所に抗告訴訟を提起することとされ，平成27年4月1日に施行された。

　なお，改正法施行前に事前通知がなされた事件については，従前どおり審判手続が行われる（改正法附則2条）。したがって，現在も，すでに審判手続が開始された事件について審判が行われている。審判手続を経て出される審決に対しては，東京高等裁判所に審決取消訴訟を提起することができる。

の罰金に処される（90条3号）。また，両罰規定により，法人の代表者等が排除措置命令に違反した場合は，法人等に対しても罰金刑が科される（95条1項2号・3号，同条2項2号・3号）。

（4）　打切りおよび警告　　審査の結果，違反事実が認められなかったときは，公取委は，審査手続を打ち切る。なお，公取委は，審査の結果，違反のおそれがある行為があるまたはあったと認める場合には，文書によって警告し，その行為を取りやめることまたはその行為を再び行わないこと等を指示する（審査規則26条1項）。警告をしようとするときは，警告の名宛人となるべき者に対し，あらかじめ，意見を述べ，証拠を提出する機会を付与しなければならない（同条3項）。

4　課徴金納付命令

（1）　課徴金とは　　課徴金は，違反行為を抑止するために行政庁が違反事業者等に金銭的不利益を課す行政上の措置である。

（2）　課徴金の性格は変わったか　　昭和52年の独禁法改正で課徴金制度が導入された際，課徴金は，「禁止規定の実効性を確保するための行政上の措置として，違法カルテルにより得られた経済上の利得について，その納付を命じようとするもの」と説明された（独禁法改正法案提案理由説明，昭和52年4月14日衆議院商工委員会）。したがって，課徴金は，当初から違反行為抑止のための制度であった。しかし，課徴金と罰則が併存することが二重処罰に当たるのではないかとの議論が起こり，これに対して課徴金はカルテルによる不当利得を徴収するもので制裁ではないので二重処罰には当たらないとの説明がなされてきた。課徴金の額は導入後数次にわたり引き上げられた。そして，措置体系の見直しが行われた平成15年の改正では，違反行為に対する抑止力を強化するために課徴金が引き上げられて不当利得相当額を超える額を徴収するものとなった。このことから，当該改正により課徴金の性格が不当利得の徴収から制裁に変わったとする説がある。しかし，課徴金は，導入当初から違反行為を抑止するための行政上の措置だったのであり，その手段として徴収する額が不当利得相当額から不当利得を超える額になっても，そのことによって性格が変わったとはいえないであろう。なお，後述のように，裁判所は課徴金と罰則の併科は二重処罰に当たらないとしている。

また，現在の課徴金制度では課徴金の額について公取委の裁量は認められていないが，違反行為の悪質性の程度等を考慮せず一定の計算式に基づく金額の納付を命ずる制度が違反行為抑止の手段として適切かどうか，検討する必要があるであろう。EUの制裁金制度のような裁量型の課徴金制度を支持する意見も強まってきている。

（3）　課徴金納付命令の対象となる違反行為　　課徴金の対象となる違反行為は，不当な取引制限（不当な取引制限に該当する事項を内容とする国際的協定・国際的締約および不当な取引制限に相当する事業者団体の行為を含む），私的独占および不公正な取引方法の一部である。

(a)　不当な取引制限　　不当な取引制限のうち，課徴金の対象となるのは，次の要件に該当するものである（7条の2第1項・8条の3）。

(i)　商品または役務の対価に係るもの

(ii)　商品または役務について，①供給量または購入量，②市場占有率，③取引の相手方のいずれかを実質的に制限することにより，その対価に影響することとなるもの

価格カルテルや入札談合は，(i)に該当し，生産数量制限カルテルは(ii)①に，地域分割カルテルは(ii)③に該当する。また，(ii)については，実際に対価に影響したことを立証する必要はなく，対価に影響する蓋然性があればこれに該当する。

課徴金納付命令を受ける者は，不当な取引制限（3条）および国際協定・国際契約（6条）の場合は違反行為を行った事業者，事業者団体の行為（8条1項1号）の場合は違反行為の実行としての事業活動を行った構成事業者（8条の3）である。

(b)　私的独占　　私的独占には支配型と排除型がある（第3章参照）。排除型私的独占はすべて課徴金の対象となるが（7条の2第4項），支配型私的独占の場合，課徴金の対象となるのは，支配される事業者が供給する商品または役務について，次のいずれかに該当するものをした場合に限られる（7条の2第2項）。

(i)　その対価に係るもの

(ii)　①供給量，②市場占有率，③取引の相手方のいずれかを実質的に制限することにより，その対価に影響することとなるもの

「その対価に係るもの」とは，事業者が支配行為によって，支配される事業者の価格を自己の指示に従わせる等の場合をいう。たとえば，パラマウントベッ

ド事件（公取委平 10・3・31 勧告審決・審決集 44 巻 362 頁）は，私的独占が課徴金対象となる以前の事件であるが，入札に参加する卸売業者の事業活動を支配し，入札価格を指示し従わせていたので，これに該当する。

（c）不公正な取引方法　　不公正な取引方法のうち，優越的地位の濫用（2条 9 項 5 号）を継続して行う場合には課徴金の対象となる（20 条の 6）。また，共同の供給拒絶（2 条 9 項 1 号），差別対価による継続的供給（同 2 号），著しい原価割れによる継続的不当廉売（同 3 号）および再販売価格の拘束（同 4 項）も，過去 10 年以内に同類型の行為を行って排除措置命令等を受けたことがある場合には課徴金の対象となる（20 条の 2 ～ 20 条の 5）。

（4）課徴金の額の算定　　(a) 課徴金額の算定方法　　(i) 不当な取引制限　　課徴金の額は，不当な取引制限の場合，事業者が課徴金の対象となる違反行為の実行としての事業活動を行った日（始期）から当該行為の実行としての事業活動がなくなる日（終期）までの期間（実行期間）における違反行為の対象商品または役務（違反対象商品等）の売上額（購入カルテルの場合は購入額）に「一定率」を乗じて得た額である（7 条の 2 第 1 項）。実行期間が 3 年を超えるときは，終期からさかのぼって 3 年間の売上額が算定の基礎となる。

実行期間の始期は，たとえば価格カルテルで値上げ予定日が定められ，その日からの値上げに向けて交渉が行われた場合には，現実にその日に値上げが実現したか否かにかかわらず，実施予定日が始期となる（公取委平 19・6・19 審判審決・審決集 54 巻 78 頁〔日本ポリプロ等課徴金事件〕）。実行期間の終期は，一般的には，違反行為を中止した日である。事業者が違反行為から脱退した場合は，当該事業者については，脱退の日が終期となる。立入検査によりカルテルの相互拘束力が解消されて競争制限的な事業活動が行われなくなった場合は，立入検査の前日が終期となる（前掲・公取委平 19・6・19〔日本ポリプロ等課徴金事件〕）。

「一定率」は，違反行為の抑止のために，違反行為による不当利得相当額以上の金銭を徴収するという観点から，不当な取引制限については次のように定められている（7 条の 2 第 1 項・第 4 項）。

業　　種	一定率	
	原　　則	中小事業者
小売業・卸売業以外	10%	4%
小売業	3%	1.2%
卸売業	2%	1%

ここにいう中小事業者とは，次のいずれかに該当する者である（7条の2第5項）。

主たる事業	要　　件
製造業，建設業，運輸業等	①資本金の額または出資の総額が3億円以下の会社 ②常時使用する従業員の数が300人以下の会社および個人
卸売業	①資本金の額または出資の総額が1億円以下の会社 ②常時使用する従業員の数が100人以下の会社および個人
サービス業	①資本金の額または出資の総額が5000万円以下の会社 ②常時使用する従業員の数が100人以下の会社および個人
小売業	①資本金の額または出資の総額が5000万円以下の会社 ②常時使用する従業員の数が50人以下の会社および個人

★コラム7・2　入札談合事件の課徴金の対象

　　入札談合事件で課徴金対象となるのは，基本合意の対象となった商品等の全体ではなく，基本合意に基づく受注調整の結果具体的な競争制限効果が発生するに至ったものである（最判平24・2・20民集66巻2号796頁〔多摩談合（新井組）事件〕）。したがって，基本合意の対象であっても個別談合が成功せず競争制限効果が発生していないものは課徴金の対象とはならない。しかし，入札物件が基本合意の対象であり，これについて受注調整が行われたことおよび違反行為者が受注したことが認められれば，特段の反証がない限り，受注調整の結果競争制限効果が発生したものと推認される（東京高判平23・10・28審決集58巻（2）37頁〔ストーカ炉談合課徴金事件〕）。

協業組合等特別の法律により共同して事業を行うことを主たる目的として設立された組合のうち，業種ごとに上記の規模に相当するものも，中小事業者に該当する。

　中小事業者について「一定率」が軽減されているのは，①一般に中小事業者が活動する事業の範囲は大企業に比べ小さいため，企業全体の売上額に占める違反対象商品等の売上額の割合は高く，課徴金が経営に及ぼす影響が大きいと考えられること，および②これまで違反行為を繰り返している事業者の多くは大企業であり，違反行為防止という行政上の目的は，中小事業者に対する一定率を大企業と同じ水準にしなくても達成しうると考えられることによる。

　(ii)　私的独占　　支配型私的独占の場合は，課徴金対象となる違反行為をしたときから違反行為がなくなるまでの期間において違反事業者が被支配事業者に供給または自ら当該一定の取引分野に供給した違反対象商品等の売上額の合計に一定率を乗じて得た額である（7条の2第2項）。

　排除型私的独占の場合は，課徴金対象となる違反行為をしたときから違反行為がなくなるまでの期間において違反事業者が当該一定の取引分野において自ら供給しまたは当該一定の取引分野において違反対象商品を供給する他の事業者に供給した違反対象商品の売上額の合計に一定率を乗じて得た額である（同第4項）。

　課徴金の「一定率」は，支配型私的独占の場合は不当な取引制限に対するものと同様であるが（7条の2第2項），中小事業者に対する軽減の規定は適用されない。これは，中小事業者であっても，他の事業者の事業活動を支配できるほどの市場支配力を有し，それを行使して独占的利益を得ている者に軽減措置を適用する必要性は低いためである。排除型私的独占の場合は6％（小売業の場合は2％，卸売業の場合は1％）である（同第4項）。

　(iii)　不公正な取引方法　　優越的地位の濫用を除き，違反行為をした日から違反行為がなくなる日までの間の期間における次の額の3％（小売業は2％，卸売業は1％）に相当する額である。

　㋐直接供給拒絶の場合は，供給を拒絶・制限された事業者の競争者に違反事業者が供給した同一商品の売上額，間接供給拒絶の場合は，次の売上額の合計額（20条の2）

　①供給を拒絶・制限した事業者に違反事業者が供給した同一商品の売上額

②供給を拒絶・制限された事業者の競争者に違反事業者が供給した同一商品の売上額

③供給を拒絶・制限された事業者の競争者に供給を拒絶・制限した事業者が供給した同一商品の売上額

(ｲ) 差別対価，不当廉売および再販売価格の拘束の場合は，当該行為において供給した商品の売上額（20条の3〜20条の5）

また，優越的地位の濫用の場合は，違反行為をした日から違反行為がなくなる日までの間の期間における違反行為の相手方との間における取引額の1%に相当する額である（20条の6）。

(b) **課徴金の額の軽減**　不当な取引制限の場合，違反行為に着手した者に早期にやめるインセンティブを高めるため，違反期間が2年未満であって，立入検査または犯則調査手続による臨検・捜索・差押えが最初に行われた日の1月前までに違反行為をやめた者に対しては，「一定率」が軽減される（7条の2第6項）。事業者団体が不当な取引制限に相当する行為を行った場合に，構成事業者が早期に違反行為をやめた場合は，その構成事業者に対して軽減された「一定率」が適用される（8条の3）。

軽減後の「一定率」は，次のとおりである。

業　種	軽減後の一定率	
	原　則	中小事業者
小売業・卸売業以外	8%	3.2%
小売業	2.4%	1%
卸売業	1.6%	0.8%

(c) **課徴金の額の割増し**　(ⅰ)　違反行為を繰り返した者に対する割増し　不当な取引制限および私的独占の場合，審査開始日前10年以内に課徴金納付命令等を受けたことがある者に対しては，「一定率」が割増しされる（7条の2第7項）。これは，以前課徴金を納付したにもかかわらず違反行為を繰り返した事業者は，課徴金を納付してもなお違反行為を行うインセンティブが生じるほどの利益を得ていると考えられるためである。この割増しは，同一事業者が

課徴金納付命令の対象となる違反行為を繰り返せば適用されるのであり，違反対象商品等や違反の態様が異なっても適用される。事業者団体が違反行為を繰り返した場合，構成事業者の「一定率」は割増しされない。

　割増し後の「一定率」は，次のとおりである。

業　　種	割増し後の一定率		
	不当な取引制限・支配型私的独占		排除型私的独占
	原　　則	中小事業者（不当な取引制限の場合）	
小売業・卸売業以外	15％	6％	9％
小売業	4.5％	1.8％	3％
卸売業	3％	1.5％	1.5％

　(ii)　不当な取引制限の首謀者に対する割増し　　不当な取引制限の場合，次のいずれかに該当する者に対しては，「一定率」が割増しされる（7条の2第8項）。

　(ア)　単独でまたは共同して，当該違反行為をすることを企て，かつ，他の事業者に対し当該違反行為をすることまたはやめないことを要求し，依頼し，または唆すことにより，当該違反行為をさせ，またはやめさせなかった者

　(イ)　単独でまたは共同して，他の事業者の求めに応じて，継続的に他の事業者に対し当該違反行為に係る対価，供給量，購入量，市場占有率または取引の相手方について指定した者

　(ウ)　上記のほか，単独でまたは共同して，次のいずれかに該当する行為であって，当該違反行為を容易にすべき重要なものをした者

　①他の事業者に対し当該違反行為をすることまたはやめないことを要求し，依頼し，または唆すこと

　②他の事業者に対し当該違反行為に係る対価，供給量，購入量，市場占有率，取引の相手方その他当該違反行為の実行としての事業活動について指定すること（専ら自己の取引について指定することを除く）

　割増し後の「一定率」は，(i)の場合と同様である。

　不当な取引制限を行った事業者が(i)と(ii)の両方の要件に該当するときは，

「一定率」は次のようになる（7条の2第9項）。

業　種	一定率	
	原　則	中小事業者
小売業・卸売業以外	20%	8%
小売業	6%	2.4%
卸売業	4%	2%

(d)　課徴金の納付を命じる額の下限　上記の算定式で算定された課徴金の額が100万円未満であるときは，課徴金の納付を命ずることができない（7条の2第1項・20条の2〜20条の6）。

（4）　課徴金減免制度　カルテルや入札談合は，重大な違反行為であるが，密室で行われるため，発見や解明が困難である。したがって，違反行為を自ら報告してきた事業者に対して課徴金を減免しても，そのことにより，カルテルや入札談合の摘発・排除・防止ができれば，社会全体の利益は大きくなると考えられる。そのような制度（リニエンシー制度）は，米国で最初に導入され，その後，EU，欧州各国をはじめ，世界中に広まっている。わが国でも，平成17年の独禁法改正で課徴金減免制度が導入され，その後カルテルや入札談合の摘発に大きな成果を上げている。

(a)　課徴金が免除される場合　課徴金が免除されるのは，不当な取引制限を行って本来課徴金納付命令の対象となるべき事業者が，次のいずれにも該当する場合である（7条の2第10項）。

①　単独で，違反行為をした事業者のうち最初に公取委に違反行為に係る事実の報告および資料の提出を行ったこと（一定の要件に該当するグループ会社と共同で事実の報告および資料の提出を行った場合には単独で行ったものとみなされる〔7条の2第13項〕）

②　報告および資料の提出を行ったのが，当該違反行為に係る事件についての調査開始日（立入検査または犯則調査権に基づく臨検・捜索・差押えが行われなかったときは，当該違反行為について事前通知を受けた日）以降でないこと

③　当該事件の審査開始日以後において，当該違反行為をしていないこと

(b)　課徴金が減額される場合　　(i)　単独で，違反行為をした事業者のうち 2 番目に公取委に違反行為に係る事実の報告および資料の提出を行い，かつ，**(a)**②および③のいずれにも該当する事業者の課徴金は，上記の方法により計算した額から 50％減額される。また，違反行為をした事業者のうち 3 番目に公取委に違反行為に係る事実の報告および資料の提出を行いまたは 4 番目および 5 番目に公取委に違反行為に係る事実の報告および資料（すでに公取委によって把握されている事実に係るものを除く）の提出を行い，かつ，**(a)**②および③のいずれにも該当する事業者の課徴金は，上記の方法により算定した額から 30％減額される（7 条の 2 第 11 項）。6 番目以降に報告・資料の提出を行った事業者は，減額を受けることができない。

　　(ii)　調査開始日以前に違反行為に係る事実の報告および資料の提出を行った事業者の数が 5 社未満のときは，次のいずれにも該当する事業者の課徴金は，上記の方法により計算した額から 30％減額される（同第 12 項）。ただし，減額を受ける事業者は，調査開始日以前に違反行為に係る事実の報告および資料の提出を行った事業者と合わせて 5 番目までで，かつ，調査開始日以後に違反行為に係る事実の報告および資料の提出を行って減額を受ける事業者の数は，最大 3 社までである。

　　①　事件の調査開始日以降 20 日以内に（平 17 公取委規則 7 号「課徴金の減免に係る報告および資料の提出に関する規則」5 条），単独で，公取委に当該違反行為に係る事実の報告および資料の提出を行ったこと

★コラム 7・3　課徴金免除と刑事罰

　公取委の調査開始前に最初に報告した者に対しては，課徴金が免除されることになるが，他方で不当な取引制限等には罰則規定があるため，事業者は，刑事告発をおそれて課徴金減免制度の利用をためらう可能性がある。そこで，公取委は，課徴金免除の要件に該当する事業者およびその役職員を告発しないとの方針を明らかにしている（公取委平 17・10・7「独禁法違反に対する刑事告発および犯則調査事件の調査に関する公取委の方針」）。しかし，独禁法違反の罪は公取委の専属告発であるが，違反事業者が複数存在する場合，その 1 社を告発すれば，いわゆる告訴不可分の原則により，検察官は公取委が告発しなかった事業者やその役職員を起訴することは，理論上可能である。この点について，法務当局は，国会での法案審議の過程において，公取委があえて刑事告発を行わなかったという事実を十分考慮することになると考えられるので，措置減免制度は有効に機能すると考えている旨答弁している。実際，これまで公取委が課徴金を免除して告発しなかった事業者およびその役職員は起訴されていない。

② 報告および資料の提出がすでに公取委によって把握されている事実に係るものではないこと

③ 報告および資料の提出を行った日以後において，当該違反行為をしていないこと

なお，これらの場合にも，一定の要件に該当するグループ会社と共同で事実の報告および資料の提出を行った場合には，単独で行ったものとみなされる（同第13項）。

(c) 報告等の追加要求　公取委は，上記の規定により違反行為に係る事実の報告および資料の提出をした事業者に対し，課徴金納付命令または課徴金の納付を命じない旨の通知をするまでの間，当該違反行為に係る事実の報告または資料の提出を追加して求めることができる（7条の2第16項）。

(d) 課徴金の減免の不適用　公取委が，上記の規定により違反行為に係る事実の報告および資料の提出をした事業者に対して課徴金納付命令または課徴金の納付を命じない旨の通知をするまでの間に，次のいずれかに該当する事実があると認めるときは，課徴金の免除または減額は適用されない（同第17項）。

① 当該事業者が行った報告または提出した資料に虚偽の内容が含まれていたこと

② 公取委が報告等の追加要求をした場合において，当該事業者が求められた報告もしくは資料の提出をせず，または虚偽の報告もしくは資料の提出をしたこと

③ 当該事業者がした当該違反行為に係る事件において，当該事業者が他の事業者に対し当該違反行為をすることを強要し，または他の事業者が当該違反行為をやめることを妨害していたこと

（5） 罰金との調整　公取委が事業者に課徴金の納付を命じる場合，同一事件について，当該事業者に対し，罰金刑に処す確定裁判があるときは，上記の方法により算定した額から当該罰金額の2分の1に相当する金額を控除した額を課徴金の額とする（7条の2第19項）。ただし，上記の方法により計算した額が罰金額の2分の1に相当する金額以下である場合，または控除後の額が100万円未満であるときは，課徴金の納付は命じられない（同第20項）。また，課徴金の納付命令後に，同一事件について，課徴金納付命令を受けた者に対し，罰金刑に処する確定判決があったときは，公取委は，課徴金の額を，その額か

ら罰金額の2分の1に相当する金額を控除した額に変更しなければならない（63条1項）。納付命令に係る課徴金の額が罰金額の2分の1に相当する金額以下である場合，または控除後の額が100万円未満であるときは，課徴金納付命令を取り消さなければならない（同条1項・2項）。

　課徴金と刑事罰は，趣旨，目的，手続等を異にするので，両者を併科することは，二重処罰を禁止する憲法39条に違反するものではない（東京高判平5・5・21審決集40巻741頁〔ストレッチフィルム価格協定刑事事件〕）。しかし，両者は違反行為を防止するという機能面で共通する部分があるため，併科する場合にはこの共通する部分についての調整を行うことが政策的に適当と判断され，このような規定が置かれたものである。

　なお，事業者団体の違反行為の場合は，罰金刑を受けるのは事業者団体であることから，構成事業者に対する課徴金との調整は行われない。

（6）　課徴金納付命令手続　　課徴金の対象となる違反行為が行われた場合，公取委は，違反行為を行った事業者または事業者団体の構成事業者に対し，課徴金の納付を命じなければならない（7条の2第1項・第2項・8条の3・20条の2～20条の6）。違反行為の実行期間終了後5年を経過したときは，公取委は課徴金の納付を命ずることができない（7条の2第27項・20条の7）。

★コラム7・4　リニエンシー制度

　米国司法省は，1978年に，カルテル発覚前に自主的に司法省に報告した者に，刑事罰を減免することを真剣に考慮するとする免責方針を公表した。しかし，報告したものに対し減免が行われるか予測が困難なことから，ほとんど利用されなかった。米国でカルテル参加者によるカルテルの自主的な報告が相次ぐようになったのは，1993年に，司法省が「会社リニエンシー制度（Corporate Leniency Policy）」を公表して，カルテル発覚前に自主的に司法省に報告した会社に対し一定の条件が満たされれば必ず訴追を免除し，その会社の役員・従業員に対しても協力を条件に訴追を免除することとした後である。

　米国におけるリニエンシー制度の成功に触発されて，EUでも1996年に，カルテルの自主的な報告をした事業者に対し制裁金を減免するリニエンシー告示が制定された。この告示は，2002年および2006年に改正されている。EUのリニエンシー制度により課徴金が全額免除されるのは，①競争当局が違反行為をまだ認識していないときに審査を開始するために十分な情報を最初に提供した事業者または②競争当局が違反行為に対する措置をとるのに十分な証拠を入手していないときに措置をとるのに十分な証拠を最初に提供した事業者である。

　リニエンシー制度は，その後，欧州諸国やオーストラリア，韓国等多くの国に広まり，日本も平成17年改正で課徴金減免制度を設け，リニエンシー制度を導入した。

課徴金納付命令は文書によって行い，課徴金納付命令書には，①納付すべき課徴金の額，②課徴金の計算の基礎および③課徴金に係る違反行為ならびに④納期限を記載し，委員長および合議に出席した委員が記名押印しなければならない（62条1項）。公取委が課徴金納付命令をしようとするときは，排除措置命令の場合と同様の意見聴取を行う（同条4項）。

公取委は，課徴金免除の制度（7条の2第10項）によって課徴金の納付を命じないこととしたときは，当該事業者以外の事業者に対し課徴金納付命令をする際に，当該事業者に対し，文書で課徴金の納付を命じないことを通知する（同第18項）。

課徴金納付命令を受けた者が課徴金を納期限までに納付しないときは，公取委は督促状により納付を督促し（69条1項），それでも納付しないときは，国税滞納処分の例により，強制的に徴収することができる（同条4項）。また，納期限の翌日から納付の日までの日数に応じ，年14.5%の割合で計算した延滞金を徴収することができる（同条2項）。

5 不服審査手続

排除措置命令または課徴金納付命令に不服がある者は，行政事件訴訟法に基づき公取委を被告として抗告訴訟を提起できる（77条）。これらの訴訟は東京地裁の専属管轄であり（85条），東京地裁は3人または5人の裁判官の合議体で審理および裁判をする（86条）。また，控訴審である東京高裁も，5人の裁判官の合議体で審理および裁判をすることができる（87条）。

東京高等裁判所は，私的独占に該当するとして行った排除措置命令を取り消した審決に対し，排除措置命令で違反とされた行為によって排除されたとする事業者が審決取消訴訟を行った事件で，独禁法違反行為によって著しい業務上の損害を受けた事業者は審決の名宛人でなくても審決取消訴訟の原告適格があるとして独禁法違反行為の被害者の原告適格を認め（東京高判平25・11・1審決集60巻(2)22頁〔JASRAC事件〕），最高裁も原告適格を争う上告受理申立てを退けた（最決平27・4・14判例集未登載）。審判制度は廃止されたが，この判決の趣旨によれば，独禁法違反行為の被害者は排除措置命令の取消しを求める抗告訴訟に参加（行訴22条）でき，排除措置命令を取り消す判決に対し上訴できる場合があるであろう。

§3 刑事罰

1 独占禁止法違反に対する罰則

私的独占, 不当な取引制限, 事業者団体の禁止行為 (8条1項5号を除く), 独禁法に違反する企業結合等の違反行為および確定した排除命令に対する違反については, 罰則規定がある (89条～91条)。合併等の届出義務違反 (91条の2), 行政調査に対する妨害等 (94条・94条の2第1項) および審判における参考人・鑑定人の虚偽の陳述 (92条の2) や宣誓の拒否 (94条の2第2号) にも罰則がある。

法人等の役員・従業員が法人等の業務に関してこれらの違反行為を行ったときは, 行為者が罰せられるほか, 法人等も罰金刑を受ける (95条)

これらのほか, 公取委の委員長・委員・職員または委員長・委員・職員であった者の秘密保持義務 (39条) 違反にも罰則がある (93条)。

最近の独禁法違反刑事事件は, すべて不当な取引制限罪 (89条) によるものである。

不当な取引制限によって排除措置等の行政処分を受けるのは事業者であり, ほとんどの場合, 法人である会社である。しかし, わが国の刑事法は, 法人の犯罪能力を認めておらず, 両罰規定等によって法律が法人の処罰を規定している場合にのみ法人の処罰を認めている。そこで, 独禁法も, 両罰規定を設け, 実行行為者である自然人を罰するほか法人等の団体にも罰金刑を科すこととしている (95条)。犯罪が成立するためには構成要件に該当し, 違法性と有責性があることが必要だが, 法人等の団体を罰するためには, 実行行為者である役員または従業員がこれらの要件を充足している必要がある。また, 違反の計画または違反行為を知り, 防止または是正に必要な措置を講じなかった法人等の団体の代表者等にも罰金刑が科される (95条の2・95条の3)。

不当な取引制限の場合, 実行行為者は5年以下の懲役または500万円以下の罰金に, 会社は5億円以下の罰金に処せられる。会社に対する罰金の額が個人である実行行為者よりはるかに大きいのは, 会社は資金負担能力が大きく, 個人と同じ罰金額では有効な抑止力とならないことによるものである。

2 犯則調査

独禁法89条から91条までの罪に係る事件（犯則事件）の調査は，公取委が下記の犯則調査手続を用いて行う。

公取委の指定を受けた職員（委員会職員）は，犯則事件を調査するため必要があるときは，嫌疑者等に対して出頭を求め，質問し，所持する物件等を検査し，任意に提出した物件等を領置することができる（101条1項）。また，官公署または公私の団体に紹介して必要な事項の報告を求めることができる（同条2項）。報告を求められた官公署等は，報告する義務を負うと解され，本条による求めを受けて報告した場合には，守秘義務違反とはならない。

さらに，委員会職員は，裁判官に許可状を請求し（102条3項），許可状を得て（同条4項），臨検，捜索または差押えをすることができる（同条1項）。これらは，刑事手続での検証，捜索および押収に対応する強制処分である。委員会職員は，犯則事件の調査を終えたときは，調査の結果を公取委に報告しなけれ

★コラム7・5　入札談合事件における基本合意と遂行

不当な取引制限の罪は，一定の取引分野における競争を実質的に制限する内容の拘束力ある共同行為が行われれば既遂となる（東京高判昭55・9・26審決集27巻214頁〔石油価格協定刑事事件〕）ことから，入札談合においては，談合を行うことについての基本合意によって犯罪は既遂となり，そのときから時効が進行するとともに，その後個別の談合行為を行った者は実行行為者とならないのではないかという問題があった。しかし，裁判所は，相互拘束と遂行のいずれもが実行行為に該当し，個別談合行為は基本合意の「遂行」に該当するという解釈を示し，個別の談合行為を行った者も実行行為者に該当するとしている（東京高判平9・12・24審決集44巻753頁〔第一次東京都水道メーター談合刑事事件〕，東京高判平16・3・24審決集50巻915頁〔防衛庁石油製品談合刑事事件〕等）。

★コラム7・6　入札談合に関与した発注者側の者の処罰

入札談合の場合，発注官庁等の職員等が受注予定者の割り振りをするなど，入札談合に関与していることがある。独占法違反の罪の実行行為者は事業者の役員・従業員であるが，このような場合，関与した発注官庁等の職員等も共犯となる（東京高判平8・5・31審決集43巻579頁〔下水道談合刑事事件〕（幇助犯），東京高判平19・12・7審決集54巻809頁〔旧道路公団鋼橋上部工事談合事件〕および平20・7・4審決集55巻1057頁〔同事件〕（共同正犯））。なお，平成19年の入札談合等関与行為防止法の改正により，入札等の公平を害する行為を行った発注官庁等の職員等は5年以下の懲役または250万円以下の罰金に処されることになった（入札談合排除8条）。そして，その後は，入札談合に関与した発注官庁等の職員に対しては，入札談合等関与行為防止法の罰則規定が適用されている。

ばならない（115 条）。

3 告 発

　公取委は，犯則調査手続による調査により反則事件があるとの心証を得たときその他独禁法に違反する犯罪があると考えるときは，検事総長に告発しなければならない（74 条 1 項・2 項）。告発は文書によって行う（96 条 2 項）。89 条から 91 条までの罪は，公取委の告発がなければ起訴することができない（同条 1 項）。

　公取委は，平成 2 年 6 月に「独禁法違反行為に対する刑事告発に関する方針」を公表し，①一定の取引分野における競争を実質的に制限する価格カルテル，供給制限カルテル，市場分割協定，入札談合，共同ボイコットその他の違反行為であって国民生活に広範な影響を及ぼすと考えられる悪質かつ重大な事案，②違反行為を反復して行っている事業者・業界，排除措置に従わない事業者に係る違反行為のうち公取委の行う行政処分によっては独禁法の目的が達成できないと考えられる事案について，積極的に刑事処分を求めて告発を行う方針であることを表明した。また，平成 15 年の法改正で課徴金減免制度および犯則調査権限が導入されたことに伴い，これを平成 17 年 10 月に，「独禁法違反に対する刑事告発および犯則事件の調査に関する公取委の方針」に改め，公取委の調査開始前に最初に違反行為に係る事実の報告および資料の提出を行ったことにより，課徴金の納付が免除された事業者およびその事業者の役員，従業員等については，告発を行わないことを明記した。また，前記①または②に該当すると疑うに足りる相当の理由のある事件について犯則調査を行い，その結果これに該当する心証を得た場合に告発するとしている。

★コラム 7・7　犯則調査と行政調査

　公取委はかつて，行政調査の結果，独禁法違反の犯罪があると考えるときに告発を行っていた。しかし，行政調査権限について「犯罪捜査のために認められたものと解釈してはならない」とする規定（47 条 4 項）との関係で疑義があるため，平成 17 年改正で犯則調査権限が導入され，告発事件は犯則調査権限を用いて調査することとされた。

　犯則調査権限を用いて収集した証拠を行政調査手続において使用することは可能であり，公取委は告発後さらに行政調査権限を用いて必要な調査を行い，排除措置命令および課徴金納付命令を行っている。

4 捜査・起訴・刑事裁判

　検事総長が告発を受けると，検察官が当該事件を捜査し，起訴等の処分をすることになる。公取委は，犯則調査による領置物件または差押物件があるときは，検察官に引き継がなければならない（116条）。公取委が告発した事件について不起訴処分をしたときは，検事総長は，法務大臣を経由して，その旨およびその理由を，文書で内閣総理大臣に報告しなければならない（74条3項）。

　独禁法違反刑事事件の第1審の裁判権は各地方裁判所にあるが（84条の3），東京地裁および各高等裁判所所在地の地方裁判所も事件を管轄することができる（84条の4）。

　なお，平成17年改正法施行前は，第1審の裁判権は東京高裁にあった。

> ◆ケース7・1　溶融亜鉛めっき鋼板価格カルテル事件
>
> 　公取委は，溶融亜鉛めっき鋼板および鋼帯の製造販売事業者が価格引上げカルテルを行ったとして，事業者3社（平20・11・11告発）および商品の販売業務に従事していた従業者6名（平20・12・8告発）を検事総長に告発した。
> 　これを受けて，検察庁は，これらの会社および個人を起訴し，東京地裁は3社に1億8000万円〜1億6000万円の罰金を科し，6名に1年〜10カ月の懲役刑（執行猶予付）を科した（東京地判平21・9・15審決集56巻（2）675頁）。
> 　さらに，公取委は，3社に対し排除措置命令および課徴金納付命令を行った（平21・8・27排除措置命令・審決集56巻（2）52頁）。違反行為を審査開始前最初に報告し課徴金免除申請をした事業者は，課徴金を免除され，排除措置命令も受けなかった。また，当該事業者とその従業者は告発を免除され，起訴されなかった。

§4　民事的救済

1 損害賠償請求

　（1）　意　義　　独禁法違反行為の被害者は，独禁法25条または民法709条に基づいて，違反行為者に対して損害賠償を請求できる。損害賠償請求をする際，独禁法違反行為が存在すること，当該違反行為によって損害が生じたこと（因果関係），損害額，について主張立証しなければならないことが被害者にとってとくに問題となる。

　（2）　独禁法25条に基づく損害賠償請求　　独禁法は，特別の損害賠償制度を設けている（25条訴訟とも呼ばれる）。同条にいう「被害者」には，事業者

だけでなく，一般消費者も含まれる（東京高判昭 52・9・19 審決集 24 巻 313 頁〔松下電器産業損害賠償請求事件〕）。以下の特徴があげられる。①事業者および事業者団体は，故意または過失がなかったことを証明しても，損害賠償責任を免れることはできない（無過失損害賠償責任。25 条 2 項）。被害者の立証責任を軽減する趣旨である。②損害賠償請求訴訟は，当該違反行為に対して公取委の排除措置命令等が確定した後でなければ提起できない（排除措置命令等前置主義。26 条 1 項）。所定の違反行為に係る公取委の判断の確定が必要である。従前は公取委の審決が確定した後とする審決前置主義であった。③損害賠償請求権は，排除措置命令等が確定した日から 3 年を経過したとき，時効により消滅する（26 条 2 項）。起算点は排除措置命令等の確定日である。④第 1 審の裁判権は東京地裁に属する（専属管轄。85 条の 2）。3 人の裁判官の合議体で審理・裁判をするが，5 人の合議体とすることもできる（86 条）。平成 25 年法改正前は，第 1 審の裁判権は東京高裁に属し，常に 5 人の裁判官による特別の合議体が設けられていた。⑤裁判所は，公取委に対して損害額について意見を求めることができる（求意見制度。84 条 1 項）。従前は「遅滞なく」，「意見を求めなければならない」という義務的制度であった（広島市上水道本管工事入札談合事件，町田市土木一式工事等入札談合事件に裁判所からの求意見に対する意見書の一例がある）が，任意的な制度に変更された。意見を求める対象は，損害額だけでなく，損害の有無，独禁法違反行為と損害との因果関係も含まれる。公取委の意見は「一つの参考資料にすぎず，裁判所の判断を何ら拘束するものではない」（最判昭 62・7・2 民集 41 巻 5 号 785 頁〔東京灯油訴訟事件〕）。

コンビニエンス・ストアのいわゆるデイリー商品の見切り販売が問題となった事案において，東京高裁は，「25 条に基づく損害賠償請求権は，本件排除措置命令において違反行為と認定された行為によるものに限って認められる」と解している（東京高判平 26・5・30 判タ 1403 号 299 頁〔セブン-イレブン 25 条訴訟〕）。

（3）民法 709 条に基づく損害賠償請求　最高裁は，独禁法違反の行為によって「自己の法的利益を害された者は，当該行為が民法上の不法行為に該当する限り」，「一般の例に従って損害賠償の請求をすることを妨げられない」と解しており（最判平元・12・8 民集 43 巻 11 号 1259 頁〔鶴岡灯油訴訟事件〕），独禁法違反行為により損害を受けた者は，民法上の不法行為に基づく損害賠償請求も

第7章　独占禁止法の運用　207

行うことができる（独禁法違反行為は，通常，権利または法律上保護される利益の侵害の要件を充足する）。

　被害者は，25条か民法709条か，いずれによって損害賠償請求をするかを判断することになる。民法709条は，不法行為の要件として，故意または過失を要するとしている（過失責任の原則）。損害賠償請求権の消滅時効は，被害者が「損害及び加害者を知った時」から3年である（民724条。下水道工事の指名競争入札において談合が行われたが，不法行為に基づく損害賠償請求権は，時効により消滅しているとされた裁判例がある。新潟地判平22・12・28判タ1380号152頁）。25条訴訟の場合，排除措置命令等の確定が訴訟要件となっていること，民法709条に基づく場合，消滅時効の起算点が「損害及び加害者を知った時」であることに，両者の相違点がある。「法25条に基づく損害賠償請求権と，民法709条に基づく損害賠償請求権は別個の請求権というべきであり，民事訴訟における訴訟物を異にする」と解されている（東京高判平19・11・16審決集54巻725頁〔三井住友銀行金利スワップ販売損害賠償請求事件〕）。民法709条に基づく損害賠償請求で敗訴したが，25条に基づいて損害賠償を請求することも可能である。

　（4）　損害額の算定方法　　損害については，たとえば価格カルテルの場合，現実購入価格と（独禁法違反がなければ購入したであろう）想定購入価格との差という，いわゆる差額説がとられている。損害賠償請求訴訟においては，損害額の立証が問題になる。損害額の算定方法には，前後理論，物差理論，市場占拠率理論（市場占拠率理論に基づく損害額を認定した裁判例として，東京地判平9・4・9審決集44巻635頁〔日本遊戯銃協同組合事件〕）等がある。入札談合に関する住民訴訟においては，民訴法248条が活用されている。奈良地裁は「入札談合における損害とは，そもそも損害の性質上その額を立証することが極めて困難であるときに該当する」とし，民訴法248条に則り，被告らの一連の談合行為の態様，本件各工事の契約価格，公取委における課徴金納付命令に至る経緯等の諸事情，

★コラム7・8　独禁法違反行為の存在

　損害賠償請求する際，まず独禁法違反行為の存在が問題になる。公取委が審決において認定した違反事実が，損害賠償請求訴訟において，裁判所を拘束するのかどうかが問題になっていた。最高裁（前掲・最判昭62・7・2〔東京灯油訴訟事件〕，前掲・最判平元・12・8〔鶴岡灯油訴訟事件〕）は，審決の種類に応じて推定力の強弱を認め，とくに勧告審決の事実上の推定力をきわめて低くみていた。

被告らの弁論の全趣旨などを総合勘案して，被告らの談合行為により奈良県の被った損害の相当額を，本件各契約の契約価格の5％と認定した（奈良地判平11・10・20判夕1041号182頁〔奈良県入札談合住民訴訟事件〕）。民訴法248条にいう「相当な損害額」については，契約金額の5％のほか，7％，10％などと認定した裁判例がある。25条訴訟においても，民訴法248条が適用された例がある（町田市土木工事入札談合事件において，東京高判平18・1・27審決集52巻995頁，東京高判平19・3・23審決集53巻1069頁）。

（5）　過失相殺　　独禁法違反に過失相殺（民722条2項）を適用することができる。損害賠償額算定にあたり，被害者にも過失があった場合，これを斟酌するのが公平である（原告が工事の発注に関し指名業者間で談合が行われやすい，

★コラム7・9　公取委が保有する情報の活用

（イ）　審判制度の下では，公取委の審判事件の事件記録の閲覧謄写を求め，これを損害賠償請求訴訟において活用することがあった。旧々69条（旧70条の15）は，事件記録の閲覧謄写等を認めていた。同条は，請求権を有する者が利害関係人であること以外，制限する規定を定めていなかった。公取委が閲覧謄写の範囲を一部制限することの可否が問題となった事案において，東京高裁は開示を命じた（東京高判平18・9・27審決集53巻1011頁〔函館新聞社記録閲覧謄写請求事件〕）。平成21年法改正により，公取委が開示を制限できる旨明確化したが，審判制度の廃止に伴い，70条の15が削除された。抗告訴訟の事件記録の閲覧・謄写等については，民訴法の定め（91条・92条）に従うことになる。
（ロ）　公取委が調査の過程で収集した資料について，文書提出命令が申し立てられることがある。談合をしたとして公取委から課徴金納付命令を受けたため，代表訴訟が提起された際，株主が，公取委が従業員から聴取し作成した供述調書および会社が公取委の報告命令に基づき談合について報告した文書について，提出命令を申し立てた事案がある。裁判所は，各文書の提出が，民訴法220条4号ロにいう「公務の遂行に著しい支障を生ずるおそれがある」に該当しないとして，文書の提出を命じた（東京地決平18・9・1金判1250号14頁〔五洋建設文書提出命令申立事件〕，その抗告審東京高決平19・2・16金判1303号58頁）。光ファイバーケーブル製品等に関してカルテルがあったとして課徴金納付命令を受けたため，株主が提起した代表訴訟において，供述調書等を開示すると，公取委の審査業務という公務の遂行に著しい支障を生ずる具体的なおそれがあるのかどうかが争点となった事案がある。大阪地裁は，端緒情報で，公取委による終局的な処分が未了部分について，公務の遂行に著しい支障が生ずる具体的なおそれを認めている（大阪地決平24・6・15判時2173号58頁〔住友電工文書提出命令申立事件〕）。
（ハ）　被害者は，文書送付嘱託（民訴226条）の活用により，公取委の支援を受けることもできる。公取委は，平成3年5月15日，「独占禁止法違反行為に係る損害賠償請求訴訟に関する資料の提供等について」を公表し，損害賠償請求訴訟提起後，文書送付嘱託があった場合の対応を明らかにしている。

第7章　独占禁止法の運用　209

指名競争入札制度を採用していたためであるとして過失相殺を主張したが，それを採用していない裁判例として，前掲・東京高判平 19・3・23〔町田市土木工事入札談合事件〕）。

　（6）　損害賠償請求訴訟の状況　　民法 709 条に基づく損害賠償請求が多いが，認められた事件は非常に少ない。東芝エレベータテクノス事件（大阪高判平 5・7・30 審決集 40 巻 651 頁），日本遊戯銃協同組合事件（前掲・東京地判平 9・4・9），茨城県不動産鑑定士協会事件（東京地八王子支判平 13・9・6 判タ 1116 号 273 頁）などがこれに当たる。

　25 条に基づく損害賠償請求訴訟の例はこれまで少なかった。審決前置主義がとられていたこと，第 1 審の裁判権が東京高裁に属していたことなどがその理由とされる。近時，損害賠償請求が認容された事案が増えている（前掲・東京高判平 19・3・23〔町田市土木工事入札談合事件〕。東京高判平 19・6・8 審決集 54 巻 719 頁〔大阪市発注配水管工事跡舗装復旧工事入札談合事件〕）。デイリー商品（品質が劣化しやすい食品および飲料であって，原則として毎日店舗に納品されるもの）に係る見切り販売（販売価格から値引きした価格で販売する行為）を行おうとし，または行っている加盟者に対する妨害行為によって損害を被ったとして賠償を求めたセブン－イレブン値引き制限訴訟において，東京高裁は損害賠償を認めている（東京高判平 25・8・30 判時 2209 号 10 頁。また，東京高判平 26・12・19 判例集未登載）。住民訴訟においては，損害賠償請求がかなり認められている。

2　差止請求

　（1）　意　義　　独禁法違反行為は，反復・継続して行われることが多い。将来，違反行為がなされるおそれがある場合がある。損害賠償請求は事後的救済手段であり，権利救済として不充分である。排除措置命令が行われるとは限らない。ジーンズ製品（ズボン）について，出荷停止の差止請求が却下された

★コラム 7・10　景品表示法における消費者団体訴訟

　不当表示は，多数の消費者に被害をもたらすものである。景品表示法は，消費者契約法（2 条 4 項）に規定する適格消費者団体による差止請求を認める制度を導入した（景表 10 条）。クロレラやウコギの薬効を説明した新聞折込みチラシは優良誤認表示に当たるとし，裁判所が差止めを初めて認めた事件がある（京都地判平 27・1・21 金判 1467 号 54 頁〔クロレラチラシ配布差止等請求事件〕）。独禁法において団体による差止請求を認めるかどうかは，今後の立法上の課題といえる。

ことがある（大阪地決平5・6・21判タ829号232頁〔エドウィン事件〕）。平成12年法改正により，私人による差止請求制度が導入された（24条。特許法100条，不正競争防止法3条等参照）。差止請求を提起できるのは，事業者，消費者等である。被害者に代わって，消費者団体等の団体が訴えを提起することは認められていない。

（**2**）**原告適格**　被告側が本案前の抗弁として，24条にいう「その利益を侵害され，又は侵害されるおそれがある者」とは，原告適格を定めたものであり，原告は，上記要件に該当しておらず，原告適格を欠くとして争うことがある。原告適格を欠いている場合，訴えは却下されることになる。「24条の文言は，実体法上の差止請求権の発生要件事実とは別異に，当該差止請求権に基づき訴訟を遂行し得る資格を定めるものとは解されない」とされ（東京地判平16・3・18判時1855号145頁〔日本テクノ事件〕），24条の文言は，訴訟要件としての原告適格を定めたものではないと解されている。原告適格はゆるやかに解釈されており，「原告は，本案訴訟の訴訟物である差止請求権を有すると主張する者であるから，原告適格が認められる」ことになる（大阪地判平16・6・9審決集51巻935頁〔関西国際空港新聞販売取引拒絶事件〕）。

（**3**）**対象**　差止請求の対象となる独禁法行為は，不公正な取引方法に係るもの（8条5号違反行為，19条違反行為）に限定されている。損害賠償の場合と比べて範囲が狭い（25条参照）。私的独占，不当な取引制限，下請法違反行為も，不公正な取引方法として再構成できる限りで，差止請求は可能である。

（**4**）**要件**　故意過失は要件とされていない。

（**a**）**利益侵害**　24条は，違反行為によって「その利益を侵害され，又は侵害されるおそれ」を要件としている。同条にいう利益とは，「公正かつ自由な競争が行われている市場において取引を行っていく上で得られる利益」（東京地判平19・10・15審決集54巻696頁〔東京都石油商業組合事件〕。東京都石油商業組合自身はガソリンの販売を行っているわけではないとして利益侵害を否定している），あるいは「法的に保護に値する利益」（松山地判平19・12・18審決集54巻712頁〔扶桑社事件〕。扶桑社版『新しい歴史教科書』が採択されたことによる不快感について，そのような不快感を受けない利益は，法的に保護に値する利益と認めるに足りないとする）であると解されている。

（**b**）**著しい損害**　差止めは，利益侵害に加え，所定の違反行為により被害者に「著しい損害を生じ，又は生ずるおそれがある」ときに認められる。個々

の事案に即して裁判所が判断することになる。大阪高判平17・7・5審決集52巻856頁〔関西国際空港新聞販売取引拒絶事件〕は，「損害賠償請求が認められる場合より，高度の違法性を有すること，すなわち，被侵害利益が同上の場合より大きく，侵害行為の悪性が同上の場合より高い場合に差止が認容されるものというべきであり，その存否については，当該違反行為及び損害の態様，程度等を勘案して判断するのが相当である」とする。いわゆる違法性段階説をとったものと思われる。また，著しい損害とは，「例えば，当該事業者が市場から排除されるおそれがある場合や新規参入が阻止されている場合等独占禁止法違反行為によって回復し難い損害が生ずる場合や，金銭賠償では救済として不十分な場合等がこの要件に該当する」と解する裁判例がある（東京高判平19・11・28審決集54巻699頁〔ヤマト運輸不当廉売事件〕）。

判断の基準時であるが，「差止請求を基礎付ける利益侵害，著しい損害も，事実審口頭弁論の終結時に現存し，又は発生の蓋然性があることを要する」と解されている（前掲・東京高判平19・11・28〔ヤマト運輸不当廉売事件〕）。

（5）手続 (a) 担保の提供 裁判所は，濫訴を防止するために，原告に相当の担保の提供を命じることができる（78条。担保提供命令制度）。

(b) 裁判所と公取委との関係 公取委と裁判所の判断に齟齬が生じないように，差止請求訴訟が提起された場合，裁判所からその旨を公取委に通知し（79条1項），意見を求めることができる（同条2項）。裁量的求意見である。公取委は，裁判所に対し意見を述べることができるが（同条3項。意見陳述制度），

★コラム7・11　作為命令の可否

24条は「侵害の停止又は予防を請求することができる」とする。差止請求訴訟の判決において，不作為命令（〜してはならない）は認められるが，作為義務を課すことができるのかどうか争いがある。継続的取引契約において出荷停止された商品の引渡請求に関して，東京地判平16・4・15判タ1163号235頁〔三光丸事件〕は，「差止請求は，相手方に直接的な作為義務を課すことは予定していないというべきである。また，仮に直接的な作為義務を認めたとしても，強制執行は不可能であり，この点からも，直接的な作為義務を課すことは，法制度上，想定されていない」とする。ソフトバンク対NTT東西事件において，東京地裁は，「不公正な取引方法に係る規制に違反する行為が不作為によるものである場合もあり得ることから考えると，差止請求の対象である『その侵害の停止又は予防』は，不作為による損害を停止又は予防するための作為を含む」と解している（東京地判平26・6・19判時2232号102頁）。

裁判所を拘束しない。

(c) 裁判管轄の特例　差止請求訴訟は通常の民事訴訟であるが，専門的な判断が必要であり，判断の統一性確保を図るために，裁判管轄の特例が定められている。民訴法の原則により管轄権を有する裁判所（民訴4条・5条9号）のほかに，競合的な管轄権（東京地方裁判所，各高等裁判所所在地を管轄する地方裁判所）を認めている（84条の2第1項）。独禁法違反行為に対する差止請求訴訟と，当該独禁法違反行為により受けた損害賠償請求訴訟の併合請求も可能である（同条第2項）。差止請求訴訟が複数の裁判所に係属する場合，集中して審理するために，他の裁判所に移送することができる（87条の2）。

3　住民訴訟

住民訴訟とは，地方公共団体の財産管理の適正をはかるため，地方自治法上，創設された訴訟である（地自242条の2）。住民は，まず監査委員に対する監査請求を経なければならない（住民監査請求前置主義。地自242条の2第1項）。地方公共団体の内部で，専門的機関である監査委員の判断をあおぐことが適切であること，簡易迅速な事件処理が図られることなどがその理由である。住民監査請求の対象となる行為は，違法，不当な財務会計上の行為または怠る事実である（地自242条1項）。監査請求には1年間の期間制限がある（同条2項）。いつまでも監査請求の対象となり得るとしておくことは，法的安定性を損ない好ましくないからである（最判昭63・4・22判時1280号63頁）。怠る事実に係る請求

★コラム7・12　差止請求訴訟における文書提出命令の特則および秘密保持命令制度

独禁法違反行為を立証するために必要な文書を，侵害者側が所持している場合がある。差止請求訴訟を提起しても，原告には主張・立証責任があるため，勝訴しにくいのが現状である。平成21年法改正により，証拠をできるだけ原告側が収集できるように，差止請求訴訟に関して，文書提出命令の特則を導入することになった（80条。書類提出命令制度とも呼ばれる）。文書の提出を拒む正当な理由があるとき以外は，文書の提出を求めることができる。正当な理由があるのかどうかの判断は，イン・カメラ手続により行われる（同条2項）。正当な理由は，どのような場合に認められるかが新たに問題になろう。裁判所は当事者等に対し書類の開示をすることができる（同条3項）。

裁判所の判断によっては営業秘密が記載された書類も開示される場合があるため，秘密保持命令制度が導入された（81条）。

については，地自法 242 条 2 項の適用はない（最判昭 53・6・23 判時 897 号 54 頁）。怠る事実は不作為によって招来されるものであり，期間計算の起算点を求めることが困難だからである。談合をした指名業者らに対する損害賠償請求権の行使を怠る事実に係る住民監査請求にも地自法 242 条 2 項は適用されない（最判平 14・7・2 民集 56 巻 6 号 1049 頁）。

入札談合は，不当な取引制限（3 条後段）に該当する。地方公共団体が係わる公共入札において，業者らの談合行為により地方公共団体が不当に高額の支

★コラム 7・13　差止請求訴訟認容裁判例

不公正な取引方法に該当しないと解され，棄却されている裁判例が多い。仮処分申立事件であるが，認容された初めての事件としてドライアイス取引妨害事件がある。競合避止義務に違反した，近々倒産する等旨の告知をしたことが誹謗中傷に当たり，不当な取引妨害に該当するとし，利益侵害と著しい損害のおそれを認めた（東京地決平 23・3・30 判例集未登載）。

JR 矢板駅と栃木県立矢板高校間において，路線バスを無償で運行を開始したことが一般指定 6 項（不当廉売）に当たるとして差止請求した事案〔矢板無料バス事件〕において，第 1 審は，「競合するバスの営業区間で，一方のバスの運賃が無償であることが，不当に低い対価であることは，間違いない」として差止めを認めた（宇都宮地大田原支判平 23・11・8 審決集 58 巻（2）248 頁）。控訴審は，無償運行は「口頭弁論終結時においては行われておらず」，「再びこのような無償運行を行う具体的な計画の存在も認められないのであるから」，事実審の口頭弁論終結時において，利益侵害および著しい損害が現存し，または発生の蓋然性があるといえる状況にないとして，原判決を取り消した（東京高判平 24・4・17 審決集 59 巻（2）107 頁）。

神戸市等を営業区域とする個人タクシーを営む X らが，神戸電鉄の子会社であり，神戸電鉄沿線を中心にタクシー事業を営む法人 Y に対して，鈴蘭台駅前および北鈴蘭台駅前タクシー待機場所に，個人タクシー事業者が乗り入れることを求めていた。Y 乗務員が，X らが乗務するタクシーの前に立ちはだかったり，タクシーの後部ドア横に座り込んだり，Y タクシーを発車させずに X らが客待ちの先頭にならないようにしたり，後方で客待ちしている Y タクシーに客を誘導するなどした。X らは，Y の行為は一般指定 14 項に該当し，19 条に違反すると主張して，妨害行為の差止めを求めた事案〔神鉄タクシー事件〕において，第 1 審は，Y の行為は取引妨害に当たり，19 条違反行為があったことを認めた。しかし「X らの営業区域には，鈴蘭台駅及び北鈴蘭台駅のほかにもタクシーの客待ちに適した待機場所がある」ことがうかがわれ，X らは日々の売上が一定程度あり，長期にわたりタクシー営業を営んできたことを理由に，「X らに本件独禁法違反行為によって，回復し難い損害が生じるとか，金銭賠償による救済では不十分である」とまでは認められないとして，差止請求を棄却した（神戸地判平 26・1・14 判例集未登載）。控訴審は，「このような損害の内容，程度，独禁法違反行為の態様等を総合勘案すると，X らが Y の独禁法 19 条違反行為によって利益を侵害され，侵害されるおそれがあることによって生じる損害は著しいものというべきである」として，差止請求を認容した（大阪高判平 26・10・31 判タ 1409 号 209 頁）。

払いを余儀なくされたとして，損害賠償を求める住民訴訟が多数提起されている（地自242条の2第1項4号）。4号訴訟（または4号請求）と呼ばれる。4号訴訟は，従前は住民が当該地方公共団体に代位して，個人としての首長や担当職員等を被告に損害賠償等を請求する訴訟であった（代位請求訴訟）。しかし，首長や職員等は，裁判に伴う費用を負担し，勤労意欲が低下し，地方公共団体が積極的な政策展開を行うことが困難になるなどの弊害が指摘されていた。平成14年地自法改正により，住民は地方公共団体の執行機関または職員（機関としての職員）に対し，談合を行った事業者に対して損害賠償等の請求をすることを求める義務付け訴訟となった（新4号訴訟）。機関を被告とする。原告の請求を認容する判決が確定した場合，地方公共団体の長は，請求に係る損害賠償または不当利得の支払い等を請求しなければならない（地自242条の3第1項）。

★コラム7・14　放棄議決

住民訴訟が係属中に，地方公共団体の議会が損害賠償請求権や不当利得請求権を放棄することがある。議会の意思を尊重すべきか（地自96条1項10号は何らの制限を規定していない），議決の適法性について見解が分かれていた。

最高裁は，「住民訴訟の対象とされている損害賠償請求権又は不当利得返還請求権を放棄する旨の議決がされた場合についてみると，このような請求権が認められる場合は様々であり，個々の事案ごとに，当該請求権の発生原因である財務会計行為等の性質，内容，原因，経緯及び影響，当該議決の趣旨及び経緯，当該請求権の放棄又は行使の影響，住民訴訟の係属の有無及び経緯，事後の状況その他の諸般の事情を総合考慮して，これを放棄することが普通地方公共団体の民主的かつ実効的な行政運営の確保を旨とする同法の趣旨等に照らして不合理であって上記の裁量権の範囲の逸脱又はその濫用に当たると認められるときは，その議決は違法となり，当該放棄は無効となるものと解するのが相当である」との判断を示した（最判平24・4・20民集66巻6号2583頁〔神戸市〕，判時2168号45頁〔大東市〕。最判平24・4・23民集66巻6号2789頁〔栃木県さくら市〕）。総務省により，立法的対応案が示されている。

★コラム7・15　住民訴訟と地方公共団体の損害賠償請求訴訟との関係

住民が民法709条に基づき，その後に地方公共団体が独禁法25条に基づき損害賠償請求したが，重複訴訟の禁止（民訴142条）に該当するのではないか，住民訴訟を不当に蒸し返すもので，訴訟上の信義則に反するのではないかが争点になった事案がある。東京高裁は，住民訴訟を不当に蒸し返すものであるとか，訴訟上の信義則に反するものであるということはできないと解している（東京高判平25・3・15審決集59巻（2）311頁〔熱海市ストーカ炉損害賠償請求事件〕）。

支払いがなされない場合，地方公共団体は，訴訟を提起しなければならない（地自242条の3第2項）。2段階の構成となった。

4　株主代表訴訟

　取締役等の会社に対する責任は，本来会社が追及すべきであるが，仲間意識や馴れ合い等のため，責任追及を怠る場合がある。株主は株式会社のために責任追求等の訴えを提起できる（会社847条。株主代表訴訟または代表訴訟）。

　独禁法に関係する事件は少ない。損失補填は，（平成17年法改正前）商法266条1項5号にいう「法令又ハ定款ニ違反スル行為ヲ為シタルトキ」に違反するとして，株主が代表訴訟を提起した事件がある。最高裁は，独禁法19条の規定も法令に含まれるとした。もっとも，取締役が本件損失補填を決定し，実施した時点において，「その行為が独占禁止法に違反するとの認識を有するに至らなかったことにはやむを得ない事情があった」，本件損失補填が独禁法19条に違反する行為であることをもって，取締役らにつき損害賠償責任を肯認することはできないとして，株主の上告を棄却した（最判平12・7・7民集54巻6号1767頁〔野村證券事件〕）。

　談合行為をしたことにより会社が公取委から課徴金納付命令を受けたため，会社に損害が生じ，株主が取締役に対して，課徴金相当額の損害賠償金を会社に支払うよう代表訴訟を提起することがある（一例として，前掲・東京地決平18・9・1〔五洋建設文書提出命令申立事件〕）。課徴金減免制度（リニエンシー）を早期に利用すべきであったのに，これを怠り，会社に損害を与えたとして代表訴訟が提起される場合がある。住友電工文書提出命令申立事件の基本事件は，課徴金減免申請を適時に行わなかったなどとして，株主が当時の取締役に対して，善管注意義務違反があったとして，課徴金相当額の損害賠償金を住友電工に支払うよう求めた代表訴訟である（前掲・大阪地決平24・6・15〔住友電工文書提出命令申立事件〕）。

5　独占禁止法違反行為の私法上の効力

　契約の当事者が，契約が独禁法に違反する，または契約解除が独禁法に違反することを理由に，私法上無効を主張して，債務不存在の確認，契約上の地位の確認，注文に係る商品の引渡し等を求めることがある。

　最高裁は，資金の貸付けを受ける事業者に対して，拘束預金を余儀なくさせ

た事案において，「独禁法 19 条に違反した契約の私法上の効力については，その契約が公序良俗に反するとされるような場合は格別として」，同条が強行法規であるからとの理由で直ちに無効であると解すべきではないとした（最判昭 52・6・20 民集 31 巻 4 号 449 頁〔岐阜商工信用組合事件〕）。どのような場合に公序良俗に反することになるのかが問題として残る。その後の下級審において，最高裁判決をふまえ，公序良俗に反し民法 90 条により無効とした裁判例として，東京地判昭 56・9・30 判時 1045 号 105 頁〔あさひ書籍販売事件〕（20 年間，指定業者以外から仕入れることができない特約について），東京地判昭 59・10・25 判時 1165 号 119 頁〔品川信用組合事件〕（信用組合から融資を受ける条件としてなされた債務引受契約において，利息制限法所定の制限を超えた実質金利の支払いを余儀なくされた），大阪地判平元・6・5 判時 1331 号 97 頁〔日本機電事件〕（競合製品取扱禁止と販売定価の 10 倍の損害賠償を支払う旨の約束）などがある。花王事件控訴審判決は，「独禁法に違反する私法上の行為の効力は，強行法規違反の故に直ちに無効となるとはいえないが，違反行為の目的，その態様，違法性の強弱，その明確性の程度等に照らし，当該行為を有効として独禁法の規定する措置に委ねたのでは，その目的が充分に達せられない場合には，公序良俗に違反するものとして民法 90 条により無効となる」としている（東京高判平 9・7・31 高民集 50 巻 2 号 260 頁）。

　独禁法に違反する行為は，原則として，公序良俗に反し，民法 90 条により無効と解すべきである。しかし，問題となっている当該規定の趣旨，違反行為の態様，取引の安全等，個々の事案の具体的事情に照らし，特別な事情があれば，例外的に有効と判断せざるをえない場合もあろう。

第**8**章　独占禁止法の適用除外

§1　総　説

　独占禁止法（以下「独禁法」という）に違反する行為であっても，一定の場合，独禁法の規定の適用が例外的に除外されることがある。すなわち，形式的には独禁法に違反しているようにみえるが，違反とならない場合がある。これを「適用除外」という。適用除外制度とは，独禁法の適用を例外的に除外する制度である。

　適用除外制度には，独禁法自体に基づくものと，独禁法以外の個別の法律に基づくものとがある。独禁法以外の法律で，独禁法の適用を除外する制度を設けている法律として，たとえば，「農業協同組合法」，「中小企業団体の組織に関する法律」，「保険業法」，「輸出入取引法」などがある。

　独禁法（第6章）が定める適用除外には，知的財産法による権利行使（21条），

★コラム8・1　適用除外制度の見直し

　昭和22年の独禁法制定当時から適用除外制度に関する規定が存在していた。昭和20年代から30年代にかけて適用除外制度が設けられたが，大部分はカルテルに関するものである。しかし，適用除外制度はあくまでも例外的なものであり，政府の規制緩和政策により，適用除外制度を見直し，次第に廃止されていった。カルテルは原則禁止されるが，不況カルテル（旧24条の3）は，不況事態が深刻化した場合に，これに対応するため，生産業者等が生産数量，販売数量，設備の制限，対価の決定に係る共同行為を認めていた。また，合理化カルテル（旧24条の4）は，生産業者等が合理化を遂行するためにとくに必要がある場合，技術の制限，生産品種の制限などの共同行為を認めていた。これらは，昭和28年の法改正により導入された規定であるが，平成11年法改正により削除された。適用除外法も廃止された。さらに，旧21条は，「鉄道事業，電気事業，瓦斯事業その他その性質上当然に独占となる事業を営む者の行う生産，販売又は供給に関する行為であってその事業に固有のものについては」独禁法を適用しないと定めていた。この種の事業では，競争企業の併存が事実上困難である。いわゆる経済理論上の自然独占に関する適用除外規定であったが，これら公益事業についても規制緩和が進み，平成12年法改正により削除された。独禁法第6章は，適用除外を規定する章であるが，法改正により規定の条文番号が，21条から23条に変わった。

組合の行為（22条），再販売価格の拘束（23条）がある。

§2　組合の行為

1　趣　旨

　小規模事業者または消費者の相互扶助を目的とする協同組合（その連合会も含む）の行為は，原則として，独禁法の規定が適用されない。本条は，独禁法制定当時から存在している規定である。一定の組合の行為を，一定の条件のもとに，独禁法の適用除外としている趣旨は，「事業規模が小さいため単独では有効な競争単位たりえない事業者に対し，組合組織による事業協同化の途をひらくことによって，これらの事業者の競争力を強め，もって，公正かつ自由な競争を促進しようとするにある」（公取委昭50・12・23審判審決・審決集22巻105頁〔岐阜生コンクリート協同組合事件〕）。すなわち，小規模事業者または消費者は，大企業に対して単独で競争することが困難であるため，協同組合として組織化することによって競争できる単位になることを認め，競争を促進しようとしている。この独禁法適用除外の趣旨から，適用除外の対象となる組合が限定されている。適用除外を受ける組合は，「適格組合」と呼ばれる。

2　適用除外の対象となる組合

　独禁法の適用が除外される組合は，「法律の規定に基づいて設立された組合」でなければならない（組合の連合会も含まれる）。22条にいう「法律の規定」とは，「中小企業等協同組合法」，「農業協同組合法」，「水産業協同組合法」，「消費生活協同組合法」，「森林組合法」のほか，「信用金庫法」などがこれに当たる。

★コラム8・2　勧告操短

　行政庁の勧告による操業短縮である。すなわち，行政指導の下に，業界が生産調整等を行うことである。その方法は，各社別の生産限度量および生産数量の指示等である。昭和27年に行われた綿紡の勧告操短が最初であり，その後，繊維，紙パルプ，石炭，鉄鋼等広い範囲にわたって実施された。景気後退期または不況期に行われやすい。勧告操短は，ある業界で一斉に操業短縮が行われ，生産数量を制限するため，カルテルまたはカルテル類似の競争制限的効果をもたらすことになる。社会的批判が強まり，昭和41年の粗鋼に対する勧告操短が最後である。その後は，不況カルテルを利用して生産調整が行われた。

これらの法律に基づいて設立された中小企業協同組合，農業協同組合，消費生活協同組合などが代表的な協同組合である。協同組合の連合会も含まれる。なお，農業協同組合や農業協同組合連合会による独禁法違反事件が増え，公正取引委員会（以下「公取委」という）が法的措置や警告を行ったものが平成元年以降で12件ある（平成22年1月1日現在）。そこで，平成19年に，「農業協同組合の活動に関する独占禁止法上の指針」（「農協ガイドライン」）が策定されている（平成23年6月23日改正）。

3　適用除外の要件

適用除外される組合であるためには，まず，22条1号から4号の定める次の4要件を備えたものでなければならない。組合であっても，適用除外の要件を満たしていない場合には，独禁法の適用を受けることになる。

（1）「小規模の事業者又は消費者の相互扶助を目的とすること」（1号）

「小規模の事業者」かどうかは，その従業員数，資本または出資の総額，総資産の額，生産数量，営業所数等が判断基準となる（公取委昭45・7・3勧告審決・審決集17巻80頁〔日本ハム・ソーセージ工業協同組合事件〕）。しかし，「小規模の事業者」とは，どのような事業者を指すのか問題となりうるため，各協同組合法に，独禁法との関係で，みなし規定がある。たとえば，中小企業等協同組合法7条1項1号は，事業協同組合または信用協同組合であって，その組合員たる事業者が，①資本金の額または出資の総額が3億円（小売業またはサービス業を主たる事業とする事業者については5千万円，卸売業を主たる事業とする事業者については1億円）を超えない法人たる事業者，②常時使用する従業員の数が300人（小売業を主たる事業とする事業者については50人，卸売業またはサービス業を主たる事業とする事業者については100人）を超えない事業者である場合には，22条1号の要件を備える組合と「みなす」と規定している（このほか，みなし規定として，農業協同組合9条，水産業協同組合7条，森林組合6条などがある）。

すべての組合員が小規模の事業者でなければ，すなわち，組合に小規模の事業者と認められない者が1名でも加入している場合に，1号にいう目的が存するのかどうかが問題となる。これについて公取委は，岐阜生コンクリート協同組合事件において，「小規模の事業者か否かについては個別具体的な判断を要するが，いやしくも小規模と認められない事業者が加入している限り」，その

組合は，22条1号の要件を具備しているとは認められないと解している。また，公取委は，東日本おしぼり協同組合事件において，「おしぼり協組は，独占禁止法第2条第2項に規定する事業者団体に該当するところ，同組合は，組合員のうちに小規模の事業者とは認められない者を含んでおり，小規模の事業者の相互扶助を目的とする組合とは認められない。したがって，同組合は，中小企業等協同組合法に基づいて設立された事業協同組合であるが，独占禁止法第24条第1号の要件を欠いており，同法の適用を受けるものである」としている（公取委平7・4・24勧告審決・審決集42巻119頁）。

なお，中小企業等協同組合法107条は，「公正取引委員会は，組合（事業協同小組合を除く。）の組合員たる事業者でその常時使用する従業員の数が百人を超えるものが実質的に小規模の事業者でないと認めるときは，この法律の目的を達成するために，次条に規定する手続に従い，その事業者を組合から脱退させることができる」旨定めている。同条の規定に基づいて，公取委が，協同組合から「すみやかに脱退しなければならない」と脱退を命じた事例として，アサノコンクリート事件（公取委昭50・1・21勧告審決・審決集21巻329頁）がある。

「相互扶助」を目的として設立されたものでないとされた事例として，山梨県菓子卸商業協同組合事件（公取委昭24・10・10審判審決・審決集1巻89頁）がある。

（**2**）「**任意に設立され，かつ，組合員が任意に加入し，又は脱退することができること**」（2号）　組合への加入を制限しているため，中小企業等協同組合法に基づいて設立された事業協同組合であるが，2号の要件を欠くと解された事例がある（公取委昭62・8・11勧告審決・審決集34巻26頁〔北海道歯科用品商協同組合事件〕）。また，公取委は，全国病院用食材卸売業協同組合事件において，「全病食協は，独占禁止法第2条第2項に規定する事業者団体に該当するところ，組合員の任意の加入を制限しており，中小企業等協同組合法に基づいて設立された事業協同組合であるものの，独占禁止法第22条第2号の要件を欠き，独占禁止法の適用を受けるものである」としている（公取委平15・4・9勧告審決・審決集50巻335頁）。

（**3**）「**各組合員が平等の議決権を有すること**」（3号）　たとえば，中小企業等協同組合法11条1項は，「組合員は，各々一個の議決権」を有するとする。

（**4**）「**組合員に対して利益分配を行う場合には，その限度が法令又は定款に定められていること**」（4号）　たとえば，中小企業等協同組合法5条1項4

第8章　独占禁止法の適用除外　221

号は，「組合の剰余金の配当は，主として組合事業の利用分量に応じてするものとし，出資額に応じて配当をするときは，その限度が定められていること」とする。

4　組合の行為

適用除外されるためには，組合（組合の連合会を含む）の行為でなければならない。22条にいう「組合の行為」とは，各組合の設立根拠法（各協同組合法）が定める当該組合に固有の行為をいう。このような行為でなければ，適用除外の対象となる「組合の行為」とはいえない。たとえば，中小企業等協同組合法9条の2第1項は，「事業協同組合及び事業協同小組合は，次の事業の全部又は一部を行うことができる」とし，「生産，加工，販売，購買，保管，運送，検査その他組合員の事業に関する共同事業」（1号），「組合員に対する事業資金の貸付け（手形の割引を含む。）及び組合員のためにするその借入れ」（2号），「組合員の福利厚生に関する事業」（3号），「組合員の事業に関する経営及び技術の改善向上又は組合事業に関する知識の普及を図るための教育及び情報の提供に関する事業」（4号），「組合員の新たな事業の分野への進出の円滑化を図るための新商品若しくは新技術の研究開発又は需要の開拓に関する事業」（5号），「組合員の経済的地位の改善のためにする団体協約の締結」（6号），「前各号の事業に附帯する事業」（7号），を規定している。このような目的で行う行為であれば，独禁法の適用は除外されることになる。

しかし，逸脱する行為，たとえば，組合が他の競争事業者または他の組合と価格協定をすることは，適用除外の対象となる組合の行為ではない（不当な取引制限に該当し，独禁法3条の規定に違反するとした事例として，公取委昭48・3・29勧告審決・審決集19巻192頁〔富山県生コンクリート協同組合事件〕，公取委昭55・2・13勧告審決・審決集26巻110頁〔大阪地区生コンクリート協同組合事件〕がある。適用除外されない理由には触れていない）。「農協ガイドライン」は，「単位農協が事業者としての立場で他の事業者や単位農協と共同して，価格や数量の制限等を行うこと（カルテル）等は，独禁法22条の組合の行為とはいえないことから，適用除外とはならない」としている（第2部第1-3）。

5　適用除外の限界（22条但書）

適用除外の要件を備える組合の行為であっても，「不公正な取引方法を用い

る場合又は一定の取引分野における競争を実質的に制限することにより不当に
対価を引き上げることとなる場合」には，適用除外は認められない（22条但書）。
但書に該当する場合には，原則にもどり，独禁法が適用されることになる。

とくに22条但書前段にいう「不公正な取引方法を用いる場合」に該当し，
協同組合の行為が独禁法違反とされる事例が多い。全国連合会の事件であるが，
公取委は，全国農業協同組合連合会事件において，全農が指定メーカーに，段
ボール箱製造業者に対する青果物用シートの供給を拒絶させ，または段ボール
原紙製造業者からの段ボール中芯原紙の購入数量を制限させたことなどについ
て，19条に違反するとしている（公取委平2・2・20勧告審決・審決集36巻53頁）。

なお，協同組合が組合員に対して，生コンクリートの全量について共同販売
を事実上強制し，共同販売事業に違反した組合員に対して過怠金を課すことが，
不公正な取引方法に当たらず，独禁法に違反しないとした事例がある（那覇地
石垣支判平9・5・30判時1644号149頁〔八重山地区生コンクリート協同組合事件〕）。

§3　再販売価格拘束

1　概　説

再販売価格の拘束（再販売価格維持行為，いわゆる再販）は，価格競争を制限す
ることから，原則として違法であり，正当な理由がなければ不公正な取引方法
として禁止されている（2条9項4号・19条）。しかし，他方，公取委が指定す
る特定の商品（「指定再販」と呼ばれる）および著作物（「法定再販」または「著作
物再販」と呼ばれる）を対象とする再販売価格の拘束は，一定の要件の下に，例
外的に独禁法の適用が除外される（23条）。再販適用除外制度は，昭和28年の
独禁法改正によって導入された。

2　指定商品

指定商品は，①「その品質が一様であることを容易に識別することができる
もの」（商標品）であって，②「一般消費者により日常使用され」，③「自由な
競争が行われていること」が要件になっている。商品の指定は告示によって行
われる（3項）。最高裁は，この規定の趣旨について，「法（旧）24条の2第1
項の規定は，再販売価格維持行為が競争阻害性を有するかぎり違法とされるべ

きものであることを前提として，ただ，販売業者の不当廉売又はおとり販売等により，製造業者の商標の信用が毀損され，あるいは他の販売業者の利益が不当に害されることなどを防止するため」と解している（最判昭50・7・11民集29巻6号951頁〔明治商事事件〕）。商標品かつ日用品は，おとり廉売ないし不当廉売の対象になりやすい。再販売価格維持行為によりブランド内競争が制限されることになる。しかし，ブランド間に競争（ブランド相互の競争）が行われていれば，弊害が少ないと考えられたからである。

　昭和28年から34年までに，化粧品，染毛料，歯みがき，家庭用石けん・合成洗剤，雑酒，キャラメル，医薬品，写真機，既製エリ付ワイシャツの9商品が指定された。しかし，昭和30年代後半に物価が高騰し，再販適用除外制度がその原因の1つとなっているのではないかと問題となった。そこで，昭和41年から徐々に指定品目が見直され，雑酒，キャラメル，既製エリ付ワイシャツについて指定を取り消した。その後，指定商品は，小売価格1000円（消費税導入当時は，1030円）以下の化粧品の一部，一般用医薬品の一部に限られるようになるが，これらも平成9年に指定を取り消され，現在，指定商品はない。立法趣旨に該当する例がほとんど考えられず，指定商品については死文化している状況にある。かつて指定商品であったが，その後，指定商品でなくなったものについて再販を行った場合，違法であり，独禁法の適用は除外されない（公取委平5・6・29勧告審決・審決集40巻105頁〔佐藤製薬事件〕。ユンケル3品目が問題となった）。

3　著作物

　著作物の再販が適用除外とされる趣旨は，「高度に非代替的な商品であって戦前から定価販売が慣行として行われてきた書籍，雑誌などの著作物については，その定価販売が独占禁止法上問題がない旨を明確にするものであり，また，一国の文化の普及など文化水準の維持を図っていく上で不可欠な多種類の書籍等が同一の価格で全国的に広範に普及される体制を維持するため，例外的に再販を認めるものである」とされている（公取委事務局編『独占禁止法適用除外制度の現状と改善の方向』173頁）。

　23条にいう「著作物」の範囲は，定価販売の商慣行の有無，商品特性，諸外国の動向等を考慮し，書籍，雑誌，新聞，レコード盤である。そして，音楽用テープ，音楽用CDも該当し，これら6品目について，限定的に適用除外が

認められている（音楽用テープおよび音楽用CDは，レコード盤と機能・効用が同一であり，レコード盤に準じて取り扱われている）。

　なお，著作権法において，著作物とは「思想又は感情を創作的に表現したものであって，文芸，学術，美術又は音楽の範囲に属するものをいう」とされており（著2条1項1号），映画，写真，プログラムなども著作物として保護している（著10条1項）。23条にいう著作物と著作権法上の著作物とは異なると解されている。ゲームソフトが独禁法上の著作物に該当するのかどうかが問題になった事例がある。被審人は，独禁法23条にいう著作物は著作権法上の著作物と同様に解すべきであり，ゲームソフトは著作物に該当し，独禁法の再販売価格拘束の禁止は適用されないと主張した。これに対し，公取委は，独禁法の規制の対象となる著作物とは，市場において実際に流通する個々の商品であるところ，書籍，雑誌および新聞は著作権法上の著作物の「複製物」に当たり，また，レコード盤ならびにこれに準ずる音楽用テープおよび音楽用CDは著作権法上の「商業用レコード」であって，著作物の「複製物」に当たる。独禁法23条4項の著作物を著作権法上の著作物と同様に解すべきであるとする根拠は見当たらないとしている（公取委平13・8・1審判審決・審決集48巻3頁〔ソニー・コンピュータエンタテインメント（SCE）事件〕）。この公取委の解釈によれば，6品目以外のものに，独禁法上の著作物を拡張解釈して認めることは難しいといえる。

　多様な書籍・雑誌等の発行の維持，新聞の戸別配達制度の維持などの観点から，この規定を存続すべきかどうか争いがある。公取委は，著作物の再販制度について，平成3年以降，検討を進めてきたが，平成13年3月23日に，「著作物再販制度の取扱いについて」として公表した（西川康一「著作物再販制度の取扱いについて」公取607号31頁参照）。著作物再販制度は，競争政策の観点からは同制度を廃止し，著作物の流通において競争が促進されるべきである。しかしながら，同制度が廃止されると，書籍・雑誌および音楽用CD等の発行企画の多様性が失われ，また，新聞の戸別配達制度が衰退し，国民の知る権利を阻害する可能性があるなど，文化・公共面での影響が生じるおそれがある。「当面」同制度を存置することが相当とした。

4　適用除外の例外

　国家公務員法，農業協同組合法，消費生活協同組合法，国家公務員共済組合

法，地方公務員等共済組合法などの規定に基づいて設立された団体は，販売の相手方たる事業者には含まれない（23条5項）。当該団体は，福利厚生事業として構成員の生活に必要な物資を供給することが認められており，定価販売を強制することは，事業本来の目的に反することとなるからである。したがって，再販が認められる商品（書籍等）であっても，消費生活協同組合（たとえば，大学生協）などにおいては，定価より安く購入できることになる。

　共済組合や生協に対して再販売価格拘束を強制すると，原則どおり違法になる。その例として，石けん・合成洗剤等の製造販売業者が，指示小売価格維持に同意する旨の承諾書を卸売業者を通じて提出させ，承諾書の提出を拒否し，指示小売価格を下回った価格で販売した場合，製品の供給を停止または製品の出荷量を制限させた花王石鹸事件（公取委昭40・5・20勧告審決・審決集13巻14頁），消費生活協同組合法に基づいて設立された団体（生協）と再販契約を締結できないため，生協の役員等の個人または関連法人を名義人として，実質的に当該生協と再販契約を締結することにより，当該生協に対し再販商品を再販売価格で販売するようにさせた資生堂事件（公取委平7・11・30同意審決・審決集42巻97頁）がある。

§4　知的財産権

1　知的財産とは

　知的財産（Intellectual Property）とは，情報である。知的財産権は無体物にかかわる権利である（民法は，物とは有体物をいうとし，物を動産と不動産に二分している。民85条・86条）。知的財産法（「知的所有権法」または「無体財産権法」とも呼ばれる）とは，情報を財産権として保護する法の総称としての意味を有する。知的財産法と題する法律があるわけではない。知的財産基本法は，知的財産とは，「発明，考案，植物の新品種，意匠，著作物その他の人間の創造的活動により生み出されるもの（発見又は解明がされた自然の法則又は現象であって，産業上の利用可能性があるものを含む。），商標，商号その他事業活動に用いられる商品又は役務を表示するもの及び営業秘密その他の事業活動に有用な技術上又は営業上の情報をいう」とし（同法2条1項），知的財産権とは，「特許権，実用新案権，育成者権，意匠権，著作権，商標権その他の知的財産に関して法令により定められた権利又は法律上保護される利益に係る権利をいう」（同条2項）と定義づけている。

平成 14 年，小泉総理（当時）は，知的財産立国政策を打ち出し，知的財産の保護・活用による国際競争力の強化を国家目標とし，同年，知的財産基本法が制定された。平成 14 年 7 月 3 日，知的財産戦略会議において決定された知的財産戦略大綱において，従来使用されていた知的所有権を知的財産，知的財産権に，工業所有権を産業財産，産業財産権とすることが謳われている。知的財産法は，社会的注目を受けるようになった。また，知的財産に関する事件を専門に審理する裁判所として，知的財産高等裁判所が設置された。これは，東京高等裁判所の特別の支部として位置づけられている（知財高裁設置 2 条）。

2　知的財産法による権利行使（21 条）

（1）　知的財産法は，民法，商法，民事訴訟法等，他の多くの法律とかかわりがある。独禁法もその一例である。知的財産法は，発明等を保護し，それらを一定期間，排他的・独占的に利用する権利を特定人に認める。その限りにおいて競争を排除する。独禁法は公正かつ自由な競争の促進を目的とするため，相対立する側面を有する。そこで，両法の関係が問題となる。独禁法と知的財産法との関係については 21 条が定めている。この適用除外規定の意味について争いがあるが，21 条は，形式的には独禁法違反になるにしても，本来的に適用除外になるという，本来当然のことを確認したに過ぎないと理解されている（確認的適用除外規定説）。この立場によれば，21 条は限定列挙ではなく，同条にあげられた法律は例示であり，同条に列挙されていない種苗法による植物品種保護権，半導体集積回路の回路配置に関する法律による半導体回路配置利用権などにも独禁法の適用はないことになる。

（2）　公取委は，「特許・ノウハウライセンス契約に関する独占禁止法上の指針」を改め，21 条の解釈について「知的財産の利用に関する独占禁止法上

★コラム 8・3　知的財産法の分類

　知的財産法は，産業の発達に寄与することを目的とする産業財産権法（「工業所有権法」とも呼ばれる。特許法，実用新案法，意匠法，商標法がこれである。産業財産権四法）と文化の発展を目的とする著作権法とに大別できる。また，知的財産法は，創作を保護する創作法（特許法，実用新案法，意匠法，著作権法，半導体集積回路の回路配置に関する法律，種苗法）と標識を保護する標識法（商標法，商法）にも大別できる。なお，不正競争防止法は，知的財産権を保護する法律ではないが，知的財産権と密接な関連性がある。

の指針」(「知的財産ガイドライン」と呼ばれる) 第2の1 (平成19・9・28。平成22・1・1改正) を公表しているが, これによれば, 以下のことがいえる。

①　知的財産法による「権利の行使と認められる行為」には, 独禁法の規定は適用されず, 独禁法違反行為を構成することはない。

②　そもそも知的財産法による「権利の行使」とはみられない行為に対しては, 独禁法が適用される。

③　行為の外形上, 知的財産法による「権利の行使とみられる行為」であっても, それが知的財産制度の趣旨を逸脱し, または同制度の目的に反すると認められる場合には, 当該行為は, 21条にいう「権利の行使と認められる行為」とは評価されず, 独禁法が適用される。

「知的財産ガイドライン」は, 21条に規定される「権利の行使と認められる行為」と「権利の行使とみられる行為」を区別している。独禁法の適用除外となり, 独禁法が適用されないのは, 「権利の行使と認められる行為」である。権利の行使とみられない行為であれば独禁法が適用される。外形上, 権利の行使とみられる行為であっても, 知的財産制度の趣旨・目的に合致すれば独禁法の適用はないが, 知的財産制度の趣旨を逸脱し, またはその目的に反する場合には独禁法が適用されることとなる (「趣旨逸脱説」とも呼ばれる。このような考え方が, 中古ゲームソフト取扱い禁止と独禁法21条との関係についても争われたソニー・コンピュータエンタテインメント (SCE) 事件〔前掲・公取委平13・8・1〕において採用されている。後述する知的財産権に関連する独禁法違反事件参照)。独禁法の適用に当たり, 知的財産法による「権利の行使」といえるのか, 知的財産制度の趣旨を逸脱していないかどうかを検討することになる。

知的財産制度の趣旨と目的を考慮して判断するため, 21条は, 他の独禁法関係適用除外規定とは異なり, 適用除外規定としての機能があるのか疑問がある。

3　主な知的財産法の概要

知的財産権は, 創作, 登録 (登記), 使用によって発生する。

(1) 特許法　　特許法は, 「発明の保護及び利用を図ることにより, 発明を奨励し, もって産業の発達に寄与することを目的とする」(1条)。特許法の保護対象は発明である。発明とは, 「自然法則を利用した技術的思想の創作のうち高度のものをいう」(特2条1項)。発明は,「物の発明」(特2条3項1号)と「方

法の発明」（同2号）とに分けられる。特許を受けるための要件は，①特許法上の発明にあたること，②産業上利用しうること（産業上の利用可能性。同29条1項柱書），③新しいこと（新規性。同29条1項柱書は，「次に掲げる発明を除き」とし，1号から3号までで新規性が失われる場合を列挙している），④容易に考え出すことができないものであること（進歩性。同29条2項），⑤先願であること（同39条），⑥公益に反しないこと（同32条），である。

特許権者は，「業として特許発明の実施をする権利を専有する」（特68条）。特許権の存続期間は，「特許出願の日から20年」である（同67条）。特許権は，「設定の登録により発生」し（同66条1項），その内容が特許公報に掲載される（同66条3項）。特許権者等が国内で製品を流通においた場合，特許権が消尽する。特許料は，段階的に高くなる（同107条1項）。権利侵害は，差止請求（同100条），刑事罰（同196条）の対象となる。

（2）実用新案法　実用新案法は，「物品の形状，構造又は組合せに係る考案の保護及び利用を図ることにより，その考案を奨励し，もって産業の発達に寄与することを目的とする」（1条）。実用新案法の保護対象は，物品の形状等に係る考案である。考案とは，発明ほど高度ではないが，「自然法則を利用した技術的思想の創作をいう」（新案2条1項）。実用新案は，いわば小発明を保護するものである。実用新案技術評価制度がある（同12条）。実用新案権は，特許権と同様に登録によって権利が発生するが，無審査で登録されるのが特徴である（同14条2項。無審査主義）。実用新案権の存続期間は，「実用新案登録出

★コラム8・4　職務発明と相当の対価

　会社の従業員が職務発明した場合，使用者から相当の対価の支払いを受けることができた（旧特35条3項）。従来，明確な算定基準がなく，東京地判平16・1・30判時1852号36頁〔青色発光ダイオード事件〕は，会社の社規には，出願補償金および登録補償金（各1万円）の定めがあるのみであったが，日亜化学工業株式会社の元従業員（中村修二氏）である発明者の貢献度を50％と認定し，職務発明の相当の対価を604億円とし，予備的請求200億円を全額認容して話題となった。その後，東京高裁は「和解についての当裁判所の考え方」と題する書面（和解勧告書）により和解勧告し，会社が6億円を支払う，との内容の裁判上の和解が成立した（東京高判平17・1・11判時1879号141頁）。そこで，平成16年に法改正がなされた。しかし，「相当の対価」の算定も難しい。また，会社は設備や資金を提供しており，特許権の帰属先を最初から会社のものとする新たな法改正について議論され，平成27年に法改正がなされた（特35条3項。「相当の利益」について4項参照）。平成28年1月8日，特許庁は，指針を公表した。

願の日から 10 年」であり（同 15 条），特許と比べて存続期間が短い。実用新案権者は，「業として登録実用新案の実施をする権利を専有する」（同 16 条）。権利侵害は，差止請求（同 27 条），刑事罰（同 56 条）の対象となる。

（**3**）　**意匠法**　　意匠法は，「意匠の保護及び利用を図ることにより，意匠の創作を奨励し，もって産業の発達に寄与することを目的とする」（1 条）。意匠法の保護対象は，意匠（デザイン）である。意匠とは，「物品の形状，模様若しくは色彩又はこれらの結合であって，視覚を通じて美感を起こさせるものをいう」（意匠 2 条 1 項）。意匠登録を受けるための要件は，①意匠法上の意匠にあたること，②工業上利用しうること（工業上の利用可能性。同 3 条 1 項柱書），③新しいこと（新規性。同 3 条 1 項 1 号〜3 号），④容易に考え出すことができないものであること（創造非容易性。同 3 条 2 項），⑤先願であること（同 9 条），⑥公益に反しないこと（同 5 条），である。

意匠権は，「設定の登録により発生」し（意匠 20 条 1 項），意匠権の存続期間は，「設定の登録の日から 20 年」である（同 21 条 1 項）。意匠権者は，「業として登録意匠及びこれに類似する意匠の実施をする権利を専有する」（同 23 条）。なお，特殊な意匠制度として，部分意匠制度（同 2 条 1 項カッコ書），組物の意匠制度（同 8 条。一意匠一出願の原則〔7 条〕の例外である），関連意匠制度（同 10 条），秘密意匠制度（同 14 条）が設けられている。意匠権の登録料は，金額が段階的に高くなる（同 42 条）。権利侵害は，差止請求（同 37 条），刑事罰（同 69 条）の対象となる。

（**4**）　**商標法**　　商標法は，「商標を保護することにより，商標の使用をする者の業務上の信用の維持を図り，もって産業の発達に寄与し，あわせて需要者の利益を保護することを目的とする」（1 条）。商標法の保護対象は商標である。商標とは，「文字，図形，記号，立体的形状若しくは色彩又はこれらの結合，音その他政令で定めるものであって」，業として商品・役務を生産・提供等する者が，その商品・役務について使用をするものをいう（商標 2 条 1 項）。商標登録を受けるための要件は，①商標法上の商標に当たること，②自己の業務に係る商品・役務について使用すること，③登録を受けることのできない商標でないこと，である。商標登録を受けている商標を，登録商標という（同 2 条 5 項）。商標には，文字商標，図形商標，記号商標，立体商標，結合商標などがある。特殊な商標として，団体商標（同 7 条），地域団体商標（同 7 条の 2）がある。

商標権は，「設定の登録により発生する」（商標 18 条 1 項）。商標権の存続期

間は，「設定の登録の日から 10 年」であるが（同 19 条 1 項），更新が認められる（同 19 条 2 項）。商標権は，保護すべき対象が存在する限り，半永久的に存続させることができる。商標権者は，「指定商品又は指定役務について登録商標の使用をする権利を専有する」（同 25 条）。商標権の登録料は，各年給付ではない（同 40 条・65 条の 7）。権利侵害は，差止請求（同 36 条），刑事罰（同 78 条）の対象となる。

（5）著作権法　著作権法は，「著作物並びに実演，レコード，放送及び有線放送に関し著作者の権利及びこれに隣接する権利を定め，これらの文化的所産の公正な利用に留意しつつ，著作者等の権利の保護を図り，もって文化の発展に寄与することを目的とする」（1 条）。工業所有権法が産業の発達を目的としているのに対して，著作権法は，文化の発展を目的としている。著作権法の保護対象は著作物である。著作物とは，「思想又は感情を創作的に表現したものであって，文芸，学術，美術又は音楽の範囲に属するものをいう」（著 2条 1 項 1 号）。すなわち，著作物の要件は，①思想または感情の表現であること，②表現に創作性があること，③文芸，学術，美術または音楽の範囲に属するものであること，である。これらの要件を満たしたものが，著作物として保護される。小説，音楽のほか，プログラムも著作物に当たる（同 10 条 1 項 9 号）。「著作物を翻訳し，編曲し，若しくは変形し，又は脚色し，映画化し，その他翻案することにより創作した著作物」を二次的著作物という（同 2 条 1 項 11 号）。原著作物とは別個の著作物として保護される。

著作権は，設定行為を経ずに発生する。著作権の存続期間は有限とされており，著作物の創作の時に始まり，原則として著作者の死後，50 年である（著51 条）。なお，映画の著作物の保護期間は，著作物の公表後，70 年である（同54 条 1 項）。著作者は，著作者人格権として，公表権（同 18 条），氏名表示権（同19 条），同一性保持権（同 20 条）を，著作権として，複製権（同 21 条），上演権・演奏権（同 22 条），上映権（同 22 条の 2），頒布権（26 条），譲渡権（同 26 条の 2），貸与権（同 26 条の 3），翻訳権等（同 27 条）などを享有する（同 17 条）。著作物を利用するためには，著作者の許諾が必要であるが，著作権にも制限がある。著作物を私的使用のための複製は原則として許される（同 30 条）。公表された著作物は，引用して利用することができる（同 32 条）。権利侵害は，差止請求（同112 条），刑事罰（同 119 条）の対象となる。

（**6**） **不正競争防止法** 不正競争防止法は，「事業者間の公正な競争及びこれに関する国際約束の的確な実施を確保するため，不正競争の防止及び不正競争に係る損害賠償に関する措置等を講じ，もって国民経済の健全な発展に寄与することを目的とする」（1条）。不正競争防止法は，不正な競争行為を限定列挙し，ここに列挙された行為のみが不正競争に該当するとしている（限定列挙主義）。たとえば，周知性を有する商品等表示に関する混同を惹起する行為（不正競争2条1項1号），著名性を有する商品等表示を使用する行為（同2条1項2号），営業秘密（営業秘密とは，①管理性，②有用性，③非公知性の3つが要件となる。同2条6項）の不正取得等（同2条1項4号～9号）などがこれに当たる。

不正競争行為に対し，差止請求（同3条），損害賠償請求（同4条），刑事罰（同21条）を認めている。

4 知的財産権に関連する独占禁止法違反事件

知的財産権に係る独禁法違反事件はこれまで少なかったが，徐々に増加している。不当な取引制限，私的独占，不公正な取引方法に該当するとされた主な事件として，以下のものがある。

（**1**） **ヤクルト本社事件**（公取委昭40・9・13勧告審決・審決集13巻72頁）

ヤクルト本社は，加工業者との間で，ヤクルトに関する特許の実施権および商標の使用権の許諾に関する契約を締結していた。ヤクルト本社は，ヤクルトの流通機構を確立するため，①加工業者は，ヤクルト本社と小売契約（小売の価格・地域・数量の遵守，競争商品の販売禁止を内容に含む）を締結した者以外の者にヤクルトを販売しない，②加工業者は，小売業者に，小売契約で定めた小売価格および小売地域を守らせる，という趣旨の規定を設け，実施していた。このことが一般指定8項（現12項。拘束条件付取引）に当たるとされた。特許法または商標法による権利の行使とは認められないからである。

（**2**） **コンクリートパイル事件**（公取委昭45・8・5勧告審決・審決集17巻86頁）

日本コンクリート工業株式会社ほか5社（以下「日本社等6社」という）は，プレストレスト・コンクリートパイル（以下「パイル」という）の製造業を営む者であるが，東北，関東，近畿，中部および北陸地方でパイルの需要の大部分を供給している。日本社等6社は，パイル製造に係る特許権・実用新案権を所有している。日本社等6社からこれらの権利の通常実施権の許諾を受けなけれ

ば，新たにパイル製造業者として営業を開始することは，かなり困難である。日本社等6社が共同して，各社の技術供与先を含めた出荷比率，引合の割当方法，技術供与に関する条件を決定・実施したことが，不当な取引制限に該当し，3条後段に違反するとされた。

（**3**）　**日之出水道機器事件**（福岡地区事件）（公取委平5・9・10審判審決・審決集40巻3頁。なお，同29頁〔北九州地区事件〕）　　日之出水道機器株式会社ほか6社（以下「7社」という）は，福岡地区において使用される公共下水道用鉄蓋の全量を供給している。福岡市は，昭和55年，市型鉄蓋の仕様を日之出水道機器株式会社の実用新案を採り入れたものに改定し，同社は，他の6社にその実施を許諾していた。7社は，市型鉄蓋の販売価格の低落を防止するための協調体制をとることとし，販売数量比率について，日之出水道機器株式会社が約31.4％に，他の6社がそれぞれ約11.4％になるよう配分していた。公取委は，「共同して福岡地区の市型鉄蓋の販売価格，販売数量比率及び販売先を決定することにより公共の利益に反して，福岡地区の市型鉄蓋の販売分野における競争を実質的に制限しているものであって」，不当な取引制限に該当するとした。

（**4**）　**旭電化工業事件**（公取委平7・10・13勧告審決・審決集42巻163頁）

旭電化工業株式会社が吸収合併したアデカ・アーガス化学株式会社は，台湾の石油化学製品の製造販売業を営む長春石油化学との間で，契約期間を10年とするエポキシ系可塑剤製造に係るノウハウの供与に関する国際的契約を締結した。このライセンス契約に関連して締結した覚書において，ライセンス契約終了後，長春石油化学は，アデカ・アーガスによる事前の書面の同意がない限り，エポキシ系可塑剤のわが国において製造または販売をしてはならない旨の規定がおかれていた。公取委は，ライセンス契約終了後におけるわが国向けの供給を制限しており，相手方の事業活動を不当に拘束する条件をつけて，当該相手方と取引していたものとして，一般指定13項（現12項）に該当するとした。

なお，オキシラン化学事件（公取委平7・10・13勧告審決・審決集42巻166頁）は，オキシラン化学株式会社が，長春石油化学との間で，エポキシ系可塑剤であるエポキシ化亜麻仁油（エルソ）の製造に係るノウハウの供与に関する国際的契約を締結した事件であるが，法令の適用において，ライセンス契約終了後におけるわが国向けの供給を制限することとしていたものであるとし，旭電化工業事件と異なるところはない。

第8章　独占禁止法の適用除外　233

（**5**）　**ぱちんこ機製造業者事件**（公取委平9・8・6勧告審決・審決集44巻238頁）

ぱちんこ機の製造販売業を営む10社（三共，平和など）は，国内において供給されるぱちんこ機のほとんどを供給し，多くのぱちんこ機の製造に関する特許権および実用新案権（以下「特許権等」という）を所有している。10社は，これらの全部または一部について，管理運営業務を日本遊戯機特許運営連盟（以下「日特連」という）に委託している。特許権等は，ぱちんこ機の製造を行ううえで重要な権利であり，これらの実施許諾を受けることなく，風営法の認定および検定に適合するぱちんこ機を製造することは困難であった。10社および日特連は，既存のぱちんこ機製造業者である組合員以外の者に対しては当該特許権等の実施許諾を行わないことにより，参入を排除してきた。公取委は，これは特許法または実用新案法による権利の行使とは認められないものであり，私的独占に該当するとした。

（**6**）　**パラマウントベッド事件**（公取委平10・3・31勧告審決・審決集44巻362頁）

パラマウントベッド株式会社は，病院の入院患者等が使用する医療用ベッドの製造販売業を営む者であるが，国および地方公共団体が発注する病院向け医療用ベッドのほとんどすべてを製造販売している。

東京都は，複数の製造業者が製造する医療用ベットが納入可能な仕様書を定めて当該仕様書に適合する製品を対象とする入札を行うことにしている。同社は，医療用ベットの仕様に精通していない都立病院の入札事務担当者に対して，同社が実用新案権等を有している構造であることを伏せて，仕様書にその構造の仕様を盛り込むことを働きかけ，また，仕様書に競合2社（フランスベッド社およびマーキスベッド社）の標準品の仕様にはなく，競合2社がそれに適合する製品を製造するためには相当の費用および時間を要することが予想される同社の標準品等の仕様を盛り込むことを働きかけた。このため，平成7年度以降，他の製造業者は製品を納入することができなくなった。自社の製品のみが納入できる仕様書入札を実現し，他の製造業者の事業活動を排除したことが，私的独占に当たるとされた。

また，同社は，落札予定者および落札予定価格を決定するとともに，入札に参加する販売業者に対して入札価格を指示し，当該価格で入札させたことが，販売事業者の事業活動を支配するものであるとして私的独占に当たるとされた。

（**7**）　**北海道新聞社事件**（公取委平12・2・28同意審決・審決集46巻144頁）

北海道新聞社の発行する北海道新聞は，北海道地区における朝刊の総発行部数の過半を占め，函館地区における朝夕刊の総発行部数の大部分を占めている。函館新聞社が函館地区において夕刊紙を発刊することが明らかになったため，函館対策と称して，新聞題字対策，通信社対策（配信要請に応じないよう示唆），広告集稿対策（大幅な割引広告料金等の設定），テレビコマーシャル対策（コマーシャル放映の申込みに応じないよう要請）を講じた。とくに新聞題字対策では，北海道新聞社は，自ら使用する具体的な計画がないにもかかわらず，函館地区で新聞を発行する場合に使用されると目される新聞題字の選定を行い，「函館新聞」など9つの新聞題字について商標登録を求める出願手続をした（北海道新聞社は，商標登録出願について拒絶査定を受け，これを不服として特許庁に対し審判請求をしている）。公取委は，北海道新聞社の一連の行為は，事業活動を排除するものであり，私的独占に該当し，独禁法3条に違反するとした（公取委は，審判手続を行っていたが，その後，同意審決を下した）。

　（**8**）　ソニー・コンピュータエンタテインメント（**SCE**）事件（前掲・公取委平13・8・1）　ソニー・コンピュータエンタテインメント（SCE）は，プレイステーションと称する家庭用テレビゲーム機およびプレイステーション製品を製造販売し，同ソフトの仕入販売の事業を営んでいる。SCEは，小売業者に対して，再販売価格の拘束などのほかに，中古品を取り扱うことを禁じた。SCEは，ゲームソフトには，著作権法上の映画の著作物として頒布権が認められ，中古品取扱い禁止は著作権法による権利の正当な行使である旨主張した。

　公取委は，「本件においては，中古品取扱い禁止行為が再販売価格の拘束行為と一体として行われ，同行為を補強するものとして機能しており」，仮に被審人の主張するとおり，プレイステーションソフトが「頒布権が認められる映画の著作物に該当し，中古品取扱い禁止行為が外形上頒布権の行使とみられる行為に当たるとしても，知的財産保護制度の趣旨を逸脱し，あるいは同制度の目的に反するものである」としている。

　（**9**）　マイクロソフト非係争条項事件（公取委平20・9・16審判審決・審決集55巻380頁）　マイクロソフトコーポレーション（マイクロソフト）は，パーソナルコンピュータ用基本ソフトウェアの開発および使用等の許諾に係る事業等を営んでいる。パソコン用基本ソフトウェア（OS）の全世界における市場に占める比率は，平成15年には約94％のシェアに達している。マイクロソフト

は，パーソナルコンピュータ用基本ソフトウェアの使用の許諾をするための契約を，わが国のパーソナルコンピュータの製造販売業者（日本電気，富士通，東芝など15社）との間で締結した。マイクロソフトは，当該製造販売業者に対して，当該製造販売業者が使用の許諾を受けている製品に係る当該製造販売業者の特許権の侵害について，当該製造販売業者は，マイクロソフト，マイクロソフトの子会社または製品の使用の許諾を受けている者に対して，訴えないことおよびあらゆる種類の司法上，行政上その他の手続において手続の提起，訴追，支援または参加をしないことを誓約する旨の規定（「非係争条項」と呼ばれる）の付された契約の締結を余儀なくさせていた。

公取委は，「本件非係争条項は，パソコン AV 技術取引市場における OEM 業者の地位を低下させ，当該市場における被審人の地位を強化して，公正な競争秩序に悪影響を及ぼすおそれを有するものである」とし，被審人の行為を一般指定13項（現12項。拘束条件付取引）に該当するとした。

(10)　第一興商事件（公取委平 21・2・16 審判審決・審決集 55 巻 500 頁）　第一興商は，遊興飲食店，カラオケボックス等の事業所においてカラオケ用の楽曲等（カラオケソフト）を再生する機器（業務用カラオケ機器）を販売または賃貸するとともに，カラオケソフトを製作して配信する事業を営む者である。業務用カラオケ機器には，レーザーディスク等の媒体に記録されたカラオケソフトを再生するもの（パッケージ系カラオケ機器）と，あらかじめ搭載されたカラオケソフトならびに放送および有線放送以外の公衆送信を用いて新たに配信されるカラオケソフトを再生するもの（通信カラオケ機器）とがあるが，国内における業務用カラオケ機器の出荷台数および稼動台数の大部分を通信カラオケ機器が占めている。第一興商は，平成 14 年度の国内における通信カラオケ機器の出荷台数および稼動台数のシェア第 1 位（約44%）であり，エクシングは第 3 位である（出荷台数ベース約 13%，稼働台数ベース約 11%）。

管理楽曲とは，レコード製作会社が作詞者または作曲者からその作品を録音等する権利を独占的に付与された歌詞・楽曲のうち，著作権法の施行（昭和46 年 1 月 1 日）前に国内において販売された商業用レコードに録音されているものをいう。管理楽曲を録音等する権利を独占的に付与されたレコード製作会社には，日本クラウン，徳間ジャパン，コロムビア，ビクターなど 8 社がある。通信カラオケ事業者が管理楽曲を使用してカラオケソフトを製作し，通信カラ

オケ機器に搭載して使用する場合，日本音楽著作権協会（JASRAC）から楽曲の利用許諾を受ける必要があるほか，当該管理楽曲について作詞者または作曲者との間で専属契約を締結しているレコード製作会社からも個別に使用の承諾を得ることが必要であると，通信カラオケ事業者および卸売業者は認識しており，実際にも，通信カラオケ事業者は，レコード製作会社から使用承諾を得ている。

第一興商は，日本クラウンの過半数の株式を保有して同社を子会社とし，また，徳間ジャパンの全株式を取得することにより同社を子会社とするに至った。第一興商は，エクシングおよびその親会社であるブラザー工業との間で，カラオケソフトの歌詞の色変えに関する特許侵害が問題になったが，和解交渉は決裂するに至った。そこで，第一興商は，エクシングの事業活動を徹底的に攻撃していくとの方針を決定し，日本クラウンおよび徳間ジャパンをして，その管理楽曲の使用をエクシングに対して承諾しないようにさせた。また，エクシングの通信カラオケ機器では日本クラウンおよび徳間ジャパンの管理楽曲が使えなくなる旨を通信カラオケ機器の卸売業者やユーザーに告知していた。公取委は，競争関係にあるエクシングとその取引の相手方との取引を不当に妨害していたとして，一般指定 15 項（現 14 項。競争者に対する取引妨害）に該当するとした（ただし，本件違反行為は，遅くとも平成 16 年 9 月頃にすでに無くなっているとする）。

(11)　JASRAC 事件（最判平 27・4・28 民集 69 巻 3 号 518 頁）　日本音楽著作権協会（JASRAC）は，その管理楽曲のすべてについて，ほとんどすべての放送事業者との間で，放送使用料の徴収方法として，包括徴収（年度ごとの放送事業収入に所定の率を乗じて得られる金額または所定の金額による徴収）による利用許諾契約を締結している（以下「本件行為」という）。放送事業者が他の管理事業者の管理楽曲を有料で利用する場合，追加の放送使用料の負担が生じることになる。イーライセンスが管理の委託を受けた楽曲の中には著名な歌手の楽曲も含まれていたが，相当数の放送事業者がイーライセンスの管理楽曲の利用を回避または回避しようとした。JASRAC の本件行為が 2 条 5 項所定の排除型私的独占に該当し，3 条に違反するのかどうかが問題になった。最高裁は，「他の管理事業者の本件市場への参入を著しく困難にする効果を有する」と判断した。そして，なお書きにおいて，「別異に解すべき特段の事情のない限り，自らの市場支配力の形成，維持ないし強化という観点からみて正常な競争手段の範囲を逸脱するような人為性を有するもの」と解している。

第**9**章　規制産業と経済法

§1　規制産業における競争政策

1　規制とその分類

　一般に「規制」とは，経済活動，とくに企業活動等に対して，国家ないしそれに準じた機関によって，一定のルールに基づいて介入を行い，制限を加えることである。

　経済活動に対する規制は，その目的によっていくつかに分類することができる。規制の目的は，一般の政府の政策と同様にいくつかの複合的な基準からなっているが，なかでも主要な目的としては，純粋に経済的なものと社会的なものに大別することができる。

　経済的規制には，2つの種類がある。1つは，いわゆる独占禁止法（以下「独禁法」という）に基づく規制であって，法規制によって公正かつ自由な競争状態を維持・促進し，それによって国民生活の民主的で健全な発達を促進しようとするものである。この場合，全産業に業種横断的に適用される性格を有する。もう1つはいわゆる産業規制にあたるもので，とくに必要が認められる産業に対し個別的に実施される。この場合の前提は，規制という一定の介入なしには市場が有効に機能しないというものであり，いわば市場の失敗に対する是正措置である。

　社会的規制は，国民の生命・身体の保護や安全の維持，あるいは良好な環境の確保等を目的とする公的な介入である。この場合，あくまでも規制の目的は経済政策とは別の次元にあり，両者はトレード・オフの関係にある場合も多い。したがって，各目的をどうバランスさせるかが重要な問題となる。

　規制のもう1つの分類は，規制の方法ないし規制形態によるものである。すなわち，特定の基準によって規制するか，直接的かつ具体的に規制するかである。前者はより具体的には，法令ないしそれに基づく規則・ガイドライン等によって一定の基準を設け，それに適合しない事業活動を禁止するものである。

独禁法による規制はこの範ちゅうに入る。また，労働法制による規制もこの種
類のものであり，社会的規制のほとんどはこれに該当する。分類の後者は，国
ないしそれに準ずる機関が許認可により参入規制，数量，価格に係る規制を行
い，直接的に企業活動を制限するものである。この場合，第1のものより裁量
の余地が大きいことが問題となる。運輸，通信，電力，ガス等の公益事業分野
において行われている。

2　規制産業と競争政策

　この四半世紀ほどの間に，電力，ガス，電気通信，航空等のいわゆる自然独
占と考えられてきた公益事業分野においても，規制緩和が次々と進められてき
た。他方で，こうした新たに競争が導入された公益事業分野においては，既存
事業者が不可欠設備等を専有していることに起因して，競争原理が有効に機能
しないという問題が指摘されている。さらに，最近の技術革新の進展により，
ネットワーク外部性による技術標準の形成に伴う独占の問題も発生しており，
これらの問題に対して競争政策上どのように対処していくべきかが大きな課題
となっている。
　これまで，公益事業分野では，供給側の費用逓減性，巨額の投資の必要性に
よる重複投資の回避等の政策判断に基づいて，自然独占性（すなわち，規模の経
済〔供給規模が拡大するにつれて，財・サービス1単位あたりの費用である平均費用が
低下すること〕，範囲の経済〔ある企業が複数の種類の財・サービスを生産するときに
必要とされるその企業の費用の合計が，個々の財・サービスを単独で生産するときの費
用の合計に比べて小さいこと〕により，そのまま市場を放置しておくと自然と独占状態
となってしまうような状況）を前提とした規制の下で加入者回線網，送電網等の
設備等が構築され，これにより，独占的にサービスが供給されてきた分野であっ
た。ここ四半世紀ほどの間に，当該設備等を利用して財・サービスを提供する
市場において競争を促進するため，規制緩和により競争が順次導入されてきた。
しかし，通信や電力といった公益事業分野の多くは，自然独占性やネットワー
ク外部性により競争者等が自ら有効に競争可能な設備や技術を構築することが
きわめて困難であり，事実上，既存事業者の設備や技術を利用しないと市場に
おいて事業活動ができない。このため，こうした設備や技術の専有者は競争者
等の事業運営の基幹部分を掌握していることから，競争者等に対して競争上不

図表9-1　公益事業規制の特徴

			運輸				電力	郵便	通信（固定電話）
			航空	鉄道	旧国鉄	バス			
運営主体	民	民　間	○	○		○	○		○
		３セク		○		△			
	官	公　社		△	○				○
		公　営			○	○			
料金規制	事業者裁量	届出制（無認可）	○						
		プライスキャップ制							○
		上限価格制		○					
		ヤードスティック制		○			○		
	規制	総括原価制		○	○	○	○		
参入	事業者裁量	休廃止　届　出	○	○			○		○
		許　可			○		○		
	規制	供給義務					○	○	○

利益な取扱いを行うことにより，自己の地位を維持・強化することが可能となる場合がある。このような公益事業分野において，いかに公正な競争を確保していくかが課題となっている。

　そこで，各事業分野においてセクタースペシフィック（個別産業特有）な事業法が制定されることにより，個別に公正競争確保のための各種の規制がなされている（図表9-1を参照。個別の事業規制については後記§3・§4・§5も参照）。

§2　規制産業における独占禁止法と事業法の交錯

（1）　相互補完　　独禁法は，業種横断的に競争制限行為を排除することにより自由で公正な競争を維持・促進することが役割であり，競争政策の観点から公益事業分野における市場監視機能を強化することが求められている中で，競争政策の一般法としての役割を担っている。

　他方，個別の事業法においても競争促進の観点も含む事業政策上の観点から，不可欠設備（後述）等の公平な利用ルールや不可欠設備等保有部門と利用市場（不可欠設備を用いた市場であって，新規参入者等の他者と競合する市場）の営業部門

との情報の遮断措置（ファイアウォール），不可欠設備等に係る収益による利用市場への内部補助の禁止等が定められている場合がある。個別の事業法で規定されている利用ルールが有効・適切に機能している場合には，通常，独禁法の問題は生じない。しかし，事業法が機能していない場合において，独禁法に違反する行為があるときは，事業法のみならず独禁法によっても適切な措置が講じられるべきである。また，事業法が想定していない競争制限行為が生じた場合等には，一般競争法である独禁法を活用すべきである。このように独禁法と事業法は相互補完の関係に立つ。

ただし，事業法のルールに従っているにもかかわらず独禁法違反に問われるようなことがあれば，事業者に混乱が生じるため，こうした混乱が生じないようにする必要がある。それには，業界固有の実態に基づき具体的な事業法規制を行う事業所管官庁と，競争の一般ルールである独禁法を担う公正取引委員会（以下「公取委」という）とが十分に連携していくことが必要である。

さらに，接続ルール等とくに業界固有の専門性を必要とする分野については，具体的なルールの設定については事業所管官庁が行い，競争制限的な行為については審査手続に則り公取委が積極的にこれを排除するなど，両機関がそれぞれの得意分野において能力を発揮していくことが重要であり，互いの行政が矛盾のないよう，法運用を行っていくことが求められている。

★コラム９・１　規制の影響評価（Regulatory Impact Analysis, RIA）

RIA は，規制を検討している各府省が，「規制の導入や修正に際し，実施に当たって想定されるコストや便益といった影響を客観的に分析し，公表することにより，規制制定過程における客観性と透明性の向上を目指す手法」（規制改革・民間開放推進３か年計画〔平成 16 年３月 19 日〕）であり，RIA のうち規制が競争に及ぼす影響を評価するいわゆる「競争評価」は，RIA の一部として平成 19 年 10 月に導入された。

しかしながら，その手法が確立されていなかったことから，導入後も RIA で競争評価を積極的に行っている事例は見当たらない状況にあった。公取委では，総務省と共同して，OECD の競争評価ツールキット等をベースに簡易な評価方法を開発し，試行的実施を行っている。しかし，この評価方法は，各府省が作業しやすいよう，シンプルで定性的な内容となっている。

今後は，①各府省でも対応可能な，競争への影響をみるうえで必要不可欠な「市場画定」の手法の開発，② RIA に要求される競争への影響（主にコスト）の金銭価値化（定量化）の手法の開発については，各府省でより精度の高い競争評価を実施することが，大きな課題となっている。

このような見地から，公取委においては，各種のガイドラインや報告書を作成し，これまで制度改革が行われた事業分野における事業法と独禁法との整合性を保ち，公益事業分野における公正な競争を図ろうとしている。また，規制と競争という観点からは，規制の影響評価（RIA）という手法が近時，脚光を浴びている（★コラム9・1）。

　（2）　許認可と独占禁止法　　料金認可制をとっている産業で事業者団体が存在しないケースはないといってよく，少なくとも従来のわが国の経済実態で

★コラム9・2　タクシーの規制緩和と競争政策

　タクシー事業については，平成14年2月に改正道路運送法が施行され，需給調整規制の廃止を柱とする規制緩和が行われた。平成20年12月に交通政策審議会から国土交通大臣に対して答申された「タクシー事業を巡る諸問題への対策について」によると，規制緩和後，待ち時間の短縮，多様なサービスの導入など規制緩和の一定の効果が現れているが，一方で，長期的な需要の減少傾向の中，地域によってはタクシー車両が大幅に増加していることなどから，次のような問題点が指摘されている。すなわち，①タクシー事業の収益基盤の悪化，②運転者の労働条件の悪化，③違法・不適切な事業運営の横行，④道路混雑等の交通問題，環境問題，都市問題，⑤利用者サービスが不十分，といった問題である。このことから，タクシー事業を取り巻く状況は三重苦（消費者にとって料金引上げ，事業者も経営悪化，運転者も低賃金）であり，規制緩和は失敗だったのではないかとの主張がみられる。確かに，地域によっては，需要が長期的に低迷する中，車両数が増加するなどの影響もあり，タクシー運転者の労働条件の悪化をはじめ，公共交通機関としてのマイナス面が生じている。その一方で，事業者の創意工夫を活かしたサービスの多様化，待ち時間の短縮など，利用者にとっての一定の効果が現れているのもまた事実である。

　なお，「特定地域における一般乗用旅客自動車運送事業の適正化及び活性化に関する特別措置法（平成21年。いわゆる「タクシー特措法」）」では，一般乗用旅客自動車運送事業の適正化および活性化を推進するための措置として，タクシー事業者が共同して特定地域において減車を行うことができると規定している（いわゆる共同事業再構築）。特措法は，国土交通大臣が「特定地域」を指定し，当該地域におけるタクシー事業の適正化および活性化に関する計画を定めること（同法3条・4条），特定地域には地方運輸局長，地方公共団体の長，タクシー事業者，タクシー事業者団体，地域住民等の関係者から構成される地域協議会を組織すること（同法8条），地域協議会は，タクシー事業の適正化および活性化のための地域計画を作成すること（同法9条）などを定めている。

　その一方で，タクシー事業者による共同事業再構築が，独禁法の枠内で，タクシー事業者間の競争を制限することがないように行われることにより，消費者やタクシー事業者の利益になるようにすることが重要である。そこで同法12条2項の規定では，公取委は，国土交通大臣から送付を受けた共同事業再構築に係る事項が記載されている特定事業計画に関して，国土交通大臣に対して意見を述べる旨が定められている。なお，特措法には，独禁法の適用を除外する旨の規定は定められていない。

は，事業者団体がその業界において大きな役割を占めてきた。それが事業者団体について独禁法上特別の規定を置いている背景事情ともなっている。許認可事項に関するカルテルは，事業者団体を通じて行われることが多い。料金等が国等の認可事項となっているときに認可申請の内容を事業者団体を通じて共同して決定する行為は，どう評価されるだろうか。

この点について，従来の公取委実務では8条4号違反とされてきたことが多い。事業者団体ガイドラインでは，この場合においても，市場における競争を実質的に制限するときは8条1号違反となるとしている（事業者団体ガイドライン第2の12-1）。

これに対しては，とくに，料金改定の認可申請の内容を制限しても，そうした申請内容に対して行政機関の厳正な審査がなされ，適正な料金水準が実現されるのだから，認可申請段階での制限行為は独禁法上問題とならないという見解はあるものの，以下の点から，認可制度があっても独禁法の適用は妨げられないというのが通説である。

第1に，制度上も各事業者が個々に料金の認可申請を行う自由が与えられており，そこに自由な競争が存在するのであって，事業者団体が各事業者の申請について制限するのは自由な競争を制限する効果をもつものである。

第2に，事業者団体が認可申請内容を制限する行為は，値上げ申請を考えていない事業者にまで認可申請を行うように事実上強制する可能性がある。

第3に，認可という行政行為が介在するとしても，それはあくまでも事業者側からの認可申請を待ってその内容に基づいて行われるものであり，最終的な認可の内容についても実質的に申請内容に左右されるものとならざるを得ない。認可等申請内容の制限があれば実際の料金水準に結果的に影響を及ぼすものになると考えられる。

第4に，認可制度があっても，その内容は個々の事業者が独立して自由に決すべきであり，認可申請の内容の制限が，認可後ありうる価格競争に制限を加えるような事情があるなら競争の実質的制限があるといえる。

以下では，許認可と独禁法の関係が問題となった代表的な事件を検討することにより，両者の関係を具体的に考えてみよう。

第9章 規制産業と経済法　243

◆ケース9・1　大阪バス協会事件（公取委平7・7・10審判審決）

(1) 事実の概要

　本件は，大阪府を事業区域とするバス事業者を会員にもつ社団法人の大阪バス協会が行ったカルテルが独禁法違反に問われたものである。1988年～90年の事件当時，一般貸切旅客自動車運送事業者（以下「貸切バス事業者」という）は，貸切バスの運賃等を変更しようとする場合，道路運送法の規定に基づき，運輸大臣の認可を受けなければならなかった。そして，貸切バスの運賃等は，認可された「標準運賃」の上下それぞれ10％（1988年5月以降は15％）の範囲内で貸切バス事業者が自由に設定できることとされていた。

　大阪府の貸切バス市場では，かねてから，貸切バス事業者と旅行業者との取引上の力関係，シーズンオフの需給関係の緩和，事業者間競争などの理由により，旅行業者が主催して旅行者を募集する貸切バス旅行向け輸送を中心として，認可運賃等を大幅に下回る運賃等に基づく取引が大規模かつ経常的に行われていた。会員貸切バス事業者が，個別に運賃等の引上げを図ることは，大手旅行業者に対する取引依存度が大きいことから困難な状況にあった。

　このような背景から，大阪バス協会は貸切バスの運賃等に関し，需要の多い期間・少ない期間・それ以外の期間のそれぞれにおける，①主催旅行（会員貸切バス事業者が自ら旅行を主催し旅行者を募集して行うバス旅行）向け輸送の最低運賃，②幼稚園・小学校・中学校および高等学校の遠足向け輸送の最低運賃，また，③社会見学・冬山耐寒登山向け輸送の最低運賃を決定し，会員貸切バス事業者に周知した。この決定に基づき，会員貸切バス事業者は，貸切バスの運賃等を旅行業者らと交渉・収受していた。

　公取委は，1990年10月25日，大阪バス協会の上記行為が，事業者団体の禁止行為を定めた独禁法8条1項1号所定の「一定の取引分野における競争を実質的に制限すること」に該当するとして，同協会に対して排除勧告を行った。これに対して同協会が応諾しなかったため，審判が開始された。大阪バス協会が決定した最低運賃には，認可運賃幅の下限を下回るものと認可運賃幅内に入るものとがあったところ，公取委は，1995年7月10日，認可運賃幅に入るものについてのみ，独禁法8条1項（現行8条。以下同じ）4号所定の「構成事業者（事業者団体の構成員である事業者をいう。以下同じ。）の機能又は活動を不当に制限すること」に該当すると認定した。

(2) 審決の構造　道路運送法と独占禁止法の適用関係　道路運送法が運賃につき認可制度をとることによって運賃競争に一定の制限を課している場合，独禁法の適用は排除されるか（道路運送法は独禁法の特別法として独禁法の適用を排除するか）という点について，審決は，排除されないとした。その理由は次の3点である。

① 独禁法の適用除外を定める明文規定が存在しないこと。

② 認可制は私人間の行為を補充してその法律上の効力を完成させる補充行為に過ぎないこと。すなわち，運賃等の認可は「統制下命〔中略〕の場合と異なり，〔中略〕契約締結に係る競争秩序について規範を定立する行政行為としての性質をもち得る可能性がないのであるから，〔中略〕独禁法が定める競争秩序〔中略〕に対して，直接に何の関係ももたないことが明らか」であり，「双方の法律に一般法と特別法の関係はない」。

③ 両法の効果が相違すること。すなわち，道路運送法には独禁法上の課徴金に相当する制度がなく，道路運送法による刑罰（30万円以下の罰金）よりも独禁法による刑罰（3年以下の懲役または500万円以下の罰金）の方が重いこと，独禁法には道路運送法にない排除手段（排除措置命令）をとりうること，また，道路運送法には運賃に関す

る協定について独禁法の適用を除外する規定が設けられていないことを指摘して，審決は「排除措置命令の可否は，専ら独禁法の見地から判断すべきである」とした。

また，認可運賃の下限を下回る事業者団体の運賃協定に対し，独禁法の排除措置を命じることができるかという点については，審決の判断は，原則と例外，その例外という複雑な形をとっている。

(3) 〈審決の判断〉

A 考え方の基本

道路運送法は運賃等を主務官庁の許可にかからしめ完全には自由な競争を認めない条文を置くが，そのことから無条件に独禁法の適用が排除され，あるいは排除措置命令の内容が規定・拘束されるものではなく，排除措置命令の可否は専ら独禁法の見地から判断すべきである。ただし，そうだとしても，ただちに認可運賃を下回る協定に独禁法の排除措置を命じることができることにはならず，「競争を実質的に制限する」かどうかは道路運送法の立法趣旨，目的等に立ち返って解釈する必要がある。

B 原則と例外，およびその例外

〔原則〕 通常であれば，「一定の取引分野における競争を実質的に制限」していると見られる外形が整っている限り，原則として独禁法による排除措置の対象となる。

〔例外〕 しかし，価格協定が制限している競争が刑罰をもって禁止されている違法な取引，取引条件にかかるものである場合に限っては，特段の事情のない限り，「競争を実質的に制限すること」という構成要件に該当せず，排除措置の対象とならない。かかる場合には，排除措置によって自由競争をもたらしてみても，確保されるべき一般消費者の現実の利益がなく，また，国民経済の民主的で健全な発達の促進に資するところがなく，公正な競争を促進することにならず，要するに，同法の目的に沿わないのが常態である。

〔例外の例外〕 他方，価格協定が制限している競争が刑罰をもって禁止されている違法な取引，取引条件にかかるものである場合であっても，独禁法の排除措置を命じることが同法の究極の目的から首肯されうる特段の事情がある場合には，排除措置を命じることができる。

C 〔例外の例外〕の判断基準・具体例

〔具体例〕「例外の例外」（すなわち，原則に立ち返ること）の典型的な例として，①当該取引条件を禁止している法律が確定した司法部における判断等により法規範性を喪失している場合，②実勢価格による競争の実態が，独禁法の目的の観点から競争を制限しようとする協定に対し同法の排除措置を命じることを許容しうる程度までに肯定的に評価される場合（これについてはあくまで道路運送法の主務官庁の立場ではなく，独禁法の固有の見地から評価すべきである），があげられる。

〔上記②の判断基準〕 上記②についてみると，認可運賃と異なる運賃が実際に行われたときは，当然に主務官庁の法的な効果を伴う措置がとられることが予定されているのであるから，(a)その実勢運賃等による取引が平穏公然かつ継続的に行われながら，主務官庁により法律的に効果のある措置が相当期間にわたりまったく講じられていない場合には，特別の理由が見当たらない限り，認可運賃と乖離した実勢運賃等も現実の事業法に基づく取引秩序の下で法的にただちに排除すべきものとして取り扱われていない運用の実情が示されているというべきであり，(b)しかも，その場合において法的措置が講じられていないことにつきそれなりの合理的理由があると認められるならば，その実勢運賃等による競争の実態は，特段の事情のない限り，独禁法の目的の観点から同法の排除措

置を命じることを許容しうる程度までに肯定的に評価される。

〔上記(b)を推認する事情〕 さらに，主務官庁が裁量によりあえてその権限の発動を消極的に留めているとすれば，そのこと自体から法律的措置が講じられていないことが主務官庁の立場において当然に何らかの合理的理由に基づくと推認できる蓋然性が相当高い（つまり(a)があれば原則として(b)を推認する）。

D 結 論

本件においては審査官から上記(a)に係る事実の主張立証はなく，結局，上記②を具備しないとして，本件協定について独禁法8条1項1号（当時）の適用はなく，排除措置の対象とならないとした。そのうえで，協定運賃が認可最低限を上回った学校遠足向け運賃にかかるカルテルについてのみ8条1項4号違反とした。

◆ケース9・2　新潟タクシー事業者価格カルテル事件（公取委平23・12・21排除措置命令および課徴金納付命令・公取委 web）

　新潟市等に所在するタクシー事業者26社は，新自動認可運賃（平成21年10月1日に改定された自動認可運賃）において，改定前の自動認可運賃における小型車等の上限運賃は据え置かれたまま，下限運賃が引き上げられたことを受けて，各社の代表取締役らによる市協会の会合の場を利用するなどして，小型車については新自動認可運賃における下限運賃とすることとし，かつ，初乗距離短縮運賃を設定しないこととする旨などを合意した。なお，合意は小型車についてだけでなく，中型車，大型車，特定大型車についてもなされており，この合意は実質的に運賃の引上げに当たる。ここで，自動認可運賃とは，国土交通省自動車運輸局長の通達（平成13年10月26日付国自旅第101号）により，国土交通省地方運輸局長等が，一定の範囲内において設定し，原価計算書類の提出の必要がないと認める場合として公示するタクシー運賃のことを指す。また初乗距離短縮運賃とは，国土交通省自動車交通局長の通達（同日付国自旅第100号）により，国土交通省地方運輸局長等が定めるものによることとされている，短縮した初乗距離に対応した距離制運賃をいう。

　そもそも新潟交通圏における法人タクシー事業者は，平成14年に北陸信越運輸局から公示された自動認可運賃の引上げを図るため，平成19年頃に各社が共同歩調をとって運賃の変更認可申請を行い，その結果，平成20年7月2日に自動認可運賃が改定されたことから，改定された自動認可運賃に移行することを話し合った。これが不調に終わり，新潟交通圏におけるタクシー運賃は多種類のものが存在する「運賃多重化」の状態となったが，これ以降も法人タクシー事業者間において，運賃多重化の解消に向けた話合いを行っていたところ，平成21年10月1日に自動認可運賃が改定され，これを受けて，26社間で話合いを行った結果，本件違反行為が行われたものであり，新潟交通圏における法人タクシー事業者においては，かねてから運賃多重化の解消や運賃の統一に向けた話合いが行われていたものである。また，同調しない者および個人タクシーへの働きかけも行われていた。26社は，本件違反行為に至る過程において，新自動認可運賃への移行を拒否していたタクシー事業者に対し，26社と同一の特定タクシー運賃にするよう繰り返し求め，さらに個人タクシーの協同組合の代表者に対しても，組合員が新自動認可運賃に該当するものとするよう要請を行っていた。

　公取委の独禁法違反の認定に対して，事業者は，国土交通省の指導に従ってタクシー料金を決定しており法律上の問題はないと主張した。これに対して公取委の審査では，運輸局がタクシー事業者に対し，共同して新自動認可運賃へ移行するよう指導した事実は認め

られなかったとしている。本件では，平成23年2月10日に国土交通省自動車交通局長が
全国の地方運輸局に発した通達においては，「事業者又は事業者団体の取組みが独禁法をは
じめとする他の法令に抵触することがないよう，十分に周知徹底を図」ることを求めている。
　被審人らは，本件排除措置命令および課徴金納付命令を不服として，平成24年2月
17日，公取委に審判開始請求を行い，10回の審判を経て，平成27年2月27日に審決
がなされた。本件審決は，被審人らの請求を棄却した。本件は，現在，東京高裁へ審決取
消訴訟が提起されている。

§3　電気通信事業における規制改革と競争政策

1　電気通信事業分野における競争政策

（**1**）　**電気通信事業分野の特性**　　電気通信事業分野においては，以下のよ
うな事情がある。第1に，不可欠性および非代替性を有するため他の事業者が
それに依存せざるをえない，いわゆるボトルネック設備の設置，市場シェアの
大きさ等に起因して市場支配力を有する事業者が存在するために十分な競争が
進みにくい。第2に，いわゆるネットワーク産業であり，競争相手の事業者と
接続することにより利用者の効用が大きく増加するとともに，逆に接続しなけ
れば事業者はサービスの提供が困難であるため，他事業者への依存を余儀なく
される。第3に，市場の変化や技術革新の速度が大変速い。

（**2**）　**競争政策の必要性**　　このような電気通信事業分野の特殊性や同分野
が独占から競争への過渡的状況にあることを前提にすれば，電気通信事業分野
における公正な競争をより積極的に推進していくためには，規制緩和の推進と
競争の一般的ルールである独禁法による競争制限行為の排除に加えて，電気通
信事業法において，公共性・利用者利益の確保の観点から必要な規制を課すと
ともに，公正競争促進のための措置を講じていくことが必要である。

　このため，独禁法を所管する公取委と電気通信事業法を所管する総務省は，
それぞれの所管範囲について責任をもちつつ，電気通信事業分野における競争
の促進に関する指針を作成し発表している（「電気通信事業分野における競争の促
進に関する指針」平成13年11月30日公表，平成16年6月18日一部改定，平成24年
4月27日再改訂，公取委・総務省）。

　上記「指針」ではたとえば，電気通信設備の接続および共用に関連する分野
での独禁法における考え方として，「電気通信役務を提供するに当たっては不

可欠であるが，投資等を行うことにより同種の設備を新たに構築することが現実的に困難と認められる設備を有する電気通信事業者が，他の電気通信事業者に対し，その保有する加入者回線網の接続等を拒絶し，又はそれらの取引の条件若しくは実施について自己又は自己の関係事業者に比べて不利な取扱いをすることは，他の電気通信事業者等の新規参入を阻害し，円滑な事業活動を困難にさせるものであり，これにより市場における競争が実質的に制限される場合には，私的独占に該当し，独占禁止法第3条の規定に違反することとなり，また，市場における競争が実質的に制限されるまでには至らない場合であっても，上記のような行為により，公正な競争を阻害するおそれがある場合には不公正な取引方法に該当し，独占禁止法第19条に違反することとなる」と述べている。

　以下，固定網と移動網に分けて，電気通信事業法上の競争政策的規律を概観する。

2　固定網

　（1）　非対称規制　　電気通信事業法（以下「事業法○○条」として引用する）においては，従来から，接続制度など電気通信事業分野における公正な競争環境の整備を図るための各種制度が整備されてきた。2001年には，市場支配的な電気通信事業者をあらかじめ特定して，一定の行為規制を通常の電気通信事業者とは非対称的に課すこととする非対称規制制度が導入されるなど，一層の公正競争促進のための措置が実施されてきた。本制度の導入は，市場支配的な電気通信事業者に対しては，反競争的行為の禁止行為をあらかじめ類型化することにより，これらの行為の効果的な未然防止および迅速な排除が可能となることを目指すものであった。さらに，第一種指定電気通信設備（後述）を設置する電気通信事業者に対する反競争的行為の防止に係る規制の実効性を確保するための非対称規制として，当該電気通信事業者に対し，業務を委託する子会社等が上述した禁止行為を行わないよう必要かつ適切な監督を行う義務等を課することとされた。これらを通じて，今後，電気通信市場における公正な競争環境が整備され，電気通信事業者による公正な競争を通じた一層の料金の低廉化，サービスの高度化・多様化を期待したのである。

　（2）　接続請求応諾義務　　では，電気通信事業法上，電気通信事業者の公正競争確保のために，どのような規制が用意されているのかを確認しておこう。

事業法上の規制は，すべての電気通信事業者に対する義務と特定の限定された電気通信事業者に対してのみ課される義務の二層立てから構成されている。

　前者については，電気通信事業者に一般的に，不当差別禁止（事業法6条）や接続請求応諾義務（事業法32条）を賦課している。接続請求応諾義務は，「電気通信役務の円滑な提供に支障が生ずるおそれがあるとき」（事業法32条1号）や「当該接続が当該電気通信事業者の利益を不当に害するおそれがあるとき」（同条2号）などを除き，他の電気通信事業者からの接続の請求に応じなければならないとするものである。かねてより，各電気通信事業者ごとに設備を構築しサービスを利用者に提供すべきか，もしくは，東日本電信電話株式会社および西日本電信電話株式会社（以下「NTT東西」という）などの有する電気通信事業者の設備開放を強制し他の電気通信事業者がこの設備を活用することによりサービスを利用者に提供すべきか，について議論が重ねられてきたのは周知のとおりである。

　電気通信事業法32条の接続請求応諾義務などの接続ルールは，競争の観点から創設されたというよりは，むしろ他の電気通信回線設備と電気通信設備との接続による利用者利益の確保という，事業法の保護法益の観点から創設されたものである。電気通信審議会1996年答申「接続の基本的ルールの在り方について」においても，接続ルールは，「接続に関し利用者利益および公正有効競争条件を制度的に確保するための措置」として講じられるべきものとされている。そもそも32条は，米国電気通信法251条(a)(1)の規定を参考にして起草されたものである（同項には，「General duty of telecommunications carriers」との見出しが付されている）。

　要するに，32条の接続請求応諾義務は電気通信役務のネットワーク特性にかんがみて設けられたもので，そもそもドミナント（市場支配力）規制とは異なる性格をもつものであることに注意しなければならない。

　（3）「設備」に着目した規制　　後者の特定の電気通信事業者に対してのみ課される非対称規制として，電気通信事業法は，端末系伝送路の「設備」の不可欠性などに着目して指定電気通信設備制度を導入している。すなわち，現行の指定電気通信設備制度は，固定通信については，都道府県ごとに占有率が50％を超える加入者回線を設置する電気通信事業者の固定端末系伝送路設備，およびこれと一体として設置される電気通信設備（事業法33条1項）が第一種

指定電気通信設備として指定され，接続約款の認可などの接続関連規制が課せられている（事業法 34 条，電気通信事業法施行規則〔1985（昭和 60）年郵政省令 25 号〕23 条の 9 の 2）。さらに，第一種指定電気通信設備を設置する電気通信事業者は，①接続の業務に関して知り得た情報の目的外利用・提供，②電気通信業務についての特定の電気通信事業者に対する不当に優先的な取扱い・利益付与または不当に不利な取扱い・不利益付与，③他の電気通信事業者，電気通信設備の製造業者・販売業者の業務に対する不当な規律・干渉，の 3 類型が禁止行為として規制される（事業法 30 条 3 項各号）。

　加えて，①特定関係事業者（事業法 31 条 1 項）との間において，役員兼任を禁止し，②接続や電気通信業務に関連した周辺的な業務についても特定関係事業者と比して不公平な取扱いを原則禁止するなど，当該特定関係事業者にかかるファイアウォール規制が課されている。また，一部のサービスについて，保障契約約款の作成および事前届出の義務，プライスキャップ規制（プライスキャップ規制対象役務としての特定電気通信役務につき，事業法 21 条参照）などのサービス規制がかけられている。これらは，第一種指定電気通信設備のボトルネック性・不可欠性および当該設備を設置する者の市場支配的地位に着目した規制といえる。指定電気通信設備の制度を支配的事業者（ドミナント）規制と捉える立場は，「接続ルールの見直しについて」の第一次答申（2000 年 12 月 21 日・郵政省）および「IT 革命を推進するための電気通信事業における競争政策の在り方について」の第一次答申（2000 年 12 月 21 日・郵政省）をその根拠とするものである。

◆ケース 9・3　NTT 東日本事件（東京高判平 21・5・29，最判平 22・12・17）

　原告 NTT 東日本は，2001 年 8 月から超高速デジタルデータ伝送を可能にするものとして，光ファイバ設備を用いた通信サービス（以下「FTTH サービス」という）を，「B フレッツ」という名称で提供していた。

　原告は，2002 年 6 月 1 日以降，戸建て住宅向け FTTH サービスとして新たに「ニューファミリータイプ」と称するサービスを提供するに当たり，原告の電話局から加入者宅までの加入者光ファイバについて，1 芯の光ファイバを複数人で使用する分岐方式（以下「分岐方式」という）を用いるとして，新サービスの提供に用いる設備との接続に係る接続料金について総務大臣の認可を受けるとともに，当該サービスのユーザー料金（月額 5,800 円。2003 年 4 月 1 日以降は月額 4,500 円と設定）について同大臣に対して届出を行ったが，実際には分岐方式を用いず，1 芯の光ファイバを 1 人で使用する方式（以下「芯線直結方式」という）を用いて当該サービスを提供していた。原告が設定した上記ユーザー料金は，い

ずれも他の電気通信事業者が原告の光ファイバ設備に芯線直結方式で接続してFTTHサービスを提供する際に必要となる接続料金を下回るものであった。

　なお，2002年11月末日時点の東日本地区において，戸建て住宅向けFTTHサービスを行っている事業者は，東京電力株式会社および株式会社有線ブロードネットワークに限られていたが，これら2社は，自らまたは子会社が保有する加入者光ファイバ設備を用いて戸建て住宅向けFTTHサービスを行うものである。そして，戸建て住宅向けFTTHサービス市場に参入しようとする場合，参入事業者が自前で加入者光ファイバを敷設するには多大な費用を要し，既存の光ファイバ設備に接続して参入する方法をとる場合，原告の保有する光ファイバ設備との接続は容易であるが，原告以外の事業者の保有する光ファイバ設備には接続しにくい状況にあった。

　以上の事実について，公取委は，2007年3月26日，本件行為は，原告の光ファイバ設備に接続して戸建て住宅向けFTTHサービスを提供しようとする事業者の事業活動を排除することにより，東日本地区における戸建て住宅向けFTTHサービスの取引分野における競争を実質的に制限していたものであるとして，独禁法2条5項に規定する私的独占に該当し，同3条の規定に違反するものであり，かつ，当該行為は，2004年3月31日をもってすでになくなっているものと認められ，排除措置を命じる「特に必要があるとき」に当たらないとして，同54条3項の規定に基づいて違法宣言審決を行った。

　これに対し原告は，電気通信事業法に基づき総務大臣の認可を受けた原告の料金設定について，独禁法を適用することは，2つの矛盾した規制を課すことになり許されないなどとして，本件審決の取消しを求めて提訴したところ，東京高裁は原告の請求を棄却した。

　本件審決では，独禁法と電気通信事業法との関係について判断を示しつつ，ユーザー料金について電気通信事業法による規制を受けており，所管官庁の判断を尊重すべきである旨の原告の主張について，届出とは異なる設備構成でサービスを提供しているから，前提を欠くとの判断も示していた。本判決においても，そもそも原告の届出自体が電気通信事業法上，適法なものではなかったとして審決の認定を維持し，独禁法と電気通信事業法との関係について言及することなく，原告の主張を排斥している。

図表9-2　独占禁止法と電気通信事業法の関係について

争点	裁判所（東京高裁）の判断	原告（NTT東）の主張
公共の利益	・加入者光ファイバ設備の敷設に要するコストは，原告自身および他の事業者の実際の利用に応じて回収されるものであり，また，実際に分岐方式を用いてサービスを提供する段階になってからニューファミリータイプを導入することではインセンティブが失われるとする合理的な理由が見出せない。 ・原告が戸建て住宅向けFTTHサービスのユーザー料金を低下させたにせよ，そのこと自体が同市場における新規参入を困難にしたのであって，このよ	・利用ベースの競争だけでなく，設備ベースの競争を促進することが重要であり，原告の行為が独禁法違反とされると，原告の加入者光ファイバ設備等の敷設に係るインセンティブが失われるから，形式的に独禁法上の排除理由に該当するとしても，公共性の利益に反するものではなく，正当化事由・違法性阻却事由が認められる。 ・ニューファミリータイプの導入および値下げは，FTTHサービスのユーザー料金を低下させ，ブロードバンドサー

	うに市場が新規参入者に対し閉鎖されている状況が公共の利益に反しないとはいえないことは明らかである。	ビス市場における競争を促進させるものであって，消費者の利益に合致するから，形式的に独禁法上の排除行為に該当するとしても，原告の行為は，公共の利益に反するものではない。
二重規制について	・ある行為が一方の法律に違反しないというだけで，当該行為に対し，明文の適用除外規定がない限り，他方の法律の適用それ自体が排除されることはな供しているのであるから，電気通信事業法による規制における事業所管官庁の判断を尊重すべきであるとの主張は，その前提を欠く。 ・電気通信事業法上の取扱いが本件違反行為の認定を左右しない。	・電気通信事業法が，独禁法と同様の公正な競争の促進を目的としてより詳細な規制を置いており，接続料金およびユーザー料金に関して独禁法に上乗せう二律背反の状態となり，許されない。 ・独禁法の適用が排除されていないとしても，電気通信事業法の規制に従った行為は，競争の実質的制限に該当することはない。 ・公取委の「行政指導に関する独禁法上の考え方」を援用し，法令に具体的な規定がある事業所管官庁による認可等に従った事業者の行為は独禁法違反とはならない。

最高裁は次のように述べて，東京高裁同様，本件行為の独禁法違反を肯定した。

「なお，前記事実関係等に照らすと，総務大臣が上告人に対し本件行為期間において電気通信事業法に基づく変更認可申請命令や料金変更命令を発出していなかったことは，独禁法上本件行為を適法なものと判断していたことを示すものでないことは明らかであり，このことにより，本件行為の独禁法上の評価が左右される余地もないものというべきである」。

3 移動体通信網

（**1**）　**禁止行為規制**　　移動体通信についても，業務区域ごとに占有率が10％を超える端末設備を設置する電気通信事業者の移動端末系伝送路設備などが第二種指定電気通信設備として指定され（事業法34条，同施行規則23条の9の2），接続約款の作成および事前届出などの接続関連規制が課せられている。さらに，第二種指定設備を設置する電気通信事業者であってその業務区域における収益のシェアが25％を超える者のうち指定を受けた者（現在，NTTドコモが指定されている）には，第一種指定電気通信設備を設置する電気通信事業者と同様，前述の3類型が禁止行為とされる（なお，平成27年の事業法改正によって，禁止行為規制の一部が緩和され，製造業者等への不当な規律・干渉の類型が廃止された。もっと

図表9-3 電気通信事業法等による非対称規制

	第一種指定電気通信設備制度（固定系）	第二種指定電気通信設備制度（移動系）
指定要件	都道府県ごとに50％超のシェアを占める加入者回線を有すること **NTT東西を指定（98年）**	業務区域ごとに10％超（当初は25％超）のシェアを占める端末設備を有すること **NTTドコモ（02年），KDDI（05年），沖縄セルラー（02年），ソフトバンクモバイル（12年）を指定**
指定対象設備	加入者回線及びこれと一体として設置される電気通信設備であって，他の電気通信事業者との接続が利用者の利便の向上及び電気通信の総合的かつ合理的な発達に欠くことができない電気通信設備	基地局回線及び移動体通信役務を提供するために設置される電気通信設備であって，他の電気通信事業者との適正かつ円滑な接続を確保すべき電気通信設備
接続関連規制	**第一種指定電気通信設備を設置する者に対する規制** ■接続約款（接続料・接続条件）の認可制 ※省令で接続機能の細分化，接続料の算定方法を規定 ■接続会計の整理義務 ■網機能提供計画の届出・公表義務	**第二種指定電気通信設備を設置する者に対する規制** ■接続約款（接続料・接続条件）の届出制 ※ガイドラインで接続機能の細分化，接続料の算定方法を規定 ■接続会計の整理義務
利用者料金関連規制	指定電気通信役務（第一種指定電気通信設備により提供される役務であって，他の事業者による代替的なサービスが十分に提供されないもの）→■契約約款の届出制　■電気通信事業会計の整理義務 特定電気通信役務（指定電気通信役務のうち，利用者の利益に及ぼす影響が大きいもの）→プライスキャップ規制	
行為規制	■接続情報の目的外利用・提供の禁止 ■各事業者への不当に優先的・不利な取扱いの禁止 ■製造業者等への不当な規律・干渉の禁止 ■特定関係事業者との間のファイアウォール ■設備部門と営業部門との間の機能分離 ■委託先子会社への必要かつ適切な監督 ■電気通信事業会計の整理義務	更に，収益ベースのシェアが25％を超える場合に個別に指定された者に対する規制 **NTTドコモ（02年）を指定** ■接続情報の目的外利用・提供の禁止 ■各事業者への不当に優先的・不利な取扱いの禁止 ■電気通信事業会計の整理義務

（出典）　総務省・総合通信基盤局・電気通信事業法等の一部を改正する法律説明資料（2015年7月）より一部改変

　も緩和された行為が実際に行われ，公正競争上の問題が生じた場合は，事後的な業務改善命令の対象になる）。

　電気通信事業法上禁止される行為は，前述の「電気通信事業分野における競争の促進に関する指針」により類型化されて例示されている。また，MVNO（後述）との接続にかかる規律については「MVNOに係る電気通信事業法および電波法の適用関係に関するガイドライン（三次改正）」（2012年7月）が詳細に説明を加えている。禁止行為規制については，業務区域ごとに，移動体通信に係る収益シェアが25％を超え，その他の要件を満たす事業者が指定されている（事

業法 30 条，同施行規則 22 条の 3 の 2）。「電気通信事業法第 30 条第 1 項の規定に基づく禁止行為等の規定の適用を受ける電気通信事業者（移動通信分野における市場支配的な電気通信事業者）の指定に当たっての基本的考え方」（2012 年 4 月 27 日策定・総務省。以下「禁止行為事業者指定ガイドライン」という）では，当該電気通信事業者が一定期間継続して 40％を超える高い市場シェアを有する場合には，諸要因を勘案した結果，特段の事情が認められない限り，指定するとしている。

（**2**）　**第二種指定事業者**　　また，禁止行為事業者指定ガイドラインでは一定期間継続して 25％を超え 40％以下の市場シェアを有する電気通信事業者においても，当該事業者の市場シェアが 1 位である場合，シェアの水準および諸要因を勘案した結果，当該事業者の市場シェアが 2 位以下である場合であっても，順位が 1 位の事業者とのシェアの格差が小さく，諸要因を勘案した結果，市場支配力が推定される場合には指定するとしている。これにより，株式会社

★コラム 9・3　電力と通信のセット割

　今，●●電力と○○通信の提携によるいわゆるセット割引が話題となっている。これに伴う競争上の問題は，独禁法以外に電気通信事業法で対処できるのだろうか。

　まず，少なくとも卸電気通信役務の料金その他の提供条件に差別的取扱いがある場合には，その内容次第では，差別的取扱いの主体に対する業務改善命令（事業法 29 条 1 項 10 号，同項 12 号）の可能性は生じ得るものと考えられる。また，差別的取扱いの主体が禁止行為規制適用事業者（NTT 東西，NTT ドコモ）であれば，停止命令（同 30 条 4 項）の可能性が生じ得る。たとえば禁止行為規制適用事業者（A）と他の通信会社（B）が提携して，A がサービス卸の相対契約で B を優遇し（あくまで仮想例である），B が A の卸電気通信役務を，（元々の通信サービスとあわせて自社で兼営している）電力販売とセットで安く販売するといった場合では，「A が B だけを優遇する場合」について，禁止行為規制との関係が問題となり得る。この場合，A の差別的取扱いについては，A に対する業務改善命令（事業法 29 条 1 項 10 号，同項 12 号）の可能性および A に対する停止命令（同 30 条 4 項）の可能性が生じ得る。B のセット割自体は，A が主体ではなく，B が主体であるため，上で述べた A の差別的取扱いとは別種の問題として検討し得るものである。B に対する業務改善命令という観点からは，事業法 29 条 1 項 2 号，同項 5 号および同項 12 号が問題となり得る。

　おそらく電気料金は余り下げる余地がなく，下げられるとすれば通信料金の方であろう。そうだとすると，事業法 29 条 1 項 2 号（電気通信事業者が特定の者に対し不当な差別的取扱いを行っているとき）の総務大臣が業務改善命令を出せるという条文が問題になり得る。つまり，○○通信は，自己の契約者であって●●電力を利用する者だけを不当に優遇すると捉える余地がある。整理すると，小売料金のセット割は，事業法 29 条 1 項 2 号，5 号および 12 号が問題となり得る。卸電気通信役務の料金を問題視する場合には，別の号との関係が問題となり得る。

NTT ドコモに加えて，KDDI 株式会社（以下「KDDI」という），ソフトバンク株式会社（以下「ソフトバンク」という）が指定されている。

（3）　NTT法　　なお，電気通信事業法の規定に基づく規制とは別に，日本電信電話株式会社等に関する法律（NTT法）の規定に基づく規制に関し，「NTT東西の活用業務に係る公正競争ガイドライン」を定めて，NTT東西の業務範囲拡大に関するNTT法の運用方針を事前に明確化することにより，地域通信市場における市場支配力のレバレッジを防止しようとしている。すなわち，「NTT東西の活用業務に係る公正競争ガイドライン」では，NTT東西が地域通信市場における市場支配力を濫用することにより，活用業務に関する市場において公正な競争を歪めることとなるおそれがある場合には，届出に係る活用業務は認められないとしている。

すなわち，①NTT東西が活用業務を営むに当たり，ボトルネック設備の保有や独占的業務の提供において獲得した顧客情報を用いる一方で，競争事業者が同様の業務を営む際にこれらをNTT東西と同等の条件で利用できないことにより，活用業務に関する市場において競争事業者との競争上優位な立場に立つ場合，②競争事業者がNTT東西の活用業務と同様の業務を営む場合に，その業務を妨害する反競争的行為を行う場合，③活用業務を営むに当たり，関連するインターネットサービスプロバイダー（ISP）やコンテンツ提供事業者，電気通信設備の製造業者等を不当に差別的に取り扱ったり，その業務に対し不当な規律，干渉を加える場合には，当該活用業務は認められない。

§4　電気・ガス事業における規制改革と競争政策

1　電気事業分野における規制改革と競争政策

（1）　はじめに　　これまで電気事業は，公益事業であるという特性から，需要家を保護するため，一般電気事業者には供給義務と料金規制が課されてきた。その後，1990年代に入り，段階的に，順次，規制改革が行われてきた。

電気事業分野の規制改革は，まず1995年に卸売市場の自由化のための電気事業法改正が行われ，その後，1999年には，小売市場を一部自由化する法改正が行われた（2000年3月施行）。さらに，2003年においては，電力会社等のネットワーク部門について，アクセス情報等の目的外利用の禁止および他部門

第9章 規制産業と経済法 255

との内部相互補助を防止するための会計分離を義務付けたほか，公平・透明な手続の下で送配電部門に係るルールの策定および運用状況の監視等を行う仕組み（中立機関）を構築することなどを内容とする法改正が行われ，2005年4月（一部，2004年施行）から施行されている（**図表9-4**参照）。

これまでの電気事業分野における制度改革については，電気事業分野に競争原理を導入し，新規参入を促進し，自由化範囲を拡大する方向で改革が行われており，競争政策の観点から，一定の評価ができるものの，電力の小売市場の競争状況をみると，これまで活発な競争が行われているとは言いがたい状況にあった。

（2）　適正な電力取引についての指針とその運用　　公取委は，1999年12月，当時の通商産業省（現在の経済産業省。以下「経産省」という）と共同して，電気事業分野における公正かつ有効な競争の観点から，独禁法上あるいは電気事業法上問題となる行為等を記した「適正な電力取引についての指針」を作成し，その後も，必要に応じ，本指針の改定を行っている（平成11年12月20日公表，同14年7月25日，同17年5月20日，同18年12月21日および同21年3月31日，同23年9月5日，同27年4月1日に改定され，平成28年（月日未定）の案が同27年12月にパブコメに付された。経産省・公取委）。

電力市場は，従来，電気事業法による参入規制によって小売供給の地域独占が認められてきた。それとともに，独占に伴う弊害については電気事業法上の業務規制（料金規制，供給義務等）によって対応してきたが，1995年からの電気事業法の改正により，競争の導入が段階的に図られてきた。小売分野における新規参入による競争の導入に当たっては，競争の基盤として，一般電気事業者または振替供給業務を行っている卸電気事業者が保有している，すでに日本全国をカバーしている送電ネットワークについて，新規参入者に対しても一般電気事業者自身と同等の条件により利用することが可能となるよう，その開放が不可欠となる。このため，電気事業法の改正において，一般電気事業者または卸電気事業者が保有または運用するネットワークについて，公平かつ公正な利用を保障する託送（送配電ネットワークを共通インフラとして第三者に開放した場合に，この第三者に提供する送電サービスのこと）制度等が設けられている。

しかしながら，電力市場の特徴から，託送制度を設けただけでは，現実に新規参入が起こり，電力市場が競争的に機能していくかといえば，それは疑わし

いものであった。というのも，第1に，現時点においても，電気の小売分野については既存の一般電気事業者が各供給区域内において100％近い市場シェアを有する。第2に，既存の一般電気事業者は10社であり，振替供給業務を行っている卸電気事業者の数も多くなく，これら事業者同士の意思の連絡がなくとも，同調的な行動をとる可能性がある。第3に，新規参入者は，2003年の電気事業法改正により，自営線による電気の供給が可能となったものの，営業部門と独占的に保有しているネットワーク部門を併せ持つ競争者としての一般電気事業者の託送に依存して競争せざるをえないことから，一般電気事業者の適切な対応がなければ不利な立場におかれる。第4に，一般電気事業者は多数の電源やネットワーク制御システムを保有していることによって，新規参入者に比べて容易に負荷追従（需要に応じて発電量の出力を変化させやすいこと）等が図れる。

このため，電力市場を競争的に機能させていくためには，今次の電力システム改革の背景として，すでに何らかの方策を講じていくことが必要となっていた。もちろん，これまでも，電気事業法を所管する経産省と独禁法を所管する公取委は，相互に連携することにより，電気事業法および独禁法との整合性のとれた電力取引についての指針を発表し，取引の適正性に努めてきた。当該指針では，たとえば，託送に当たって必要となる情報を十分開示しないなど，実質的に託送を拒否していると認められる行為，または新規参入者からの連系線等の利用の申請に対して，正当な理由がないにもかかわらず，その利用等を制限することは，独禁法上違法となるおそれがあると述べている。

現実の事件としては，北海道電力株式会社に対する警告（平成14年6月公取委）では，契約期間に応じて契約保証電力に係る基本料金を割り引くこと等を内容とする「長期契約」を自由化対象需要家との間で締結し，途中解約した場合等には，すでに適用した長期契約割引額の返還に加え，契約残存期間における契約保証電力に係る基本料金の20％に相当する額等を支払うことを義務付け，さらに，これらの支払いについて，事業撤退等による契約解消の場合等は対象外とし，同社から新規参入者に契約先を切り替えた場合等には支払いを求めることとしているとして，同社に対して独禁法違反（私的独占）の疑いがあるとして警告が行われている。

第9章　規制産業と経済法　257

図表9-4　これまでの電気事業法の改正※2013年の法改正は本章§4-2（3）を参照。

改正法の施行	主な改正事項
1995年12月 第一次自由化： 卸（発電分野）の 自由化	**発電部門への新規参入の拡大** ・卸電気事業許可の原則撤廃（200万kW超の発電用の電気工作物については許可）。電力会社が募集する入札に落札した事業者（卸供給事業者）が電力会社に卸売を行う制度の導入により，発電部門において競争原理を導入。 **特定電気事業に係る制度の創設** ・特定の供給地点における需要に応じて電力の直接供給を行う特定電気事業に係る制度を創設。 **料金規制の改善** ・個別認可制から，需要家の幅広い選択を可能とする各種メニュー（選択約款）の届出制に移行（ただし供給約款の認可は残る）。
2000年3月 第二次自由化： 小売の部分自由 化	**電気事業における小売の部分自由化の導入** ・電気の小売について，大口の需要家（特別高圧需要家）に対して，電力会社以外の供給者による電気の小売を可能とする特定規模電気事業者制度を創設。 **託送ルールの整備** ・電力会社と電力会社以外の供給者の競争を有効に働かせるために，電力会社が保有する送配電線を，電力会社以外の供給者が利用するための公正かつ公平なルール（託送ルール）を整備。 **料金規制の見直し** ・規制部門において料金引下げなどの需要家の利益を阻害するおそれがない場合は，認可制から届出制に移行。 ・需要家が選択できる料金メニューをより多様化するため，選択メニューを設定できる要件を経営効率化に資するもの全般にまで拡大。 ・事業者同士の電気の供給（卸供給）に関する料金規制を，認可制から届出制に変更。 **兼業規制の緩和** ・許可制となっている兼業規制を撤廃。
2005年4月 第三次自由化： 小売自由化範囲 の拡大	**ネットワーク部門の供給システム確保** ・一般電気事業者の送配電部門について，アクセス情報等の目的外利用の禁止（情報遮断），他部門との内部相互補助を防止するための会計分離および差別取扱いの禁止（行為規制）を電気事業法により担保。 ・電力会社，新規参入者や学識経験者等が公平・透明な手続の下で送配電部門に係るルールの策定および運用状況の監視等を行う仕組み（中立機関）を構築。 **広域流通の円滑化** ・供給区域を跨いで送電するごとに課金される仕組み（振替供給料金＝パンケーキ）の廃止。 **供給力の多様化に資する分散型電源による電力供給の容易化** ・二重投資による著しい社会的弊害が生ずる場合を除き，コジェネ等の分

| | 散型電源から特定規模需要（自由化対象の需要）に対し，自前の送電線による電気の供給可。 |

(参考) 小売の部分自由化範囲の変遷（経済産業省令改正事項）

2000 年 3 月……特別高圧電線路（2 万ボルト以上の電線路）から受電し，使用最大電力が原則として 2 千 kW 以上の供給について自由化。

2004 年 4 月……高圧電線路（6 千ボルト以上の電線路）から受電し，使用最大電力が原則として 500kW 以上の供給にまで自由化範囲を拡大。

2005 年 4 月……全ての高圧需要家（6 千ボルト以上の電線路から 50kW 以上の電力の供給を受けている者）まで自由化範囲を拡大。

※　2007 年から 2008 年にかけて第四次自由化の波として全面自由化の是非が議論された。そこでは，前回の制度改革において，全面自由化の検討を 2007 年 4 月に開始することとされたことを受け，電気事業分科会が再開された。しかし，小売自由化範囲の拡大は見送られ，既自由化範囲における競争環境整備のため，卸電力取引所による取引の活性化，託送料金制度の見直しの施策が実施された。

2　電力システム改革をめぐる議論

（1）　電気事業の特性　　電気は，①貯蔵できない，②供給の弾力性が低い，③代替性に乏しいという 3 つの特性がある。すなわち，①は，生産と消費が同時に行われるため，瞬時瞬時に需要と供給を一致させる必要がある。需給バランスが大きく崩れると，周波数と電圧が変動し，大停電を引き起こすおそれもある。このため，季節的，時間的なピークにも対応できるよう，大量の設備が必要である（電気事業の設備産業性）。②は，発送電設備は建設に莫大なコストと長期間を要するため，需要が急増しても，即座に設備を拡充できない。③は，電気は代替性に乏しく，生活・経済活動の根幹をなす必需品である。このため，低廉な電気を安定的に供給する必要がある（電気事業の公益事業性）。

（2）　発送電分離をめぐる議論　　これまで，電気事業では，長期的な見通しの下での大規模な設備投資が必要となる事業特性から，「総括原価方式」による原価算定が採用されてきた。これは，営業費（燃料費，減価償却費，人件費等）に公正報酬（電力設備の建設・維持等の資金調達に必要な支払利息や配当）を加えたものを総括原価として，ユーザーに電気を供給するために必要な費用として計上するものである。また，地域独占が認められ，一般電気事業者 10 社が発送電一貫体制の下で，各社が各地域において，安定供給，ユニバーサルサービスに責任をもつ体制がとられてきた。

電力市場における競争を確保するためには，送電ネットワークを有していな

い発電事業者がネットワークを有する一般電気事業者との競争において有効な競争単位として事業活動を行えることが，重要である。この点で有効なのが，発電設備と送電設備を分離する，いわゆる発送電分離である。たとえば，平成13年1月の公取委・政府規制等と競争政策に関する研究会報告書「公益事業分野における規制緩和と競争政策：電気事業分野における競争政策上の課題」では，今後の課題として，送電部門の中立性の確保が重要である旨の提言がなされている。また，平成14年6月の同・政府規制等と競争政策に関する研究会報告書「電気事業分野における競争促進のための環境整備」では，今後求められる系統運用のあり方として，電力会社から切り離す措置について検討する必要がある旨の提言がなされている。

★コラム9・4 「オール電化」事件（公取委・関西電力株式会社に対する警告 平17・4・21）

公取委は，集合住宅および戸建て開発地への電気供給に伴うオール電化等に関する営業について，集合住宅および戸建て開発地への電気供給のための設備に関する協議の機会を用いて，オール電化等を採用する住宅開発業者等に比べて，住宅の熱源としてガスを併用する住宅開発業者等を不当に不利に取り扱っている疑いで警告を出した。ちなみに，オール電化とは，住宅，業務用（オフィス等）における給湯，厨房などに関するすべての熱源を電気で賄うことをいう。

公取委によると，関西電力は，平成14年頃から，集合住宅および戸建て開発地への電気供給のための設備に関する協議の機会を用いて，住宅開発業者等に対し，以下の行為を行い，オール電化等を採用する住宅開発業者等に比べて，住宅の熱源としてガスを併用する住宅開発業者等を不当に不利に取り扱っている疑いがある事実が認められたという。すなわち，

ア　負荷想定容量が50kW以上となる集合住宅の場合，当該集合住宅にオール電化を採用し，または大容量機器が導入されるときには，低圧引込みにより電気を供給することができることとし，住宅開発業者等にとって負担となる受電室の設置を免除して柱上変圧器を設置して電気を供給する一方，大容量機器が導入されずに電気・ガスが併用されるときには，将来需要の見込みによっては受電室に変圧器を設置する方法以外の方法によって電気を供給することが可能であるにもかかわらず，その旨を当該集合住宅の住宅開発業者等に説明することなく，当該集合住宅の建物内に受電室を設置することを求めている。

イ　戸建て開発地において無電柱化が要望された場合，地中配電設備の維持管理費および再建設費用の増分を将来の電気料金収入の増加で回収するとの考え方に基づき，将来の電気使用量が増加するよう，当該戸建て開発地の住宅に可能な限りオール電化を採用することを要請することとし，無電柱化に応じる条件としてオール電化を採用することを求めている。これらの行為は，不公正な取引方法第4項（取引条件等の差別取扱い）の規定に違反するおそれがあるものであるが，警告にとどめられた。公取委は，関西電力が早期改善の意思を示している点や影響の及ぶ分野が一定規模のマンションなどに限られる点を考慮し，警告にとどめられたのであろう。

しかし，経産省は，2003年電気事業法改正時，発送電分離を検討していたにもかかわらず見送っていた。その理由は，①電気の安定供給を確保するためには，発電設備と送電設備の一体的な形成・運用が必要であり，とくに原子力発電のような大規模電源については送電設備との一体的な形成が不可欠なこと，②他方，所要の行為規制の導入とその確実な担保により，ネットワーク部門の公平性・透明性への市場参加者の信頼の確保が可能と考えられること，の2点が勘案されたためである。同様に，公取委のほうも，平成18年6月の同・報告書「電力市場における競争状況と今後の課題について」では，会計分離（同一企業内で部門ごとに会計を分離させること）等により，競争事業者が同等な条件で送電網にアクセスできる環境を整備することが必要である旨の記述はあるものの，発送電分離についての記述はない。

　公取委では，電力ガイドライン（前述の「適正な電力取引についての指針」〔平成23年9月5日〕）において，託送供給料金およびネットワーク運用の両面に関し，託送分野における適正な電力取引のあり方についての考え方を示し，一般電気事業者の適切な対応を求めている。具体的には，「第2部　適正な電力取引についての指針―Ⅱ　託送分野における適正な電力取引の在り方」において，①託送供給料金，②一般電気事業者の託送供給，③インバランス料金（新電力〔PPS〕が30分同時同量〔電力は貯蔵ができないため，使う電気（需要）と作る電気（供給）の量が常に同じである必要があり，これらを同時に調整することを「同時同量」という。このバランスが崩れると電気が不安定になり，ひどい場合には大規模停電に繋がるおそれがあるため，現在の託送制度においては，新電力（新規参入者）に30分単位で需要と供給を一致させることを求めている〕を達成できず，供給電力に不足が生じると，電力会社の系統運用部門が代わりに電力を補給するが，その対価として新電力が電力会社に支払う電力料金のこと）について，公正かつ有効な競争の観点から望ましい行為および問題となる行為を明記している。

　後述の電力システム改革では，第三段階として，2020年4月に，発電事業者や小売事業者がより公平に送配電網を利用できるよう，送配電部門の中立性の確保（法的分離）を実施することが決まった。これにより，発送電一貫体制の廃止が決まった。

　（**3**）　**電力システム改革**　　2013年11月13日に「電気事業法の一部を改正する法律」が成立した。この法律は，東日本大震災の影響による昨今の電力

需給のひっ迫状況を踏まえて，電力システム改革の3本柱のうちの1つである「広域系統運用の拡大」などを実現することを目的とするものである。広域系統運用の拡大とは，主に，需給計画・系統計画を取りまとめ，周波数変換設備，地域間連系線等の送電インフラの増強やエリアを超えた全国大での系統運用等を図ることをいう。これによって，電気の安定供給の確保に万全を期すとともに，具体的な実施時期を含む電力システム改革の全体像を法律上明らかにするものである。

これに先立つ2013年4月2日に，政府は，「電力システムに関する改革方針」を閣議決定した。この改革方針においては，電力システム改革の目的として，(1)安定供給の確保，(2)電気料金の最大限の抑制，(3)需要家の選択肢や事業者の事業機会の拡大を掲げ，この目的の下で，①広域系統運用の拡大，②小売および発電の全面自由化，③法的分離（送配電部門を別会社とすること。ただし，資本関係は認められる）の方式（2015年改正後の電気事業法22条の2，27条の11の2）による送配電部門の中立性の一層の確保という3本柱からなる改革を行うこととしている（③については，法的分離のほかに，前述の「会計分離」，送配電部門のうち，系統運用を担う部門を別組織化する「機能分離」，送配電部門全体を完全に別会社とし，親会社との資本関係も認めない「所有権分離」が案として出された）。そして，3本柱の改革の実施を以下の3段階に分け，各段階で課題克服のための十分な検証を行い，その結果をふまえた必要な措置を講じながら，改革を進めることとしている。

本法律は，電力システム改革の第1段階として，地域を越えて電気を融通しやすくし，災害時等に停電が起こらないように，広域的運営の推進のための措置を講じることとしている。このため，強い情報収集権限・調整権限に基づいて，広域的な系統計画の策定や需給調整を行う，電力広域的運営推進機関（広域機関）が設立され（現行電気事業法28条の4），全国規模での需給調整機能が強化された（2015年4月より運用開始）。広域機関は，経済産業大臣から認可を受け（現行法28条の14），すべての電気事業者の加入が義務付けられている（同28条の11）組織である。広域機関は，送配電等業務の実施にかかる指針の策定，電気の需給状況の監視，その他電力の安定供給に関する必要な措置を行う（同28条の40）。また，適正な電力取引や，送配電部門の中立性を確保するための新たな規制機関として，電力取引監視等委員会が設けられた（2015年改正後の電気事業法66条の2）。

第2段階は，小売参入の全面自由化である。これにより，家庭でも電力会社や料金メニューを自由に選べるようになる。総括原価方式は廃止される。小売参入全面自由化に伴い，2014年改正電気事業法により，一般電気事業，特定規模電気事業（新電力）といった事業区分は廃止されることとなり，発電，送配電，小売の事業ごとに，それぞれの事業の特性に応じて，届出，登録，許可といった形でライセンス規制を行う制度（いわゆるライセンス制）に転換される。これに伴い，小売事業者は顧客需要に対する供給能力確保義務（2014年改正電気事業法2条の12），発電事業者は供給契約に対する供給義務（2014年改正後の電気事業法27条の28），送配電事業者は周波数維持（連系線が遮断され，電力系統が分離した場合においても，電力系統の周波数を安定的に維持できるようにすること）義務がそれぞれ課されることになる。また，第3段階として，送配電部門の法的分離，小売料金規制の撤廃が2020年4月を目途に実施予定とされている（経過措置として，料金規制は残される）。これにより，送配電網を誰もが公平に利用できるよう，電力会社の送配電部門を別会社化（法人格分離）してその中立性・独立性を高めるとともに，電気料金の規制が原則なくなることになる（ただし，自由化と同時に料金規制を撤廃するのではなく，激変緩和として，経過措置期間が設けられている）。しかし，需給がひっ迫した状況下で自由化を行うと電気料金の高騰を招き，ユーザーの負担増加につながるおそれがある。全面自由化は現在の需給状況が改善していることがその前提である。そのためには，安全性が厳正に確認された原子力発電プラントの再稼働が，1つの焦点になる。

3 ガス市場における規制改革と競争政策

（1） ガス市場の特徴　　平成6年以降のガス事業制度の改革は，新規参入や料金の低下がみられるなど一定の成果をあげてきた。しかし，依然としてガス市場は次のような特徴を有しており，現在も競争原理が有効に機能していないのではないかとの懸念は引き続き存在していた。すなわち，第1に，導管によるガスの供給について，一般ガス事業者がその供給区域内において依然として大きな市場シェアを有していること，第2に，すでに導管網が張り巡らされていることにより，新たな導管網の敷設が困難とされる地域があること，第3に，一般ガス事業者において高カロリーガスへの転換が進みつつある中で，その主な原料であるLNG・天然ガスの入手先が限られること，である。

（2）　適正なガス取引についての指針　　このため，ガス事業法を所管する経産省と独禁法を所管する公取委が相互に連携することにより，ガス事業法および独禁法と整合性のとれた適正なガス取引についての指針を作成し，運用している（「適正なガス取引についての指針」〔平成12年3月23日公表，平成16年8月6日一部改定，平成23年9月5日再改訂。公取委・経産省〕）。

　当該指針では，わが国は国内ガス供給の大半を海外からの輸入LNGに依存しているため，LNG基地は導管網の起点となっており，ガス市場の活性化と公正な競争条件の整備の観点から，LNG基地の第三者による利用を促進することは，新規参入の促進やガスの調達源の多様化に資するものであるとしたうえで，LNG基地事業者が，当該基地を利用する以外に事業活動を行うことが事実上困難な自己または自己の関係事業者と競争関係にあるガス事業者からの利用の申出に対して，他のガス事業者に利用させることが可能な状況において，不当にこれを拒否しまたは不当に交渉期間を引き延ばすこと等により事実上利用を拒否し，当該ガス事業者の事業活動を困難にさせることは，独禁法上違法となるおそれがあると述べている。

（3）　ガス事業分野の規制改革　　ガス事業分野の規制改革は，1995年に小売市場の一部自由化のためのガス事業法改正が行われ，その後，1999年には，指定一般ガス事業者に対し，導管に対する接続供給義務を課すなどの法改正が行われた。

　2003年には，導管に対する接続供給義務の対象をすべての一般ガス事業者等に拡大し，また，託送部門について，アクセス情報等の目的外利用の禁止，他部門との内部相互補助を防止するための会計分離を義務付けるなどの法改正が行われ，2004年4月から改正ガス事業法が施行されている。さらに，2007年4月から（2006年改正）自由化範囲が拡大された（図表9-5参照）。

　公取委は，2000年3月，経済産業省と共同して，ガス事業分野における公正かつ有効な競争の観点から，独禁法上あるいはガス事業法上問題となる行為等を記した「適正なガス取引についての指針」を作成し，その後も，必要に応じ，本指針の改定を行ってきている。また，自由化範囲拡大後の状況を把握するため，ガス市場の取引実態調査を行っている。また，経済産業省は，前述の電力システム改革とあわせてガス供給システムの改革を行い，2015年6月，ガス事業法の改正が成立し，2017年4月からのガス事業の全面自由化が決まっている（後述）。

図表 9-5　ガス事業法の改正

法改正	主な内容
1995 年改正	**大口供給制度の創設** ・一定の条件の下での，一般ガス事業者による供給区域外への大口供給および一般ガス事業者以外の者（大口ガス事業者）による大口供給制度を導入（ガス小売の部分自由化。その後順次自由化範囲が拡大）。 ・大口需要家とガス供給事業者との間は原則として交渉による自由な料金の設定可。
1999 年改正	**託送供給制度の法定化** 　大手都市ガス事業者（東京ガス，大阪ガス，東邦ガス，西部ガス）に対して，託送供給（導管によるガスの供給）義務を課し，託送供給約款の作成・届出・公表を義務付け。 **料金規制の見直し** ・一律認可制から，引下げなどの需要家の利益を増進する場合について届出制に移行。　※ただし，不当な差別がある場合等は変更命令を発出可。 ・需要家が選択できる料金メニューを多様化するため選択メニュー（選択約款）を導入。 ・卸供給の料金を認可制から届出制に移行。 **兼業規制の緩和** 　一般ガス事業者の兼業規制を廃止。
2003 年改正	**ネットワーク部門の調整機能確保** 　ガス会社のネットワーク部門について以下を規定 ・他部門との内部補填を防止するための託送会計の整理。 ・アクセス情報等の目的外利用の禁止。 ・特定のガス供給事業者に対する差別的行為の禁止。 **広域流通の円滑化** ・全国の供給力の有効活用を図るため，指定一般ガス事業者のみに課されていた託送供給義務をすべての一般ガス事業者に拡大。 ・一定基準のガス導管を設置しガスを供給する者（いわゆるパイプライン事業者）を新たに「ガス導管事業者」として法律上位置付け，託送供給を義務付け。 **大口供給に係る規制の見直し** ・大口供給に係る許可制を届出制に移行。 ・ただし，新規参入による需要脱落により一般ガス事業者が経営努力をしてもなお規制需要家向けの供給条件を変更せざるをえなくなるような場合等は，当該大口供給について変更命令の発出可。 **大口供給に係る会計整理** 　一般ガス事業者に対し，大口供給に係る業務，大口供給以外の供給に係る業務，それ以外の業務について，内部補填を防止するための会計整理を法定化。

（参考）小売の部分自由化範囲の変遷（経済産業省令改正事項）

年間契約ガス使用量は，1995 年 3 月　200 万 m³ 以上，1999 年 11 月　100 万 m³ 以上，2004 年 4 月　50 万 m³ 以上，2007 年 4 月　10 万 m³ 以上と推移している。

第 9 章　規制産業と経済法　265

※　平成 27 年のガス事業法改正では，(1)小売参入の全面自由化として，①家庭等へのガスの供
　給の自由化，②自由化に伴う事業類型の見直し，③LNG 基地の第三者利用に係る規定の整備が，
　(2)ガス導管網の整備として，①導管事業への地域独占と料金規制の措置，②事業者間の導管
　接続の協議に関する命令・裁定制度が，(3)需要家保護として，①経過措置としての小売料金
　規制に係る措置（経過措置の解除に当たっては競争の進展状況を確認），②一般ガス導管事業
　者による最終保障サービスの提供，③ガス小売事業者に対する供給力確保義務，契約条件の説
　明義務等が，(4)保安の確保として，①法的分離による導管事業の中立性確保，②兼業規制に
　よる法的分離の実施，③適正な競争関係を確保するための行為規制の措置が規定されている。

§5　その他の規制産業における競争政策

1　郵政民営化と競争政策

　日本郵政公社が民営化され，持株会社（日本郵政株式会社）の下に，郵便事業
株式会社，郵便局株式会社，株式会社ゆうちょ銀行および株式会社かんぽ生命
保険の 4 社に分社化された。郵便事業会社を除くグループ各社は東京証券取引
所第 1 部に上場も果たした。民営化会社に対して，競争関係にある他の事業者
と同等の規制の適用等が行われることは，事業者間のイコールフッティング確
保の観点からは望ましい。民営化後，民営化会社の業務範囲が拡大していくこ
とについて公正競争確保の手当が必要だとする声がある。すなわち，民営化後
の競争市場環境を確保するため，すべての販売チャネルへの自由・公平なアク
セスの確保，郵政事業の明確な分離と各事業間の内部補助の防止，民営化以前
に締結された保険契約からの収入源を郵便保険会社が利用することに対する
セーフガード措置の導入が必要というものである。

　郵政民営化関連法は，内閣総理大臣および総務大臣が，郵政民営化委員会の
意見を聴いたうえで，同種の業務を営む事業者との適正な競争関係等を考慮し
て業務拡大の認可を行い，また，同種の業務を営む事業者への配慮義務が課さ
れるスキームとなっており，競争政策上の問題が生じないよう適切な運用が行
われることが期待されている。

　公取委は，2006 年 7 月に，「郵政民営化関連法律の施行に伴う郵便事業と競
争政策上の問題点について」を作成し，同年 10 月には，郵便貯金事業および
簡易生命保険事業等に関する競争政策上および独禁法上の考え方について公表
している。郵便局網は，公共性が高く，その規模が著しく大きいこと等から営
業上の重要性が高いため，銀行および生命保険市場における競争に大きな影響

を及ぼす。このため，ゆうちょ銀行およびかんぽ生命保険の新規業務について検討する際には，銀行および生命保険市場における公正かつ自由な競争を確保する観点から，①民間の銀行や生命保険会社にとって，郵便事業会社との代理店契約等の締結がゆうちょ銀行やかんぽ生命保険と同様に可能な状態になるのかどうか，②郵便事業会社，ゆうちょ銀行およびかんぽ生命保険それぞれにおいて，関係法令の周知およびコンプライアンス体制の整備が行われていくのかどうかといった点を注視していくことが必要である。

2 農業と規制改革

（1）　農業をとりまく状況と農協改革　　農業は，長くわが国の美しい故郷を守ってきた国の基であるといわれており，その重要性についてはいうまでも

★コラム 9-5　日本航空に対する公的支援と競争政策

　ひところ，日本航空に対する公的支援と公正な競争環境の確保について，関心が寄せられた。日本航空に対しては，同社がわが国の航空ネットワークの重要な部分を担っているという観点から，公的資金が投入されていた。その際，公的資金をもって航空機を購入し，当該航空機を使用するような場合，当該公的資金は航空会社のコスト構造に影響を与えることにはならないのか。また，不当廉売の判断基準との関係では，どのようになるだろうか。

　独禁法の観点から，公的資金の投入を受けた事業者であれ，そうでない事業者であれ，たとえばコスト割れでの廉売により競争に悪影響を与える場合には，独禁法の規定に基づき対処されることになる。すなわち，事業者の行為がどのような場合に独禁法上問題となるかについては，「不当廉売に関する独禁法上の考え方」や「排除型私的独占に係る独禁法上の指針」といったガイドラインにおいて考え方が明らかにされている。

　航空機の購入費用に公的資金を充てるか否かは，不当廉売の判断基準としてのコスト構造に直接に影響するものではないものと考えられるが，不当廉売として問題となりうる事案があれば，公的資金の投入を受けているか否かにかかわらず，「不当廉売に関する独禁法上の考え方」をふまえて対処されることになろう。

　ちなみに，EU では，EU 条約 107 条において，社会的性格等をもつもの以外，特定の企業や商品を優遇する国家補助（補助金に限らず，税制上や規制面での優遇措置等，あらゆる公的支援措置が含まれる）は，競争を歪曲するものとして禁止されている。また，EU 条約 107 条で例外的に認められる国家補助を明確化するため，「経営不振企業の救済と事業再構築のための国家補助ガイドライン」（2004 年最終改正）が定められている。このガイドラインは，EU の各加盟国が自国の事業者を対象に行う国家補助に対して，EU が共同体市場全体の統合・維持を目的として規制するものであって，国家の連合体である EU 独自の枠組みに基づくものである。このように，EU とわが国の制度は大きく異なるため，両者を単純に比較することはできないが，公的支援と競争政策の関係を考えるに当たって参考になろう。

ない。そして，そのような農業を長く支えてきたのが，農業協同組合（以下「農協」という）であった。

　わが国の農協は欧米の例とは異なり，実質的には，戦後，行政によるトップダウンによって生まれた組織であるため，国際的にみても行政の影響が大変強いといわれているが，たとえば，1990年代の雲仙普賢岳の噴火の際には，被災した農家に対する民間の保険会社の協力が乏しい中で，地域の要望を尊重して，既存の制度を柔軟に運用して保険金を被災した農家に支払う等，自然災害の多いわが国において，共助の観点から，小規模農家を守ってきた面もある。

　しかしながら，戦後，1600万人を超えていた農業人口は，この70年で8分の1にまで減少しており，現在では200万人程度となっている。また，農家の平均年齢は66歳を超えており，後継者の確保が難しい状況である。さらに，農業産出額，農業所得，農地面積等も減少している中で，TPP（環太平洋戦略的経済連携協定）加盟問題も発生しており，わが国の現行の農業はこのままでは大変厳しい状況に陥る。

　もともとは小規模農家のために活動を行ってきた農協も，今では時代とともに形を変え，非農家である准組合員に対するサービスが大きな割合を占めるようになっている。また，農産物市場におけるシェアの大きさからくる市場支配力は長く大規模商社を凌ぐとさえいわれており，農協は，市場における農産物の価格やその流通に大きな影響を与えている。

　このような状況をふまえ，今，わが国では，農業の構造改革の必要性が強く指摘されるようになっており，政府は，強い農業を創り，農家の所得を増やすための改革を進めようとしている。この中では，農業委員会制度の抜本改革による耕作放棄地の解消や農地の集積の加速，農業生産法人の要件緩和による多様な担い手による農業への参入，減反廃止に向けた需要ある作物の振興，農地のフル活用等市場を意識した競争力のある農業への転換が図られようとしている。

　とくに注目されているのは，農家の所得を増やす観点から，地域農協を主体とするための60年ぶりの農協改革であり，全国農業協同組合中央会（JA全中）の一般社団法人への移行，農協への会計士監査の義務付け等が実施されることになっている。ただし，農協改革に当たっては，単位農協は，地方においてガソリンスタンドやスーパーを経営する等，多様なサービスを組合員だけでなく，地域住民である准組合員にも提供し，実際上の地域のインフラとしての側面を

もっていることや，地域コミュニティの活性化の観点から，また，災害の多い
わが国において，地域防災力を維持するという面からも留意する必要がある。

ところで，これらの改革は，内閣府の規制改革会議が2014年6月に公表し
た「規制改革に関する第2次答申」やこれを受けて同月に閣議決定された「規
制改革実施計画」を受けたものである。この実施計画の中で，全農等の事業・
組織の見直しについては，「独禁法の適用除外がなくなることによる問題の有
無等を精査し，問題がない場合には株式会社化を前向きに検討するよう促す」
とされているが，今回の改革では，独禁法の適用除外に関する検討はほとんど
行われておらず，全農等の株式会社化を法制的に可能とするにとどまっており，
その株式会社化には，全農（全国農業協同組合連合会）等の自発的な判断が前提
となっている。

（2）　農協法等の改正　　上記の閣議決定等を受け，「農業協同組合法等の
一部を改正する等の法律案（以下「改正農協法」という）」が，2015年4月3日
に閣議決定され（閣法第71号），第189回国会（2015年通常国会）に提出され，
成立した。

その改正の理由は，「最近における農業をめぐる諸情勢の変化等に対応して，
農業の成長産業化を図るため，農業協同組合等についてその目的の明確化，事
業の執行体制の強化，株式会社等への組織変更を可能とする規定の整備，農業
協同組合中央会の廃止等の措置を講ずるとともに，農業委員会の委員の選任方
法の公選制から市町村長による任命制への移行，農業生産法人に係る要件の緩
和等の措置を講ずる必要がある。これが，この法律案を提出する理由である。」
とされている。その趣旨として，「農業の成長産業化を図るため，6次産業化
や海外輸出，農地集積・集約化等の政策を活用する経済主体等が積極的に活動
できる環境を整備する必要がある。このため，農協・農業委員会・農業生産法
人の一体的な見直しを実施する。」とされていた。

農業協同組合法の改正については，地域農協が，自由な経済活動を行い，農
業所得の向上に全力投球できるように，農協は，①経営目的の明確化のため，
農業所得の増大に最大限配慮するとともに，的確な事業活動で高い収益性を
実現し，農業者等への事業利用分量配当などに努めることを規定し（改正農協
法7条），②農業者に選ばれる農協の徹底のため，農協は，農業者に事業利用
を強制してはならないことを規定し（同10条の2），③責任ある経営体制を構築

するため，農協は，理事の過半数を原則として認定農業者や農産物の販売等に実践的能力を有する者とすることを求めることを規定し（同30条12項），④地域農協の選択により，農協の組織の一部を株式会社や生協等に組織変更できる規定を置き，また，地域住民へのサービス提供に関する規定や連合会・中央会が，地域農協の自由な経済活動を適切にサポートする規定を置いた（同第4章第1節から第3節まで）。さらに，⑤全農がその選択により，株式会社に組織変更できる規定（同第4章第1節），都道府県農協中央会が，経営相談・監査・意見の代表・総合調整などを行う農協連合会に移行する規定（同附則12条～20条），全国農協中央会は，組合の意見の代表・総合調整などを行う一般社団法人に移行するほか，農協に対する全中監査の義務付けは廃止し，代わって公認会計士監査を義務付ける規定が置かれた（同附則21条～26条・37条の2）。

　このほか，農業委員会の改革については，①農業委員の選挙制度を廃止し，農業委員は市町村長が議会の同意を得て任命するものとすること，②農業委員の過半を認定農業者とすること，農地利用最適化推進委員の設置が盛り込まれた。さらに，農業生産法人の見直しについては，①役員の農作業従事要件について，役員等のうち1人以上が農作業に従事すればよいこととすること，②議決権要件について，農業者以外の者の議決権が総議決権の2分の1未満までよいこととすることが盛り込まれた。この点は，信用・共済事業と経済事業が一体でないと農協の経営が成り立たないという実態があらわれている。

　農業・農村，農協を取り巻く環境が大きく変化している中で，農家の所得を向上させることと，単位農協が主体となって活動を続けられる環境を重視したものである。たとえば，かつて1万2000あった農協は現在700程度になり，准組合員が正組合員を上回る状況にある。また，農家は農協に販売力の強化や資材価格の引下げを求めている。そのような要望をかなえるためには，「農業所得の増大に最大限の配慮」が不可欠であり，理事の過半数を認定農業者や販売・経営のプロにする等の改革が必要になった。現在，各農協が地域特性を活かして特色のある改革を進めており，その動きを拡大することが重要になっている。

第10章　国際的事業活動と独占禁止法

§1　国際的事業活動に対する独占禁止法の適用

　企業は，現在では国境を越えて活動している。これに対し，独占禁止法（以下「独禁法」という）は，国内法である。したがって，企業の国際的な事業活動に対し，独禁法をどのような場合に，どこまで適用できるかが問題となる。

1　国際的事件への独占禁止法の適用

　（1）　独禁法の地理的適用範囲　　国際的事件への独禁法の適用について考えるとき，最初にわが国の独禁法がどのような行為を規制対象としているかを考える必要がある。これについて，独禁法に規定はないが，同法は日本の市場における競争を維持するための法律なので，わが国の需要者が存在する国内市場に影響を及ぼす行為のみが規制対象であるとの考え方が有力である。このような考え方によれば，たとえばわが国の事業者間でまたはわが国の事業者と外国事業者の間で外国の市場にのみ影響を及ぼすカルテルを締結しても，わが国の独禁法は適用されないことになる。

　（2）　国外で行われた行為に対する独禁法の適用　　国内市場に影響のある行為を行うのは国内企業とは限らず，行為が行われる場所は国内とは限らない。国外で行われた外国企業間のカルテルや外国企業間の企業結合が国内市場に影響を及ぼすことがある。この場合，当該行為にわが国の独禁法を適用することが，国際法上許容されるかという問題が生じる。これについては，従来，自国の領域内で行われた行為に対してのみ独禁法を適用できるという属地主義の考え方と，自国の領域外で行われた行為であっても自国の市場に直接的，実質的かつ予見可能な効果を及ぼす場合には独禁法を適用できるとする効果主義の考え方が対立していた。

　米国では，1950年代から，効果主義に立った法運用が行われ，連邦最高裁

判所も効果主義を承認した（1993・6・28〔ハートフォード事件〕）。また，EU で
は，域外企業間のカルテル事件について，欧州司法裁判所が属地主義の立場を
とりつつ，カルテルの実施が EC 域内で行われていることを根拠に EC 競争法
の適用が可能であるとし（1988・9・27〔ウッドパルプ事件中間判決〕），第 1 審裁
判所が域外企業間の企業結合事件で効果主義が国際法の原則である旨判示した
（1999・3・25〔プラチナ企業結合事件〕）ことから，欧州委員会は，属地主義と効
果主義のいずれかの観点から管轄権が認められれば EU 競争法の適用が可能だ
としている（貿易に対する影響という概念に関するガイドライン 3.3.1）。

　東京高裁は，テレビ用ブラウン管カルテル事件判決（東京高判平 28・1・29 判
例集未登載）で，ブラウン管製造販売業者間で，わが国ブラウン管テレビ製造
販売業者と東南アジアに所在するテレビ製造子会社等向けブラウン管の取引条
件について交渉する際に提示すべき最低目標価格等を設定する合意が行われた
と認定し，「本件合意に基づいて，我が国に所在する我が国ブラウン管テレビ
製造販売業者との間で行われる本件交渉等における自由競争を制限するという
実行行為が行われたのであるから，これに対して我が国の独占禁止法を適用で
きることは明らかである」とした。そして，「本件においては，本件合意に基
づく実行行為が我が国に所在する我が国ブラウン管テレビ製造販売業者を対象
にして行われていたものであるから，実行行為理論の下においても，実施行為
は我が国に存在すると認めることができると考えられる」として，EU で採ら
れているとされる実行行為理論（属地主義）によってもわが国の独禁法を適用
できるとした。また，この事件については属地主義によって独禁法を適用でき
るので，効果主義に基づく検討は必要ないとした。

2　国際的事件の審査

　（1）　国際カルテル事件等の審査　　（a）　審査手続　　国際的な事件につい
て，わが国の独禁法に違反する疑いがあるとして審査する場合にも，国際法上
の制約が問題になる。他国の領域においてその国の同意なく公権力を行使する
ことは，国家主権の侵害となるので，公正取引委員会（以下「公取委」という）
は，外国に存在する事業所に立入検査したり，外国において関係人から事情聴
取することはできない。また，報告命令や出頭命令のような相手方に義務を課
す書類を外国に送達することも，相手国の同意がない限り主権の侵害になると

考えられている。したがって，公取委が事件審査のためにとりうる手段として
は，課徴金減免制度を利用する内外の企業からの報告および資料提供を除けば，
国内にある事業所の立入検査，国内の事業者（外国企業の国内支店等を含む）に
対する報告命令および国内にいる関係人・参考人からの事情聴取のほか，事実
上，外国企業に対する任意の資料提出要請や事情聴取のための任意の出頭要請
に限られることになる。

(b) 措置　排除措置命令および課徴金納付命令は，謄本を送達するこ
とにより効力を生ずるので（49条2項・50条2項），外国事業者がわが国の独禁
法に違反していることが認められた場合には，排除措置命令または課徴金納付
命令を外国事業者に送達する必要がある。

国内に支店や営業所がある場合には，そこに対して書類を送達することができ
き（公取委昭47・8・18審判審決・審決集19巻57頁〔三重運賃事件〕等），また，書
類の受領権限をもつ代理人がいる場合には，その代理人に送達することができ
る（公取委平10・9・3勧告審決・審決集45巻148頁〔ノーディオン事件〕等）。国内
に営業所等をもたず，代理人も置かない外国事業者の場合が問題となるが，こ
のような者に対して書類を送達するために，平成14年の独禁法改正で，在外
者への書類の送達規定および公示送達の規定が設けられた。

(i) 在外者への書類の送達　外国において送達するときは，公取委がそ
の国の管轄官庁またはその国に所在する日本の大使，公使もしくは領事に嘱託
して行う（70条の7，民訴108条）。現在のところ，外国に日本の独禁法に係る
書類の送達をする権限のある官庁は存在しないので，在外者に対し，独禁法関
係の書類を送達する必要が生じた場合は，外交ルートを通じて相手国の合意を
取り付け，日本の在外領事等を通じて送達することになる。

(ii) 公示送達　外国において送達すべき場合に，(i)に述べた在外者への
書類の送達の規定によることができず，またはこれによっても送達すること
ができないと認めるべき場合には，公示送達をすることができる（70条の8第
1項2号）。在外者への書類の送達の規定によることができないと認めるべき場
合とは，わが国の外交使節が駐在していない場合等をいう。これによっても送
達することができないと認めるべき場合とは，当該外国に戦乱，革命，大災害
等があり，送達の目的を達成する見込みがないと判断される場合をいい，送達
の相手方が受領を拒否しており受領の見込みがないときもこれに該当する。テ

レビ用ブラウン管カルテル事件で，公取委は受領を拒否した韓国のサムスンSDIらに対し，排除措置命令および課徴金納付命令を公示送達した。

（2）　国際的企業結合事件の報告・届出および審査　　外国事業者とわが国事業者の企業結合や，外国企業間の企業結合も，わが国の市場における競争を実質的に制限することとなる場合は，わが国の独禁法に違反する（10条等）。独禁法は，国内売上高を基準とする一定の要件に該当する株式取得，合併等について事前届出義務を課している（10条2項・15条2項等）。外国会社もこの要件に該当する場合には事前届出義務がある。そして，外国会社間の企業結合についても，それによってわが国市場における競争が実質的に制限されることとなるかどうか審査し，問題があるときは問題解消措置を条件に認める等している。外国事業者間の合併や株式取得という行為は外国で行われているので，それがわが国市場における競争を実質的に制限することとなる場合にはわが国の独禁法に違反するとの考え方のもとに届出義務を課し審査していることは，わが国独禁法が外国で行われた行為であってもわが国の市場に一定程度の効果を及ぼす場合には適用できるとの考え方をとっていることを示すものといえる。

3　独占禁止法6条

独禁法は，不当な取引制限を禁止する3条および不公正な取引方法を禁止する19条のほかに，6条を置き，不当な取引制限または不公正な取引方法に該当する事項を内容とする国際協定または国際契約を禁止している。

かつては，わが国事業者が外国事業者と競争制限的な国際協定または国際契約を締結した場合に，わが国事業者のみに本条を適用することが行われたことがある。

> **◆ケース 10・1　レーヨン糸国際カルテル事件**
>
> 　わが国事業者3社が西欧事業者とレーヨン糸の米国地域を除いた地域向け輸出地域，輸出限度量および最低販売価格を決定した事件で，公取委は，国内事業者3社のみに対し6条1項（現6条）を適用し，協定の破棄等を命じた（公取委昭47・12・27勧告審決・審決集19巻124頁）。

> **◆ケース 10・2　天野製薬事件**
>
> 　外国事業者が国内事業者との継続的原料供給契約において，契約終了後の競争品の生産等を禁止していた事件で，公取委は，拘束を受けていた国内事業者にのみ6条1項（現6条）

を適用して,問題条項の削除を命じた(公取委昭 45・1・12 勧告審決・審決集 16 巻 134 頁)。

　6 条の存在理由についてはさまざまな説がある。しかし,現在では米国・EU をはじめ多くの国が国外事業者に対して独禁法を適用しており,また,国外事業者に対する送達規定も整備されてわが国の公取委も国外事業者に独禁法を適用するようになっていることから,6 条の存在意義は薄れているといえよう。

4　最近の国際事件

　（1）　独禁法違反事件　　公取委は,最近は 6 条を用いず,次のように,独禁法に違反する行為を行った外国企業に対しても 3 条または 19 条を適用している。

◆ケース 10・3　ノーディオン事件

　放射性医薬品の原料を製造販売し日本で 100％のシェアをもつカナダの事業者が,ユーザーである日本の医薬品製造業者全社と 10 年間必要とする当該原料の全量を自社から購入することを義務付ける契約を締結したことが私的独占に当たるとして,カナダの事業者に対し独禁法 3 条を適用して排除措置を命じた（公取委平 10・9・3 勧告審決・審決集 45 巻 148 頁）。

◆ケース 10・4　マリンホースカルテル事件

　日本と欧米のマリンホース製造販売業者がマリンホースについて市場分割協定を行って日本を含む各国において入札談合を行っていた事件で,公取委は,日本,英国,フランスおよびイタリアの 4 か国の 5 社に対し,独禁法 3 条違反（不当な取引制限）として排除措置命令を行った（公取委平 20・2・20 排除措置命令・審決集 54 巻 512 頁）。

◆ケース 10・5　マイクロソフト非係争条項事件

　米国のコンピュータソフト会社が日本のパソコンメーカーにパソコン用基本ソフトのライセンスをするに当たり,ライセンスを受けた者が同社および他のライセンシー等に対して,当該基本ソフトによる特許侵害を理由に訴訟を提起しないこと等を誓約する旨の条項を含む契約書を締結したことについて,公取委は,パソコンメーカーの事業活動を不当に拘束する条件を付けてパソコンメーカーと取引しており,独禁法 19 条（一般指定 13 項）に違反するとして,米国のコンピュータソフト会社に対し排除措置を命じた。マイクロソフトは審判請求をしたが,公取委は請求を棄却した（公取委平 20・9・16 審判審決・審決集 55 巻 380 頁）。

第 10 章 国際的事業活動と独占禁止法 275

◆ケース 10・6 テレビ用ブラウン管カルテル事件

　日本，韓国，台湾およびタイのテレビ用ブラウン管製造販売業者およびその東南アジア製造子会社の計 11 社が，日本のブラウン管テレビ製造販売業者が購入価格等について交渉し現地製造子会社等に購入させるテレビ用ブラウン管について，最低目標価格等を設定する旨を合意していたとして，独禁法 3 条（不当な取引制限）を適用し，外国企業 6 社に課徴金納付命令を行った（公取委平 21・10・7 排除措置命令・審決集 56 巻（2）173 頁）。うち 4 社が審判請求したが，公取委は請求を棄却し（公取委平 27・5・22 審判審決・審決集未掲載），東京高裁も審決取消請求を棄却した（前掲・東京高判平 28・1・29）。

（2）　企業結合事件　　前述のように，独禁法は外国企業に対しても，一定の要件に該当する企業結合の届出を義務付けており，公取委は外国企業間の企業結合も審査している。公取委が独禁法上の問題点を指摘した事件には，次のようなものがある。

◆ケース 10・7　BHP ビリトン PLC および BHP ビリトン・リミテッドならびにリオ・ティント PLC およびリオ・ティント・リミテッドによる鉄鉱石の生産ジョイントベンチャーの設立

　鉄鉱石の採掘および販売に係る事業を営む外国事業者間で，西オーストラリアにおける鉄鉱石の生産ジョイントベンチャーの設立を計画した。公取委が，本件ジョイントベンチャーの設立により一定の取引分野における競争を実質的に制限するおそれがある旨の問題点の指摘を行ったところ，両当時会社は本件ジョイントベンチャーの設立計画を撤回する旨を公表した（公取委平 23・6・21 発表「平成 22 年度における主要な企業結合事例について」事例 1）。

◆ケース 10・8　ASML ホールディング NB とサイマー・インクの統合計画

　半導体製造の前工程で使用される露光装置の製造販売業を営む米国事業者が，同製品の重要な部品である光源の製造販売業を営む米国事業者の全株式を取得することを計画した。公取委が市場閉鎖が論点となりうる等の指摘をしたところ，当時，会社は問題解消措置を申し出，公取委は当該措置等をふまえれば本件統合は一定の取引分野における競争を実質的に制限することとはならないと判断した（公取委平 25・6・5 発表「平成 24 年度における主要な企業結合事例について」事例 4）。

§2　海外の独占禁止法と日本企業

1　米国反トラスト法と日本企業

（1）　米国反トラスト法の概要　　米国の連邦レベルの独占禁止法は，シャーマン法（1890 年），クレイトン法（1914 年）および連邦取引委員会法（FTC 法，

1914 年）であり，州を越える取引および外国との取引に適用される。米国は連邦国家であり，各州も競争法を持っている

　シャーマン法1条は，取引を制限する契約・結合・共謀（共同行為）を禁止している。これには，競争業者間の水平的共同行為と取引先との垂直的共同行為の両方が含まれる。水平的共同行為のうち，価格カルテル，数量制限カルテル，地域分割協定，入札談合などは，「ハードコア・カルテル」と呼ばれ，そのような行為が立証されるだけで違法とされる（当然違法）。それ以外の水平的共同行為（非ハードコア・カルテル）と垂直的共同行為は，競争制限的効果と競争促進的効果を比較して違法かどうかが判断される（合理の原則）。シャーマン法2条は独占行為を禁止している。市場支配的事業者が競争者を市場から排除する等の行為がこれに該当する。

　シャーマン法1条または2条に違反した場合，法人は1億ドル以下の罰金，個人は100万ドル以下の罰金または10年以下の禁固に処される。罰金刑と禁固刑は併科することができる。また，罰金額は，違反行為により獲得した利益または与えた損害額の2倍まで引き上げることができる。クレイトン法は，価格差別，排他条件付取引，抱き合わせ販売等を禁止するほか，企業結合規制について定めている。FTC法は，不公正な競争方法を禁止している。シャーマン法に違反する行為は，不公正な競争方法に該当する。

　シャーマン法を運用するのは司法省反トラスト局（反トラスト局）であり，最近は，ハードコア・カルテルについては起訴（刑事訴追）し，それ以外の違反行為については裁判所に対し差止請求（民事提訴）している。司法省が民事提訴する事件の多くで，提訴前に反トラスト局と被告の間で排除措置について合意が成立しており，裁判所は同意判決によって司法省と被告の間で合意した排除措置を命じている。

　FTC法を運用するのは連邦取引委員会（FTC）であり，違反行為を審査し，審判手続を経て審決によって排除措置を命ずる。FTCが審判開始決定をする事件の多くで，審判開始決定前にFTCと相手側との間で排除措置について合意が成立しており，FTCは，審判手続を経ずに同意審決によって合意した排除措置を命じている。

　クレイトン法に基づく企業結合規制は，反トラスト局とFTCが分担して行っている。一定の要件に該当する企業結合は，事前に反トラスト局とFTCに届

け出なければならない。届け出た企業結合案件は，反トラスト局またはFTC
が審査し，問題がある場合は企業結合の差止めを求めて民事提訴し，または審
判を行い審決によって企業結合の差止めを命ずる。なお，実際には，多くの案
件で反トラスト局またはFTCと当事者の間で問題解消措置について合意がな
され，同意判決または同意審決によって合意した問題解消措置が命じられる。

（2）　日本企業による反トラスト法違反事件　　反トラスト局は，近年，リ
ニエンシー制度を活用するなどして，多数の国際カルテルを含むハードコア・
カルテルを刑事訴追している。そして，事件によっては，外国企業を含む企業
に対し巨額の罰金が科されるとともに，外国人を含む違反行為者に対し禁固刑
が科されている。

　日本企業も黒鉛電極カルテル事件（1999年），ビタミンカルテル事件（1999年），
半導体カルテル事件（2006年），国際航空運賃カルテル事件（2008年～）等多数
の事件で刑事訴追され，罰金刑を科されている。また，マリンホースカルテル
事件（2008年～）では，日本企業に罰金刑が科されたほか，同企業の本社従業
員が米国で逮捕・刑事訴追され，禁固刑および罰金刑に処されている。自動車
部品カルテル事件（2011年～）でも，日本企業数社に対し罰金刑が科されると
ともに，日本人従業員が禁固刑および罰金刑に処されている。

2　EU競争法と日本企業

（1）　**EU競争法の概要**　　欧州27カ国が加盟するEU（欧州連合）は，EU
機能条約に競争法規定があり「EU競争法」と呼ばれている。EU競争法は，
加盟国の国境を越える事件に適用される。また，加盟国もそれぞれ競争法をも
ち，国内の事件に適用している。

　EU機能条約101条は，競争を制限する意図または効果を有する協定等の共
同行為を禁止している。これには，カルテルや入札談合といった水平的共同行
為とメーカーによる小売業者の販売先制限等の垂直的共同行為の両方が含まれ
る。EU機能条約102条は，市場支配的地位の濫用を禁止している。市場で大
きなシェアをもつ事業者が，抱き合わせ販売等をして競争者を市場から排除す
るような行為がこれに該当する。また，企業結合規則により，EU規模の企業
結合が規制されている。EU規模の企業結合に該当するものは，域外企業間の
結合を含め，欧州委員会への事前届出が義務付けられている。

EU 機能条約 101 条および 102 条は，欧州委員会と加盟国競争当局が運用する。欧州委員会は，EU 機能条約 101 条または 102 条に違反した事業者に対して，排除措置および制裁金を命ずる決定を行う。

EU 企業結合規則を運用するのは，欧州委員会である。欧州委員会は，EU 企業結合規則に違反する場合には企業結合を禁止し，または条件付で認める決定を行う。多くの場合，当事者が欧州委員会に問題解消措置を申し出，欧州委員会が適当と認めて当該問題解消措置の実施を条件に企業結合を認めている。

（2）　日本企業による EU 競争法違反事件　　欧州委員会は，国際カルテル事件をはじめとするカルテル事件，欧州域内市場を分割する垂直的協定，市場支配的地位の濫用等を積極的に摘発し，事件によっては巨額の制裁金を課している。カルテル事件の摘発には，リニエンシー制度が活用されている。

わが国企業は，黒鉛電極カルテル事件（欧州委員会 2001・7・18 決定），ビタミンカルテル事件（欧州委員会 2001・11・21 決定），ゲーム機およびソフトの EU 域内の並行輸出入阻害事件（欧州委員会 2002・10・30 決定），エレベーターカルテル事件（欧州委員会 2007・2.21 決定），業務用ビデオテープカルテル事件（欧州委員会 2007・11・20 決定），CRT ガラスカルテル事件（欧州委員会 2011・10・19 決定），ブラウン管カルテル事件（欧州委員会 2012・12・5 決定）等多数の事件で制裁金を課されている。

3　東アジア諸国の競争法と日本企業

（1）　東アジア諸国における競争法の普及　　1970 年代までは，競争法をもつ国は，ほぼ先進国に限られていた。しかし，1980 年代以降，旧社会主義諸国の市場経済への転換やグローバル化の進展により，競争法は世界中に広まっている。東アジアにおいても，近年多くの国で競争法が制定されている。公取委は，東アジア諸国をはじめとする途上国に対し，競争法の制定・運用に関する技術支援を行っている。

（a）　韓　国　　東アジア諸国の中で日本に次いで競争法を制定したのは，韓国である。韓国は，1980 年に，日本の独禁法をモデルとして「独占規制および公正取引に関する法律」（公正取引法）を制定した。公正取引法は，市場支配的地位の濫用禁止，企業結合規制，カルテルの禁止のほか，不公正取引行為の禁止や経済力集中規制の規定をもっている。違反行為に対しては，排除措置が

命じられるほか，カルテルをはじめ広範な違反行為に課徴金が課される。また，罰則規定もある。リニエンシーの制度は，韓国では日本に先駆けて 1997 年に導入された。

公正取引法を運用するのは，国務総理に所属する公正取引委員会である。

(b) 台 湾 台湾では，1991 年に「公平交易法」が制定された。公平交易法は，独占的地位の濫用禁止，企業結合規制，カルテルの禁止のほか，不公正競争行為の規制を定めている。違反行為に対しては排除措置および行政制裁金が命じられるほか，罰則規定もある。

公平交易法を運用するのは，行政院の直属機関である公平交易委員会である。

(c) タ イ タイでは，1979 年に「価格統制および独占禁止法」が制定されていたが，同法の主要目的は価格統制にあった。本格的な独占禁止法は，1999 年の「取引競争法」によって導入された。取引競争法は，市場支配的地位の濫用禁止，企業結合規制，カルテルの禁止，自由かつ公正な競争に反し他の事業者の事業活動を阻害または制限する行為等の禁止等を定めている。違反行為に対しては排除措置が命じられるほか，罰則規定もある。

取引競争法を運用するのは取引競争委員会である。事務局は商務省国内取引局に置かれている。

(d) インドネシア インドネシアでは，1999 年に「独占的行為および不公正な事業競争の禁止に関する 1999 年法律第 5 号」（法律第 5 号）が制定された。法律第 5 号は，各種のカルテルの禁止，垂直的協定の規制，一方的行為の規制，市場支配的地位の濫用規制，企業結合規制等を定めている。違反行為に対しては，排除措置が命じられるほか，制裁金が課される。また，罰則規定もある。

法律第 5 号を運用するのは，独立機関である事業競争監視委員会である。

(e) シンガポール シンガポールの競争法は，「2004 年競争法」である。同法は，競争制限的協定，市場支配的地位の濫用，ならびに競争を実質的に減少させまたは減少させるおそれのある企業結合を禁止している。

2004 年競争法を運用するのは，貿易産業大臣によって任命される競争委員会である。

(f) ベトナム ベトナムでは，2004 年に「競争法」が制定された。同法は，競争制限的協定を列挙し，市場シェアが 30％を超える場合に禁止しているが，価格カルテル等については商工大臣による個別例外認定ができることとしてい

る。また，一定の市場シェアで市場支配的地位を認定し，市場支配的地位の濫用を禁止している。企業結合については，市場シェア50％を超える結合を禁止している。ただし，商工大臣の裁量等により例外的に許可することができる。なお，現在，法改正に向けた作業が行われている。

競争法を運用するのは，商工省の下の競争庁および競争評議会である。

(g) 中 国　中国では，従来，競争関連法として，1999年に制定された「不正競争防止法」等があったが，2007年に本格的な競争法である「独占禁止法」が制定され，2008年8月に施行された。同法は，独占的協定，市場支配的地位の濫用，および企業結合を規制するほか，行政権力の濫用による競争の排除・制限を禁止している。

独占禁止法の運用は，独占禁止委員会の下で，国家工商行政管理総局，国家発展改革委員会および商務部が行う。

（2）　日本企業による違反事件　アジア諸国では，韓国，中国，台湾およびインドネシアを除き，まだ競争法の執行は低調である。競争法の活発な運用がなされている韓国では，黒鉛電極カルテル事件（韓国公正取引委員会2002・3・20課徴金納付命令），ビタミンカルテル事件（韓国公正取引委員会2003・4・18課徴金納付命令），マリンホースカルテル事件（韓国公正取引委員会2009・5・18課徴金納付命令）等で，日本企業が課徴金の納付を命じられている。

§3　独占禁止法執行の国際協力

1　独占禁止法協力協定

（1）　独占禁止法協力協定の広がり　独禁法の執行に関する二国間の協力協定は，1970年代からあったが，1990年代以降，1991年に締結された米EC協定をはじめ，多くの協定が締結されている。また，NAFTAなどの自由貿易協定にも独禁法に関する協力条項が盛り込まれている。

（2）　日本の独占禁止法協力協定　日本は，1999年に米国との間で最初の独占禁止法協力協定を締結した。日米独占禁止法協力協定には，相手国企業に対し審査をするときの通報・協議・礼譲といった紛争回避のための規定のほか，審査協力に関する規定も設けられている。その後，2003年にECと，2005年にはカナダと同様の内容の独占禁止法協力協定を締結している。

また，日本がシンガポール，タイ等の東南アジア諸国をはじめとする国々と締結した経済連携協定およびその実施取決めにも，競争政策に関する協力の条項が盛り込まれているものが多い。

さらに，2014年以降，公取委は，ブラジル，韓国，オーストラリアおよび中国の競争当局との間で，協力に関する覚書や取決めを締結している。

2 国際的事件と競争当局間の執行協力

（1） 国際カルテル事件審査における協力 国際カルテルは，複数の国の市場における競争を制限するものであり，複数の国の競争法に違反する。現在では，国際カルテルの審査も，各国競争当局が協力して行うようになっている。

国際カルテルの審査協力として，各国競争当局が事件端緒について情報交換をし，時期を調整して立入検査等をすることによって証拠隠滅を防止することが行われている。前述のように，日本を含めた各国でリニエンシーの制度が採用され，企業は複数の国にリニエンシーの申請をするようになっていることから，競争当局はこのような協力を行いやすくなっているものとみられる。

> **◆ケース 10・9 マリンホースカルテル事件**
>
> 前述のマリンホースカルテル事件では，米国司法省が2007年5月2日に日本人を含む関係者8名を逮捕し，欧州委員会は同月2日と3日にイタリアおよび英国で関係企業に立入検査をし，日本の公取委も同月に日本企業2社に立入検査をしている。本件については，公取委が排除措置命令および課徴金納付命令を行ったほか，米国司法省が2007年7月以降違反企業および違反行為者を起訴して有罪判決が出されており，欧州委員会も2009年1月に制裁金を命じる決定を行っている。また，韓国公取委も課徴金納付命令を行っている。

競争当局には秘密保持義務があるため，調査で得られた企業の秘密情報を交換することは原則としてできないが，米・オーストラリア独禁法協力協定のように，秘密情報の交換を含む審査協力を定めた独占禁止法協力協定も締結されている。前述の公取委とオーストラリア競争当局との協力に関する取決めは，「各競争当局は，審査過程において違反被疑事業者等から入手した情報の共有を検討」する旨記載している。

（2） 企業結合審査における協力 §1-3⑵に述べたように，わが国では，外国企業間の企業結合であっても，国内市場に影響がある場合には，企業結合規制の対象になる。これは，米国・EUをはじめ，多くの国でも同様である。

独禁法が世界中に広まっていることから，多数の国の市場に影響を与える企業結合は，多数の国で審査されるようになっている。

米国・EU・日本等の競争当局は，双方の国の市場に影響を与える企業結合について，協力して審査している。審査が迅速に行われ，競争当局間で矛盾のない結論が出されることは，結合しようとする企業にとっても利益になることから，企業は競争当局に提出した資料を他の競争当局と共有することに同意することが多いといわれる。

◆ケース10・10　パナソニックによる三洋電機の株式取得

電気機器等の製造販売業を営むパナソニック㈱が，同業を営む三洋電機㈱が発行する株式に係る議決権の過半数を取得し子会社とすることを計画した事件で，公取委は，EU および米国の競争当局との連絡調整を行いつつ審査し，当時会社が申し出た一部製品の製造設備の譲渡等の問題解消措置が確実に履行されれば，一定の取引分野における競争を実質的に制限することとはならないと判断した（公取委平22・6・2発表「平成21年度における主要な企業結合事例について」事例7）。

本件企業結合については，公取委のほか，10カ国・地域の競争当局も同時期に審査を行い，EU，米国および中国の競争当局もそれぞれ問題解消措置を条件に本件企業結合を容認している。本件で，公取委は，審査当初から，当時会社の了承を得て，EU と米国の競争当局と連絡調整を行いつつ審査を行った。

公取委は，このほか，§1-4 (2) に挙げた事例をはじめ，多くの事例で海外の競争当局と情報交換を行いつつ企業結合審査を行っている。

3　独占禁止法に関する多国間協力

従来，独禁法に関する多国間国際協力の場は，先進国の国際機関であるOECD であった。しかし，近年，独禁法が世界に広まり，途上国を含む競争当局のネットワークである ICN が設立されて大きな役割を果たすようになっている。また，東アジア地域の競争当局間の協力も進展している。

（1）　OECD（経済協力開発機構）　　OECD は，先進国34カ国が加盟し，経済成長，開発途上国の援助および多角的な自由貿易の拡大を目的とする国際機関である。OECD は，1961年に制限的商慣行専門家委員会（現在の競争委員会の前身）を開催して以来，競争法および競争政策に関する情報交換および議論，報告書の作成，勧告の採択等によって，競争政策分野における国際協力に大きな役割を果たしてきている。

（**2**）　**ICN**（国際競争ネットワーク）　　ICN は，競争法執行の手続面および実体面の収斂を促進することを目的として 2001 年に発足した各国の競争当局による非公式なネットワークであり，120 カ国から 133 の競争当局が参加している（2015 年 5 月末現在）。このほか，国際機関，研究者，弁護士等の非政府アドバイザーも参加している。年 1 回の総会を開催するほか，作業部会を設置し，電話会議等を開催して検討し，さまざまな問題について指導原則や推奨される行為を取りまとめている。そして，各国がそれを参考に法令や実務を改善することにより，競争法の国際的収斂を図っている。

（**3**）　**東アジア競争法・政策カンファレンスおよび競争政策トップ会合**

　公取委は，東アジア地域において競争法・政策の重要性に関する共通の理解を目的として，2004 年から毎年 1 回，東アジアの国で，東アジア競争法・政策カンファレンスを開催している。第 2 回からは，それに合わせて競争政策トップ会合を開催し，東アジアの競争当局等のトップが一堂に会し，その時々の課題や政策動向等について意見および情報を交換している。

事項索引

あ行

ICN（国際競争ネットワーク）・・・・・・・・・・283
アウトサイダー・・・・・・・・・・・・・・・・・・33
RIA（規制の影響評価）・・・・・・・・・・・・240
EU 競争法・・・・・・・・・・・・・・・・・・・・277
意見聴取・・・・・・・・・・・・・・・・・・・・・188
意思の連絡・・・・・・・・・・・・・・・・・・・・29
意匠法・・・・・・・・・・・・・・・・・・・・・・229
1 円・・・・・・・・・・・・・・・・・・・・・・・・157
著しい損害・・・・・・・・・・・・・・・・・・・・210
一定の取引分野・・・・・・・23, 32, 42, 68, 77
一手販売契約・・・・・・・・・・・・・・・・・・146
一店一帳合制・・・・・・・・・・・・・・・・・・150
一般指定・・・・・・・・・・・・・・・・・・6, 116
一般集中規制・・・・・・・・・・・・・・・11, 73
一般消費者の利益・・・・・・・・・・・・・・・13
イン・カメラ手続・・・・・・・・・・・・・・・・212
打切り・・・・・・・・・・・・・・・・・・・・・・190
営業の自由・・・・・・・・・・・・・・・・・・・18
営業秘密・・・・・・・・・・・・・・・・・・・・231
SCP パラダイム・・・・・・・・・・・・・・・・・95
X 非効率性・・・・・・・・・・・・・・・・・・・96
エッセンシャル・ファシリティ・・・・・・・・123
NTT 法・・・・・・・・・・・・・・・・・・・・・254
FTC（連邦取引委員会）・・・・・・・・・・・276
――法・・・・・・・・・・・・・・・・・・3, 275
欧州委員会・・・・・・・・・・・・・・・・・・・278
OECD（経済協力開発機構）・・・・・・・・282
オーストリア学派・・・・・・・・・・・・・・・・95
オール電化・・・・・・・・・・・・・・・・・・・259
押し紙・・・・・・・・・・・・・・・・・・・・・・154
押付販売・・・・・・・・・・・・・・・・・・・・156
おとり広告・・・・・・・・・・・・・・・・・・・・168
おとり廉売・・・・・・・・・・・・・・・・・・・・133
親子会社間の取引・・・・・・・・・・・・・・142
親事業者・・・・・・・・・・・・・・・・・・・・177
――の義務・・・・・・・・・・・・・・・・・178
――の禁止行為・・・・・・・・・・・・・・179

か行

カード合わせ・・・・・・・・・・・・・・・・・・170
ガイドライン・・・・・・・・・・・・・・・・・・・185
カイム案・・・・・・・・・・・・・・・・・・・・・14
価格カルテル・・・・・・・・・・・・・・・・・・37
価格表示ガイドライン・・・・・・・・・・・・167
価格メカニズム・・・・・・・・・・・・・・・・・6
確認的適用除外・・・・・・・・・・・・・・・226
過失相殺・・・・・・・・・・・・・・・・・・・・208
ガス事業法・・・・・・・・・・・・・・・・・・・263
過大景品・・・・・・・・・・・・・・・・・・・・168
課徴金・・・・・・・・・・・・・・・・・・・・・・190
――減免制度（→リニエンシー〔制度〕も
みよ）・・・・・・・・・・・・17, 197, 215
――納付命令・・・・・・9, 16, 54, 172, 190
合併・・・・・・・・・・・・・・・・・・・・・・・102
仮定的独占者テスト・・・・・・・・・・・・・25
株式保有・・・・・・・・・・・・・・・・・・・・73
株主代表訴訟・・・・・・・・・・・・・・・・・215
勧告審決・・・・・・・・・・・・・・・・・・・・189
勧告操短・・・・・・・・・・・・・・・・・・・・218
官製談合・・・・・・・・・・・・・・・・・・・・44
間接証拠・・・・・・・・・・・・・・・・・・・・30
間接ボイコット・・・・・・・・・・・・・・・・・121
企業結合・・・・・・・・・・・・・・・・・・4, 72
――ガイドライン・・・・・・・・・・73, 79
――規制・・・・・・・・・・・・・・・・・・72
――集団・・・・・・・・・・・・・・・・・・103
――審査・・・・・・・・・・・・・・・・・・75
垂直型――・・・・・・・・・・・・・・・・74
水平型――・・・・・・・・・・・・・・・・74
規制産業・・・・・・・・・・・・・・・・・・・・237
基本合意・・・・・・・・・・・・・・・・・・・・41
ぎまん的顧客誘引・・・・・・・・・135, 163
義務付け訴訟・・・・・・・・・・・・・・・・・214
究極的目的・・・・・・・・・・・・・・・・・・・12
救済合併・・・・・・・・・・・・・・・・・・・・98
協賛金の要請・・・・・・・・・・・・・・・・・156
行政指導・・・・・・・・・・・・・・・・・・・・36
――ガイドライン・・・・・・・・・・・・・37

競争の実質的制限⋯⋯ 25, 32, 42, 69, 77, 89	個別調整⋯⋯⋯⋯⋯⋯⋯⋯⋯⋯41
協同組合⋯⋯⋯⋯⋯⋯⋯⋯⋯⋯218	混合型企業結合⋯⋯⋯⋯⋯⋯⋯74
共同研究開発ガイドライン⋯⋯⋯⋯52	コンプガチャ⋯⋯⋯⋯⋯⋯⋯⋯170
共同懸賞⋯⋯⋯⋯⋯⋯⋯⋯⋯170	
共同遂行⋯⋯⋯⋯⋯⋯⋯⋯⋯31	**さ行**
共同の取引拒絶⋯⋯⋯⋯⋯⋯120	
共同ボイコット⋯⋯⋯⋯⋯⋯40	再販（再販売価格）⋯⋯⋯⋯⋯222
緊急停止命令⋯⋯⋯⋯⋯⋯5, 187	——維持⋯⋯⋯⋯⋯⋯⋯⋯142
組合の行為⋯⋯⋯⋯⋯⋯⋯⋯221	——の拘束⋯⋯⋯⋯⋯⋯⋯142
クレイトン法⋯⋯⋯⋯⋯⋯3, 275	差額説⋯⋯⋯⋯⋯⋯⋯⋯⋯207
グレンジャー・ムーブメント⋯⋯14	作為命令⋯⋯⋯⋯⋯⋯⋯⋯211
クローズド・テリトリー制⋯⋯151	差止請求⋯⋯⋯⋯⋯⋯⋯9, 209
警告⋯⋯⋯⋯⋯⋯⋯⋯⋯⋯190	差別対価⋯⋯⋯⋯⋯⋯⋯⋯124
経済法⋯⋯⋯⋯⋯⋯⋯⋯⋯⋯1	差別的取扱い⋯⋯⋯⋯⋯⋯120
競売入札妨害罪⋯⋯⋯⋯⋯⋯43	三角合併⋯⋯⋯⋯⋯⋯⋯⋯104
景品表示法⋯⋯⋯⋯⋯134, 163	産活法⋯⋯⋯⋯⋯⋯⋯⋯⋯99
原価⋯⋯⋯⋯⋯⋯⋯⋯⋯⋯130	産業組織論⋯⋯⋯⋯⋯⋯⋯27
原始独禁法⋯⋯⋯⋯⋯⋯⋯14	シェアカルテル⋯⋯⋯⋯⋯⋯38
懸賞⋯⋯⋯⋯⋯⋯⋯⋯⋯⋯169	シカゴ学派⋯⋯⋯⋯⋯⋯⋯95
牽制作用⋯⋯⋯⋯⋯⋯⋯⋯78	事業支配力の過度の集中⋯⋯73
権利の行使⋯⋯⋯⋯⋯152, 227	事業者⋯⋯⋯⋯⋯⋯⋯⋯⋯21
——と認められる行為⋯⋯227	事業者団体⋯⋯⋯⋯⋯⋯⋯22
——とみられる行為⋯⋯⋯227	——ガイドライン⋯⋯⋯242
公益事業規制⋯⋯⋯⋯⋯⋯239	——等における差別的取扱い等⋯127
効果主義⋯⋯⋯⋯⋯⋯⋯⋯270	——の活動に関するガイドライン⋯51
工業所有権法⋯⋯⋯⋯⋯⋯226	——の行為⋯⋯⋯⋯⋯⋯47
公共の利益⋯⋯⋯27, 35, 48, 69	——法⋯⋯⋯⋯⋯⋯⋯⋯16
抗告訴訟⋯⋯⋯⋯⋯18, 189, 201	事件記録の閲覧謄写⋯⋯⋯208
公示送達⋯⋯⋯⋯⋯⋯⋯⋯272	市場⋯⋯⋯⋯⋯⋯⋯⋯26, 78
公正且つ自由な競争⋯⋯⋯12	——画定⋯⋯⋯⋯⋯⋯⋯76
公正競争阻害性⋯⋯⋯⋯⋯117	——シェア⋯⋯⋯⋯⋯⋯95
公正取引委員会（公取委）⋯8, 183	——支配力⋯⋯25, 32, 78, 89
——の独立性⋯⋯⋯⋯⋯183	——集中規制⋯⋯⋯⋯11, 73
公正取引法⋯⋯⋯⋯⋯⋯⋯278	——集中度⋯⋯⋯⋯⋯⋯95
公正な競争⋯⋯⋯⋯⋯⋯⋯117	——占拠率（シェア）⋯⋯78
拘束条件付取引⋯⋯⋯⋯⋯149	——占拠率理論⋯⋯⋯⋯207
拘束預金⋯⋯⋯⋯⋯⋯⋯⋯215	——占有率⋯⋯⋯⋯⋯⋯26
公平交易法⋯⋯⋯⋯⋯⋯⋯279	——分割カルテル⋯⋯⋯39
合理化カルテル⋯⋯⋯15, 39, 217	——メカニズム⋯⋯⋯⋯6
合理の原則⋯⋯⋯⋯⋯⋯⋯276	事前相談⋯⋯⋯⋯⋯⋯⋯106
国際カルテル⋯⋯⋯⋯⋯⋯271	事前届出制度⋯⋯⋯⋯⋯⋯102
国際協定⋯⋯⋯⋯⋯⋯⋯⋯273	下請事業者⋯⋯⋯⋯⋯⋯177
国際市場の画定⋯⋯⋯⋯⋯84	下請法⋯⋯⋯⋯⋯11, 154, 174
国際的な企業結合⋯⋯⋯⋯273	実行期間⋯⋯⋯⋯⋯⋯⋯192
告発⋯⋯⋯⋯⋯⋯⋯⋯⋯⋯204	実用新案法⋯⋯⋯⋯⋯⋯228
	指定再販⋯⋯⋯⋯⋯⋯145, 222

指定商品 ············· 222
指定職員 ············· 188
私的独占 ············· 3, 56
　――ガイドライン ············· 58
　支配型―― ············· 3, 191, 194
　排除型―― ············· 3, 191, 194
支配 ············· 65
支払遅延 ············· 179
私法上の効力 ············· 215
事務総局 ············· 184
シャーマン法 ············· 3, 14, 275
JAL と JAS の経営統合 ············· 109
自由業 ············· 22
重畳的市場画定 ············· 86
従たる商品 ············· 137
住民訴訟 ············· 212
修理委託 ············· 176
主たる商品 ············· 137
種苗法 ············· 226
消尽 ············· 228
消費者団体訴訟 ············· 209
消費者庁 ············· 163
消費生活協同組合 ············· 219
商標法 ············· 229
情報成果物作成委託 ············· 176
審決取消訴訟 ············· 189
申告 ············· 187
審判審決 ············· 189
新聞業に対する特殊指定 ············· 154
数量カルテル ············· 38
SSNIP テスト ············· 81, 87
正常な商慣習 ············· 117
製造委託 ············· 175
正当な理由がないのに ············· 117
専属管轄 ············· 201, 206
専売店制 ············· 146
全量購入契約 ············· 146
全量購入条件付契約 ············· 138
相互拘束 ············· 30
属地主義 ············· 270
措置期間 ············· 105
措置命令 ············· 171
損害額の算定方法 ············· 207
損害賠償請求 ············· 9, 205

た行

代位請求訴訟 ············· 214
待機期間 ············· 104
大規模小売業者に対する特殊指定 ············· 154
抱き合わせ販売 ············· 137
タクシーの規制緩和 ············· 241
立入検査 ············· 187
談合罪 ············· 43
端緒 ············· 180, 187
単独の取引拒絶 ············· 123
担保の提供 ············· 211
地域制限 ············· 151
知的財産
　――ガイドライン ············· 116, 227
　――権 ············· 225
　――高等裁判所 ············· 226
　――法 ············· 225
地方事務所 ············· 185
中小企業協同組合 ············· 219
中小企業庁 ············· 180
直接ボイコット ············· 120
著作権法 ············· 230
著作物 ············· 223, 230
著作物再販 ············· 145, 222
TPP（環太平洋戦略的経済連携協定）······· 267
デイリー商品 ············· 157, 209
適格組合 ············· 218
適格消費者団体 ············· 173, 209
適用除外 ············· 217
　――制度 ············· 217
テリトリー制 ············· 151
電気通信事業法 ············· 246
電力ガイドライン ············· 260
電力システム改革 ············· 260
当然違法 ············· 276
登録商標 ············· 229
特殊指定 ············· 6, 116, 154
独占禁止法（独禁法）············· 2
　――協力協定 ············· 280
　――の 3 本柱 ············· 3
　――の目的 ············· 11
特定商取引法 ············· 136
特許プール ············· 62
特許法 ············· 227

取引強制・・・・・・・・・・・・・・・・・134
取引先制限カルテル・・・・・・・・・・・39
取引上の地位の不当利用・・・・・・153
取引制限・・・・・・・・・・・・・・・・・・8
取引妨害・・・・・・・・・・・・・・・・・158

な行

内部干渉・・・・・・・・・・・・・・・・・160
仲間取引・・・・・・・・・・・・・・・・・150
二重価格表示・・・・・・・・・・・・・・167
25条訴訟・・・・・・・・・・・・・・・・205
二重処罰・・・・・・・・・・・・・・190, 200
にせ牛缶事件・・・・・・・・・・・・・・135
入札談合・・・・・・・・・・・・・・40, 213
　　——等関与行為防止法・・・・・・45
年次報告・・・・・・・・・・・・・・・・・186
農協改革・・・・・・・・・・・・・・・・・266
農協ガイドライン・・・・・・・219, 221
農業協同組合・・・・・・・・・・・・・・219
能率競争・・・・・・・・・・・・・・・・・117

は行

ハードコア・カルテル・・・35, 72, 276
ハーフィンダール・ハーシュマン指数・・26, 94
排除・・・・・・・・・・・・・・・・・・・57
排除措置命令・・・・・・・・・・・・9, 188
排他条件付取引・・・・・・・・・・・・145
排他的受入契約・・・・・・・・・・・・146
排他的供給契約・・・・・・・・・・・・146
排他的特約店契約・・・・・・・・・・146
発送電分離・・・・・・・・・・・・・・・258
罰則・・・・・・・・・・・・・・9, 55, 202
犯則事件・・・・・・・・・・・・・・・・・203
犯則調査・・・・・・・・・・・・・・17, 203
反トラスト局・・・・・・・・・・・・・・276
反トラスト法・・・・・・・・・・・3, 275
東アジア諸国・・・・・・・・・・・・・・278
非ハードコア・カルテル・・・・・・276
秘密保持命令制度・・・・・・・・・・212
ファイアウォール規制・・・・・・・・249
不可欠施設・・・・・・・・・・・・・・・57
不況カルテル・・・・・・15, 39, 217
不公正な取引方法・・・・・・・6, 113
不正競争防止法・・・・・・・・・・・・231
物流業に対する特殊指定・・・・・・154

不当減額・・・・・・・・・・・・・・・・・181
不当高価購入・・・・・・・・・・・・・・128
不当顧客誘引・・・・・・・・・・・・・・134
不当対価・・・・・・・・・・・・・・・・・128
不当な取引制限・・・・・・・・・5, 29
　　——の消滅・・・・・・・・・・・・34
　　——の成立・・・・・・・・・・・・34
不当な利益による顧客誘引・・・136, 163
不当に（な）・・・・・・・・・・・・・・117
不当表示・・・・・・・・・・・・・・・・・164
不当返品・・・・・・・・・・・・・・・・・181
不当廉売・・・・・・・・・・・・・・・・・128
　　——ガイドライン・・・・・116, 131
プライスキャップ規制・・・・・・・・249
フランチャイズ・・・・・・・・・・・・141
　　——ガイドライン・・・・・・・・116
ブランド間競争・・・・・・・・143, 150
ブランド内競争・・・・・・・・143, 150
フリーライダー問題・・・・・・・・・144
文書送付嘱託・・・・・・・・・・・・・・208
文書提出命令・・・・・・・・・208, 212
並行輸入・・・・・・・・・・・・・・・・・159
ボイコット・・・・・・・・・・・・・・・120
放棄議決・・・・・・・・・・・・・・・・・214
法定再販・・・・・・・・・・・・145, 222

ま行

マージン・スクイーズ・・・・・・・・61
マルチ商法・・・・・・・・・・・・・・・135
マルチまがい商法・・・・・・・・・・136
見切り販売・・・・・・・・・・・157, 209
民事的救済・・・・・・・・・・・・・・・205
民訴法248条・・・・・・・・・・・・・・207
無過失損害賠償責任・・・・・・・・・206
黙示的な意思の連絡・・・・・・・・・30
問題解消措置・・・・・・・・・・・・・・108

や行

役員兼任・・・・・・・・・・・・・・・・・73
役員選任への不当干渉・・・・・・・157
役務提供委託・・・・・・・・・・・・・・177
八幡富士製鉄合併事件・・・・・・・・5
優越的地位の濫用・・・・・・・・・・155
郵政民営化・・・・・・・・・・・・・・・265
有利誤認表示・・・・・・・・・・・・・・166

優良誤認表示‥‥‥‥‥‥‥‥‥‥‥165
「有力な事業者」基準‥‥‥‥‥‥‥147
輸入総代理店契約‥‥‥‥‥‥‥‥146
ユニラテラル効果‥‥‥‥‥‥‥‥90
横流し‥‥‥‥‥‥‥‥‥‥‥‥‥150
4 号訴訟‥‥‥‥‥‥‥‥‥‥‥‥214

ら行

ライバル費用の引上げ‥‥‥‥‥‥60

利益侵害‥‥‥‥‥‥‥‥‥‥‥‥210
リサイクルガイドライン‥‥‥‥‥53
リニエンシー‥‥‥‥‥‥‥‥17, 215
　──制度‥‥‥‥‥‥‥‥197, 200
略奪的価格設定‥‥‥‥‥‥‥125, 129
流通・取引慣行ガイドライン‥‥‥116
流通系列化‥‥‥‥‥‥‥‥‥‥‥146
両罰規定‥‥‥‥‥‥‥‥‥‥‥‥202
ロックイン‥‥‥‥‥‥‥‥‥‥‥159

判例・審決索引

最高裁判所

最判 昭 50・7・10　民集 29 巻 6 号 888 頁　第一次育児用粉ミルク（和光堂）事件 ·········· 119, 144

最判 昭 50・7・11　民集 29 巻 6 号 951 頁　第一次育児用粉ミルク（明治商事）事件 ········ 145, 223

最判 昭 52・6・20　民集 31 巻 4 号 449 頁　岐阜商工信用組合事件 ································· 216

最判 昭 53・6・23　判時 897 号 54 頁 ·· 213

最判 昭 59・2・24　刑集 38 巻 4 号 1287 頁　石油価格協定刑事事件 ······· 28, 30, 34, 35, 37, 47

最判 昭 62・7・2　民集 41 巻 5 号 785 頁　東京灯油訴訟事件 ···························· 206, 207

最判 昭 63・4・22　判時 1280 号 63 頁 ··· 212

最判 平元・12・8　民集 43 巻 11 号 1259 頁　鶴岡灯油訴訟事件 ················· 20, 206, 207

最判 平元・12・14　民集 43 巻 12 号 2078 頁　都営芝浦と畜場事件 ············ 21, 119, 133

最判 平 10・12・18　民集 52 巻 9 号 1866 頁　資生堂東京販売事件 ··························· 152

最判 平 10・12・18　審決集 45 巻 467 頁　お年玉付き年賀葉書事件 ············ 21, 119, 134

最判 平 10・12・18　判時 1664 号 14 頁　花王化粧品販売事件 ···················· 117, 152

最判 平 12・7・7　民集 54 巻 6 号 1767 頁　野村證券事件 ································ 215

最判 平 14・7・2　民集 56 巻 6 号 1049 頁 ·· 213

最判 平 19・4・19　審決集 54 巻 657 頁　郵便区分機事件 ·································· 54

最判 平 22・12・17　民集 64 巻 8 号 2067 頁、審決集 57 巻 215 頁　NTT 東日本事件 ······· 25, 32, 58, 62, 249

最判 平 24・2・20　民集 66 巻 2 号 796 頁　多摩談合（新井組）事件 ·············· 26, 43, 193

最判 平 24・4・20　民集 66 巻 6 号 2583 頁　神戸市、判時 2168 号 45 頁　大東市 ········· 214

最判 平 24・4・23　民集 66 巻 6 号 2789 頁　栃木県さくら市 ······················· 214

最決 平 27・4・14　判例集未登載　JASRAC 事件 ··· 201

最判 平 27・4・28　民集 69 巻 3 号 518 頁　JASRAC 事件 ··································· 236

高等裁判所

東京高判 昭 26・9・19　審決集 3 巻 166 頁　東宝・スバル事件 ····························· 25

東京高判 昭 28・3・9　行集 4 巻 3 号 609 頁、審決集 4 巻 190 頁　新聞販路協定事件 ······ 13, 31, 39

東京高判 昭 28・12・7　高民集 6 巻 13 号 868 頁　東宝・新東宝事件 ················· 31, 89

東京高判 昭 31・11・9　行裁例集 7 巻 11 号 1849 頁　石油製品価格協定事件 ············ 24

東京高決 昭 32・3・18　行集 8 巻 3 号 443 頁　北国新聞社事件 ······················· 125

東京高決 昭 32・12・25　審決集 9 巻 57 頁　野田醤油事件 ····························· 67

東京高判 昭 50・4・30　高民集 28 巻 2 号 174 頁　中部読売新聞社事件 ················· 132

東京高判 昭 52・9・19　審決集 24 巻 313 頁　松下電器産業損害賠償請求事件 ············· 206

東京高判 昭 55・9・26　高刑集 33 巻 5 号 359 頁、審決集 27 巻 214 頁　石油価格協定刑事事件 ·· 38, 203

東京高判 昭 58・11・17　審決集 30 巻 161 頁　手形交換所取引停止処分事件 ············· 122

東京高判 昭 59・2・17　行集 35 巻 2 号 144 頁　東洋精米機事件 ··················· 119, 148

東京高判 昭 61・6・13　行集 37 巻 6 号 765 頁　旭砿末資料事件 ······················· 40

東京高判 平 5・3・29　判時 1457 号 92 頁　ベルギー・ダイヤモンド事件 ················· 136

東京高判 平 5・5・21　審決集 40 巻 741 頁　ストレッチフィルム価格協定刑事事件 ·········· 200

大阪高判 平 5・7・30　審決集 40 巻 651 頁、判時 1479 号 21 頁　東芝エレベータテクノス事件

　　　　　　　　　　　　　　　　　　　　　　　　　　　　　　　　　　119, 138, 159, 209

東京高判 平 5・12・14　高刑集 46 巻 3 号 322 頁、審決集 40 巻 776 頁　シール談合刑事事件

　　　　　　　　　　　　　　　　　　　　　　　　　　　　　　　　　　　　　8, 24, 31, 32

東京高判 平 6・2・25　高民集 47 巻 1 号 17 頁、審決集 40 巻 541 頁　東芝ケミカル事件‥‥‥‥ 17

東京高判 平 7・9・25　審決集 42 巻 393 頁　東芝ケミカル事件（差戻審）‥‥‥‥‥‥‥‥‥‥ 30

東京高判 平 8・3・29　審決集 42 巻 424 頁　協和エクシオ事件‥‥‥‥‥‥‥‥‥‥‥‥‥‥‥ 41

東京高判 平 8・5・31　審決集 43 巻 579 頁　下水道談合刑事事件‥‥‥‥‥‥‥‥‥‥‥‥‥ 203

東京高判 平 9・7・31　高民集 50 巻 2 号 260 頁　花王事件〔控訴審〕‥‥‥‥‥‥‥‥‥‥‥ 216

東京高判 平 9・12・24　審決集 44 巻 753 頁　第一次東京都水道メーター談合刑事事件‥‥‥ 203

大阪高判 平 10・1・29　審決集 45 巻 555 頁　豊田商事事件‥‥‥‥‥‥‥‥‥‥‥‥‥‥‥ 136

東京高判 平 13・2・16　審決集 47 巻 545 頁、判時 1740 号 13 頁　観音寺市三豊郡医師会事件

　　　　　　　　　　　　　　　　　　　　　　　　　　　　　　　　　　　　　　　22, 49

東京高判 平 16・3・24　審決集 50 巻 915 頁　防衛庁石油製品談合刑事事件‥‥‥‥‥‥ 35, 203

東京高判 平 17・1・11　判時 1879 号 141 頁　青色発光ダイオード事件‥‥‥‥‥‥‥‥‥‥ 228

東京高判 平 17・4・27　審決集 52 巻 789 頁　ニチガス事件‥‥‥‥‥‥‥‥‥‥‥‥‥‥‥ 126

東京高判 平 17・5・31　審決集 52 巻 818 頁　トーカイ事件‥‥‥‥‥‥‥‥‥‥‥‥‥‥‥ 126

大阪高判 平 17・7・5　審決集 52 巻 856 頁　関西国際空港新聞販売取引拒絶事件‥‥‥‥‥ 211

東京高判 平 18・1・27　審決集 52 巻 995 頁　町田市土木工事入札談合事件‥‥‥‥‥‥‥‥ 208

東京高判 平 18・9・27　審決集 53 巻 1011 頁　函館新聞社記録閲覧謄写請求事件‥‥‥‥‥ 208

東京高判 平 18・12・15　審決集 53 巻 1000 頁　大石組事件‥‥‥‥‥‥‥‥‥‥‥‥‥‥‥ 41

東京高決 平 19・2・16　金判 1303 号 58 頁　五洋建設文書提出命令申立事件‥‥‥‥‥‥‥ 208

東京高判 平 19・3・23　審決集 53 巻 1069 頁　町田市土木工事入札談合事件‥‥‥‥‥ 208, 209

東京高判 平 19・6・8　審決集 54 巻 719 頁　大阪市発注配水管工事跡舗装復旧工事入札談合事件

　　209

東京高判 平 19・11・16　審決集 54 巻 725 頁　三井住友銀行金利スワップ販売損害賠償請求事件

　　207

東京高判 平 19・11・28　審決集 54 巻 699 頁　ヤマト運輸不当廉売事件‥‥‥‥‥‥‥‥‥ 211

東京高判 平 19・12・7　審決集 54 巻 809 頁　旧道路公団鋼橋上部工事談合事件‥‥‥‥‥ 203

東京高判 平 20・4・4　審決集 55 巻 791 頁　種苗カルテル事件‥‥‥‥‥‥‥‥ 30, 31, 38, 42

東京高判 平 20・5・23　審決集 55 巻 842 頁　ベイクルーズ事件‥‥‥‥‥‥‥‥‥‥‥‥‥ 165

東京高判 平 20・7・4　審決集 55 巻 1057 頁　旧道路公団鋼橋上部工事談合事件‥‥‥‥‥ 203

東京高判 平 20・9・26　審決集 55 巻 910 頁　ストーカ炉談合事件‥‥‥‥‥‥‥‥‥‥‥‥ 54

東京高判 平 20・12・19　審決集 55 巻 974 頁　郵便区分機事件‥‥‥‥‥‥‥‥‥‥‥‥ 30, 36

東京高判 平 21・5・29　審決集 56 巻 262 頁　NTT 東日本事件‥‥‥‥‥‥‥‥‥ 33, 70, 249

東京高判 平 22・12・10　審決集 57 巻 222 頁　モディファイヤーカルテル事件‥‥‥‥‥ 33, 34

東京高判 平 23・10・28　審決集 58 巻（2）37 頁　ストーカ炉談合課徴金事件‥‥‥‥‥‥ 193

東京高判 平 23・10・28　審決集 58 巻（2）60 頁　ダクタイル鋳鉄管シェア協定課徴金事件‥‥‥ 38

東京高判 平 24・4・17　審決集 59 巻（2）107 頁　矢板無料バス事件‥‥‥‥‥‥‥‥‥‥ 213

東京高判 平 24・10・26　審決集 59 巻（2）15 頁　燃油サーチャージカルテル事件‥‥‥‥‥ 38

東京高判 平 25・3・15　審決集 59 巻（2）311 頁　熱海市ストーカ炉損害賠償請求事件‥‥‥ 214

東京高判 平 25・8・30　判時 2209 号 10 頁　セブン - イレブン値引き制限訴訟‥‥‥‥‥‥ 209

東京高判 平 25・11・1　審決集 60 巻（2）22 頁　JASRAC 事件‥‥‥‥‥‥‥‥‥‥‥‥‥ 201

東京高判 平 26・5・30　判タ 1403 号 299 頁　セブン - イレブン 25 条訴訟‥‥‥‥‥‥‥‥ 206

大阪高判 平 26・10・31　判タ 1409 号 209 頁　神鉄タクシー事件‥‥‥‥‥‥‥‥‥‥‥‥ 213

東京高判 平 26・12・19　判例集未登載　セブン - イレブン値引き制限訴訟‥‥‥‥‥‥‥‥ 209

東京高判 平 28・1・29　判例集未登載　テレビ用ブラウン管カルテル事件‥‥‥‥‥‥‥271, 275

地方裁判所

大阪地判 昭 45・2・27　判時 625 号 75 頁　パーカー事件‥‥‥‥‥‥‥‥‥‥‥‥‥‥‥159

東京地判 昭 56・9・30　判時 1045 号 105 頁　あさひ書籍販売事件‥‥‥‥‥‥‥‥‥‥216

東京地判 昭 59・10・25　判時 1165 号 119 頁　品川信用組合事件‥‥‥‥‥‥‥‥‥‥216

大阪地判 平元・6・5　判時 1331 号 97 頁　日本機電事件‥‥‥‥‥‥‥‥‥‥‥‥‥‥216

大阪地決 平 5・6・21　判タ 829 号 232 頁　エドウィン事件‥‥‥‥‥‥‥‥‥‥‥‥210

東京地判 平 5・9・27　判時 1474 号 25 頁　資生堂東京販売事件‥‥‥‥‥‥‥‥‥‥‥20

東京地判 平 9・4・9　審決集 44 巻 635 頁、判時 1629 号 70 頁　日本遊戯銃協同組合事件‥‥‥20, 28,
　　　　　　　　　　　　　　　　　　　　　　　　　　　　119, 122, 161, 207, 209

那覇地石垣支判 平 9・5・30　判時 1644 号 149 頁　八重山地区生コンクリート協同組合事件‥‥‥222

奈良地判 平 11・10・20　判タ 1041 号 182 頁　奈良県入札談合住民訴訟事件‥‥‥‥‥‥‥208

東京地八王子支判 平 13・9・6　判タ 1116 号 273 頁　茨城県不動産鑑定士協会事件‥‥‥‥‥‥209

東京地判 平 16・1・30　判時 1852 号 36 頁　青色発光ダイオード事件‥‥‥‥‥‥‥‥‥228

東京地判 平 16・3・18　判時 1855 号 145 頁　日本テクノ事件‥‥‥‥‥‥‥‥‥‥‥210

東京地判 平 16・4・15　判タ 1163 号 235 頁　三光丸事件‥‥‥‥‥‥‥‥‥‥‥‥‥211

大阪地判 平 16・6・9　審決集 51 巻 935 頁　関西国際空港新聞販売取引拒絶事件‥‥‥‥‥‥210

東京地決 平 18・9・1　金判 1250 号 14 頁　五洋建設文書提出命令申立事件‥‥‥‥‥208, 215

東京地判 平 19・10・15　審決集 54 巻 696 頁　東京都石油商業組合事件‥‥‥‥‥‥‥‥210

松山地判 平 19・12・18　審決集 54 巻 712 頁　扶桑社事件‥‥‥‥‥‥‥‥‥‥‥‥‥210

東京地判 平 21・9・15　審決集 56 巻（2）675 頁　溶融亜鉛めっき鋼板価格カルテル事件‥‥‥205

新潟地判 平 22・12・28　判タ 1380 号 152 頁‥‥‥‥‥‥‥‥‥‥‥‥‥‥‥‥‥‥207

東京地決 平 23・3・30　判例集未登載　ドライアイス取引妨害事件‥‥‥‥‥‥‥‥‥‥213

宇都宮地大田原支判 平 23・11・8　審決集 58 巻（2）248 頁　矢板無料バス事件‥‥‥‥‥‥213

大阪地決 平 24・6・15　判時 2173 号 58 頁　住友電工文書提出命令申立事件‥‥‥‥208, 215

神戸地判 平 26・1・14　判例集未登載　神鉄タクシー事件‥‥‥‥‥‥‥‥‥‥‥‥‥213

東京地判 平 26・6・19　判時 2232 号 102 頁　ソフトバンク対 NTT 東西事件‥‥‥‥‥‥211

京都地判 平 27・1・21　金判 1467 号 54 頁　クロレラチラシ配布差止等請求事件‥‥‥‥‥209

公正取引委員会

審判審決 昭 24・10・10　審決集 1 巻 89 頁　山梨県菓子卸商業協同組合事件‥‥‥‥‥‥‥220

同意審決 昭 25・7・13　審決集 2 巻 74 頁　埼玉銀行・丸佐生糸事件‥‥‥‥‥‥‥‥‥141

審判審決 昭 27・4・4　審決集 4 巻 1 頁　醬油価格協定事件‥‥‥‥‥‥‥‥‥‥‥36, 145

勧告審決 昭 28・11・6　審決集 5 巻 61 頁　日本興業銀行事件‥‥‥‥‥‥‥‥‥‥‥157

勧告審決 昭 30・7・16　審決集 7 巻 1 頁　アミド懇話会事件‥‥‥‥‥‥‥‥‥‥‥‥38

勧告審決 昭 30・12・10　審決集 7 巻 99 頁　大正製薬事件‥‥‥‥‥‥‥‥‥‥‥‥124

審判審決 昭 31・7・28　審決集 8 巻 12 頁　雪印乳業・北海道バター事件‥‥‥‥‥‥‥‥63

勧告審決 昭 32・3・7　審決集 8 巻 54 頁　浜中村主畜農業協同組合（浜中協）事件‥‥‥‥128

勧告審決 昭 32・6・3　審決集 9 巻 1 頁　三菱銀行事件‥‥‥‥‥‥‥‥‥‥‥‥‥157

勧告審決 昭 32・7・18　審決集 9 巻 7 頁　函館製氷販売事件‥‥‥‥‥‥‥‥‥‥‥‥52

勧告審決 昭 38・10・25　審決集 12 巻 18 頁　全国港湾荷役振興協会事件‥‥‥‥‥‥‥‥39

同意審決 昭 39・2・11　審決集 12 巻 100 頁　長野県教科書供給所事件‥‥‥‥‥‥‥‥138

勧告審決 昭 40・5・20　審決集 13 巻 14 頁　花王石鹼事件‥‥‥‥‥‥‥‥‥‥‥‥225

勧告審決 昭 40・9・13　審決集 13 巻 72 頁　ヤクルト本社事件‥‥‥‥‥‥‥‥‥153, 231

判例・審決索引　293

勧告審決 昭 41・2・12　審決集 13 巻 104 頁　埼玉県指定自動車教習所協会事件‥‥‥‥‥‥‥ 22
勧告審決 昭 43・11・29　審決集 15 巻 135 頁　中央食品（豆腐価格協定）事件‥‥‥‥‥‥‥‥ 33
同意審決 昭 44・10・30　審決集 16 巻 46 頁　八幡富士製鉄合併事件‥‥‥‥‥‥‥‥‥‥‥‥‥ 5
勧告審決 昭 45・1・12　審決集 16 巻 134 頁　天野製薬事件‥‥‥‥‥‥‥‥‥‥‥‥‥‥‥‥ 274
勧告審決 昭 45・7・3　審決集 17 巻 80 頁　日本ハム・ソーセージ工業協同組合事件‥‥‥‥ 219
勧告審決 昭 45・8・5　審決集 17 巻 86 頁　コンクリートパイル事件‥‥‥‥‥‥‥‥‥‥‥ 231
審判審決 昭 47・8・18　審決集 19 巻 57 頁　三重運賃事件‥‥‥‥‥‥‥‥‥‥‥‥‥‥‥‥ 272
勧告審決 昭 47・9・18　審決集 19 巻 87 頁　東洋製罐事件‥‥‥‥‥‥‥‥‥‥‥ 4, 66, 124
勧告審決 昭 47・12・15　審決集 19 巻 112 頁　ナイロン糸生産制限協定事件‥‥‥‥‥‥‥‥ 38
勧告審決 昭 47・12・27　審決集 19 巻 124 頁　レーヨン糸国際カルテル事件‥‥‥‥‥‥ 39, 273
勧告審決 昭 48・2・28　審決集 19 巻 155 頁　日本製紙連合会事件‥‥‥‥‥‥‥‥‥‥‥‥ 38
勧告審決 昭 48・3・29　審決集 19 巻 192 頁　富山県生コンクリート協同組合事件‥‥‥‥‥ 221
勧告審決 昭 49・11・22　審決集 21 巻 148 頁　武藤工業事件‥‥‥‥‥‥‥‥‥‥‥‥‥‥‥ 147
勧告審決 昭 50・1・21　審決集 21 巻 329 頁　アサノコンクリート事件‥‥‥‥‥‥‥‥‥‥ 220
勧告審決 昭 50・6・13　審決集 22 巻 11 頁　ホリディ・マジック事件‥‥‥‥‥‥‥‥‥‥ 136
審判審決 昭 50・12・23　審決集 22 巻 105 頁　岐阜生コンクリート協同組合事件‥‥‥‥‥‥ 218
勧告審決 昭 51・1・7　審決集 22 巻 115 頁　ピジョン事件‥‥‥‥‥‥‥‥‥‥‥‥‥‥‥ 147
勧告審決 昭 51・2・20　審決集 22 巻 127 頁　フランスベッド事件‥‥‥‥‥‥‥‥‥‥‥‥ 147
勧告審決 昭 51・3・29　審決集 22 巻 144 頁　斐川町農業協同組合事件‥‥‥‥‥‥‥‥‥‥‥ 6
審判審決 昭 52・11・28　審決集 24 巻 65 頁　第二次育児用粉ミルク（雪印乳業）事件‥‥‥ 150
勧告審決 昭 55・2・7　審決集 26 巻 85 頁　東洋リノリューム事件‥‥‥‥‥‥‥‥‥‥‥ 125
勧告審決 昭 55・2・13　審決集 26 巻 110 頁　大阪地区生コンクリート協同組合事件‥‥‥‥ 221
審判審決 昭 56・7・1　審決集 28 巻 38 頁　東洋精米機事件‥‥‥‥‥‥‥‥‥‥‥‥‥‥ 148
勧告審決 昭 56・7・7　審決集 28 巻 56 頁　大分県酪農業協同組合事件‥‥‥‥‥‥‥‥‥ 146
勧告審決 昭 57・5・28　審決集 29 巻 13 頁、同 29 巻 18 頁　マルエツ・ハローマート事件‥‥‥ 132
同意審決 昭 57・6・17　審決集 29 巻 31 頁　三越事件‥‥‥‥‥‥‥‥‥‥‥‥‥‥‥‥‥‥ 156
勧告審決 昭 58・3・31　審決集 29 巻 104 頁　ソーダ灰輸入カルテル事件‥‥‥‥‥‥‥‥‥ 38
勧告審決 昭 59・8・20　審決集 31 巻 22 頁　弘善商会ほか 14 名事件‥‥‥‥‥‥‥‥‥‥‥ 42
勧告審決 昭 62・8・11　審決集 34 巻 26 頁　北海道歯科用品商協同組合事件‥‥‥‥‥‥‥ 220
勧告審決 平 2・2・20　審決集 36 巻 53 頁　全国農業協同組合連合会（全農）事件‥‥‥ 151, 222
勧告審決 平 3・10・18　審決集 38 巻 104 頁　ダストコントロール製品カルテル事件‥‥‥‥ 38
勧告審決 平 3・12・2　審決集 38 巻 134 頁　野村証券損失補填事件‥‥‥‥‥‥‥‥‥‥‥ 137
審判審決 平 4・2・28　審決集 38 巻 41 頁　ドラクエ事件‥‥‥‥‥‥‥‥‥‥‥‥‥‥‥ 140
勧告審決 平 4・6・9　審決集 39 巻 97 頁　四国食肉流通協議会事件‥‥‥‥‥‥‥‥‥‥ 38
勧告審決 平 5・3・8　審決集 39 巻 236 頁　松下エレクトロニクス事件‥‥‥‥‥‥‥‥ 152
勧告審決 平 5・4・22　審決集 40 巻 89 頁　シール談合事件‥‥‥‥‥‥‥‥‥‥‥‥‥‥ 43
変更審決 平 5・6・28　審決集 40 巻 241 頁　キッコーマン事件‥‥‥‥‥‥‥‥‥‥‥‥‥ 71
勧告審決 平 5・6・29　審決集 40 巻 105 頁　佐藤製薬事件‥‥‥‥‥‥‥‥‥‥‥‥‥‥ 223
審判審決 平 5・9・10　審決集 40 巻 3 頁　日之出水道機器事件（福岡地区事件）‥‥‥‥ 232
審判審決 平 5・9・10　審決集 40 巻 29 頁　日之出水道機器事件（北九州地区事件）‥‥‥ 232
勧告審決 平 5・11・18　審決集 40 巻 171 頁　滋賀県生コン工業組合事件（第二次）‥‥ 49, 161
勧告審決 平 7・4・24　審決集 42 巻 119 頁　東日本おしぼり協同組合事件‥‥‥‥‥‥ 161, 220
審判審決 平 7・7・10　審決集 42 巻 3 頁　大阪バス協会事件‥‥‥‥‥‥‥ 36, 47, 49, 243
勧告審決 平 7・10・13　審決集 42 巻 163 頁　旭電化工業事件‥‥‥‥‥‥‥‥‥‥‥‥‥ 232
勧告審決 平 7・10・13　審決集 42 巻 166 頁　オキシラン化学事件‥‥‥‥‥‥‥‥‥‥‥ 232

同意審決 平 7・11・30　審決集 42 巻 97 頁　資生堂事件‥‥‥‥‥‥‥‥‥‥‥‥143, 225

勧告審決 平 8・3・22　審決集 42 巻 195 頁　星商事事件‥‥‥‥‥‥‥‥‥‥‥‥‥‥159

勧告審決 平 8・5・8　審決集 43 巻 209 頁　日本医療食協会事件‥‥‥‥‥‥‥‥22, 63

勧告審決 平 8・5・31　審決集 43 巻 314 頁　輸入洋書販売業者カルテル事件‥‥‥38

同意審決 平 8・7・18　審決集 43 巻 63 頁　コンビーフカルテル事件‥‥‥‥‥‥38

課徴金納付命令 平 9・3・31　審決集 43 巻 447 頁　東京都エルピーガススタンド協会事件‥‥‥‥38

勧告審決 平 9・4・25　審決集 44 巻 230 頁　ハーゲンダッツ事件‥‥‥‥‥‥143, 159

審判審決 平 9・6・24　審決集 44 巻 3 頁　広島県石油商業組合広島市連合会事件‥‥‥‥‥‥48

勧告審決 平 9・8・6　審決集 44 巻 238 頁　ぱちんこ機製造業者事件‥‥‥‥‥‥‥‥40, 60, 233

勧告審決 平 10・3・31　審決集 44 巻 362 頁　パラマウントベッド事件‥‥‥‥64, 191, 233

勧告審決 平 10・4・23　審決集 45 巻 51 頁　尾北建設協会事件‥‥‥‥‥‥‥‥‥‥48

勧告審決 平 10・7・30　審決集 45 巻 136 頁　ローソン事件‥‥‥‥‥‥‥‥‥‥‥‥157

勧告審決 平 10・9・3　審決集 45 巻 148 頁　ノーディオン事件‥‥‥‥‥‥‥272, 274

勧告審決 平 10・12・14　審決集 45 巻 153 頁　マイクロソフト事件‥‥‥‥‥‥‥‥140

勧告審決 平 12・2・2　審決集 46 巻 394 頁　オートグラス東日本事件‥‥‥‥‥‥‥127

同意審決 平 12・2・28　審決集 46 巻 144 頁　北海道新聞社事件‥‥‥‥‥‥‥‥64, 233

勧告審決 平 12・10・31　審決集 47 巻 317 頁　ロックマン工事施行者事件‥‥‥‥124

勧告審決 平 13・7・27　審決集 48 巻 187 頁　松下電器産業事件‥‥‥‥‥‥‥‥‥‥124

勧告審決 平 13・8・1　審決集 48 巻 3 頁　ソニー・コンピュータエンタテインメント（SCE）事件

‥‥‥‥‥‥‥‥‥‥‥‥‥‥‥‥‥‥‥‥‥‥‥‥‥‥150, 224, 227, 234

審判審決 平 13・9・12　審決集 48 巻 112 頁　安藤造園土木事件‥‥‥‥‥‥‥41, 42

勧告審決 平 14・12・4　審決集 49 巻 243 頁　四国ロードサービス事件‥‥‥‥‥‥41

勧告審決 平 15・4・9　審決集 50 巻 335 頁　全国病院用食材卸売業協同組合事件‥‥‥51, 220

勧告審決 平 16・1・27　審決集 50 巻 424 頁　日新製鋼事件‥‥‥‥‥‥‥‥‥‥‥‥5

勧告審決 平 16・4・12　審決集 51 巻 401 頁　東急パーキングシステムズ事件‥‥‥159

勧告審決 平 16・7・12　審決集 51 巻 468 頁　三重県保険労務士会事件‥‥‥‥‥‥50

勧告審決 平 16・7・27　審決集 51 巻 471 頁　四日市医師会事件‥‥‥‥‥‥‥‥‥‥50

勧告審決 平 16・10・13　審決集 51 巻 518 頁　有線ブロードネットワークス事件‥‥‥61

排除命令 平 16・11・24　排除命令集 24 巻 202 頁　八木通商事件‥‥‥‥‥‥‥‥‥165

勧告審決 平 17・4・13　審決集 52 巻 341 頁　インテル事件‥‥‥‥‥‥‥‥‥‥‥‥59

警告 平 17・4・21　「オール電化」事件‥‥‥‥‥‥‥‥‥‥‥‥‥‥‥‥‥‥‥‥‥259

審判審決 平 18・5・15　審決集 53 巻 173 頁　ユナイテッド・アローズ事件‥‥‥‥165

審判審決 平 18・6・5　審決集 53 巻 195 頁　ニプロ事件‥‥‥‥‥‥‥‥‥‥‥‥‥58

排除措置命令 平 18・5・22　審決集 53 巻 869 頁　日産化学工業㈱事件‥‥‥‥‥‥‥6

排除措置命令 平 18・10・13　審決集 53 巻 881 頁　㈱バロー事件‥‥‥‥‥‥‥‥‥‥6

審判審決 平 19・1・30　審決集 53 巻 562 頁　ビームス事件ほか 1 件‥‥‥‥‥‥‥165

排除措置命令 平 19・3・8　審決集 53 巻 896 頁　㈱栗本鐵工所事件‥‥‥‥‥‥‥‥‥5

排除措置命令 平 19・3・8　審決集 53 巻 891 頁　水門設備工事談合事件‥‥‥‥‥‥46

排除措置命令 平 19・6・18　審決集 54 巻 474 頁　滋賀県薬剤師会事件‥‥‥‥‥‥22, 50

審判審決 平 19・6・19　審決集 54 巻 78 頁　日本ポリプロ等課徴金事件‥‥‥‥34, 192

排除措置命令 平 19・6・20　審決集 54 巻 478 頁　防衛施設庁談合事件‥‥‥‥‥‥‥43

審判審決 平 19・12・4　審決集 54 巻 357 頁　トゥモローランド事件ほか 1 件‥‥‥‥165

排除措置命令 平 19・6・25　審決集 54 巻 485 頁　都タクシー事件‥‥‥‥‥‥‥‥‥‥6

排除措置命令 平 20・2・20　審決集 54 巻 512 頁　マリンホースカルテル事件‥‥‥39, 274

審判審決 平 20・7・24　審決集 55 巻 174 頁　多摩談合事件‥‥‥‥‥‥‥‥‥‥‥‥41

審判審決 平 20・7・29　審決集 55 巻 359 頁　大木建設事件······················· 44
審判審決 平 20・9・16　審決集 55 巻 380 頁　マイクロソフト非係争条項事件··········· 234, 274
審判審決 平 21・2・16　審決集 55 巻 500 頁　第一興商事件······················· 235
排除措置命令 平 21・6・22　審決集 56 巻（2）6 頁　セブン - イレブン事件············· 157
審判審決 平 21・6・30　審決集 56 巻（1）163 頁　愛媛県のり面保護工事入札談合事件·········· 44
排除措置命令 平 21・8・27　審決集 56 巻（2）52 頁　溶融亜鉛めっき鋼板価格カルテル事件
　·· 34, 205
排除措置命令 平 21・10・7　審決集 56 巻（2）173 頁　テレビ用ブラウン管カルテル事件········ 275
排除措置命令 平 22・1・27　審決集 56 巻（2）85 頁　東京電力等発注電力用電線受注調整事件···· 40
排除措置命令 平 22・12・1　審決集 57 巻（2）50 頁　ジョンソン・エンド・ジョンソン事件···· 152
排除措置命令 平 23・6・22　審決集 58 巻（1）193 頁　山陽マルナカ事件················· 157
排除措置命令 平 23・12・13　審決集 58 巻（1）244 頁　日本トイザらス事件··············· 157
排除措置命令・課徴金納付命令 平 23・12・21　公取委 web　新潟タクシー事業者カルテル事件·· 245
排除措置命令 平 24・1・19　審決集 58 巻 250 頁　トヨタ自動車等発注ワイヤーハーネス受注調整
　事件·· 41
勧告 平 24・1・25　公取委 web　はるやま商事事件······························· 181
排除措置命令 平 24・2・16　審決集 58 巻（1）278 頁　エディオン事件················· 157
排除措置命令 平 24・10・17　審決集 59 巻（1）199 頁　土佐国道事務所談合事件·········· 42
勧告 平 25・4・26　公取委 web　日本旅行事件··································· 182
排除措置命令 平 27・1・6　公取委 Web　福井県経済連事件······················· 67
排除措置命令 平 27・4・15　審決集未掲載　東京都水先区水先人会事件················· 50
審判審決 平 27・5・22　審決集未掲載　テレビ用ブラウン管カルテル事件··············· 275

■執筆者紹介（執筆順）

鈴木加人	（すずき・ますひと）	愛媛大学名誉教授	1章§1
大槻文俊	（おおつき・ふみとし）	専修大学法学部准教授	1章§2，3章
小畑徳彦	（おばた・とくひこ）	流通科学大学商学部教授	2章，6章，7章§1～§3，10章
林　秀弥	（はやし・しゅうや）	名古屋大学大学院法学研究科教授	4章，9章
屋宮憲夫	（おくみや・のりお）	福岡大学法学部教授	5章
大内義三	（おおうち・よしぞう）	亜細亜大学法学部教授	7章§4，8章

Horitsu Bunka Sha

テクスト
TXT経済法

2016年5月20日　初版第1刷発行

著　者　　鈴木加人・大槻文俊
　　　　　小畑徳彦・林　秀弥
　　　　　屋宮憲夫・大内義三
発行者　　田靡純子
発行所　　株式会社　法律文化社

〒603-8053
京都市北区上賀茂岩ヶ垣内町71
電話 075(791)7131　FAX 075(721)8400
http://www.hou-bun.com/

＊乱丁など不良本がありましたら、ご連絡ください。
　お取り替えいたします。

印刷：亜細亜印刷㈱／製本：㈱藤沢製本
装幀：奥野　章
ISBN 978-4-589-03743-5

ⓒ2016 M. Suzuki, F. Otsuki, T. Obata, S. Hayashi,
N. Okumiya, Y. Ouchi　Printed in Japan

JCOPY　〈(社)出版者著作権管理機構　委託出版物〉

本書の無断複写は著作権法上での例外を除き禁じられています。複写される
場合は、そのつど事前に、(社)出版者著作権管理機構（電話 03-3513-6969,
FAX 03-3513-6979,e-mail: info@jcopy.or.jp)の許諾を得てください。

根岸 哲・杉浦市郎編〔NJ叢書〕

経 済 法〔第5版〕

A5判・326頁・3100円

課徴金制度をはじめとする独禁法改正，消費者庁発足に伴う景品表示法改正，公取委ガイドライン改定などダイナミックな展開に対応。国際経済法や知的財産権などの最新の動向も概説する。

高橋英治編

設問でスタートする会社法

A5判・256頁・2300円

設問を解きながら会社法の全体像を理解していくユニークな教科書。学部期末試験の一行問題・事例式問題に始まり，ロースクールの入学試験問題に至るまで，問題の解き方を基礎から実践的に解説する。

髙橋明弘著

現 代 経 済 法

A5判・274頁・2800円

経済法を学習する際に必要とされる法学と経済学の基礎をおさえた上で，独占禁止法の行動規制を中心に概説。豊富な事例をもとに事実認定，条文解釈，事実への法規の適用のプロセスを提示。2010年施行改正法に対応。

西山芳喜編

アクチュアル企業法〔第2版〕

A5判・330頁・3100円

平成26年度の会社法改正や最新判例を盛り込み，従来よりコンパクトになって登場。約300頁で商法・会社法に加えて，割賦販売法や金融商品取引法などの諸法をも学べる，充実の初学者向けテキスト。

齋藤 彰編〔法動態学叢書 水平的秩序2〕

市 場 と 適 応

A5判・280頁・3800円

「市場」ないし「市場化」における経済的取引を中心に，取引による規律の拡大，市場の調整能力と法制度の関係，を解明し，水平的秩序が，さまざまな取引において無視し得ない基盤性をもつことを検討する。

樫村志郎編〔法動態学叢書 水平的秩序3〕

規 整 と 自 律

A5判・256頁・3800円

「市場」ないし「市場化」における，国家その他の公的権力による「市場」の管理ないし「市場」への介入という現象をとりあげ，水平的秩序化と垂直的秩序化の融合が顕著であるような領域を分析検討する。

──法律文化社──

表示価格は本体（税別）価格です